权威·前沿·原创

皮书系列为

“十二五”“十三五”国家重点图书出版规划项目

BLUE BOOK

智库成果出版与传播平台

河南民办教育蓝皮书
BLUE BOOK OF PRIVATE EDUCATION OF HENAN

河南民办教育发展报告（2021）

ANNUAL REPORT ON PRIVATE EDUCATION OF HENAN (2021)

主　编 / 胡大白
副主编 / 杨雪梅　王建庄

社会科学文献出版社
SOCIAL SCIENCES ACADEMIC PRESS (CHINA)

图书在版编目(CIP)数据

河南民办教育发展报告. 2021 / 胡大白主编. -- 北京: 社会科学文献出版社, 2021.11
(河南民办教育蓝皮书)
ISBN 978-7-5201-9149-4

Ⅰ. ①河… Ⅱ. ①胡… Ⅲ. ①社会办学-研究报告-河南-2021 Ⅳ. ①G522.74

中国版本图书馆 CIP 数据核字（2021）第 198130 号

河南民办教育蓝皮书
河南民办教育发展报告（2021）

主　　编 / 胡大白
副 主 编 / 杨雪梅　王建庄

出 版 人 / 王利民
组稿编辑 / 任文武
责任编辑 / 王玉霞
责任印制 / 王京美

出　　版 / 社会科学文献出版社 · 城市和绿色发展分社（010）59367143
地址：北京市北三环中路甲 29 号院华龙大厦　邮编：100029
网址：www.ssap.com.cn
发　　行 / 市场营销中心（010）59367081　59367083
印　　装 / 天津千鹤文化传播有限公司

规　　格 / 开 本：787mm × 1092mm　1/16
印 张：25.5　字 数：381 千字
版　　次 / 2021 年 11 月第 1 版　2021 年 11 月第 1 次印刷
书　　号 / ISBN 978-7-5201-9149-4
定　　价 / 128.00 元

本书如有印装质量问题，请与读者服务中心（010-59367028）联系

河南民办教育蓝皮书编委会

主要编撰者简介

胡大白 黄河科技学院创办人，教授，中国当代教育名家。第十届全国人大代表，享受国务院政府特殊津贴。中国民办教育协会第一届、第二届监事会主席，河南省民办教育协会名誉会长。荣获第三届“中国十大女杰”、“全国三八红旗手”、“60年60人中国教育成就奖”、“中国好人”、“中国好校长”、“世界大学女校长终身荣誉奖”、“河南省劳动模范”、“河南省道德模范”、“河南省优秀共产党员”、新中国成立70周年“河南省突出贡献教育人物”等荣誉称号。

中国当代民办高等教育的开创者、黄河科技学院董事长，河南民办教育研究院院长。主持全国教育科学“十一五”规划课题“民办高校实施内涵式发展战略研究”、中国高等教育学会“十一五”教育科学规划重点课题“民办本科高校培养目标定位和育人模式改革的研究与实践”“当代民办高校大学章程建设研究”等哲社科研项目；主编《中国民办教育通史》《当代河南教育发展报告》等系列丛书；出版《民办高校现代大学制度建设》《民办高校内涵式发展战略研究》《改革开放以来河南民办教育发展及趋势研究》《当代河南民办教育发展报告》等多部专著；发表《中国共产党的民办教育理论与实践探析》《关于民办高校董事会建设问题的思考》《民办高校法人治理结构初探》《我国民办高等教育的现状和前景》等论文50余篇。多次获得国家和河南省教学成果奖、河南省发展研究奖。

新华社、中央电视台“东方之子”“半边天”“对话”栏目、中央电视台英语新闻频道、中国教育电视台、《人民日报》、《光明日报》、《中国教育报》、《华盛顿邮报》等中外知名媒体都曾专题报道其先进的办学理念和管理经验。

杨雪梅 黄河科技学院校长，教授，博士生导师，享受国务院政府特殊津贴，北京大学博士后。第十二届、第十三届全国人大代表；全国青联常委，中国民办教育协会副会长，河南省高校创新创业协会会长，河南省教育人才学会会长，河南省妇联执委常委，民建河南省委常委，河南省民办教育协会常务副会长，河南中华职教社副主任。曾荣获“全国五一劳动奖章”“全国三八红旗手”“中国青年五四奖章”等荣誉称号。

从事民办高校管理工作，致力于民办高等教育领域理论研究。出版专著7部，主编图书（包括丛书）20余部（套），主持省级以上课题15项，发表论文40余篇，荣获国家级教学成果二等奖、河南省发展研究奖一等奖、河南省社会科学优秀成果一等奖各1项，河南省高等教育教学成果特等奖3项，河南省社会科学优秀成果二等奖3项。被评为河南省政府督学、河南省教育评估中心首批评估专家、河南省优秀专家、河南省学术技术带头人、河南省十大科技领军人物等，入选教育部首批全国万名优秀创新创业人才导师。

王建庄 中国民办教育协会党建工作委员会副主任，河南省民办教育协会副会长、党建工作委员会主任，河南民办教育研究院执行院长、首席研究员。河南省教育厅学术技术带头人，河南省优秀教师。曾任河南省高校就业工作评估专家组成员，河南省高校德育评估专家组成员，河南省高校办学水平评估专家组成员，河南省民办高校年检专家组组长，河南省函授教育评估专家组组长。

主编《大学语文》《职业生涯规划》《现代社交礼仪》《互联网+创新创业概论》《互联网+创新创业指南》等大学教材10部。出版《中国当代教育名家》《当代河南职业教育发展报告》等专著。（执行）主编《当代河南教育发展报告》（六卷本）。在2008年、2009年、2012年、2016年、

2017年的河南蓝皮书《河南社会形势分析与预测》分别发表了关于河南省高等职业教育、义务教育和职业教育现状与发展的研究报告。主持的研究项目获河南省科技进步奖、河南省政府发展研究奖和河南省社会科学优秀成果奖。多次获得河南省教学成果奖。

摘　要

本书由河南省民办教育协会、黄河科技学院主持编撰，对 2020 ~ 2021 学年河南民办教育的状况进行了梳理和总结。总报告着重分析了“十三五”时期河南民办教育的发展成就和“十四五”时期河南民办教育面临的发展环境问题及存在的困难，并对未来发展提出了对策建议。

2020 年，全省各级各类民办学校 2. 17 万所（包括少数特殊教育和民办的其他高等教育机构），在校生总数 715. 15 万人，教职工总数 61. 57 万人。其中，民办幼儿园 1. 82 万所，在园幼儿 283 万人；民办小学 1894 所，在校生 180. 22 万人；民办普通初中 941 所，在校生 101. 27 万人；民办普通高中 366 所，在校生 52. 6 万人；民办中等职业学校 144 所，在校生 30. 65 万人；民办普通高等学校 43 所，其中本科院校 19 所，高职（专科）院校 24 所，民办普通高等学校本专科在校生 67. 12 万人（本科 37. 74 万人、专科 29. 38 人），占全省普通本专科在校生总数的 26. 93%。全省民办教育在校生数占到全省各级各类教育在校生总数 2689. 67 万人的 26. 59%，占比超过 1/4。“十三五”时期，河南民办教育在规模扩大的同时，人才培养质量不断提升。

“十三五”时期，河南民办教育鲜明的特色是：在规模扩大的同时，不断提升人才培养质量。党组织普遍建立，党建工作不断加强，河南民办教育坚持社会主义办学方向更加清晰，“为谁培养人、培养什么人、怎样培养人”的办学目标进一步明确；河南民办教育始终遵循党和国家的教育方针，在进行体制机制改革的同时持续推进教育教学改革，从办学理念、培养目标到教材建设、教法革新、匡正评价方法等方面进行了持之以恒的探索，人才培养质量稳步提升；“十三五”期间，河南民办教育投入教育经费超过5000亿元，共为社会培养了910.13万毕业生，还在社会服务、教育教学改革、特色教育培育、教育理念更新、党建工作延伸、社会观念提升等方面做出了独特的贡献。

“十四五”时期，河南民办教育将把工作重点转移到内涵式发展上来，在由“必要补充”“重要组成部分”发展成为“教育改革发展的重要力量”的过程中，内涵建设、人才培养质量的提升将是民办教育应该解决的主要问题。河南民办教育有良好的发展基础，加上政府的支持、社会的认同和民办教育自身的努力，一定会在高质量发展的大背景下实现自己的社会责任。

关键词： 河南　民办教育　高质量发展

目录

Ⅰ 总报告

Ⅱ 学段教育篇

Ⅲ　专题报告

Ⅳ　特别关注

Ⅴ　党建篇

Ⅵ 乡镇篇

Ⅶ 综述篇

Ⅷ 附录

总 报 告

General Report

B.1

高质量发展背景下河南民办教育

——河南民办教育现状与“十四五”发展环境及对策研究

河南省民办教育协会课题组*

摘 要： “十三五”期间河南民办教育不仅实现了规模的增长，而且在人才培养质量、现代学校制度建设、教育教学改革等方面有了长足的进步，在品牌引领和民办教育研究方面也有不俗的表现。在更深层次上，河南民办教育进一步明确了自身的社会责任和时代定位，因而有了更清晰的发展目标。面对国家高质量发展的背景，在现有的基础上如何突破，实现又好又快发展？河南民办教育将在坚持社会主义办学方向的原则指导下，结合自身实际，将进一步提升人才培养质量作为工作的重点，为内涵建设和特色发展布局，谱写民办教育高质量发展大文章。

* 课题负责人：胡大白、任锋。主持人：王建庄。成员：汤保梅、寿先华、王道勋、贾全明、樊继轩。执笔：王建庄。

关键词： 河南民办教育 转型发展 质量提升

2020～2021学年，处于国家“十三五”规划收官、“十四五”规划开局的时间节点上，当代河南民办教育在经历38年的快速发展后，由“必要补充”“重要组成部分”发展成为“教育改革发展的重要力量”。发展方向已经明确，发展基础已经奠定，同时也有着一些不确定的因素，加上发展阶段的转化带来的问题和矛盾，使得少数民办教育的参与者和研究者产生了迷茫。但整体来看，河南民办教育健康发展的态势没有变。

一 “十三五”期间的河南民办教育

“十三五”时期，河南民办教育的鲜明特色是：在规模扩大的同时，不断提升人才培养质量。在这个基础上，河南民办教育将从深层次上开始实现自身品质的提升。

（一）党建和思想政治工作不断加强

习近平同志在不同场合多次提出，要解决好培养什么人、怎样培养人、为谁培养人这个根本问题。要把立德树人融入思想道德教育、文化知识教育、社会实践教育各环节，贯穿基础教育、职业教育、高等教育各领域，实现全员、全过程、全方位育人。

2016年4月18日，中央全面深化改革领导小组第二十三次会议审议通过了《关于加强民办学校党的建设工作的意见（试行）》，强调支持和规范民办教育发展，要坚持和加强党对民办学校的领导，设立民办学校要做到党的建设同步谋划、党的组织同步设置、党的工作同步开展，确保民办学校始终坚持社会主义办学方向。

从2010年开始，中共河南省委组织部和省委高校工委开始向民办本科高校选派党委书记。2010年10月，丁松林任黄河科技学院党委书记，开启了河南省向民办高校选派党组织负责人的先河。到2016年，委派的民办本科高校党委书记基本到位。

加强党的建设，坚持正确的办学方向，是河南民办教育的优良传统和发展保障。黄河科技学院创办初期，创办人胡大白就有强烈的“找党”愿望。经过十年的努力，经上级组织部门的批准，学校建立了党总支，党的活动实实在在开展起来。胡大白将认真落实党的方针政策作为学校工作的总引领，其“十年找党”的经历和在办学过程中不断加强党的建设，为黄河科技学院的持续健康发展奠定了坚实的基础。

将党建文化融入校园、融入育人过程。不少民办学校在实践中创新党建工作方法，结合自身特点，取得了很好的效果。黄河科技学院党委紧扣“四个过硬”（把方向过硬、管大局过硬、做决策过硬、保落实过硬）、二级党组织“五个到位”（党组织领导和运行机制到位、政治把关作用到位、思想政治工作到位、基层组织制度执行到位、推动改革发展到位）、基层党支部“七个有力”（教育党员有力、管理党员有力、监督党员有力、组织师生有力、宣传师生有力、凝聚师生有力、服务师生有力）目标任务，不断强化各级党组织整体功能，保持基层党组织规范运行，为学校各项事业科学发展提供坚强政治组织保障。学校先后获得“河南省高等学校先进党委”“河南省创先争优先进基层党组织”“河南省高等学校党建工作先进单位”“河南省先进基层党组织”等荣誉。郑州科技学院党委成立十九大精神宣讲领导小组，集合马克思主义学院骨干教师，成立了“十九大精神宣讲团”，开展巡回宣讲。郑州工业应用技术学院党委注重引导师生做社会主义核心价值观的积极传播者、模范践行者，坚持以“大学生素质教育”为抓手，并将其纳入本科专业人才培养方案。安阳市深蓝高中围绕中心抓党建，带出了一支素质过硬的党员队伍、一支专业过硬的教师队伍、一支甘于陪伴的导师队伍、一支充满活力的团员队伍、一支素质全面的校长助理队伍。巩义市第二幼儿园开展“一个党员一面旗”活动，使党员在平凡的岗位上发挥先锋模范作用。

党建工作不仅是民办学校规范管理的重要环节，而且是贯穿始终的主线。不少民办学校高度重视这项工作，在推进党建工作的过程中净化了发展风气，理清了发展思路，匡正了发展方向，实现了发展成果。所以民办学校开展党建工作，在很大程度上源于民办教育的需要和自觉，也与党中央的要求高度契合。2018 年 1 月 17 日，宇华教育集团举行了习近平新时代中国特色社会主义思想“进教材、进课堂、进师生头脑”工作大会，这是全国首家开展落实“三进”工作的大型民办教育集团，而从中小学到大学全面推进“三进”工作，这在全国民办教育领域也属首例。

郑州晨钟教育集团 2011 年成立党委后，确立了“以党建引领文化，以文化促进经营，以经营助推公益”的理念，十年如一日地坚持开展基层组织建设、红色研学、党建公益活动等，先后 4 次荣获郑州市、金水区两级“先进基层党组织”称号，并获得“河南省社会组织党建示范点”“全国民办学校党建特色项目建设基地”等诸多荣誉。

河南省民办教育协会根据河南省情和民办教育发展实际，开展了一系列卓有成效的工作。各民办学校也自觉将自己置于党的工作的大局之中，得到了各级党组织和社会各界的肯定。自 2018 年 12 月以来，郑州工商学院建筑工程学院第四学生党支部、郑州科技学院教务处党支部和实践中心党支部、黄河科技学院纳米功能材料研究所直属党支部入选第二批“全国党建工作样板支部”培育创建单位。2019 年 7 月 1 日，中国民办教育协会公布全国民办学校首批党建特色建设项目，黄河科技学院、郑州科技学院、汝州市西雅图香榭世家幼儿园、郑州晨钟教育集团入选。2020 年 3 月，作为在新冠肺炎疫情防控工作中表现突出的基层党组织和中共党员，中共黄河科技学院教务科研处支部委员会和洛阳科技职业学院疫情防控武汉临时党支部书记、信息工程学院辅导员麦陆南受到中共河南省委高校工委的通报表扬。

党组织的普遍建立，党建工作的不断加强，使得河南民办教育坚持社会主义办学方向的思路更加清晰，“为谁培养人”的办学目标进一步明确。

（二）社会责任意识发生质的飞跃

1982 年宪法打开了当代中国民办教育的发展之门，河南从一开始的

“观望”，到随后的“醒悟”，然后从“跟跑”到“领跑”，实现了民办教育的快速发展，走在了全国的前列。起步之初的河南民办教育，其初心是明确的，黄河科技学院创办人胡大白的理念就是“为国分忧，为民解愁，为社会主义现代化建设培养人才”。一开始的创办者，虽然有一些是得改革开放风气之先的市场经济弄潮儿，但也不乏一些真正为了教育而投身其中的先行者，如胡大白、刘文魁、王澍青等都是具有家国情怀的体制内专家，是对中国共产党、对社会主义、对教育事业有着深厚感情的知识分子，这些先行者为河南当代民办教育奠定了健康的发展基础。

随着国家政策逐步放开，市场经济体系逐步建立，一些具有较强商业意识的社会人士也进入民办教育行列，使得民办教育的规模不断壮大。江河奔流，泥沙俱下，发展中少数人的本能逐利行为，影响了民办教育的声誉。河南历史悠久，有着深厚的文化积淀，正统意识强烈，加上多年来公办教育单一化的影响，社会对民办教育本来就有一些另类的认识，少数民办学校（机构）的行为被夸张放大，影响了民办教育的声誉，使得社会对民办教育的看法出现反复。面对出现的问题，政府、学校都采取了主动措施，引导民办教育健康发展。根据 2004 年民办学校年审结果，2005 年河南省为全省 5200 所民办学校和民办教育机构换发了新的“办学许可证”，鼓励其规范办学。2006 年，省教育厅对全省 4297 所民办学校和民办教育机构进行了年检，分别从办学指导思想、办学条件、管理水平、教学质量和办学效益等方面进行了全面检查。对办学条件不合格的民办学校和民办教育机构进行复查，对其中希望继续办学的限期整顿；对不适合继续办学的学校进行了注销，共注销和停办民办学校和民办教育机构 23 所。2010 年 9 月 20 日，中共河南省委组织部向黄河科技学院等 3 所民办本科高校委派党委书记。2012 年郑州市首次向市管 36 所民办学校派驻党建指导员。2013 年商丘市共有 67 所民办学校（机构）被责令限期整改，17 所学校被处以停止招生，13 所学校被取消办学资格，停办学校 25 所。2014 年 6 月 23 日至 7 月 10 日，许昌市对已审批的 245 所民办教育培训机构及 238 所无证民办教育培训机构的办学行为进行拉网式排查整治，共取消 14 所民办教育培训机构办学资格，限期整改 74 所，并对 72 所无证培训机构下发终止非法办学行政告知书。

2016 年 9 月，河南省教育厅下发通知，通过对优秀民办学校的表彰奖励和民办教育管理先进单位的评选，发挥正确引导作用，对违法违规办学的学校一律实行“一票否决制”，勒令其不得参与任何评优表先活动，对违规办学问题突出的市县，除扣减评优表先名额外，还进行通报批评，努力引导民办学校走规范办学、健康发展之路。加强监督检查，督促各地充分利用年检的机会，结合招生季节等，加强对民办学校的督查，对发现有乱办学、乱招生、乱收费等违法违规行为的少数学校，责令其立即纠正，并追查有关责任。通过采取这些措施，民办学校违法违规办学行为明显减少。

2016 年11 月 7 日，全国人大常委会通过了《民办教育促进法（修正案)》。12 月 29 日，中共中央办公厅印发《关于加强民办学校党的建设工作的意见（试行)》，国务院印发《关于鼓励社会力量兴办教育促进民办教育健康发展的若干意见》。12 月 30 日，教育部、人力资源和社会保障部、民政部、中央编办、工商总局联合下发了《关于印发〈民办学校分类登记实施细则〉的通知》，教育部、人力资源和社会保障部及工商总局联合印发了《关于〈营利性民办学校监督管理实施细则〉的通知》。1 部修正案和 4 个配套文件构成了新时期我国民办教育的基本政策体系。该政策体系的主要内容是进一步规范民办学校发展，对民办学校进行营利性和非营利性分类管理。2018 年 2 月 2 日，河南省人民政府发布《关于鼓励社会力量兴办教育进一步促进民办教育健康发展的实施意见》，就贯彻落实新的《民办教育促进法》提出了河南方案。其主要内容是进一步规范和支持民办学校发展，对民办学校进行营利性和非营利性分类管理。

民办教育自身也主动作为，根据党和国家的要求做好自身建设。2002 年 1 月 20 日，河南省民办教育协会组织百名民办学校校长向全省民办教育同行发出遵守国家法律法规、贯彻国家教育方针、规范办学行为的倡议，并就加强思想政治工作、科学设置专业、合理收费、真实宣传、科学管理、提高质量等提出了具体意见，获得了广大民办学校的积极响应。2021 年 3 月 12 日，河南省民办教育协会培训教育工作委员会联合《大河报》发出《河南省民办培训教育行业自律公约》，就依法、诚信、合规办学，完善办学资质，为学生营造安全舒适的教学环境，依法安排教学活动，杜绝“超纲教学”“提前教学”“强化应试”“非零起点教学”等不良行为，杜绝乱收费，不搞虚假广告，不误导学生、家长，严格教师准入制度，不断提升教学质量和服务水平，加强行业自律等方面公开接受社会监督。2019 年初，全省各民办高校党组织都根据自身情况制定了自我监督、自我完善的制度，坚持把纪律和规矩挺在前面，监督党员和教职工履行职责、遵纪守规。2019 年 3 月，郑州升达经贸管理学院修订了《处置不合格党员制度》并制订教师廉洁自律承诺书，向社会郑重承诺：树立教师良好形象，认真履行教书育人职责，做人民满意的教师。郑州工商学院、郑州工业应用技术学院、郑州西亚斯学院、郑州商学院、河南科技职业大学、商丘工学院、河南开封科技传媒学院、郑州财经学院、郑州澍青医学高等专科学校、郑州电力职业学院、郑州黄河护理职业学院等民办高校都认真制订并实施了自我监督制度。

当代河南民办教育出生健康，成长自律，加上党和政府的引领、支持和规范，经过三十多年的发展，已经成长为具有自觉的社会责任意识，在经济社会发展中具有重要地位和作用，将国家、社会的鞭策和规范内化为自觉行动的社会主体，在自醒、自发、自立的过程中不断自律，将自己逐步融入中华民族伟大复兴的实践中，实现了由个人成就、学校发展到承担社会责任的理性飞跃。

（三）教育规模持续扩大

“十二五”期间，河南民办教育已经呈现出较强的规模发展态势，到“十二五”末期的 2015 年，全省民办学校达到 16707 所，比“十一五”末期的 2010 年增加了 8241 所；在校生达到 525.68 万人，比 2010 年增加了 207.25 万人。在各级民办学校的在校生中，增长幅度最大的是民办幼儿园，五年间在园幼儿增加了 1512300 人，比“十一五”末期增长了 59.74%。

1.“十三五”期间规模的增长与保持

2016 年，河南民办学校数增加到 17772 所，比上年增加 1065 所；在校生达到 566.64 万人，比上年增加 40.96 万人，呈现出继续增长的强劲势头。

从在校生规模看，2020年河南民办教育还是增长的趋势，但是增长的势头已经放缓。值得注意的是，民办学前教育在校生数已经连续两年出现下滑。

表1 “十三五”期间河南民办教育规模发展情况

单位：所，万人

年份	全省		普通高等教育		中等教育		小学教育		学前教育	
	学校数	在校生	学校数	在校生	学校数	在校生	学校数	在校生	学校数	在校生
2016	17772	566.64	37	41.72	1190	126.80	1748	129.00	14743	268.75
2017	19331	618.40	37	45.66	1250	141.01	1807	143.96	16183	287.24
2018	20539	674.19	39	51.05	1288	159.10	1865	162.35	17293	300.46
2019	21429	709.75	39	59.47	1380	174.00	1894	177.89	18061	297.85
2020	21670	715.15	43	67.12	1451	183.92	1894	180.22	18228	283.00

注：①中等教育包括民办普通高中、民办中等职业学校、民办普通初中。

②全省学校数还包括少数特殊教育和民办的其他高等教育机构的数据。

资料来源：《河南省教育统计提要》。

从招生情况看，全省民办学校招生总数在改革开放后恢复并实现了民办教育有统计数据以来连年增长，2020年首次出现回落。回落最明显的是民办学前教育，招生数由“十三五”开局之年的91.68万人降到了“十三五”收官之年的76.41万人，减少了15.27万人。

表2 “十三五”期间全省学校招生数

单位：万人

年份	全省		普通本专科		中等教育		小学教育		学前教育	
	总数	民办	总数	民办	总数	民办	总数	民办	总数	民办
2016	666.61	171.81	60.60	13.16	261.46	46.89	173.16	20.08	157.93	91.68
2017	681.85	182.24	63.57	14.46	273.29	52.73	172.38	22.59	151.65	92.46
2018	694.13	189.41	70.87	17.97	282.55	59.06	173.56	24.85	140.57	87.53
2019	690.65	191.95	78.89	22.12	285.78	63.91	173.76	26.34	125.34	79.60
2020	696.25	190.10	82.86	23.79	285.05	65.15	165.99	24.74	126.58	76.41
合计	3429.49	925.51	356.79	91.50	1388.13	287.74	858.85	118.60	702.07	427.68

注：①全省总数还包括研究生教育、成人本专科教育、网络教育、在职人员教育、特殊教育、工读学校、成人技术培训学校、技工学校和成人中小学教育等数据。全省民办数含有特殊教育和民办的其他高等教育机构的数据（以下表3、表4同）。

②中等教育包括中等职业教育和普通中学教育。

资料来源：《河南省教育统计提要》。

2. 河南民办教育在全省的占比

“十二五”期末，河南民办教育在校生规模已经占到全省学校教育总规模的20.58%。

表3 2015年河南全省学校教育规模、民办教育规模情况

单位：%

	学校数(所)			毕业生数(万人)			招生数(万人)			在校生数(万人)		
	全省	民办	占比	全省	民办	占比	全省	民办	占比	全省	民办	占比
总规模	58745	16707	28.44	857.46	143.20	16.70	703.29	194.20	27.61	2553.99	525.68	20.58
普通高校	129	37	28.68	46.58	9.13	19.60	55.92	12.00	21.46	176.69	39.32	22.25
中等教育	6210	1140	18.36	231.94	33.05	14.25	254.10	41.59	16.37	730.60	115.06	15.75
小学	24673	1652	6.70	140.55	20.73	14.75	169.30	17.99	10.63	937.05	118.14	12.61
幼儿园	17481	13824	79.08	151.60	80.30	52.97	207.22	122.61	59.17	393.37	253.13	64.35

注：①全省总数还包括研究生教育、成人本专科教育、网络教育、在职人员教育、特殊教育、工读学校、成人技术培训学校、技工学校和成人中小学教育等数据。全省民办数含有特殊教育和民办的其他高等教育机构的数据。

②中等教育包括中等职业教育和普通中学教育。

资料来源：《河南省教育统计提要》。

整体来看，2015年河南民办幼儿园数占比较高，达79.08%。其主要原因是政府对民办园的设立持积极的态度，深层次的原因则是社会需求增长和民办教育的主动谋发展。相比之下，民办小学教育和中等教育发展动力不足，特别是民办小学数仅占全省小学总数的6.70%，远低于同期民办幼儿园在全省幼儿园中的占比。

从毕业生情况看，当年民办学校毕业生总数仅占全省总数的16.70%，占比不高。同期民办学校招生数占全省总数的27.61%，招生比例远远大于毕业生比例，反映了民办学校整体规模的增长情况。

从在校生数看，民办学校在校生已经占到全省在校生总规模的1/5，成为河南教育的重要组成部分。

3. 河南民办教育在全国的占比

2015年，河南民办教育在校生数已经占到全国民办教育在校生数的11.5%。

表 4　2015 年河南与全国民办教育规模及河南占全国民办教育的比例

	学校数			招生数(万人)			在校生数(万人)		
	全国	河南	河南占比(%)	全国	河南	河南占比(%)	全国	河南	河南占比(%)
总规模(万所)	16.27	1.67	10.26	1636.68	194.20	11.87	4570.42	525.68	11.50
普通高校(所)	734	37	5.04	177.97	12.00	6.74	610.90	39.32	6.44
中等教育(所)	9686	1140	11.77	336.17	41.59	12.37	943.26	115.06	12.20
小学(所)	5859	1652	28.20	124.36	17.99	14.17	713.82	118.14	16.55
幼儿园(万所)	14.64	1.38	9.43	998.19	122.61	12.28	2302.44	253.13	10.99

注：①全国民办普通高校在校生总数还含有研究生、自考自助、预科生、进修及培训和民办的其他教育机构等的数据。

②中等教育包括中等职业教育和普通中学教育。

资料来源：《2015 年全国教育事业发展统计公报》《河南省教育统计提要》。

整体来看，“十二五”期末河南民办普通高校招生数和在校生数在全国总规模中占比均不高，不到7%。而在河南教育总规模中占比最小的民办小学教育却在全国总规模中占比较高，这说明全国民办小学教育在整个民办教育中整体占比不高，这是全国性的问题。从学前教育情况看，河南民办幼儿园在园幼儿已经占到全省幼儿园在园人数的 64.35%，但在全国民办幼儿园在园幼儿总规模中仅占 10.99%，这表明当年民办幼儿园在校生规模在民办教育整体中占比较高，也是全国性的现象。

“十三五”期间，河南民办教育规模在全国民办教育中的位次继续上升，2016 年，河南民办教育机构 1.77 万所，在校生 566.64 万人，教职工 43.41 万人。到 2020 年，全省各级各类民办学校达到 2.17 万所，在校生总数达到 715.15 万人，教职工总数 61.57 万人。规模仅次于广东，位居全国第二。

（四）人才培养质量稳步提升

教育的功能，说到底就是培养人。在现阶段就是在坚持社会主义办学方向的原则下培养高素质的社会主义事业建设者和接班人。社会评价民办学校，主要看其人才培养质量。

民办学校需要良好的发展环境，对内对外对上对下都需要做好沟通和联系工作，师资队伍建设、教育经费筹措等都需要付出较大的管理成本，即使在这种情况下，河南民办教育依然重视人才培养工作。“十三五”期间，河南民办教育始终遵循党和国家的教育方针，在进行体制机制改革的同时持续推进教育教学改革，从办学理念、培养目标到教材建设、教法革新、匡正评价方法等方面进行了持之以恒的探索，使得教学质量逐年上升。

1. 不断进行内部体制机制改革

良好的内部管理机制是保障学校运行的前提条件。经过三十多年的发展，一些已经具备一定规模的民办学校在建立稳固的管理体系的同时，也出现了机制僵化、官僚主义等苗头。为了保持机体活力，不少民办学校都在运行过程中果断进行管理体制改革。郑州工业应用技术学院不断探索现代大学制度建设，“管办分离”的模式使得学校管理班子拥有较大的办学自主权。黄河科技学院的大部制改革将原来庞杂的中层管理系统全面“瘦身”，畅通了管理和信息反馈、决策形成和执行渠道。

2. 不断优化专业设置

经济社会的发展，特别是科技进步的加速，使得新技术、新行业不断涌现。教育本来应该成为发展的先导，但是在一些领域却落在了发展的后面。有远见的民办学校敏锐地意识到了这个问题，在发展中不断开辟新的专业领域。郑州升达经贸管理学院始终坚持立德树人根本任务，不断加强专业内涵建设，以专业评估、专业认证和“四新”建设为引领，修订人才培养方案和课程教学大纲，深入推进课堂教学改革，严格教学和学习过程管理，全面提高专业建设质量。截至目前，全校共获批会计学、市场营销、国际经济与贸易、财务管理 4 个河南省一流本科专业建设点。黄河科技学院现有 68 个本科专业、35 个专科专业，其中 5 个学科为河南省重点学科，9 个专业为河南省一流本科专业，6 个专业为河南省特色专业，12 个专业为河南省民办教育品牌专业，8 个专业为河南省专业综合改革试点专业，1 个专业为河南省本科工程教育人才培养模式改革试点专业。

3. 主动推进教育教学改革

课堂教学是学校教育重要的基本单位。传统教育将教学囿于教室之中，以教师为主导，以“五步教学法”覆盖。这些措施，在教学手段停留在黑板、粉笔的时代有着积极意义。但是当互联网以前所未有的速度普及之后，传统的教育方法就显得捉襟见肘，无法适应今天的教育和学生。推进教育教学改革，民办学校是主动的。黄河科技学院外国语学院依据中国人学习英语的规律设计基于知识的能力培养的分级英语学习体系，通过数字技术和手段为学生提供泛在化的学习空间、全方位的教学资源、个性化的学习方法、更高频的教学互动、融合化的管理工具、多元化的教学评价，把学习的主动权交还给学生，突破了学生固有的学习方式，使学生在互动与合作中实现语言实际运用的目标。在宏观改革的推进中，从教材、课堂教学、评估评价等方面着手，将原有的培养方案、教学模式、教学方法和评价手段分解重组，再建以学生发展为中心的教育教学体系，激活了内生动力，全校本科各专业毕业生大学英语四级的通过率在 2018 年只有 20% 左右，到 2019 年 12 月，三年级学生的四级通过率就达 66% 。

4. 将最新科技成果融入育人过程

“互联网 +”“大数据”“人工智能”的发展，在许多方面推进了社会进步，也在很大程度上影响着教育，传统的教育理念、方法面临着颠覆和重建。郑州科技学院坚持因事而化、因时而进、因势而新，用信息化技术手段支持思想政治理论课体验教学中心建设，充分挖掘思想政治教育价值，从效度、深度、广度、热度四个维度，拓宽思政教育的渠道，进一步丰富思政教育“打开方式”。学校下大力气建设思政教育平台，推动思想政治工作与信息技术高度融合，有效增强思政教育的时代感和吸引力。平台可用 VR、信息瀑布流等现代信息技术，通过情景转换形式实现教学内容有机串联，让历史动起来，让理论活起来，让课堂炫起来，给青年学生带来视觉听觉的感官冲击，加深青年学生对理论学习的理解和认知，以此激发学生的学习积极性和主动性，提升思政课的亲近感、体验感、获得感。黄河科技学院在第一时间打造“翻转校园”平台后，于 2019 年初即进行布局，推动全校实现数字化转型。

5. 改革评价方法

评价是学校工作的指挥棒，评价的导向直接关系着学校管理和教育教学工作。长期以来学校教育单一的“终结性”评价，不但将培养目标拖进了“唯考试”“唯分数”的死胡同，浪费了大量的教育资源，削弱了教育功能，也在很大程度上冲击了考试的神圣意义。社会的全面需要、人的全面发展，仅凭考试这一个评价手段是远远不够的。基础教育阶段的民办学校无法避开中考高考，只能做一些微调。民办学前教育为了突出特色，引进了不少世界先进的幼教理论和方法，使得河南的民办幼儿园特色纷呈。民办高等教育不必看高考的“脸色”，具有发展战略眼光的学校抓住时机进行评价改革。黄河科技学院因为“翻转校园”平台强大的技术支持，可以确保数据传输及时准确，英语教学改革就首先从评价开始。在对学生学业的评价中果断将形成性评价的权重增加到60%，终结性评价权重降到40%，实事求是地反映了学生的学习情况，调动了学生主动学习的积极性。

6. 重心是人的发展

教育的功能，说到底就是培养人。学校教育的成功，在很大程度上要看毕业生的社会贡献。黄河科技学院发展的每一步，都将学生发展放在第一位。扎实的学科建设为毕业生打下了坚实的专业基础，加之学校在专业设置时就充分考虑了就业前景，从专业设置开始就为学生“深谋远虑”，将创新创业教育融入人才培养过程，探索构建校企、校协、校院、校政“四联互动”，资源利用、培养规格、育人标准、育人内容、师资建设“五融共通”的“四联五融”育人模式，促进学生全面发展。在36年的时间里，黄河科技学院为国家培养了20多万名应用型创新性高级专门人才，并涌现出一大批以“中国大学生自强之星标兵”段志秀，“全国优秀乡村医生”魏国胜，“全国优秀大学生村官”靳利现，“河南省大学生创新创业标兵”李威、赵杰等为代表的优秀毕业生。

以黄河科技学院连续五年荣登武书连全国民办高校排行榜第一名为标志，河南民办学校在全国的品牌效应已经凸显。坚守初心，坚持方向，不断努力，辛勤耕耘，河南民办教育育人也取得了一定成就。嵩山少林武术职业学院2015届优秀毕业生谢伟略，在参加广东海警部队重大维权执法行动任务时，临危不惧、不怕牺牲，在最危急时刻勇敢站出来、冲上去，为任务圆满完成做出重大贡献。2020 年 11 月，武警海警部队首长签署命令，为谢伟略同志记个人一等功。2020 年 11 月 22 日，郑州升达经贸管理学院6 名学生参加全国大学生英语竞赛河南赛区复赛，全部获得省级一等奖，这是学校连续7 年获得佳绩。截至 2020 年底，学校共获得国家级奖项一等奖 2 人次，二等奖 2 人次，优秀奖 1 人次；省部级特等奖 3 人次，一等奖 48 人次，二等奖、三等奖共计 500 多人次。郑州经开区外国语女子中学以“崇善尚美、勤学笃行”为校训，秉持“办品质女校，育优雅女生”的办学理念，旨在培养“优雅卓越、秀外慧中、家国情怀、国际视野”的新时代女性，全力打造优秀女生成长的摇篮。2020 年 12 月该中学被评为河南省中小学德育工作先进集体。洛阳市双语实验学校的双语音乐、双语美术、双语体育等课程，河南枫叶国际学校的英语“分级教学”模式，洛阳华洋国际学校女子高中的“3G（国家课程、国学课程、国际课程）+N（艺术课程、女红课程、实践课程等）”课程体系等都取得了良好的效果。

黄河科技学院纳米功能材料研究所食药两用植物资源综合利用工程技术研究中心 2020 年 12 月获河南省科学技术厅批准建设，这是纳米功能材料研究所继河南省纳米复合材料与应用重点实验室和河南省小分子新药研发国际联合实验室之后获批的第三个省级研发平台。

由工业和信息化部人才交流中心主办的第八届艺术设计教育研讨会暨第八届全国高校数字艺术设计大赛颁奖盛典于 2020 年 12 月在浙江嘉兴举行，郑州西亚斯学院在国赛评选中荣获一等奖 1 项、二等奖 2 项、三等奖 2 项、优秀奖 1 项、优秀指导教师奖 3 项。

2021 年 1 月 8 日，河南省教育厅公布 2020 年度河南省民办中小学先进集体名单，河南郑州建业外国语中学等 65 所优秀民办学校受到表彰。

黄河科技学院于 2013 年初开始建设大学科技园，孵化场地面积 20200 平方米，其中科技企业孵化器是科技园的重要组成部分。2016 年 3 月，该孵化器被科技部认定为国家级科技企业孵化器；2020 年 12 月通过层层审核被评为优秀等级（A 类）国家级孵化器。

各民办高校重视教学基层组织建设。经河南省教育厅考核评选，黄河科技学院电子工程教研室与毛泽东思想和中国特色社会主义理论体系教研室、郑州科技学院物流管理教研室和英语教研室、郑州工业应用技术学院旅游管理教研室和机械工程教研室、商丘工学院土木工程教研室、商丘学院计算机科学技术专业教学团队、郑州商学院思想政治理论课教学团队、郑州升达经贸管理学院国际贸易教研室和体育舞蹈教研室、郑州财经学院财务管理教研室、黄河交通学院物流管理教研室、信阳学院中国古代文学教研室、安阳学院环境设计教研室、郑州工商学院土木教研室、郑州西亚斯学院国际经济与贸易教研室、河南大学民生学院视觉传达设计教研室、河南师范大学新联学院英语语言学与文学教研室、新乡医学院三全学院遗传学教学组、中原工学院信息商务学院财务管理专业教研室等获评2019年度河南省高等学校优秀基层教学组织立项建设单位。

（五）民办教育研究实现突破

河南民办教育研究院2017年推出由社会科学文献出版社出版的全国第一部省级民办教育蓝皮书，到2020年已经连续出版四本，目前仍是全国唯一的一部省级民办教育蓝皮书。2019年5月，河南民办教育研究院编撰出版三卷本145万字的《中国民办教育通史》，填补了国内该领域的空白。2020年12月，河南民办教育研究院毕两年之功，推出六卷本203.6万字的《当代河南教育发展报告》，全方位地展示了河南省70年来各级各类教育发展的实际情况和在经济社会发展中的地位、作用，客观总结其中的经验、教训和成就，在此基础上对河南教育的发展进行了分析和预测。这些成果在全国引起了较大反响。

（六）河南民办教育的社会贡献

1. 经费投入

根据教育部公布的各级教育生均教育经费支出情况，2016年全国幼儿园生均教育经费为8626元，当年河南民办幼儿园在校生268.75万人，合计应为 2318237.50 万元；普通小学生均教育经费为 11398 元，当年河南民办小学在校生 129.00 万人，合计应为 1470342 万元；普通初中生均教育经费为 16010 元，当年河南民办初中在校生 74.08 万人，合计 1186020.8 万元；普通高中生均教育经费为 16781 元，当年河南民办高中在校生 33.10 万人，合计应为 555451.1 万元；中等职业学校生均教育经费为 16985 元，当年河南民办中等职业学校在校生 19.62 万人，合计应为 333245.7 万元；普通高等学校生均教育经费为 30457 元，当年河南民办普通高校在校生 42.07 万人，合计应为 1281325.99 万元。各项相加为 7144623.09 万元。如果加上特殊教育和其他高等教育机构的投入，2016 年河南的民办学校（不包括培训机构等）已为河南的教育事业投入超过 715 亿元的经费。

2017 年全国幼儿园生均教育经费支出为 9770 元、普通小学为 12177 元、普通初中为 17547 元、普通高中为 18575 元、中等职业学校为 18364 元、普通高等学校为 33481 元。当年河南民办幼儿园、民办小学、民办初中、民办高中、民办中等职业学校、民办普通高校的在校生分别是 287.24 万人（2806334.80 万元）、143.96 万人（1753000.92 万元）、80.92 万人（1419903.24 万元）、36.78 万人（683188.50 万元）、23.30 万人（427881.20 万元）、46.17 万人（1545817.77 万元）。合计 863.61 亿元。

2018 年为 1021.87 亿元。

2019 年为 1182.11 亿元。

2020 年全国各级教育生均教育经费支出数据尚未公布，参照教育部公布的 2019 年全国各级教育生均教育经费支出情况（幼儿园 11855 元；普通小学 13493 元；普通初中 19562 元；普通高中 22115 元；中等职业学校 21203 元；普通高等学校为 38681 元），根据河南民办教育在校生数计算，得出总额 1218.69 亿元。

简单匡算，河南民办教育在“十三五”期间投入的教育经费超过了 5000 亿元。

2. 人才培养

“十三五”期间，全省各级各类民办学校遵循党和国家的教育方针，坚持社会主义办学方向，不断提高教育教学质量，共为社会培养了910.13万毕业生。其中普通高等教育毕业生66.75万人，中等教育毕业生216.66万人，小学教育毕业生133.70万人，学前教育毕业生491.22万人，民办的其他教育机构和特殊教育等毕业生1.80万人，为河南省乃至全国经济社会发展做出了巨大贡献。

3. 深层次的贡献

民办教育除了为国家培养大批优秀人才、为政府节约大量教育经费等显著贡献外，还在社会服务、教育教学改革、特色教育培育、教育理念更新、党建工作延伸、社会观念提升等方面做出了独特的贡献。

二　“十四五”河南民办教育面临的环境与发展预测

（一）基本判断

1. 规模拐点

“十三五”期间，河南民办教育发展的一个突出特点是规模增长，在校生总数从2016年的566.64万人一路增长到2020年的715.15万人，四年间增加了148.51万人，平均每年增加37.13万人。增长的基本原因：一是有充足的生源，二是政府的支持，三是社会的认可。增长是实实在在的，但是进一步研究发现，其实增长的速度在逐年放慢。2017年与2016年相比，总规模增长了9.13%；2018年比2017年增长了9.02%；2019年比2018年增长5.27%；2020年比2019年仅仅增长了0.76%。实际上，规模增长的拐点从2018年起就初见端倪，2018年全省民办教育招生数为189.41万人，比2017年的182.24万人增加了7.17万人，增加数比上年少了3.27万人。其中全省民办幼儿教育招生数甚至出现了负增长，由2017年的92.46万人减少到 87.53 万人，减少了 4.93 万人。

招生数的增减，直接影响着在校生规模。

从招生情况看，全省学前教育招生数到 2014 年达到最高，为 207.76 万人，之后持续减少，这样的变化会波及 2018 年以后的小学、2024 年以后的初中和 2027 年以后的高中招生。小学招生数到 2011 年达到最高，之后一直下降直到 2014 年，三年间减少了 34 万人，虽然 2015 年起又开始增长，但直到 2019 年，也还没有达到 2008 年的规模。小学招生数减少会波及六年后的初中招生规模。高中招生基本上是呈现先降后升的趋势，而中等职业学校招生则是减少的趋势，虽然 2019 年有小幅增长，但仍没有达到 2013 年的规模。整个高中阶段的招生，2019 年与 2008 年相比也是减少的趋势，12 年间减少了 8.13 万人。高等教育招生数则是一直在增长，特别是 2017 年之后，增长势头强劲。学前、小学、中学教育招生数的连年下滑，说明生源在减少，而且这样的势头还要保持一个时期。

表 5　2008～2019 年河南全省各级普通学校招生数

单位：万人

年份	2008	2009	2010	2011	2012	2013	2014	2015	2016	2017	2018	2019
总数	661.46	654.70	654.64	723.61	740.26	708.34	688.99	703.29	666.61	681.85	694.13	690.65
高教	56.74	57.61	60.66	60.17	65.85	67.47	69.22	72.47	73.80	84.20	96.97	105.30
中职	67.63	73.11	72.47	68.02	63.31	53.06	49.39	47.89	47.79	52.87	50.03	52.94
高中	68.42	64.51	62.85	64.63	66.57	66.11	64.49	67.98	69.53	70.97	72.65	74.98
初中	165.13	160.68	158.81	161.62	158.16	137.71	138.50	138.23	144.13	149.44	159.86	157.87
小学	186.92	184.51	187.86	193.44	190.97	181.06	159.44	169.30	173.16	172.38	173.56	173.76
学前	116.30	114.11	111.96	175.56	195.10	202.60	207.76	207.22	157.93	151.65	140.57	125.34

注：根据历年《河南省教育统计提要》整理，是普通教育的招生数据。总数还包含特殊教育、工读学校等数据。

同时由于政府加大对公办教育的投入，民办教育招生的上升趋势也在减缓。

表 6　2015～2019 年全省民办教育招生数及其占总数的比例

单位：万人，%

	2015 年		2016 年		2017 年		2018 年		2019 年	
	招生数	占比	招生数	占比	招生数	占比	招生数	占比	招生数	占比
合计	194.20	27.61	171.81	25.77	182.24	26.73	189.41	27.29	191.95	27.79
高教	12.00	16.56	13.16	17.83	14.46	17.17	17.97	18.53	22.12	21.01
中职	6.84	14.28	8.54	17.87	10.45	19.77	10.62	21.23	12.19	23.03
高中	11.22	16.50	12.57	18.08	13.68	19.28	15.76	21.69	17.78	23.71
初中	23.53	17.02	25.78	17.87	28.61	19.14	32.69	20.45	33.94	21.50
小学	17.99	10.63	20.08	11.60	22.59	13.10	24.85	14.32	26.30	15.14
学前	122.61	59.17	91.68	58.24	92.46	60.97	87.53	62.27	79.60	63.51

注：根据历年《河南省教育统计提要》整理。合计总数含有“民办的其他高等教育机构”和“特殊教育机构”数据。

从招生数量看，2015 年是一个高点，2016 年跌入谷底。从 2017 年起开始缓慢回升。占比情况与招生情况基本相同。这说明五年间民办教育招生数占整个招生规模的比例大体相当。按这个比例推算，全省整体招生人数的增减则直接涉及民办教育招生数的升降。

学前教育招生情况是其他各级学校招生的基本参照。2015 年以来，全省学前教育招生数持续下跌，决定了全省各级学校招生数在一个时期是下降的趋势。

决定招生规模的前提条件是出生人口数量。查阅河南省 2011～2019 年的人口出生情况，可以看到，从 2011 年起，全省出生人口从 121 万人一直以每年 5 万人左右的速度增长，直到 2016 年增长到 142.61 万人的高点，之后就出现下降。2018 年更是出现了大幅度的减少，由上年的 140.13 万人骤减到 127 万人，2019 年继续下降，出生人口仅有 120 万人，已经低于 2011 年的数据。2018 年出生的孩子，应该是 2021 年、2025 年、2031 年、2034 年幼儿园、小学、初中、高中的新生。出生人口数量的下降，将形成对生源持续的影响。学校的增加，生源的减少，推动教育转型。河南民办教育由规模扩张到质量提升的拐点已经到来。

2. 新的发展阶段

中国当代的民办教育，实际上起步于改革开放后的20世纪80年代。近40年来，民办教育在各级党和政府的关心支持下，和着经济和社会发展的节拍，在不同的历史时期发挥了不同的积极作用。以1982年宪法为起点，以1998年《面向21世纪教育振兴行动计划》发布、1999年开始实施为标志，当代中国民办教育在这17年中完成了“必要补充”的使命；以2000年黄河科技学院升本为起点，以2016年新的民办教育促进法修订案通过为标志，民办教育在这16年中实现了“重要组成部分”的使命；以2017年党的十九大召开为标志，中国民办教育进入新的发展时期，成为教育改革发展的重要力量。河南民办教育的发展是中国民办教育发展的缩影。

3. 规范将是主基调

事业发展到一定程度，会有不少新情况、新问题出现，适应新情况，解决新问题，就需要调适。民办教育规模快速扩张，使其在整个国家教育事业中的比重增加；一些学校内涵建设相对滞后，少数民办教育从业者在发展过程中忽略了教育的社会功能，使得民办教育饱受诟病；新技术、新观念的出现，也要求民办教育及时适应。这些因素都导致了民办教育必须实现转型。

当民办教育由“必要补充”发展到“重要组成部分”阶段，民办教育需要进一步扩大规模。当规模达到一定程度并成为“重要组成部分”时，民办教育就需要及时转型，成为“教育改革发展的重要力量”。在这个过程中，内涵建设、人才培养质量的提升将是民办教育应该解决的主要问题。

2016年11月7日，全国人民代表大会常务委员会通过“民办教育促进法”修正案。2016年12月29日，国务院发布《关于鼓励社会力量兴办教育促进民办教育健康发展的若干意见》，同一天，中共中央办公厅下发了《关于加强民办学校党的建设工作的意见（试行）》。2016年12月30日，教育部、人力资源和社会保障部、民政部、中央编办、工商总局等五部门联合印发了《民办学校分类登记实施细则》，同一天，教育部、人力资源和社会保障部、工商总局联合印发了《营利性民办学校监督管理实施细则》，这些文件都突出了一个特点，即在支持民办教育发展的同时加强规范管理。近年来，规范管理的力度一步步加大，少数民办学校感到了压力。其实，按照党和国家的要求办好有质量的民办教育，既是经济社会发展的需求，又是国家教育改革发展的需求，也是社会、家庭和学生的需求。满足了这些需求，民办学校才会实现真正的发展。

《教育部 2021 年工作要点》提出，关于民办教育，2021 年的目标任务是：理顺民办中小学党建工作管理体制机制，规范民办教育发展。按照工作措施的要求，教育部将会同中央组织部开展民办中小学党建工作年度督查调研，理顺民办中小学党建工作管理体制机制。研究起草《民办中小学年度检查指标体系》。印发有关规范民办义务教育文件，深入开展民办义务教育规范整治专项工作。研究制定关于规范民办普通高中招生工作的实施意见，推动全面落实公民办普通高中同步招生政策。深化民办教育行政审批制度改革。工作的重点是进一步加强规范管理。

（二）发展优势

1. 政府支持

规范管理在一定程度上引发了对于民办教育发展的悲观认识，但这是不可取的。一方面，在民办教育发展的过程中，确实有极少数民办教育学校（机构）办学不够规范，这样的现象如不纠正，势必影响整个民办教育甚至整个教育事业的健康发展；另一方面，真正坚守初心将教育当作事业来做的民办教育人，对于行业的健康发展是渴望的，只有健康的发展，才有长久的生命。从长远看，真正做教育的，不必悲观，实际上，多数民办教育人也没有悲观。

国家支持民办教育发展的战略方针没有变。国务院总理李克强在第十三届全国人民代表大会第四次会议上所做的政府工作报告，对于民办教育的表述，前提仍然是“支持”：支持和规范民办教育发展；发展普惠性学前教育，帮助民办幼儿园纾困。《中共中央关于制定国民经济和社会发展第十四个五年规划和二〇三五年远景目标的建议》也鲜明提出：支持和规范民办教育发展，规范校外培训机构。2017 年 9 月 1 日起实施的新的《民办教育促进法》在总则部分明确提出：国家对民办教育实行积极鼓励、大力支持、正确引导、依法管理的方针。《河南省国民经济和社会发展第十四个五年规划和二〇三五年远景目标纲要》也明确提出：支持和规范民办教育发展，规范校外培训机构。

国家支持的是健康发展的民办教育。

2. 社会认可

改革开放以来河南民办教育由全国后进越过中游，一步步走在了全国的前列，其中的原因，除了政府的支持引导和民办教育自身的努力外，一个重要的因素是社会的认可和支持。多年来民办教育招生数占比逐年增长就是最好的例证。这样的增长说明了考生、家长和社会对民办教育的认可度一步步提高，也说明了民办教育在河南全省社会地位的提高。在中心市区和一些县城，民办学校的学位供不应求，民办学校成为家长和学生的首选，从一个侧面反映了社会对民办教育的认可。这样的基础，为今后一个时期民办教育的健康发展铺平了道路，赢得了舆论的认同。

3. 基础坚实

河南民办教育的现状，为未来的发展提供了先决条件。至少有两个明显的优势。一个是足够大的规模。2020 年全省民办学校在校生已经突破 715 万人，这样的体量为今后一个时期的发展奠定了坚实的基础，在这个基础上可以建造雄伟的大厦。另一个是在发展中形成的成功经验和失误的教训。河南民办教育在坚持教育的公益性原则、致力于发展中国特色民办教育的理念方面进行了行之有效的实践，积累了丰富的经验。新时代的新环境、新要求更加契合河南民办教育的初心，足以实现更有质量的发展。经验可以帮助我们把握未来，教训可以警示我们避免失误。有了这样的基础，加上政府的支持、社会的认同和民办教育自身的努力，河南的民办教育应该也一定会有更加美好的未来。

（三）困难和问题

1. 社会层面

社会层面的主要问题仍然是政策、经费、师资队伍保障等。

2. 自身原因

发展格局与眼光的局限。少数学校站位不高，不能从经济社会发展的全局定位。总是盯着一些眼前的小利益，在办学指导思想上以经济收入为中心（当然，经费是学校发展的生命线，必须保证），但过分追求眼前利益会制约其长远发展。其实民办学校在发展中遇到的许多问题和困难是共性的，希望得到社会各方面的理解和支持，民办教育界也需要团结努力实现健康发展。

对政策环境认识不清。一遇规范就沮丧、就抱怨，这种心态会影响其自身的发展。发展健康的民办教育，是国家教育改革和发展的重大战略，是民办教育自身应该承担的社会责任，只有自身健康了，我们才能百毒不侵，少走弯路，行稳致远。

妄自尊大与枉自菲薄。取得一点进步，有了一点成就就忘了初心。殊不知如果没有国家创设的良好环境，没有社会的广泛支持，没有全体民办教育人的共同努力，所有个人的成就是不可能获得的。遇到一点困难就失去信心，这是定力不足的表现，站在事业发展的高度审视目前的困难，会增强事业发展的自信。

抓小放大。在制定和执行发展战略方针的过程中，重经济利益，忽略了社会影响；重政治荣誉，忽略了自身建设。当然，在发展初期，有些问题是不可避免的，但是到了一定规模后，则必须更上一层楼，将目光放远一些，才能可持续发展。

趋公化导致内生动力衰减。民办教育与公办教育相比，其优势除了观念新、立意高、视野开阔之外，还在于体制机制的灵活、内部机构的精简和运转的高效。但是随着规模的扩大和时间的推移，民办学校被公办学校同化的现象已经出现。据对 8 所民办本科院校的抽样调查，这些学校的内部机构设置不仅近似，而且与公办学校趋同。对 7 所民办专科学校的抽样调查也得到了相似的结果。

同质化带来特色的缺失。民办教育的同质化表现在具有一定规模的学校在机构设置上相近或雷同；在人才培养目标、人才培养方案、人才培养方法等方面也相近或雷同。

据对9所民办本科院校和8所民办专科学校的抽样调查，发现不少专业重复开设率较高。

这些专业集中在土木工程、市场营销、物流管理、国际经济与贸易、英语、计算机、轨道交通、通信工程、物联网工程、电子信息工程、环境设计、旅游管理、机械设计及其自动化、机电一体化技术、建筑工程与技术、汽车检测与维修、工程造价、会计、日语、人力资源管理等方面。这样的重复设置，不但浪费了珍贵的教育资源，使得民办教育失去了鲜明的特色，也导致毕业生就业质量下降，还造成了社会人才分布严重不均衡。

其自身原因还有办学条件不足、协同发展的意识不强、管理体制僵化老化、教学方法滞后、评价标准单一等问题。这些问题都会在一定程度上制约民办教育的健康发展。

三　发展建议

（一）树立高质量发展观

1. 国家的要求

2021年政府工作报告鲜明提出：发展更加公平更高质量的教育。《中共中央关于制定国民经济和社会发展第十四个五年规划和二〇三五年远景目标的建议》提出：到2035年建成文化强国、教育强国、人才强国、体育强国、健康中国，国民素质和社会文明程度达到新高度，国家文化软实力显著增强。国民素质、社会文明程度和国家文化软实力的提高和增强，主要依靠教育。

2. 经济社会发展的需求

教育的发展，不能把眼光仅仅局限在今天，还要看到明天、后天甚至更远。历史的车轮滚滚向前，社会的发展日新月异，我们需要把握经济社会发展的前沿，及时为发展培养需要的人才。一些有远见的民办学校先人一步，及时瞄准跟进发展需要，引进新技术，开设新专业。黄河科技学院最早将本科教育与职业技能培养结合起来，探索地方本科高校科学发展的路子，卓有成效。该校2016年初即推动全校进行数字化转型，走在了全省前列。郑州科技学院革新思政教育手段，将现代科学技术应用于教育的具体实践之中。郑州西亚斯学院在2021年新增备案本科专业7个，分别为“康复治疗学”“工程管理”“表演”“摄影”“数据科学与大数据技术”“大数据管理与应用”“健康服务与管理”专业。这样的调整是高校专业设置和建设的重要组成部分，事关国家战略、高校发展、人才培养和市场需求，具有重要的风向标意义。

3. 自身的需要

如何实现长远而健康的发展，河南民办教育人也在思考。

2021年1月，河南省民办教育协会通过网络平台对全省民办教育参与者、研究者、管理者、关心者和媒体人员就民办教育的高质量发展进行了问卷调查。共收回有效问卷1059份。

参与填写答卷的1059人中，民办学校教师530人，占50.05%；民办教育管理人员430人，占40.61%；研究人员20人，占1.89%；学生和其他人员79人，占7.46%。

参与的主体是民办学校的教师和管理人员，合计占比达到90.65%，问卷结果在一定程度上能反映民办教育参与者的实际看法。

（1）对于“在高质量发展背景下，民办学校应该__________”这个多项选择题，选择最多的是“加强师资队伍建设”。选择此项的有858人，占到81.02%。这说明加强师资队伍建设是实现民办教育高质量发展的最重要的条件。选择“全面提升人才培养质量”的849人，占到80.17%，表现出对人才培养质量的重视。其他如“加快完善现代学校制度”“推进改革，减少中间环节”等选项，选择人数也都在600人以上，占比接近或超过60%。

此项调查结果表明，民办教育管理人员和任课教师等参与民办教育者多数认为，在高质量发展背景下，加强师资队伍建设是实现民办教育高质量发展的最重要的条件，而提升人才培养质量是民办学校发展的目的。

（2）对于“民办教育高质量发展的保障”这个多项选择题，有84.14%的被调查者认为应该是“政府支持”；77.43%的被调查者认为是“社会认可”。70.25%的被调查者认为是“办学方向”；73.84%的被调查者认为是“资金投入”。由此看来，被民办教育研究者普遍认为十分重要的资金问题选择人数占比并不是最高，对于广大被调查者来说，政府支持才是第一位的。

（3）对于近年来政府对民办教育逐步严格的规范管理，84.89%的被调查者认为“必须”；13.79%的被调查者认为“应该”，仅有1.22%的被调查者选择“无所谓”或“没必要”等。这说明在民办教育内部，积极支持并认同规范管理的占到绝大多数。

（4）对于新的民办教育促进法首次提出的“分类管理”问题，47.12%的被调查者选择“符合民办教育发展实际”；36.26%的被调查者选择“能够促进教育发展”。值得注意的是，有13.50%的被调查者选择“可以尝试”，还有3.12%的被调查者选择“行不通”和“其他”，说明在民办教育内部仍有16%左右的人对这个问题持观望态度。

（5）关于学校规模，仍有47.21%的被调查者选择“扩大规模”；有39.66%的被调查者选择“保持规模”；选择“缩小规模”和“随意”的占13.13%。这说明在民办教育内部，认为应该保持或扩大规模的仍占绝大多数。可喜的是，已经有超过10%的被调查者认识到了规模缩小的意义。

（6）对于“提升人才培养质量，要重点关注__________”这个多项选择题，有83.85%的被调查者选择“课堂教学”；76.96%的被调查者选择“校园文化”；71.86%的被调查者选择“家校共育”；56.56%的被调查者选择“社团活动”，说明大家的关注重点仍在课堂教学。可喜的是，已经有越来越多的人认识到了校园文化和家校共育的重要性。

（7）对于评价改革，有45.42%的被调查者认为应重点关注“对学生学业的评价”；31.44%被调查者认为应关注“对教师工作的评价”。“对管理人员工作的评价”和“其他”占到了23.14%。从以往了解的情况看，人们说到教育评价，主要是说对学生学业的评价，通过对学生的评价涉及对教师的评价。本次问卷调查中有将超 1/5 的被调查者关注到了对管理人员的评价，这从一个侧面说明了民办学校管理层改革的重要性。

（8）关于师资队伍建设，42.78% 的被调查者认为最重要的是“师德师风”；29.75% 的被调查者认为最重要的是“优厚待遇”；14.54% 的被调查者认为是“人文关怀”；12.09% 的被调查者认为是“制度管理”；选择“其他”的占 0.85%。分析来看，即使在教师参与人数占比超过 50% 的本次调查中，“师德师风”仍是大家关心的重要问题。

（9）关于推动学校发展的因素，36.73% 的被调查者认为是“内生动力”；29.84% 的认为是“资金支持”；29.18% 的认为是“管理水平”。仅有 2.93% 的被调查者认为是“外因推动”；另有 1.32% 选择“其他”。由此可见，民办教育参与者中多数认为民办学校自身发展主要源于内生动力，而资金问题仅与管理水平并列，至于外因则并不重要。当然，这种认识的前提，是党的建设全面覆盖、政府政策大力支持。

从问卷填写情况看，多数被调查者认为，在高质量发展的背景下，民办学校要加强师资力量建设，推进改革，加快完善现代学校制度，全面提升人才培养质量。要在政府的支持下，坚持社会主义办学方向，严格自律，保持控制或缩小规模，加强课堂教学改革，开展校园文化建设，实现家校共育，改革对学生学习、教师教学和管理人员工作的评价，通过师德师风建设、人文关怀和提升特色，建立科学管理的师资队伍，依靠内生动力和体制机制优势办出特色，提升人才培养质量，完成自身的社会责任，从而在“十四五”时期实现高质量发展。

（二）有战略远见和战略定力，树立长期发展的理念

在高质量发展的环境下，传统的重规模、重速度、重收益的外延式发展道路已经行不通了。民办教育管理者要成为真正的教育家，要站在经济社会发展的高度调整自己的办学思路。要完善以学校章程为核心的制度体系建设，依法依规办学，依章依制管理。健全财务管理制度，确保资金安全；健全教师管理制度，强化师德师风建设；健全学生管理制度，保障学生合法权

益；严格招生制度，遏制违规招生行为；严格收费制度，禁止乱收费；完善内部控制制度、审计监督制度，加强风险防控。真正解决好“怎么培养人”的问题，实现健康发展，良性发展。

民办学校健康发展，关键是紧紧围绕“为谁培养人”“培养什么人”这个根本问题，始终坚持党和国家的教育方针，牢牢把握教育的社会主义方向。这一点，河南民办教育有着优良的传统，并持续发扬光大。2021 年是中国共产党建党一百周年，年初河南省民办教育协会发布党建和思想政治教育专项课题，到 4 月初，全省民办学校申报立项 368 项，课题组成员达到 903 人。

为扎实做好党建工作，河南省民办教育协会计划推出建立一批党建示范基地（已初步确定 30 个进入考核）、研创一篇高水平的党建报告（在河南民办教育蓝皮书刊载）、出版一期党建专刊（《河南民办教育》2021 年第三期）、立项一批研究报告、展映一批红色电影、开展不同形式的党史教育活动、讲述党建故事等一系列接地气的活动，使党建工作贴近师生、贴近生活，真正发挥作用。

有远见的学校，要下决心果断地把规模稳定下来，扎实进行内涵建设，一步一个脚印提高人才培养质量。在已经初具规模的学校，不仅要看到明天，还要着眼未来。尚不具备规模的学校，要认真进行战略思考，不要跟在别人后面走一味扩大规模。事实上，现在再像 30 年前那样办学已经行不通了。世易时移，决不能刻舟求剑。要根据时代发展的大局制定自己的发展方略。当然，这要比单纯的扩大规模困难许多，但这是唯一的出路。要生存，要发展，必须办出特色。

（三）用毅力、智慧克服技术层面的困难

1. 政府

政府对民办教育的支持，重在政策。在条件许可的情况下，尽早帮助民办学校解决经费、师资队伍建设等困难。

2. 自身

实现转型，要紧紧抓住几个重要方面。

一是树立长远发展的理念，借鉴国际国内民办教育发展的成功经验，与河南实际和自身的具体实践相结合，摒弃小农经济的思想，往远处看，朝强处干。二是科学使用经费，将有限的资金投入到提高人才培养质量上。三是注重师资队伍建设，现在引进高学历的教师并不是一件难事，但要注意教师学历、能力和学生水平的匹配度，不要一味追求高学历、高职称。师资队伍建设，以前说的多是政府要为民办学校教师提供和公办学校教师一样的待遇，这很必要。与此同时，教师自身建设也应该重点提上日程。习近平总书记曾这样描述自己心中的好老师："当老师，就要心无旁骛，甘守三尺讲台""教师不能只做传授书本知识的教书匠，而要成为塑造学生品格、品行、品味的'大先生'。"这样的要求应该成为广大教师努力的方向。四是改革管理体制。一些已经形成规模的学校，其内设机构也一应俱全。这些机构的设置很有必要，如果真正践行了服务的宗旨，则一定会充分发挥主动功能，推动学校各项事业发展。问题是有些机构相对重视权力的使用，将服务岗位当成了关卡，使得学校政令不通，信息塞滞，严重影响发展。这就必须当机立断进行改革。黄河科技学院的大部制改革，实现扁平化管理，有效推动了人才培养工作开展。五是尽快转型，不要再一味地扩大规模，应该看到，快速的规模扩张时期已经过去，谁先转型，谁就取得了先机。六是专注人才培养质量提升，这里的质量是指人的全面发展。七是注意凝聚特色，要结合自己的实际，做好教育，有特色才有生命力。八是注意将现代科学技术引进教育教学和学校管理之中，尽快借助人工智能和大数据的力量，提升人才培养效益。九是尽早开展校本研究，为学校的发展和河南民办教育的发展提供智力支持。

教育不是功德就是罪过。庸医误诊，可能会危及一个人的生命；庸师误教，毁掉的有可能是一批人的一生。所以从事教育的人，更应该方向明确，思路清晰，坚定信念，守正出新，用我们正确的努力，助推人的健康成长，助推社会进步。

学段教育篇

Segment Education

B.2
2020~2021学年河南民办高等教育发展报告

李储学*

摘　要：站在实现“两个一百年”奋斗目标的历史交汇点上，河南民办高等教育以高质量党建引领高质量发展，在思政工作、教育教学、“四新”“金专”“金课”建设、社会服务等方面取得新成效，加速向应用技术型大学转型发展。“十四五”时期，河南民办高等教育机遇与挑战并存，新老问题交织。随着改革进入深水区，制约河南民办高等教育发展的主要因素包括现代大学制度有待完善，体制机制和发展模式创新性不足，治理能力建设滞后，人才引进难和人才流失严重并存，教育教学和人才培养质量有待提升，社会服务能力偏弱。河南民办高等教育改革发展离不开各级党委和政府的支持，更

* 李储学，硕士，河南民办教育研究院研究员，黄河科技学院助理研究员，主要研究方向为民办教育、高等教育。

需要强化自身内涵建设，健全现代大学制度，创新办学体制机制，打造过硬干部队伍，推动师资队伍转型，深化教育教学改革，提升社会服务水平，走差异化、特色化、高质量、高水平发展道路。

关键词：河南省　民办教育　高等教育　高质量发展　应用技术型大学

2020年是新中国历史上极不平凡的一年，在党中央的坚强领导下，我国疫情防控阻击战取得重大战略成果，全面建成小康社会取得伟大历史性成就，中国成为世界上主要经济体中唯一实现正增长的国家。高质量发展硕果累累，“十三五”圆满收官，在这样的历史大背景下，河南民办高等教育改革发展蹄疾步稳、好中向优，规模和效益并重，速度和质量并举，取得了一系列新成绩、新进展和新突破。但是，从全国高等教育和全国民办高等教育的大格局来看，河南民办高等教育在一些方面的改革发展已经相对滞后，与先进省市的民办高等教育相比出现了不小的差距。站在实现“两个一百年”奋斗目标的历史交汇点上，河南民办高等教育应当准确识变、科学应变、主动求变，解放思想，重整新装，强化危机意识，创新发展模式，以新思路、新行动育新机、开新局、谋新篇，确保在“十四五”开局之年起好步。深化改革、大胆探索，狠练内功、补齐短板，争取在新时期、新阶段、新征程中加速追赶、对标对表、提质增效，实现高质量发展。

一　2020~2021学年河南民办高等教育发展取得的主要成就

在省委、省政府的坚强领导下，河南民办高等教育坚持育人为本、改革创新、服务地方，实现了全方位发展，成效显、亮点多、成色足、潜力大。

一些民办高校在全国民办高等教育大格局中取得了不错的成绩，为推动河南经济社会和民办高等教育事业高质量发展做出了积极贡献。

（一）党建和思政工作稳步发展

河南民办高校突出党建引领作用，坚持立德树人根本任务，将党建工作与大学生思想政治教育深度融合，把党建工作贯穿于人才培养、科学研究、学校管理、社会服务等工作中，以高质量党建推动高质量发展。河南民办高校在“首批全省高校省级样板党支部”评审中取得了优异的成绩（见表1），基层党组织的作用充分彰显，让党旗在河南民办高校中高高飘扬！2020 年 12 月，教育部办公厅发布了《关于公布第二批高校“双带头人”教师党支部书记工作室建设名单的通知》，遴选产生 100 个第二批高校“双带头人”教师党支部书记工作室，黄河科技学院纳米功能材料研究所直属党支部书记工作室入选。黄河科技学院推进党支部规范化标准化建设，建成了 8 个校级“样板党支部”，充分发挥基层组织战斗堡垒作用，涌现出 16 个校级“先进基层党组织”，后勤集团党总支被评为“河南省高校先进基层党组织”，教务科研处党支部受到省委高校工委的通报表扬。2020 年 12 月，省教育厅印发《关于公布现代学校制度建设试点的通知》，郑州升达经贸管理学院获批成为全省现代学校制度建设试点。

表 1　获批“首批全省高校省级样板党支部”的民办高校

学校名称	支部名称
郑州升达经贸管理学院	管理学院教工党支部
黄河科技学院	校产管理处党支部
郑州工商学院	商学院教工第三支部委员会
河南科技学院新科学院	食工系第一党支部
郑州经贸学院	智慧制造学院教工第二党支部
郑州财经学院	机关二总支部委员会图书馆支部
郑州西亚斯学院	商学院教工第一支部委员会
郑州西亚斯学院	致远住宿书院学生第二支部委员会
商丘学院	机械与电气信息学院教工第一支部委员会

续表

学校名称	支部名称
郑州商学院	工商管理学院学生第三党支部
郑州商学院	艺术学院学生第二党支部
郑州科技学院	电气工程学院教工第一党支部
郑州科技学院	工商管理学院学生第三党支部
河南大学民生学院	传媒学院教工党支部
郑州财经学院	现代物流与管理学院总支部委员会教工党支部
新乡医学院三全学院	精诚书院学生第一党支部
河南科技职业大学	经济与管理学院教职工支部
郑州澍青医学高等专科学校	康复学系学生党支部
南阳职业学院	中医中药学院支部委员会
郑州电子信息职业技术学院	经贸管理系学生党支部
洛阳科技职业学院	智能与数字工程学院党支部

资料来源：河南省教育厅网站文件。

河南民办高校坚持社会主义办学方向，把思想政治工作贯穿教育教学全过程，“三全育人”改革试点成效凸显。在2020年度河南省高等学校思想政治工作优秀品牌评选中，郑州商学院、信阳学院分别获得两项品牌荣誉，郑州科技学院、商丘工学院、河南师范大学新联学院、黄河交通学院、郑州西亚斯学院各获得1项荣誉。信阳学院入选2020年河南省“大美学工”十佳优秀学生工作先进单位，获批2020年度国家社科基金高校思政课研究专项课题，创建2门省级本科高校课程思政样板课程，擦亮“全员德育导师制”“党员发展积分制”“辅导员素质能力大赛”“社团文化节”“公寓文化节”“网络文化节”等品牌，取得了一系列标志性成果，“皮影戏进校园”入选第二届全国“非遗进校园”十大创新实践案例。郑州西亚斯学院课程思政教学研究示范中心入选河南省本科高校课程思政教学研究示范中心；学校推进“书院制”人才培养，遵循“育人为本，德育为先，个性培养，全面发展”的培养理念，着力提升学生的品行修养、人文素养和实践创新能力。黄河科技学院“青年讲坛主题教育活动”荣获全省高校学生工作优秀成果展演活动一等奖，“1234学生工作法”获评全省高校“大美学工十佳优秀学生工作品牌”，两名学生荣获“中国大学生自强之星”；“励志男孩马永恩”“坚强女孩张小文”的奋斗事迹被中央电视台、新华社和《人民日报》等媒体报道。

（二）向应用技术大学转型有序推进

河南民办高校坚持地方性、开放性和应用型办学定位，以校地、校政、校企、校协、校院合作为突破口，推进产教融合、专创融合、理实融合、科教融合，创新人才培养模式，促进教育链、人才链与产业链、创新链有机衔接，向应用技术大学转型发展取得了新的成效。2020 年 7 月，黄河交通学院入选河南省鲲鹏产业学院建设高校。郑州升达经贸管理学院成立昆山学院，与江苏省昆山经济技术开发区人社局、企业等合作建立“政校企合作人才培养基地”和“校企合作人才培养基地”。黄河科技学院以优异成绩通过河南省首批示范性应用技术类型本科院校建设考评；智能制造产业学院入选省级重点现代产业学院。在《广州日报》发布的“GDI 应用大学排行 TOP 800 榜（2020）”中，黄河科技学院位居全国民办高校第 1 名，在全国 910 所本科高校中位居第 117 名。在武书连 2020 中国民办大学综合实力排行榜中，河南有 7 所民办高校进入前 50 名，其中，黄河科技学院位居全国第 1 名，郑州升达经贸管理学院位居第 19 名，郑州工商学院位居第 21 名，郑州科技学院位居第 25 名，郑州商学院位居第 36 名，郑州工业应用技术学院位居第 37 名，信阳学院位居第 45 名。

（三）教育教学改革持续深化

河南民办高校全面贯彻落实全国全省教育大会精神，把一流本科教育作为立校之基，注重将创新创业教育改革作为建设高水平应用技术大学的突破口和促进毕业生高质量创业就业的重要举措，以深化产教融合为主线，与政府、行业、企业、科研院所等共同搭建产教协同育人体系，大力推进教育教学改革，促进企业深度参与、融入人才培养，着力提升教育教学质量。在 2020 年 6 月教育部高等教育司公布的 2019 年第二批产学合作协同育人项目立项名单中，黄河科技学院、郑州商学院各入选 5 项，郑州工业应用技术学院、安阳学院各4项，新乡医学院三全学院、郑州西亚斯学院各3项，河南师范大学新联学院、郑州工商学院、郑州升达经贸管理学院各2项，郑州科技学院、郑州财经学院、信阳学院、河南科技学院新科学院、商丘学院各1项。在2020年度河南省虚拟仿真实验教学项目立项中，郑州工业应用技术学院入选2项，郑州工商学院、新乡医学院三全学院各2项，商丘工学院、郑州商学院、安阳学院、信阳学院、郑州西亚斯学院、郑州经贸学院各1项。商丘工学院教师发展中心入选河南省首批省级教师教学发展示范中心。黄河科技学院、郑州西亚斯学院入选河南省本科生学业导师制改革试点高校。黄河科技学院入选河南省首批学分制管理示范高校。多所民办高校获得河南省高等教育教学成果奖（见表2）。

表2　2019年度河南省高等教育教学成果奖获奖项目名单

主要完成单位	排名	成果名称	奖励等级
黄河科技学院	第二	基于“专创融合”的地方高校创新创业教育生态体系构建与实践	特等奖
黄河科技学院	第一	应用型高校创新创业教育全链条“培养—孵化”体系研究与实践	特等奖
黄河科技学院	独立	应用型高校机械类专业创新创业教育改革研究与实践	二等奖
黄河科技学院	独立	构建多维实践育人体系、培育应用型创意设计人才	二等奖
黄河科技学院	独立	媒体融合视域下新闻采访写作课程教学改革研究与实践	二等奖
郑州财经学院	第一	小学英语教学设计	一等奖
郑州财经学院	独立	应用型本科层次管理类专业实践教学体系构建研究——以物流管理专业为例	二等奖
郑州财经学院	第二	“互联网+”背景下产教融合的SPOC混合式教学模式创新实践研究	二等奖
郑州科技学院	第二	应用型高校参与式思想政治教育体系的探索与实践	一等奖
郑州科技学院	第一	基于“新工科”建设的应用型人才培养模式改革与实践	一等奖
郑州升达经贸管理学院	独立	新形势下民办文科高校转型发展研究与实践——以郑州升达经贸管理学院为例	一等奖
信阳学院	第二	美国哥伦比亚大学通识核心课程体系建设与本科教育国际竞争力提升策略研究	一等奖
信阳学院	独立	卓越乡村小学教师职前培养模式改革研究与实践	二等奖
郑州西亚斯学院	独立	“武秀之”音乐剧人才培养中舞蹈教学改革的研究与实践	二等奖

续表

主要完成单位	排名	成果名称	奖励等级
郑州工商学院	第一	“互联网＋”背景下产教融合的 SPOC 混合式教学模式创新实践研究	二等奖
郑州工业应用技术学院	独立	应用型民办本科院校课堂教学模式探索与实践	二等奖
河南科技学院新科学院	第一	河南省民办高校“六方协同师资培养模式”研究	二等奖
新乡医学院三全学院	第二	“互联网＋教育”视域下师范生教学技能培养“239”模式网络教学平台构建研究	一等奖
新乡医学院三全学院	独立	本科院校生物医药类专业应用型人才培养模式的构建与实践	二等奖

注：根据河南省教育厅网站发布的 2019 年度河南省高等教育教学成果奖获奖项目名单整理而成。

河南民办高校持续深化创新创业教育改革，统筹推进双创平台载体建设与高水平应用技术大学建设，着力构建创新创业教育全链条培养孵化体系，注重让学生进入双创教育孵化平台，亲历模拟、实战训练，将创新创业教育理念融入人才培养过程，不断增强学生的创新精神、创业意识和创新创业能力。黄河科技学院以优异成绩通过教育部首批创新创业示范高校验收，获评优秀（A 类）国家级科技企业孵化器，大学科技园顺利入围国家大学科技园评审认定答辩（全国共 38 家），获批国家级大学生创新创业训练计划立项 25 项，省级立项 55 项；获省大学生创新创业训练计划优秀成果奖 7 项；在河南省“互联网＋”大学生创新创业大赛中，荣获一等奖 1 项、二等奖 3 项，连续 6 年获得“河南省优秀组织奖”；毕业生王玉侠被评为全国第三届“闪亮的日子——青春该有的模样”大学生就业创业人物。郑州工商学院入选全国第二批“供应链建模工程创新基地。郑州科技学院入选河南省首批深化创新创业教育改革示范高校。郑州商学院创新创业实践基地、安阳学院人文素质教育基地等，被认定为河南省本科高校大学生校外实践教育基地。信阳学院获得 2020 年“挑战杯”河南省大学生创业计划竞赛金奖 1 项、银奖 2 项、铜奖 8 项。郑州工业应用技术学院在 2020 年“挑战杯”河南省大学生创业计划竞赛中荣获特等奖 1 项、金奖 4 项、银奖 9 项、铜奖 7 项；毕业学子张珂珂被评为全国“2019～2020 大学生就业创业年度新闻人物”。郑州工业应用技术学院众创空间、黄河交通学院众创空间、河南大学民生学院创客空间、洛阳科技职业学院洛克8众创空间通过河南省高校众创空间建设项目验收考核。

（四）“四新”建设迈出新步伐

河南省民办高校积极发展新工科、新医科、新农科、新文科，优化学科专业布局，着力压缩“平原”，多建“高峰”，努力把国家战略急需的学科做精，把新兴交叉融合的学科做实，把传统的优势学科做强，不断强化学科高点，培育学科重点，扶持学科增长点。河南民办高校在2020年度河南省新工科、新农科研究与改革实践项目立项中迈出了新步伐，多所学校成功入选（见表3）。郑州科技学院新文科专业实习基地、商丘学院新文科专业实习基地、郑州升达经贸管理学院新文科专业实习基地被认定为河南省本科高校大学生校外实践教育基地。

表3　2020年度河南省新工科、新农科研究与改革实践项目立项的民办高校

学校名称	河南省新工科研究与改革实践项目	河南省新农科研究与改革实践项目	共计
黄河科技学院	1	2	3
商丘学院	1	1	2
郑州科技学院	1	—	1
郑州工业应用技术学院	1	—	1
郑州升达经贸管理学院	1	—	1
商丘工学院	1	—	1
郑州商学院	1	—	1
黄河交通学院	1	—	1
安阳学院	1	—	1
信阳学院	1	—	1
郑州工商学院	1	—	1
河南师范大学新联学院	1	—	1
新乡医学院三全学院	1	—	1
河南科技学院新科学院	1	—	1
中原工学院信息商务学院	1	—	1

注：根据《河南省教育厅关于公布2020年河南省新工科研究与实践立项项目的通知》和《河南省教育厅关于公布2020年度河南省新农科研究与实践改革项目的通知》统计整理而成。

（五）“金专”和“金课”建设取得新进展

河南民办高校坚持以学生为中心，瞄准河南省和国家战略需求，对接河南省电子信息、装备制造、新型材料制造等优势主导产业，智能传感器、现代生物和生命健康、新一代人工智能、5G产业等战略性新兴产业，以“四新”建设引领专业结构调整优化和内涵提升，建立招生计划、人才培养和就业联动的专业动态调整机制，加强一流本科专业和专业集群建设，一批专业入选河南省一流本科专业建设点（见表4）。

表4　获批河南省一流本科专业建设点的民办高校及独立学院

学校名称	2020年度	2019年度	总计
黄河科技学院	3	6	9
中原工学院信息商务学院	2	3	5
郑州西亚斯学院	3	1	4
郑州升达经贸管理学院	1	3	4
河南师范大学新联学院	1	3	4
郑州科技学院	2	1	3
郑州工业应用技术学院	2	1	3
河南大学民生学院	2	1	3
郑州商学院	1	2	3
商丘学院	1	1	2
信阳学院	—	2	2
商丘工学院	—	1	1
黄河交通学院	—	1	1
郑州财经学院	—	1	1
郑州工商学院	—	1	1
安阳学院	—	1	1
新乡医学院三全学院	—	1	1

注：根据《河南省教育厅关于2019年度河南省一流本科专业建设点拟立项名单的公示》和《河南省教育厅关于2020年度河南省一流本科专业拟立项建设名单公示》统计整理而成。

河南民办高校按照“高阶性、创新性、挑战度”建设原则，全面深化课程体系、课程内容、教学模式、评价模式的改革创新。引入行业企业标准，推动课程内容与行业标准、生产流程、项目开发等产业需求科学对接，重构能力本位课程体系，着力打造了一批“金课”，入选首批省级一流本科课程（见表5）。其中，黄河科技学院坚持“金课”标准，加强课程建设，获批省级一流课程认定4门、省级精品在线开放课程2门、省级创新创业教育在线公益课程2门、省级思政样板课4门、省级本科教育线上教学优秀课程20门；开展项目式教学、案例教学、校企合作特色课程等183门。

表5　河南省民办高校及独立学院获批首批省级一流本科课程统计

学校名称	线上一流课程	线下一流课程	线上线下混合式一流课程	社会实践一流课程	共计
郑州西亚斯学院	—	1	3	1	5
黄河科技学院	—	3	1	—	4
郑州科技学院	—	2	2	—	4
郑州工业应用技术学院	—	1	2	—	3
郑州升达经贸管理学院	—	2	1	—	3
郑州商学院	—	—	2	1	3
信阳学院	—	1	1	1	3
中原工学院信息商务学院	—	1	2	—	3
河南师范大学新联学院	—	1	1	—	2
新乡医学院三全学院	1	—	1	—	2
河南师范大学新联学院	—	—	—	1	1
商丘工学院	—	1	—	—	1
商丘学院	—	1	—	—	1
黄河交通学院	—	1	—	—	1
郑州财经学院	—	1	—	—	1
郑州工商学院	—	1	—	—	1
安阳学院	—	1	—	—	1
河南大学民生学院	—	1	—	—	1
河南科技学院新科学院	—	1	—	—	1
河南科技职业大学	—	1	—	—	1

注：根据《河南省教育厅关于公布首批河南省一流本科课程认定结果的通知》统计整理而成。

（六）社会服务能力不断提升

河南民办高校聚焦政府决策、地方产业转型升级、企业发展、社会建设中的重大课题，发挥资源和服务优势，主动融入地方发展，积极对接社会需求，建设新型智库、研发机构等，大力开展调查研究，加强横向课题研究，促进科技成果转化，产生了一批高水平成果，为地方发展提供了高质量决策咨询服务。黄河科技学院中国（河南）创新发展研究院开展沿黄乡村振兴示范带和双创带动就业等专题调研；生态文化研究中心开展“黄河生态保护与文化传承”沿黄实地考察和专题调研。全国政协副主席邵鸿到黄河科技学院调研时对智库建设高度评价。黄河科技学院大中型科学仪器设备全部加入河南省大型仪器协作公用网，对省内外40多家高校和科研单位提供技术服务超过7万次；师生参与黄帝故里拜祖大典、中国金鸡百花电影节颁奖典礼等大型活动18场，承办高端培训项目12项。信阳学院2018年、2020年接连举办第一和第二届“中国民办高等教育论坛”；信阳优秀传统文化传承馆入选河南省第二批非物质文化遗产示范展示馆。郑州升达经贸管理学院与襄城县新时代文明实践中心结对，开展脱贫攻坚爱心帮扶及志愿服务活动。

二　当前河南民办高等教育改革发展中的主要问题

随着高等教育综合改革进入深水区，攻坚任务更加繁重，河南民办高等教育发展中一些深层次的矛盾和问题更加凸显，制约了民办高校高质量发展。这些矛盾和问题躲不过也绕不开，慢不得也等不起，不早思考、早谋划，不下大力气去攻克、去解决，就会在新一轮的高等教育竞争中失去优势和机遇。当前，制约河南民办高校教育改革发展的因素有很多，但是，最突出、最关键、最根本的问题主要表现为以下六个方面。

（一）现代大学制度有待进一步完善

健全的现代大学制度是保证民办高校沿着正确轨道前进，实现科学发展、内涵发展和高质量发展的根本遵循。目前，河南民办高校现代大学制度建设相对滞后，虽然已经制定出台章程和各类规章制度，但是落实力度不够，一些好的制度被“束至高阁”，其作用没有得到最大程度的发挥。制度的生命力在于执行，好的制度关键是要落实落地、见行见效，把制度优势转化为治理效能，推进治理体系和治理能力现代化，河南民办高校在这方面还缺乏有效的举措。同时，在教育教学、人才培养和管理服务等方面，还存在制度不完善的问题，存在不适宜、不配套、不衔接、不协调等现象。民办高校与政府、民办高校与社会的关系尚未理顺，对市场的适应性和社会参与度不足。内部治理结构不健全，教授治学和民主管理流于形式，缺乏实质性的进展，营利性民办高校教师缺乏监督、内部分权制衡机制不合理，非营利民办高校捐助法人属性不明确、党委和教师监督机制缺失。[①] 普通教职工参与治理的积极性、创造性没有得到足够的尊重和激发，师生的知情权、表达权、参与权和监督权有待进一步加强。

（二）体制机制和发展模式创新性有待加强

民办高校最大的优势在于体制机制灵活，能够在机构设置、资源配置、人才聘用、抢抓机遇、任务攻坚等方面快速行动，取得成效。但是，随着改革发展，河南民办高校的这一优势越来越不明显，很多民办高校的领导干部和教职工表示“民办高校越来越像公办高校了”，这一感受反映出民办高校的体制机制僵化，在发展模式、办学模式、管理模式等方面，都在学习和模仿公办高校，甚至在人才培养方案、教职工职称评审、绩效考核指标体系等方面，也与公立大学非常相似，没有充分考虑民办高校的服务面向、办学定位和人才培养目标。这就导致一个问题：对公办大学的好经验好方法学习、

① 黄勇升：《民办高校法人治理结构的反思与重构》，《江苏高教》2021 年第 2 期。

借鉴、吸收和消化不足，又没有体现出自身的特色和优势，出现“四不像”的现象。并且，随着民办高校办学规模的不断扩大，在发展过程中也出现了一些阻碍改革深化和高质量发展的问题，比如形式主义、官僚主义、本位主义、个人主义、命令主义、事务主义等，这些问题既是作风问题，也反映出民办高校在体制机制上缺乏有效的创新，发展模式上存在路径依赖，对消除既得利益集团阻力、推进全面深化改革的决心和力度还不够。并且，民办高校二级学院的权力配置，呈现出重管理轻治理、重市场轻公益、重行政轻学术倾向。①

（三）治理能力建设有待增强

河南民办高校在依法治教、依法办学、依法治校方面取得了显著的成效，但是，在治理能力建设方面还存在一些不足，主要表现为四个方面。一是家族式管理的现象比较普遍，管理的制度化、规范化和科学化水平有待提高，亟须由“人治”向“法治”转变。二是领导干部能力建设不足，还没有建立完善的能力提升制度及相应的配套措施，很多领导干部都是伴随着学校建立和发展而成长起来的，是学校的“老人”，忠诚度高，熟悉学校管理和运行方式，但也缺乏现代管理理念和方式方法；河南民办高校引进了很多从公办高校、事业单位退休的领导干部，是学校的“新人”，他们具有丰富的领导经验和管理实践，但往往在工作中出现“水土不服”等现象，限制了其作用的发挥。同时，河南民办高校的领导干部缺乏有效的学习、交流和培训，在新形势、新目标和新挑战面前，也不同程度地出现了“本领恐慌”的现象。三是对干部和教职工的绩效考核机制不够完善，考核指标体系没有充分体现学校的发展目标、发展战略和重点任务，绩效考核“指挥棒”的作用没有得到有效发挥。在用人导向上，更倾向于管理能力和执行能力，轻视和忽视了高校领导干部对教育教学规律、人才成长规律、市场规律的掌

① 张海鹏：《民办高校二级学院的权力配置：行动逻辑、现状反思与完善路径》，《教育发展研究》2020 年第 7 期。

握，也在一定程度上导致了行政化倾向。四是民办高校的领导干部一般任期很长，干部队伍老龄化，影响了青年人才的晋升机会和发展空间，导致组织活力、创新力不足。

（四）人才引进难和人才流失严重现象并存

虽然国家和河南省都大力推进民办教育分类管理，但是还缺乏落实非营利性民办高校与公办高校同等待遇、支持非营利性民办高校发展的配套政策和具体措施，民办高校登记为“民办非企业”，与公办高校和事业单位相比，在工资、五险一金、福利待遇等方面均存在较大差距，导致民办高校在引进高层次人才、青年博士人才上缺乏竞争力和吸引力。另外，民办高校人才流失现象依然比较普遍，民办高校教职工在考取博士研究生、通过公务员和事业单位考试、晋升高级职称后，会选择离职或“跳槽”，导致民办高校教师队伍不稳定，影响了教学团队、科研创新团队以及学科专业的持续健康发展。河南民办高校在教师发展方面的投入也存在不足，比如教师发展中心建设起步晚，经费和设施配备相对不足，缺乏科学明确的发展规划和建设目标，教师发展中心在层次和水平上有待提升，开展教师培训的针对性和实效性欠佳，教职工到国内外高校做访问学者、进修，到企业挂职锻炼，进行人才交流，参加学术会议的机会较少，不利于教职工视野的扩展和技能的培养。另外，对青年人才成长和培养缺乏健全的工作体系，青年人才教学工作量普遍比较大，还要疲于应对各种检查、考核、参观和材料准备工作，难以保证足够的时间和精力专注教学、科研和个人发展。

（五）教育教学和人才培养质量有待提升

教育教学和人才培养质量是民办高校的生命线，在高等教育普及化阶段，更需要重视质量提升、特色发展。目前，河南民办高等教育在教育教学和人才培养中存在四个方面的不足。一是学科专业的“适应性”不足，专业设立、预警和退出机制不够健全，在新专业的开设上对战略性新兴产业的回应滞后，专业体系大而全，但缺乏高精尖的特色专业、优势专业和国家级一流本科专业，学科专业的竞争力不强。二是人才培养模式的“创新性”不足，人才培养方案没有充分反映人才培养目标定位，产教融合、校企合作缺乏实质性的进展，各类平台、资源在人才培养过程中没有发挥最大化的效用，针对不同发展需求的分阶段、模块化、个性化教育教学探索实践还比较欠缺。三是教师“教”的能力不足，教师教学创新能力不强，对学科专业前沿发展掌握不够，对新知识、新技能、新模式、新方法等缺乏足够的了解，教学方法依然比较传统单一，对学生的兴趣、独立思考精神、创新创业意识的培养不足，课堂上教的与岗位上用的不相适应。根据2021年3月中国高等教育学会发布的《2012～2020年全国普通高校教师教学竞赛状态数据（本科）》，河南民办本科高校在教师教学能力和水平方面还存在较大提升空间，郑州科技学院位居全国第337名，郑州西亚斯学院位居第594名，新乡医学院三全学院位居第657名，郑州商学院位居第732名，郑州工业应用技术学院位居第748名，河南大学民生学院位居第791名，商丘工学院位居第829名，郑州工商学院位居第833名，郑州经贸学院位居第882名，黄河科技学院位居第895名，河南师范大学新联学院位居第916名，商丘学院位居第926名，郑州升达经贸管理学院位居第987名。河南民办高校与其他省市的民办高校相比也存在一定的差距，根据《2012～2020年全国“民办及独立学院”教师教学竞赛状态数据》，位居前十名的分别是西京学院、大连东软信息学院、南京医科大学康达学院、燕山大学里仁学院、黑龙江外国语学院、郑州科技学院、东南大学成贤学院、天津天狮学院、广东白云学院、湖南信息学院；前五十名中，河南省仅有郑州科技学院进入，位居第六。四是学生“学”的能力不足，在有含金量的学科竞赛中表现不佳，缺乏适应新一轮科技革命和产业变革所需要的动手能力、实践能力、应用能力、创新能力和综合素质，与用人单位所急需的高素质应用型人才目标还有不小的差距。根据2021年3月中国高等教育学会发布的《2016～2020年全国“民办及独立学院”大学生竞赛排行榜前20》，河南省民办高校没能进入前20名。

（六）社会服务能力有待加强

近年来，河南省一些民办高校在“三下乡”、高端智库建设、专利授权量、承接职业技能培训等方面取得了一定的成绩，但整体而言，河南民办高校的社会服务能力和水平还不足。在服务企业发展方面，主要表现为“四少”，即横向课题数量少、横向经费少、专利转让少、高水平应用型科研成果少。在服务乡村振兴方面，缺乏整体性、系统性、协同性的顶层设计，主动融入乡村振兴战略的程度、深度、精度不够，没有找准结合点，缺乏有效的对接与合作机制。在服务决策咨询方面，与地方政府、企业、社区等主体的交流互动不足，参加各级党委和政府组织的座谈会较少，为行业企业和地方发展提供的调研和决策咨询服务也较少，被采纳应用的成果凤毛麟角。在职业技能培训方面，对于培训中心建设发展目标和实施方案缺乏清晰的规划，培训的制度化、专业化和科学化水平有待提升。而导致社会服务能力不足的一个重要原因是学校应用型导向不明，引导、支持和激励制度不完善，民办高校的资源优势没有与社会服务的实际需求进行精准有效的匹配。办学理念功利化致使民办高校战略规划短视，办学经费来源单一，影响民办高校办学质量进一步提升。①

三　河南民办高等教育深化改革发展的建议

河南民办高校应明确“十四五”时期的发展目标及战略重点，科学谋划、高位推进。首先需要强化自身内涵建设，走差异化、特色化、高质量、高水平发展道路，切实提升服务地方经济社会发展能力。同时，也离不开各级党委和政府的支持，应借鉴陕西、广东等省份的经验做法，制定出台更加具体更有力度的民办高等教育扶持政策，落实非营利性民办高校与公办高校

① 史秋衡、张纯坤：《民办高校发展的内在逻辑：重构与转型路径》，《高校教育管理》2020年第4期。

享受同等待遇，加大财政支持力度，扶优扶强，支持民办高校提升办学层次，开展专业学位研究生教育。例如，根据 2021 年 3 月广东省教育厅公示的《关于 2021 年省级教育发展专项资金（民办教育发展方向）安排方案》，37 所民办高校安排专项资金 9510 万元。河南民办高等教育高质量发展还需要多方联动，尤其是需要深化产教融合、校企合作，为地方培养更多高素质高技能人才，提供更多高品质服务。

（一）健全现代大学制度，优化内部治理结构

民办高校是我国高等教育事业的重要组成部分，办好中国特色社会主义民办大学，必须坚持和加强党的全面领导，推进依法治校，加快健全现代大学制度，推进学校章程的学习宣传和贯彻落实，持续优化内部治理结构。在党建工作方面，要认真贯彻落实中共中央组织部等 5 部委印发的《民办学校党建工作重点任务》，加强基层党组织建设，配齐建强民办高校党务干部队伍，推动党建与业务工作深度融合，以高质量党建引领民办高等教育高质量发展。在民办高校与政府的关系方面，建立健全常态化的联系机制，构建新型政校关系，进行更多的信息交流和沟通，让政府更充分地掌握民办高校在改革发展中遇到的问题、瓶颈和诉求，让民办高校更清晰地理解政府的新政策导向、新目标要求和新安排部署，实施更多的支持政策、合作项目等，建立公办高校与民办高校的对口帮扶机制，共同推进河南民办高等教育高质量发展。在民办高校与社会的关系方面，积极争取行业企业和社会各界的支持，构建利益共同体和产业发展联盟，在组织、平台、人才、信息、技术等方面进行精准的对接，以共同利益为纽带，让企业和社会更深入地参与民办高校办学和人才培养全过程各环节。在内部治理结构方面，加快推进教授治学，进一步加强民主管理，充分尊重教授、一线教职工的意见和建议，让更多的普通教师、学生参与到学校治理和服务工作中，推进民办高校治理体系现代化。

（二）创新办学体制机制，激发各级组织活力

河南省应该引导和支持多元化的办学体制，在单一的民办体制之外，积

极发展股份制、混合所有制、民办公助、集团化办学、基金会办学等多种办学方式，对标西湖大学、吉林外国语大学等典型民办高校，加快推进分类管理、分类发展，创新扶持政策，在中原大地上建设发展起一批高水平民办大学。河南民办高校自身需要重视并发挥体制机制灵活优势，深入解放思想，积极探索创新，激发学校各级组织的活力和创造力。一是创新管理体制，转变集权型的管理体制，实现集权与分权相结合，既保证集中优势资源攻坚克难，又保证基层的积极性和创造性得到充分发挥，也减轻了校领导班子工作负担，从具体事务中抽身，把主要时间和精力用于谋划学校改革发展的重大战略和重点项目。同时也要转变自上而下的管理模式，注重上下之间、左右之间的互动与协同，打破部门、院系之间的组织壁垒，实现资源优化配置，减少重复建设浪费。二是创新治理机制，建立常态化的调研机制、校领导与师生座谈机制、利益表达和维护机制、多元参与治理机制等，真正做好汇集众智、凝聚众志、善用众力，让民办高校成为所有教职工事业成长发展的家园，成为广大学生实现梦想的舞台。三是创新绩效考核机制，突出应用型办学定位，推行目标管理责任制，建立健全责任清单制度，加强对突出业绩、重要工作、攻坚任务的考核，消除干多干少一个样、干与不干一个样等问题，进一步提高教职工工资和福利待遇，奖优惩怠，科学激励，用鲜明的考核导向引领教职工朝着学校发展目标努力奋斗。三是创新数字技术应用，坚持以学生为中心、以服务教学为中心，加快推进数字化转型发展，借势新一代信息技术推进治理体系和治理能力现代化，尤其是要推进管理服务工作数字化转型，加快智慧校园建设，推进“一站式”服务平台建设，用现代管理理念、先进管理手段、科学管理方法，管出公平、管出效率、管出活力。

（三）加强能力素质建设，打造过硬干部队伍

河南民办高等教育改革发展应当重视民办高校干部队伍建设，从政府层面来讲，应在经费上给予支持，定期开展民办高校干部培养培训工作，为民办高校领导干部交流、借调、挂职锻炼等提供机会和平台。从民办高校自身

来说，有四个着力点。一是建立领导干部培养培训的制度体系，围绕学校发展目标和发展定位，制定干部队伍建设方案，制定配套制度和具体措施，推进干部队伍培养培训朝着制度化、规范化、科学化和常态化方向发展，不断提高干部队伍对新形势、新任务、新挑战的适应能力、应对能力和驾驭能力。二是建立返聘干部发挥作用机制，充分发挥从公办大学、事业单位等退休后来民办高校工作的领导干部的优势和作用，让他们更好地融入民办高等教育事业改革发展中，发挥更多的光和热。三是鼓励和支持更多专家教授走上领导岗位，打造专家型领导和学者型领导干部队伍，尤其是注重吸纳深耕教育教学，在人才培养、应用型科研、社会服务、创新创业等方面具有丰富经验的人才进入领导干部序列。四是建立健全干部选用制度，树立风清气正的选人用人风向标，谁能干就让谁干，让有为者有位，让无为者让位，在学校改革发展的重要节点、关键时刻和大事要事上考察领导干部，防止任人唯亲唯近，清除“二传手”干部、“踢皮球”干部等，重视和关心老实人、正派的人、不巴结领导的人，建立健全识才爱才敬才用才的良性机制，让更多千里马竞相奔腾。

（四）坚持引进培育并举，推动师资队伍转型

针对河南民办高校人才引进难、人才流失率高等痛点难点问题，急需政府和民办高校双向发力。一方面，政府需要加大支持力度，创新性地制定和出台利好政策，帮助民办高校加强人才队伍建设，比如支持民办高校教师参加教学能力培训、在职考取博士研究生、做访问学者等。另一方面，民办高校自身也要加大投入力度，拿出更多的诚意、更多的资金、更多的配套服务，大力引进优秀博士人才、高层次人才等，同时注重加强对现有师资队伍的培养培训。一是加大人才引进培育的资金投入力度，提高博士人才工资和福利待遇，在住房、配偶工作、子女入学、五险一金等方面提供更有竞争力的引进方案，同时，通过鼓励和支持教职工在职读博、访学、挂职锻炼等多种方式，为个人职业发展提供广阔空间和事业平台，不断提升教师队伍整体水平。二是加强学科带头人和中青年学术梯队建设，坚持引进人才和培养人

才相结合，选拔一批教学成果显著、科研创新能力强、技术水平高的优秀青年教师进行重点培养，培养出一批教学骨干、学术骨干以及能够改进企业产品工艺、加快产业升级改造的技术技能骨干青年教师，形成教学科研能力强的中青年教师梯队。三是推进教职工培养培训体系建设，加强教师发展中心建设，构建“双师双能型”教师培养培训体系，促进专业教师从单一教学型人才向教学、科研、实践的“双师双能型”人才转化。四是完善教师考核评价体系，推动师德师风建设常态化、长效化，探索和完善教师考核的多元评价与分类管理，避免同质化建设，将教师的教学效果和学生对教师的评价结果有效纳入教师职称评聘、职务晋升、评优评先、奖优罚劣等过程中。

（五）突出质量效益导向，深化教育教学改革

河南民办高校的目标定位是高水平应用技术型大学，必须坚持“以本为本”，推进“四个回归”。一是加强高水平学科专业建设。国家“十四五”规划和2035年远景目标纲要提出，要建立学科专业动态调整机制和特色发展引导机制，增强高校学科设置针对性。河南民办高校应以新理念、新形态、新方法引领带动“四新”建设；瞄准河南省国家战略需求和战略性新兴产业需要，紧密对接地方产业链，聚焦服务面向，优化资源配置，大力建设国家级一流本科专业，打造品牌专业，形成特色应用型本科专业集群；完善专业动态调整和专业结构优化长效机制，形成特色鲜明、结构优化、布局合理、支撑发展的学科生态体系。二是加快推进产业学院建设。依托优势专业集群，联合地方政府、行业协会、龙头企业、科研院所，建设产业学院，将产业学院打造成“产、学、研、转、创、用”为一体，多功能、多主体深度融合的新型实体。三是大力推进一流课程建设。对标国家级一流本科课程建设标准，引入行业企业标准，着力打造“金课”，淘汰“水课”。加强应用型课程、网络课程和资源共享平台建设，构建融学科、专业、产业、职业、创业等课程为一体的应用型模块化课程体系。深化实践教学改革，持续加大实验室开放力度，全面促进大学生创新实践能力培养。四是加强师生创

新创业能力培养。全面加快产学研一体化建设，加强科技园、孵化器、众创空间等创新创业教育平台建设，加大与政府、企业、科研院所的合作力度，共建生产性实训基地、科技创新平台、企业工作室等，促进教育链、人才链与产业链、创新链有机衔接，推进科技成果转移转化，提升师生的实践能力和创新能力。五是完善教学质量评价体系。建立与高水平应用型本科高校建设目标相匹配的教学质量、人事考核、管理效能等评价体系，全面推进质量文化建设，将质量意识、质量标准、质量评价、质量管理等落实到教育教学各环节。

（六）聚焦地方发展需求，提升社会服务水平

河南民办高校应强化服务需求导向，把办学思路转移到服务国家需要和地方经济社会发展上来，确保自身发展的小逻辑服从于经济社会发展的大逻辑，精准对接地方需求，健全校际融合和跨界协同体制机制，构建区域发展共同体①，实现校地发展同频共振，以高质量办学增强内生性筹资能力，以大力度开放办学拓展社会筹资渠道。② 一是加强校政合作，进一步推进民办高校与政府建立合作伙伴关系，签订战略合作协议，争取更多的政策和资源支持，将建设高水平应用技术大学与服务地方经济高质量发展有机统一，积极融入乡村振兴等重大战略，承担政府和社会各界职业培训，与地方形成良性的互动。二是深化校企合作，积极开展横向研究和成果转化，建立完善的科技成果转化全链条服务和运营体系，开展技术转移转化、政策咨询、培训指导等社会服务，以贡献获取教育资源和经费。三是建设高端智库，与政府、大学、科研院所合作，共建特色新型智库，聚焦区域经济社会发展重大课题，接受地方政府和企业委托开展调研，进一步增强资政服务能力，为政府、企业等提供决策咨询服务。四是助力职业技

① 高宏赋：《构建融合发展共同体：民办高校服务区域的趋势》，《教育发展研究》2020 年第 5 期。

② 吕宜之：《分类管理视域下非营利性民办高校多元筹资的境遇与对策》，《教育与经济》2020 年第 5 期。

能培训，充分发挥师资、平台、设备、场地等资源优势，积极举办和承办农民工、下岗工人、大学生村官、乡村医生、退伍军人、公务员等培训任务，切实将优势资源转化为提升地方人力资源素质、推动地方经济社会发展的实际效益，在河南出彩、中原崛起的进程中贡献民办高等教育的智慧和力量。

B.3
2020 ~ 2021学年河南民办职业教育发展现状及建议

王公博 *

摘　要：　我国经济已由高速增长转向高质量发展阶段，正处在发展方式转变、经济结构变革、增长动力转换的关键时期，需要加快发展现代职业教育，从而优化人才结构、扩大有效供给，为促进经济社会发展和提高国家竞争力提供合适的人才支撑。但高素质技术技能人才供给与需求之间的结构性矛盾仍然突出。这样的矛盾给职业教育提出了高质量的要求，要求人才培养的高质量，学校教育教学的高质量和服务社会的高质量。河南民办职业教育迎来了新的发展机遇。

关键词：　民办教育　现代职业教育　技术技能人才

到2020年，中国已经连续十一年保持世界第一制造大国的地位。中国由制造业大国向制造业强国发展的趋势不可阻挡。传统观点认为，制造业就是笨大粗的、劳动强度大的传统行业，这是一种片面的认识。实际上制造业是衡量一个国家生产力的重要指标，互联网、大数据、人工智能等都在提高制造业的能力，制造业的现代化水平也在不断攀升。推动中国由制造业大国向制造业强国发展的重要因素是人，是经过职业教育培养和生产科研锻炼的

* 王公博，郑州机电工程学校高级讲师。研究方向为职业教育、民办教育。

新时代的高素质技术技能人才。

河南是职业教育大省，根据教育部公布的数据，2019 年，在全国 31 个省、自治区、直辖市中，河南的中等职业教育在校生达到 1110637 人，不但排名第一，而且是当年唯一一个中等职业教育在校生规模超过百万人的省份，比排名第二的广东省多出了 250969 人。

在中国由制造业大国走向制造业强国的同时，河南也在由职业教育大省走向职业教育强省，这既是经济和社会发展的需要，也是教育本身发展的需要。在这个过程中，河南民办职业教育的现状如何，又面临着怎样的走势，在“十三五”和“十四五”的交接之年，应该简单回顾总结一下，及时分析主客观环境，做出发展规划。

一　当代河南民办职业教育的发展轨迹及其在全国的地位

当代河南民办职业教育，发端于 20 世纪 80 年代初，是与国家发展的大势紧密相连的。1982 年的《宪法》打开了民办教育发展的大门，河南民办教育的复苏最先就是从初级的职业教育开始的，主要集中在基本的技能培训方面。随着国家对职业教育加大重视，民办职业教育也一步步发展起来。2020 年，河南民办高等职业教育在校生达到 29.38 万人，占到全省高职高专在校生总数的 23.66%。全省民办中等职业教育在校生达到 30.65 万人，占到全省中等职业学校在校生总数的 21.32%。整体上看，民办高等职业教育和民办中等职业教育都占到了全省 1/5 的份额。

（一）规模发展

1. 民办高等职业教育

河南民办高等职业教育的规模在“十三五”期间呈增长的趋势，由 2016 年的 15.22 万人增长到 2020 年的 29.38 万人，五年间增加了 14.16 万人。这个增长是和全省高职高专规模的增长同步的，但是增幅没有公办高职高专大，所以民办高等职业教育在校生规模在全省整个高等职业教育中的占比有所下降。

表1　2006～2020年河南民办高职高专院校发展情况

年份	2006	2010	2012	2013	2014	2015	2016	2017	2018	2019	2020
学校数(所)	9	15	19	20	20	20	20	20	20	20	24
占全省比例(%)	16.07	24.19	26.03	25.97	25.97	25.97	27.03	25.32	24.10	23.81	25.53
在校生(万人)	6.40	11.18	10.04	10.31	12.11	13.83	15.22	17.74	19.93	24.92	29.38
占全省比例(%)	17.38	21.07	18.75	20.61	23.85	18.21	26.06	26.54	26.24	28.17	23.66

资料来源：历年《河南省教育统计提要》。

从2006～2020年的发展情况看，河南民办高等职业教育规模呈现增长的趋势，在全省高职高专总规模中的占比整体上是增长的，虽然个别年份出现了下滑，但对总趋势影响不大。但是2020年的减少，应该是一个信号。

2. 民办中等职业教育

河南民办中等职业教育的在校生规模在“十三五”期间呈增长的趋势，由2016年的19.62万人增长到2020年的30.65万人，五年间增加了11.03万人。这个增长是和全省高职高专规模的增长同步的，与民办高职高专不同的是，民办中等职业教育的在校生规模无论是人数还是占比都是呈现增长的趋势。

表2　2006～2020年河南民办中职学校发展情况

年份	2006	2010	2012	2013	2014	2015	2016	2017	2018	2019	2020
学校数(所)	133	305	234	218	215	205	190	186	170	157	144
占全省比例(%)	13.00	26.99	25.43	24.25	24.29	23.43	23.75	23.57	22.52	23.47	22.54
在校生(万人)	14.53	35.30	24.48	18.61	16.72	16.89	19.62	23.30	26.54	28.80	30.65
占全省比例(%)	10.60	18.65	14.08	12.64	12.15	12.85	15.30	17.49	19.42	20.89	21.32

资料来源：历年《河南省教育统计提要》。

学校数从2012年开始逐渐减少，但在校生人数经历了2012～2014年减少后，又开始逐年增加，说明民办职业学校的校均规模增长的幅度较大。2010年全省民办中等职业学校的校均规模约为1157人，到2020年增长到约2128人，是2010年的1.84倍。

（二）河南民办职业教育、职业教育与普通教育的比较

1. 全省中职教育在高中教育阶段所占的比例

1978年河南中等职业教育招生数仅占全省高中段招生总数的4.00%，到1997年发展到高点，占到高中阶段招生总数的69.7%。之后开始减少，到2002年减少到低点，仅占41.60%，之后缓慢回升，到2010年上升到53.56%，之后就开始下滑，虽2017、2019年小幅回升，但总体依旧下滑，降到2020年的40.12%。

表3　1978～2020年河南中等职业学校和普通高中招生数占高中段招生总数的比例

单位：%

年份	1978	1988	1994	1997	1998	2001	2002	2008	2009	2012	2016	2017	2018	2019	2020
中职	4	39.4	65.0	69.7	66.98	48.23	41.60	49.71	53.13	48.74	40.73	42.69	40.77	41.39	40.12
高中	96	60.6	35	30.3	33.02	51.77	58.4	50.29	46.87	51.26	59.27	57.31	59.23	58.61	59.88

资料来源：历年《河南省教育统计提要》。

在校生数的增减取决于三年前招生数的增减，所以中职在校生数的占比情况与招生情况基本相同。1994～2000年占比基本在60%左右，2015年以后都在40%左右。

表4　1978～2020年河南中等职业学校和普通高中在校生数占高中段在校生总数的比例

单位：%

年份	1978	1988	1994	1996	1997	2000	2005	2010	2015	2016	2017	2018	2019	2020
中职	3.8	33.4	58.0	65.3	66.8	57.93	39.88	49.63	40.36	39.11	39.33	39.41	38.97	39.00
高中	96.2	66.6	42.0	34.7	33.2	42.07	60.12	50.37	59.64	60.89	60.67	60.59	61.03	61.00

资料来源：历年《河南省教育统计提要》。

2. 民办中等职业教育学生数和全省中职教育学生数的比较

从2014年到2019年，河南民办中等职业教育招生数呈现稳定增长的趋势，到2020年小有回落。

表5　2011～2020年河南民办中等职业教育招生数与中职招生总数的比较

单位：万人

年份	2011	2012	2013	2014	2015	2016	2017	2018	2019	2020
全省	68. 02	63. 30	53. 06	49. 39	47. 89	47. 79	52. 87	50. 03	52. 94	52. 56
民办	9. 37	9. 32	7. 13	6. 66	6. 84	8. 54	10. 45	10. 62	12. 19	11. 60

资料来源：历年《河南省教育统计提要》。

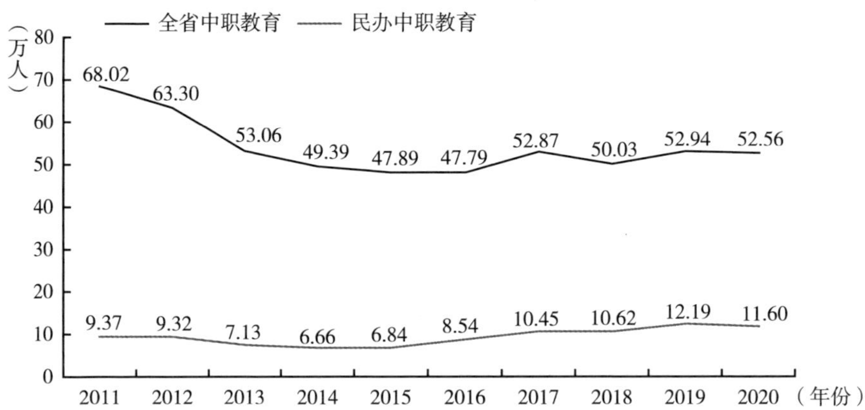

图1　2011～2020年河南民办中等职业教育招生数与中职招生总数的比较

民办中等职业教育在校生数在2011～2014年回落之后实现了连续6年的增长。

表6　2011～2020年河南民办中等职业教育在校生数与中职教育在校生总数的比较

单位：万人

年份	2011	2012	2013	2014	2015	2016	2017	2018	2019	2020
全省中职教育	184. 72	173. 87	147. 19	137. 58	131. 48	128. 25	133. 23	136. 63	137. 87	143. 74
民办中职教育	28. 59	24. 48	18. 61	16. 72	16. 89	19. 62	23. 30	26. 54	28. 80	30. 65

资料来源：历年《河南省教育统计提要》。

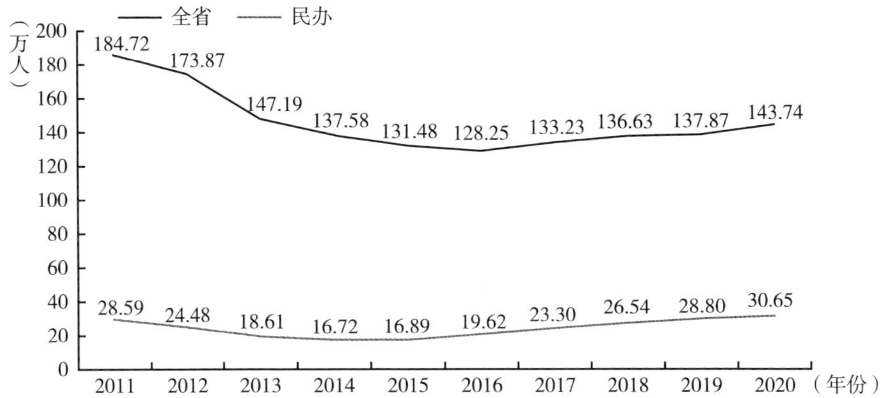

图 2　2011 ~ 2020 年河南民办中等职业教育在校生数与中职教育在校生总数的比较

3. 民办高等职业教育情况

整体上看，2012 ~ 2019 年民办高等职业教育招生数呈现增长的趋势，增长最快的是2019 年，比上年增长了 3. 18 万人。

表 7　2010 ~ 2019 年河南民办高等职业教育招生数与高职招生总数的比较

单位：万人

年份	2010	2011	2012	2013	2014	2015	2016	2017	2018	2019
全省高职教育	19. 41	18. 02	18. 20	17. 69	18. 05	28. 70	23. 06	25. 30	29. 89	36. 42
民办高职教育	3. 64	—	3. 34	4. 21	4. 95	5. 23	5. 72	6. 54	7. 85	11. 03

资料来源：历年《河南省教育统计提要》。

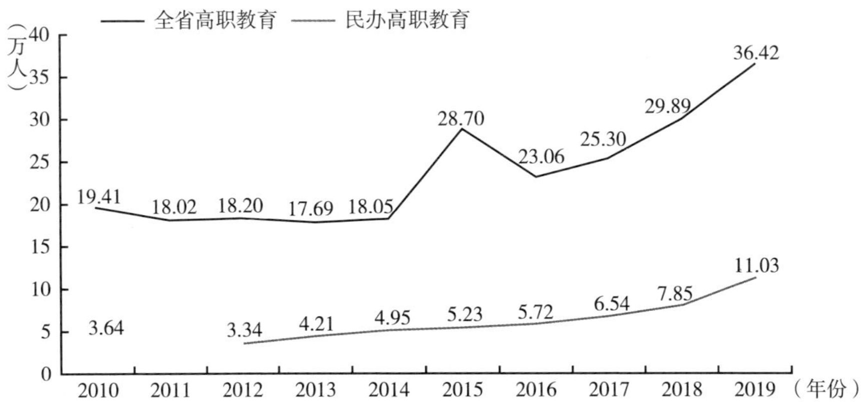

图 3　2010 ~ 2019 年河南民办高等职业教育招生数与高职招生总数的比较

民办高等教育在校生数与招生数同步变化，三年前的招生数决定了当年的在校生数，一般情况下数据变化不大。2012～2019 年，全省民办高职高专招生数持续增长，到 2019 年，达到 24.92 万人。

表 8　2010～2019 年河南民办高等职业教育在校生数与高职在校生总数的比较

单位：万人

年份	2010	2011	2012	2013	2014	2015	2016	2017	2018	2019
全省高职教育	53.05	53.06	53.52	50.02	50.77	75.96	58.41	66.83	75.96	88.14
民办高职教育	11.18	—	10.04	10.31	12.11	13.83	15.52	17.74	19.93	24.92

资料来源：历年《河南省教育统计提要》。

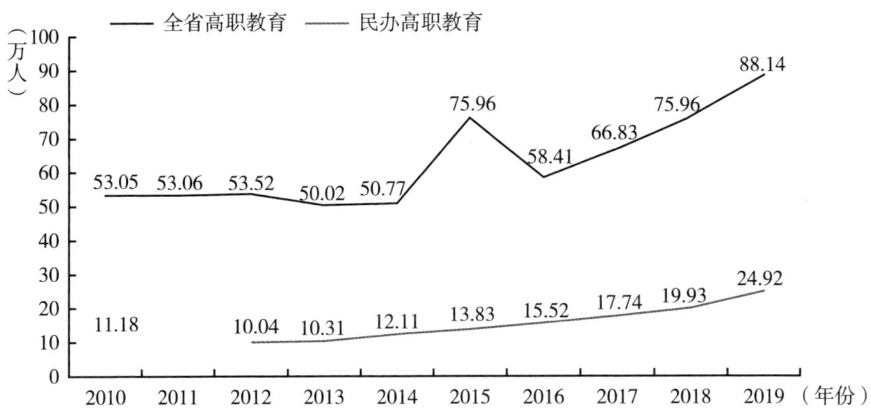

图 4　2010～2019 年河南民办高等职业教育在校生数与高职在校生总数的比较

总体看来，“十三五”时期，全省中等职业教育规模出现了相对严重的收缩现象，但是民办中等职业教育整体呈现增长的趋势。全省高职高专教育整体上呈增长的趋势，民办高职高专教育也呈增长的趋势。

（三）河南民办职业教育在全国的比重

职业教育，特别是中等职业教育在 20 世纪 90 年代高校招生“并轨”

后就逐步受到社会的冷落。在大环境影响下，河南的民办中等职业教育也受到较大影响，但是总体上呈现顽强发展的趋势。河南中职教育的发展经历了辉煌时期，2018 年招生和在校生指标都走在了全国前列。

表 9　2008 年 10 省（区）中职教育部分数据

省份	学校数(所)	招生数(万人)	在校生数(万人)	万人占比	位次
河北	919	51.38	127.35	182.21	3
江苏	521	47.24	138.68	180.64	4
浙江	504	28.20	73.16	142.89	10
安徽	631	35.41	95.63	155.88	7
山东	905	55.21	156.13	165.80	6
河南	1179	73.88	189.47	200.94	1
湖南	810	40.93	97.26	152.45	8
广东	812	79.73	184.57	193.39	2
广西	445	31.95	73.09	151.76	9
四川	677	59.24	136.58	167.83	5

说明：根据中国教育年鉴、国家教育事业发展公报、河南教育统计提要等资料整理。不包含技工学校数据。

表 10　2017 年 10 省（区）中职教育部分数据

省份	学校数(所)	招生数(万人)	在校生数(万人)	万人占比	位次
河北	609	28.71	70.62	93.91	7
江苏	228	22.60	65.15	81.14	9
浙江	251	18.47	53.19	94.03	6
安徽	359	28.79	76.07	121.61	2
山东	401	26.12	79.34	79.29	10
河南	640	42.04	106.52	111.43	3
湖南	467	25.02	68.65	100.07	5
广东	459	32.23	99.39	88.99	8
广西	271	25.28	68.68	140.59	1
四川	436	34.93	86.00	103.59	4

说明：根据中国教育年鉴、国家教育事业发展公报、河南教育统计提要等资料整理。不包含技工学校数据。

从1990年到2017年28年间，河南省中职教育的实际规模在全国在校生数较多的10个省区中的位次，由第7位上升到第3位，其中在2008年排在第1位，领跑全国。其他的年份都在第5位左右。

河南民办中等职业教育规模占全国的比重也在不断增加。

表11　2004～2016年河南民办中等职业学校发展规模与全国的比较

年份	学校数(所)			在校学生数(万人)		
	全国	河南	占比(%)	全国	河南	占比(%)
2004	1633	41	2.51	109.94	5.94	5.40
2005	2017	69	3.42	154.14	9.88	6.41
2006	2559	133	5.20	202.63	14.53	7.17
2007	2958	216	7.30	257.54	20.32	7.89
2008	3234	272	8.41	291.81	27.94	9.57
2009	3198	299	9.35	318.10	35.21	11.07
2010	3123	305	9.77	306.99	35.30	11.50
2011	2856	254	8.89	269.25	28.59	10.62
2012	2649	234	8.83	240.88	24.48	10.16
2013	2482	218	8.78	207.94	18.61	8.95
2014	2343	215	9.18	189.57	16.72	8.82
2015	2225	205	9.22	183.37	16.89	9.21
2016	2115	190	8.99	184.14	19.62	10.66

说明：根据中国教育年鉴、国家教育事业发展公报、河南教育统计提要等资料整理。不包含技工学校数据。

2017年以来，河南民办中等职业教育的招生数和在校生规模都呈增长的趋势。招生数在2020年有所回落，会影响2023年的在校生数。

二　民办职业教育的社会贡献

“十三五”期间，河南民办中等职业学校毕业31.55万人，民办高职高专毕业28.46万人，为河南乃至全国的经济和社会发展贡献了高素质的人力资源。

第一，数目庞大的在职教育和职业培训，弥补了学校教育的不足，使得毕业生和在职人员通过培训适应了经济和社会发展的需求。

第二，推动了技术革新和社会进步，在一定程度上改善了河南省第一、第二、第三产业的产业结构和从业结构，推动了产业进步。

第三，在提高全民技术水平的同时，提升了全省居民的文化水平和基本素质。

第四，丰富并完善了河南的教育体系，在“6334”学制之外，“3+2”“2+3”“五年一贯制”等中、高等职业教育的直通方式，适应了经济发展对不同层次、不同专业人才的需求。

第五，推动了高等教育大众化的实现。在高中教育阶段，职业教育和普通高中学生的比例基本保持在合理区间，为完善河南人才结构提供了重要支撑。

第六，中高等职业教育比例的变化，拐点出现在2020年，此前全省的民办中等职业学校毕业生数一直大于民办普通高等职业教育毕业生数。到2020年，全省民办普通专科层次毕业生数达到8.52万人，超过民办普通中等职业学校毕业生数（7.46万人），这样的变化，说明全省经济和社会发展对一线技术技能型人才的学历层次要求提升，同时也说明职业教育层次的提升带动了社会发展对人才需求层次的提升。

三　国家发展职业教育的战略设计

2021年4月，习近平总书记对职业教育工作做出重要指示，强调在全面建设社会主义现代化国家新征程中，职业教育前途广阔、大有可为。要坚持党的领导，坚持正确办学方向，坚持立德树人，优化职业教育类型定位，深化产教融合、校企合作，深入推进育人方式、办学模式、管理体制、保障机制改革，稳步发展职业本科教育，建设一批高水平职业院校和专业，推动职普融通，增强职业教育适应性，加快构建现代职业教育体系，培养更多高素质技术技能人才、能工巧匠、大国工匠。各级党委和政府要加大制度创新、政策供给、投入力度，弘扬工匠精神，提高技术技能人才社会地位，为全面建设社会主义现代化国家、实现中华民族伟大复兴的中国梦提供有力的人才和技能支撑。

“十三五”期间，国家不断完善职业教育发展的设计。1996 年 9 月 1 日起施行的《职业教育法》（以下简称《职教法》）在推动我国职业教育快速发展的过程中发挥了不可替代的作用。到 2018 年，全国中等职业教育在校生达到 1555.26 万人，高职高专在校生达到 1133.70 万人。进入新时代，中国经济社会发生了巨大变化，现有的《职教法》已经不能完全适应新的形势和任务。2019 年 8 月，中华职业教育社组织了《职教法》修订专家座谈会，21 位专家受邀出席并在会上讲了自己的认识和建议。会上，教育部提供了经过多次修订的修法文稿，专家们从不同角度发表了意见。2019 年 12 月 5 日，教育部发布《职业教育法（修订草案）（征求意见稿）》并公开征求意见。2021 年 3 月 24 日李克强总理主持召开国务院常务会议，通过《职业教育法（修订草案）》。

2021 年 4 月 12～13 日全国职业教育大会召开，习近平总书记对职业教育工作做出重要指示，强调加快构建现代职业教育体系，培养更多高素质技术技能人才和能工巧匠大国工匠。李克强总理批示指出，职业教育是培养技术技能人才、促进就业创业创新、推动中国制造和服务上水平的重要基础。孙春兰副总理 4 月 22～23 日在安徽调研时强调，要深入贯彻习近平总书记关于职业教育的重要指示，全面落实全国职业教育大会精神，坚持立德树人、德技并修，优化职业教育类型定位，把握教育质量生命线，突出教师素质、教材改革、教法创新重点，聚焦人才培养、办学体制、考核评价、保障机制，打造纵向贯通、横向融通的现代职业教育体系，为促进经济社会发展和提高国家竞争力提供有力人才和技能支撑。

《中共中央关于制定国民经济和社会发展第十四个五年规划和二〇三五年远景目标的建议》指出，“十四五”时期要“加大人力资本投入，增强职业技术教育适应性，深化职普融通、产教融合、校企合作，探索中国特色学徒制，大力培养技术技能人才”。《国家职业教育改革实施方案》提出，“经过5～10年左右时间，职业教育基本完成由政府举办为主向政府统筹管理、社会多元办学的格局转变，由追求规模扩张向提高质量转变，由参照普通教育办学模式向企业社会参与、专业特色鲜明的类型教育转变”。由此国家在职业教育发展上的顶层设计已经明确。

四　河南民办职业教育发展的外部环境

河南民办职业教育迎来了一个新的发展时期，健康发展、内涵建设、质量提升是今后发展的主基调。

1. 政府支持

河南省人民政府《关于印发〈河南省国民经济和社会发展第十四个五年规划和二〇三五年远景目标纲要〉的通知》对职业教育的发展做了浓墨重彩的安排，明确指出，优化职业教育结构与布局，部省共建国家职业教育创新发展高地。实施高水平职业院校建设行动计划、产教融合发展行动计划和中等职业学校标准化建设工程，加强重点专业建设和特色教材开发，争取新增若干本科层次职业教育试点学校，鼓励企业举办高质量职业教育，建设一批示范性职业教育集团。推进职业教育与普通教育学分、学籍双向互认，保持高中阶段教育职普比大体相当，扩大中高职贯通培养规模，探索职教高考、长学制培养等制度。深化校企合作，健全德技并修、工学结合的育人机制，探索中国特色学徒制。开展“学历＋若干职业技能等级”证书制度试点，打通学历、技能、就业通道。

完善终身学习体系，加快全民终身教育学分银行建设，推动各级各类学历教育、非学历教育衔接融通和成果认定转换，满足全民人生各阶段的个性化学习与多途径成才需要。健全继续教育管理体制和质量保障机制，办好开放大学，大力发展各类学习型组织。

健全终身技能培训制度，大规模开展职业技能培训，广泛开展新业态新模式从业人员和青年技能培训，加快省级职业技能培训示范基地建设。统筹各级各类职业技能培训资金，畅通培训补贴直达企业和培训者渠道。

2. 社会认可

受正统观念的影响，社会对职业教育，特别是民办职业教育的认识还有待匡正，但总的趋势是在不断提高。河南民办高等职业教育 2015 年招生 5.23 万人，2019 年达到 11.03 万人，五年间招生数增加了 5.80 万人；民办中等职业教育 2015 年招生 6.84 万人，2019 年达到 12.19 万人，五年间招生数增加了 5.35 万人。招生数在增长，反映了社会对民办职业教育认可度的提升。

从经济和社会发展方面衡量，许多有识之士都对民办职业教育抱有希望。梳理 2020 ~2021 学年开学以来对民办职业教育的座谈、微信、访谈发现，社会各界人士对民办职业教育持肯定态度的比例达到 80% 以上，对民办职业教育抱有希望的比例达到 82% 以上，希望民办教育又好又快发展的比例达到 85% 以上。

3. 考生和家长的选择

民办职业教育发展最重要的因素之一是生源。调查者认为，“十四五”期间，民办高等职业教育生源不会受到大的影响，但是远远没有达到充裕的程度。民办中等职业教育生源堪忧。不但是民办中等职业教育，就整个中等职业教育来看，生源情况都不容乐观。

2021 年 3 月，调查者面对不同学校的初中学生及其家长发放了“初中毕业生升学取向”的调查问卷，提交有效问卷的初中生家长 3637 人，对“孩子初中毕业后，您希望__________”的调查，3135 人选择了“考普通高中”，占 86.20%；只有 448 位家长选择了“上职业学校”，仅占 12.32%；其他选项占 1.48%。

1259 位初中一年级学生提交了有效问卷，对“初中毕业后，你的选择__________”问题，1044 人选择“考普通高中”，占 82.93%；只有 193 人选择“上职业学校”，占 15.33%；其他选项占 1.74%。

1257 位初中二年级学生提交了有效问卷，选择考普通高中的 1081 人，占 86.00%；157 人选择上职业学校，仅占 12.49%；其他选项占 1.51%。

930 位初中三年级学生提交了有效问卷，选择考普通高中的 798 人，占

85.81%；选择上职业学校的113人，仅占12.15%；其他选项占2.04%。

整体看来，有85%左右的初中学生和家长不愿意选择中等职业学校。

五　自身优势和存在的问题

在高质量发展的大环境下，民办职业教育有着良好的发展前景。经济社会发展对应用型人才的迫切需求，更进一步拓展了职业教育的发展空间。政府和社会对职业教育的支持和扶持，也为民办职业教育提供了政策和社会背景。在一定条件下，实现又好又快发展，取决于自身的因素。

当前河南民办职业教育的基本情况是，虽然有了一定的规模，但是发展的核心竞争力不强，应对风险和调整的实力不强，建设特色不够鲜明，发展的远见尚未确立，等等。

六　对策与建议

面对新一轮的发展，河南民办职业教育要抓紧确定发展的战略思路，站得高一点，看得远一点。随着信息技术的发展和人民生活水平的不断提高，新的商业模式和就业形态不断涌现，种类繁多的新职业应运而生。新职业的产生将要提供就业机会的新增长点，在适应产业结构变化的同时，及时调整思路，在坚持社会主义办学方向的基础上，革新人才培养方案，从而为社会创造更多的人力资源和服务价值。

1. 关于产教融合

2019年10月，国家发改委印发了《国家产教融合建设试点实施方案的通知》，2019年11月13日，河南省发改委和省教育厅印发了《关于开展产教融合型企业建设培育工作的通告》，旨在推动这项工作。实际上，我国当代职业教育的发展，从新中国成立之初建立中等专业教育，特别是20世纪80年代建立第一批高职院校以来，校企合作、工学交替直到现在的产教融合，都在强调行业、企业在职业教育中不可替代的作用。30多年来，校企合作了、工学交替了，但都停留在表面，没有实现真正的融合。其根本原因是行业、企业没有积极性。建议：（1）国家对于参与职业教育的企业、集团给予政策上的鼓励和经济上的补偿，让企业得到实实在在的好处；（2）不同层次的企业参与不同层次的职业教育；（3）产教融合的“产”必须服务于“教”，就是“产”要被科学地纳入人才培养方案之中。但是根据校企培养人才的需要，可以调整教学计划，以“模块式”教学来构建人才培养体系。（4）国家制定政策扶持参与产教融合的企业、集团，在用人政策、工伤保险、劳动纠纷等方面有可以操作的细则，使企业没有后顾之忧。当然，企业也要按照国家规定做好生产流程、劳动保护等方面的工作。（5）鼓励有条件的企业和高校组建不同所有制的专业学院，以行业发展为引领，与学校共同制定人才培养方案并共同实施。（6）集团化办学要真正解决问题，有明确的办学方向、培养目标和各方面的责任权利和义务，不要搞虚的。

2. 关于“直通车”和“立交桥”

2019 年 1 月，国务院印发《国家职业教育改革实施方案》，指出：“职业教育与普通教育是两种不同教育类型，具有同等重要地位”，正式确定了职业教育是我国教育体系中一个单独种类的教育。既然是单独类型的教育，就要有完整的体系。其实职业教育的体系，一些国家和地区在 20 世纪 80 年代就已经建立。日本在 1976 年已经建立两所技术科学大学，在学制上由大学本科 4 年和研究生 2 年组成，试行 6 年一贯制。中国台湾在 1996 年有 5 所技术学院改为科技大学，到 2001 年科技大学达到 12 所。我们长期以来一直将职业教育定位在大学专科层次。实际上，职业教育向上的“直通车”问题一直在各个层面探讨。2002 年 7 月 29 日至 8 月 1 日，教育部高教司组织召开“应用型本科人才培养模式研讨会”。2012 年底，教育部发展规划司启动“应用科技大学改革战略研究试点”工作，并于 2013 年 1 月 25 日召开应用科技大学建设研讨会。2014 年 12 月 23 ~ 24 日，全国职业教育工作会议在北京召开。习近平总书记做出重要指示，要求深化体制机制改革，创新各层次各类型职业教育模式，坚持产教融合、校企合作，坚持工学结合、知行合一，引导社会各界特别是行业企业积极支持职业教育，努力建设中国特色职业教育体系。

2015 年 11 月，河南省教育厅、省财政厅联合启动示范性应用技术类型本科院校建设计划。确定黄淮学院、许昌学院、周口师范学院、黄河科技学院、安阳工学院 5 所学校为第一批“示范校”。职业教育层次上移的探索有了实质性进展，但是所谓的“直通车”至今没能畅通。

建议：（1）结合实际建立职业教育的高考制度，这个制度不必全国统一，可以根据各省、自治区、直辖市的具体情况，由各地制订并执行。可以根据职业教育的特点进行，但必须保证职教高考的严肃性。（2）建立职业教育的本科高校，仅仅将一些原来的高职高专转设是不行的。这样既满足不了本科职业教育发展的需要，也不能保证职业教育本科人才培养的质量，还有就是不利于职业教育研究生层次的实现。要遴选有职业教育基础的应用型本科高校改为科技大学。比如黄河科技学院是全国第一所民办高等学校。办学之初提出了“远学清华，近学郑大”的口号。结果实践上行不通。在不断探索实践中形成了“本科学历教育与职业技能培养相结合”的人才培养模式。2006 年，学校申报的“民办本科高校培养目标和育人模式改革的研究与实践”课题获教育部立项。2008 年，这个培养模式获得了教育部普通本科教学水平评估专家组的高度评价。实际上黄河科技学院的这种实践，就是搭建职业教育体系的有益探索。（3）长期以来，国家规定职业院校校名中必须有“职业”二字，这个规定没有必要。这样的名称使得社会对职业教育产生歧视，不利于职业教育的发展。

3. 关于职业教育的师资队伍

职业教育的社会职能是为经济和社会发展培养急需的人才。所有急需的是缺乏的。缺乏人才的行业往往是新兴的行业，新兴的行业基本上不会有现成的博士硕士。即使有，这些博士硕士也不愿来职业学校当老师。即使来了，也不适应。职业学校录取的都是当年高考最后录取批次的学生。在河南这样的考生大省，满分 750 分的高考，只要 150 分就能上高职高专。还有单独招生的，基本上是参加考试就能录取。中职更是凭初中毕业证就能录取。

职业学校的学生是不适应目前考试选拔制度的学生。一些高职高专选聘教师，动辄要求是“双一流”大学毕业的硕士博士。这些硕士博士是高考制度的受益者，是学霸，和职业学校的学生距离太大，无法互动。所以，职业学校的教师应该是合适的教师，要由博士硕士担任学科、课程带头人，但没有必要大量浪费“双一流”毕业的硕士博士。建议：（1）职业学校专业课和实验实习指导教师，不必是博士，不必是教授。具有实践经验的、能够传授技术技能的能工巧匠是职业教育最需要的教师。可以建立职业学校教师的资格证书制度和职称评聘制度。不要参照目前高校职称评聘的条条框框，要建立有职业教育特色的职称评聘制度。（2）职业教育硕士、博士学位点的设立，不能硬套普通高校的模式。我们现在的本科院校申请硕士点，要求专任教师的1/4是博士，职业学校没有必要要这么多博士。还有一些规定，比如评职称，要求教师的社保关系等都要在学校。这些规定都影响了师资队伍的建设。职业教育的硕士点一定要结合职业教育的实际设立。

4. 关于职业教育的社会地位

河南是有着深厚历史文化底蕴的内陆人口大省。因为其底蕴深厚，正统观念十分强烈。长期以来，职业教育被认为是“二流教育”。这种观念有其历史原因，也有现实因素。建议：（1）提高职业学校毕业生的社会待遇，使他们从事的工作有尊严。职业教育的社会地位取决于毕业生的社会地位。（2）加强对职业教育的正面宣传。2020年12月10日，第一届全国技能大赛在广州举办，习近平总书记专门致信祝贺。经济社会的发展使得职业教育必然成为“十四五”期间党和国家工作的重点。

5. 关于评价

到2019年，全国初中以上学校在校生达到1.19亿人。职业教育在校生达到2857.18万人，还不到1/4。职业教育的发展空间巨大。我们的教育评价有待完善。单纯用考试升学的“指挥棒”指挥学校教育、评价学校教育、考核学校教育，违背了立德树人的教育本质。中共中央办公厅、国务院办公厅《深化新时代教育评价改革方案》已经明确，要扭转不科学的教育评价导向，坚决克服唯分数、唯升学、唯文凭、唯论文、唯帽子的顽瘴痼疾。职业教育不同于普通教育，更应该革新评价方法。建议：（1）改变单一的终结性评价方法。将形成性评价和终结性评价科学地结合起来，形成符合人才培养目标的真实性评价体系。（2）不断完善不同主体的评价办法。（3）不必强求全国统一。可以根据不同地区、不同行业制定不同的指标体系。（4）发挥第三方社会组织的作用，改变教育行政部门既是运动员，又是教练员，还是裁判员的现状。（5）建立职业教育毕业生择业、创业、就业的数据库，回溯学校的培养过程。真实评价学校的人才培养效果。

6. 关于民办职业教育

地方各级人民政府要采取政府补贴、购买服务、提供助学贷款、建立奖励基金以及捐资激励等措施，鼓励支持民办职业学校和职业培训机构发展。可以允许民办职业学校与公办职业院校相互委托管理。

民办职业学校必须认真贯彻党和国家的教育方针，坚持社会主义的办学方向，充分发挥自身体制机制的优势，瞄准经济社会发展的方向，准确定位，激发内生动力，办出特色，办出质量，以人才培养的高质量回应政府、社会、学生和家长的关切。

还有有关建立和加强职业教育支持体系、证书制度、激励机制、分级管理、就业准入、国际交流等，都需要在实践过程中有序解决。

B.4
2020~2021学年河南民办基础教育调研报告

侯超英　王　英*

摘　要：随着河南省经济社会的快速发展，新举办的民办基础教育学校投资额及办学规模普遍较大，规模大、标准高学校的占比大幅提高。基础教育集团化办学所占比例越来越大，民办基础教育的教学质量越来越成为学校生存的根本命脉，民办学校的管理和发展进入精细化发展阶段，各民办学校逐渐形成了独具魅力的办学特色。与此同时，民办基础类学校办学竞争愈发激烈，优胜劣汰效果愈加明显。新修订的《民办教育促进法》以及国家、各省份出台的民办教育新政，为支持和规范民办教育发展提供了坚强保障。社会和家长对优质特色，特别是品牌、高质量民办教育的需求持续增强。民办基础教育须持之以恒加强党建，积极贯彻党的教育方针，围绕立德树人的根本任务，规范办学行为，更新办学理念，优化教学管理，增强民办教育吸引力，提升民办教育品牌形象，提升学校实力和社会影响力，切实办好人民满意的民办教育。

关键词：民办教育　基础教育　河南

---

* 侯超英，副教授，河南省民办教育协会基础教育工作委员会理事长，省政府教育督学；王英，洛阳市教育局民办教育促进中心综合科长。

一　发展现状

（一）数量与规模

2019 年，河南民办基础教育类学校的数量和在校生人数呈上升趋势。其中民办小学 1894 所，在校生 177.89 万人，比 2018 年增长了 9.6%。民办普通初中 887 所，在校生 98.79 万人，学校数量与在校生数量比 2018 年分别增长了 8.3% 与 8.9%。民办普通高中 336 所，在校生 46.42 万人，学校数量与在校生数量比 2018 年分别增长了 12.4% 与 11.0%。

2020 年河南民办小学 1894 所，在校生 180.22 万人，在校生数量比 2019 年增长了 1.3%；民办普通初中 941 所，在校生 101.27 万人，学校数量与在校生数量比 2019 年分别增长了 6.1% 与 2.5%；民办普通高中 366 所，在校生 52.6 万人，学校数量与在校生数量比 2019 年分别增长了 8.9% 与 13.3%。

民办初中学校数和在校生人数的增加说明民办教育越来越受到社会和家长的认可和重视。

表 1　2018～2020 年全省民办小学数量、在校生数量及在校生增幅

年份	全省民办小学数量（所）	在校生（万人）	在校生增幅（%）
2018	1865	162.35	12.7
2019	1894	177.89	9.6
2020	1894	180.22	1.3

资料来源：《2018 年河南省教育事业发展统计公报》《2019 年河南省教育事业发展统计公报》《2020 年河南省教育事业发展统计公报》。

表 2　2018～2020 年全省民办初中数量、在校生数量及在校生增幅

年份	全省民办初中数量（所）	在校生（万人）	在校生增幅（%）
2018	819	90.73	12.1

续表

年份	全省民办初中数量(所)	在校生(万人)	在校生增幅(%)
2019	887	98.79	8.9
2020	941	101.27	2.5

资料来源:《2018 年河南省教育事业发展统计公报》《2019 年河南省教育事业发展统计公报》《2020 年河南省教育事业发展统计公报》。

表 3　2018～2020 年全省民办高中数量、在校生数量及在校生增幅

年份	全省民办高中数量(所)	在校生(万人)	在校生增幅(%)
2018	299	41.84	13.8
2019	336	46.42	11.0
2020	366	52.6	13.3

资料来源:《2018 年河南省教育事业发展统计公报》《2019 年河南省教育事业发展统计公报》《2020 年河南省教育事业发展统计公报》。

(二)整体发展趋势

一是大规模、标准化学校占比大幅提高。近年来，新举办的民办学校，投资额及办学规模普遍较大，一次性高标准配置了办学硬软件，引入先进管理团队或者是品牌教育管理团队入驻管理，使得民办学校中大规模、标准化学校的占比大幅提高。主要表现为：投资额基本在数千万元，多达几亿元；中小学办学规模大多在 36 个班以上；学校实验室、仪器室等相关基础功能室均能按照国家标准配备，功能性教室越来越完备，功能越来越全面，为保障学生全面发展、打造特色教育奠定了坚实基础。

二是集团化办学所占比例越来越大，部分发展较好、在当地享有盛誉的优质品牌学校，在社会持续增长的需求影响下，不断以办分校、托管等形式增设校区、扩大规模，逐步发展成为教育集团，如洛阳市第二外国语学校增设的洛阳市第二外国语学校宜阳县分校、伊川分校区等。从全国范围来看，已形成品牌的一些教育集团，不断向新的区域拓展，尤其是向二、三线城市甚至是县、区延伸，且发展势头强劲，在新增民办学校中，占据较大份额，较大地增加了集团化办学所占比例。比如江苏省教育集团、书生教育集团、北京新学道教育集团等多个品牌教育集团，在河南省多个市县开办了数十所学校。

三是教育教学质量越来越成为学校生存的根本命脉。家长在关注民办学校建设规模和品牌的同时，更加注重学校的教育教学质量，绝大多数的家长选择民办学校就是奔着民办学校的优质，也就是较高的教学成绩而来，期望通过选择优质民办学校，实现孩子成龙成凤的家庭梦想；另外，民办学校数量的增多，无疑加剧了竞争，这些都给民办学校教学质量、教学成绩的提升提出了更高的要求，质量与成绩越来越成为民办学校发展的根本命脉。

四是伴随民办学校发展，文化积淀日益彰显出其独有内涵。纵观民办学校的发展历程，20 世纪 90 年代呈粗放式发展的民办学校无论是硬件建设，还是在学校管理、教学质量等软实力方面，都处于较低的层次。作为新生事物，在社会和家长的质疑中发展，多数的学校仅仅是为了满足家长对孩子特殊管理的需求而存在。

进入 21 世纪，在党和国家的大力支持、倡导下，随着人民生活水平的提高，家长对学校教育的期望不断增大，民办学校开始以优质特色进入大众视野，逐渐被社会和家长接受。这一时期，民办学校的管理和发展进入精细化发展阶段，各民办学校围绕规范管理，特色立校，不断完善内部管理，从师生的成长发展、学校的课程建设、课堂改革、品牌建设等方面，推进学校全面提升，使得各民办学校逐渐形成了独具魅力的丰富内涵。

五是办学竞争愈发激烈，优胜劣汰效果愈加明显。近年来，随着我国经济的高速发展、国家实力的日益增强，党中央、国务院和地方各级党委、政府围绕国家“十二五”特别是“十三五”发展规划，高度重视民生建设，不断增强政府办学的责任担当，加大公办教育的投入力度。公办学校在科学规划中，布局越来越合理，条件越来越完善，在充分保障和满足人民群众上学的基本诉求后，被寄予更高的期待，如社会、家长对优质教育强烈渴求，催生较为挑剔的择校观念，使得公办、民办学校之间的竞争、民办学校之间的竞争愈发激烈。在这种激烈的竞争下，部分民办学校，特别是一些早期创办、办学条件一般、教学质量一般的学校，不能以优质特色满足家长需求，逐渐被市场淘汰，生存下来的学校则向着标准化学校、品牌化学校不断努力。办学条件越来越标准、学校规模逐渐扩大，社会效益日渐提升。

二　机遇和挑战

（一）机遇

国家政策层面，新修订的《民办教育促进法》在规范民办教育发展的同时，详细制定了保障民办教育地位和权益的条款，与此同时，明晰的政府责任与管理职责，也在规范着教育行政部门的管理服务行为，这必将让各民办学校通过规范获得相对公平、公正的发展空间，在有法可依、有章可循中实现自我权益的切实保障。

伴随着城镇化进程的推进，2020 年全国一亿人在城镇落户目标的实现，河南省农业转移人口在城镇落户 200 万人以上目标的完成，必将带来后续一个时期大批学生入学的需求，也必将需要民办教育来充实和补充，为民办教育的发展提供机遇。

伴随着经济社会发展，人民群众物质生活改善和提升，社会对优质特色特别是品牌、高质量民办教育的需求持续增强，加之这一群体的日益扩大，为民办教育的生存与发展搭建了更为宽阔的平台，不断增加的民办学校数量和学生占比，就充分说明了这一点。

各级地方政府特别是各地教育行政部门，渴求通过发展优质品牌教育，促进本地人才培养，吸纳域外优秀人才、满足人民群众对优质教育的需求，通过引进品牌教育促生学区房经济，拉动区域发展的需求依然存在，而民办学校提供优质教育，仍然是政府和社会首要和主要的选择。

相对灵活的管理机制、相对较高的工资待遇和个人价值实现的良好环境，受到各类师范院校毕业生及相关高校毕业生的青睐，可为民办教育的发展不断注入新的血液，促进民办教育更好更快发展。

（二）挑战

第一，生源总量有所下降。随着国家对基础教育的不断投入，公办学校数、学位数不断增加，使得民办学校生源总量及占比增长的速度，在一定程度上有所减缓。与此同时，随着公办学校办学条件的显著提高，原有的部分民办学校在办学条件上的优势已不再明显，势必会导致其市场竞争力下降，进一步影响民办学校的生源。

第二，不同类别生源的减少。一是部分民办学校，在很大程度上是为了解决家长无暇照顾孩子的困难，特别是公办学校上、下午放学早，家长无法接送和管理学生，才创办的学校，大多创办时间在2010年以前，其中一部分学校长期以来未有突破发展，一直依赖于这类生源而生存。面临当前城区学校延时服务政策推出后，家长在接送学生时间难题上的破解，必然导致生源数量一定程度上受到影响。二是曾经因为有效解决了父母不在身边、学生需要寄宿在校这一社会问题而创办的民办学校，现随着乡镇公办寄宿制学校建设的推进，生源同样也将在不同程度上受到影响。

第三，家长教育理念改变所带来的影响。随着社会的进步发展，“90后”的家长育儿理念、教育理念都有了不断提高和转变，家长对学校办学理念的要求也越来越理性化、科学化。民办学校能否满足和适应家长多元化的需求，既保证教学质量、学生的文化成绩，又关注学生的综合素养提升，实现全面发展，都对民办学校的发展提出了新的挑战，使得民办学校不得不迎接挑战，不断改革发展。

随着社会法制化水平提升，家长维权意识日渐提升，对学校日常管理的监督越来越加强；依据新的民办教育促进法在规范民办学校办学行为方面的政策法规，教育行政部门相应加大监督与管理力度，这些也都给民办学校办学的各个方面带来了一定的挑战。

随着民办教育发展，针对民办教育暴露出的问题，制订的政策越来越细化，比如招生中的摇号、通过资金监管规避风险等政策的出台，也对民办教育的发展提出了更高要求。

公办、民办教育之间的竞争，民办学校之间的竞争，甚至是一定范围内跨区域优质民办学校之间的竞争，也愈发激烈，让每一所民办学校在发展中都充满了挑战。

三　对策与建议

（一）加强党的建设，发挥民办学校党组织核心政治作用

党组织的引领、监督，促进了学校各方面的完善提升。民办学校党组织是党在民办学校中的战斗堡垒，发挥其政治核心作用，是保障学校教育方向、教育方针贯彻执行的有力保障。民办学校宣传贯彻党的理论和方针政策，引导学校全面贯彻党的教育方针，依法办学、规范办学、诚信办学；用思想政治工作把师生员工的力量凝聚在一起。学校工作的各方面要始终贯彻思想政治教育，贯穿教育教学全过程，用思想政治工作来统一师生思想、凝聚师生力量、化解矛盾、增进感情，激发教职工主人翁意识和工作热情；用思想政治教育推动学校发展。支持学校董（理）事会和校长依法依章行使职权、开展工作，参与事关学校改革发展稳定和师生员工切身利益的重大事项决策，帮助学校健全章程和各项管理制度，促进学校提高教育质量、培养合格人才。

（二）积极贯彻落实党的教育方针

围绕立德树人的育人目标，响应“十四五”发展规划关于提高社会文明程度的各项号召，在校园师生和文化建设中，形成适应新时代要求的思想观念、精神面貌、文明风尚、行为规范。推动理想信念常态化教育，加强党史、新中国史、改革开放史、社会主义发展史教育，加强社会主义核心价值观、爱国主义、集体主义、社会主义教育。培养具有坚定理想信念、高尚道德情操、德智体美全面发展的社会主义建设者和接班人。增强学生的综合能力，提高学生的社会适应和竞争力，立足为学生后续发展、终身发展负责。推进学校的持续良性发展。

（三）认真学习贯彻民办教育发展的有关政策法规

不断检视自身办学的方方面面，不断加强依法、依规办学的自觉性，自觉规范民办学校办学行为，全面贯彻党和国家的教育方针，增强民办教育吸引力，提升民办教育品牌形象。依照《民办教育促进法》的规定保障师生合法权益。完善师生争议处理机制，完善教职工代表大会和学生代表大会制度。依法依规与教职工签订劳动合同，并按规定为教职工足额缴纳社会保险和住房公积金，维护教职工权益，激发教职工工作热情和奉献精神。

（四）更新办学理念，端正办学方向，优化教学管理

结合校域实际，科学规划学校的办学理念、特色课程，深化课堂改革，围绕学生的全面成长，关注全体学生发展，真正办出让家长、社会满意的教育。

树立科学的育人观，从而主动顺应社会、家长对教育的理性需求，学校要坚持德育为先，能力为重，全面发展，教育广大青少年时刻把祖国和人民放在心中最高位置，勤学、修德、明辨、笃实，不断增强社会责任感、创新精神、实践能力。

坚定不移加强理想信念教育。要深入开展中国特色社会主义和中国梦宣传教育，大力培育践行社会主义核心价值观，加强革命传统教育，深入阐释、广泛宣传，丰富载体、强化实践，持之以恒抓好落细落小落实。

要始终牢固树立健康第一的教育理念，千方百计促进学生身心健康，培养学生运动兴趣，促进其养成锻炼习惯、掌握运动技能、磨炼意志品质。今后，学生体质监测报告、学校体育督导评估结果要向社会公开。各级教育部门要动员社会各方面的力量，做好校园足球等工作，带动学校体育蓬勃发展。要高度重视学生心理健康问题，关注学生的情感需求，全面加强体育卫生、心理健康、艺术审美教育，培育学生积极健康向上的精神状态。

多种形式提高学生实践能力。下决心彻底改变传统“闭门读书”的习惯，真正落实教育与生产劳动和社会实践相结合。加强劳动教育，对各学段课程目标、主要内容和实践形式提出明确要求，让孩子们从小热爱劳动、参

与劳动。加强社会实践，做好实习实训，推进志愿服务，开展研学旅行，让学生拓宽视野、丰富知识、了解社会。加强创新创业教育，修订人才培养方案，完善创新创业教育课程体系，推进协同育人，开展丰富多彩的创新创业实践活动。拓宽办学视野，拓展办学空间，积极主动寻求各方支持，努力把更多社会资源转化为教书育人资源。

（五）规范办学的各种行为，推进学校发展提升

一是理顺管理体制，尤其是举办者与校长的责权关系，强化学校章程作用，董事会（理事会）和监事（会）成员依据学校章程规定的权限和程序参与学校的办学和管理。健全组织机构，完善校长选聘机制，实现“办”“管”分离，保障校长行使独立又充分的管理权，学校关键管理岗位实行亲属回避制度，建立校长有完全独立的人事权、经济决策权、处置权的管理机制。加强资产和财务管理，切实落实学校法人财产权，做好学校年度财务、预决算报告报备工作，让规范的财务管理为学校教育教学各方面工作的开展服务好、保障好。

二是完善管理制度、实现精细化管理。通过精细化管理，推进学校各方面工作有序开展，各项管理目标落实落地。有效督促教师教学常规各环节的认真执行，保障课堂教学的效率，保障教学成绩的提升；有效推进学生行为习惯、养成意识教育、提升学生的自我管理能力与自律意识，保障学生能不断完善自我，积极进取，努力学习，坚持突破，持续发展。

三是强化安全管理，落实安全责任区划、明确目标管理，建立和完善安全管理双重预防体系，加强日常安全教育、检查、排查，认真进行消防等各方面安全演练，落实预案要求，落实整改、治理，增进师生安全意识、提高安全防控能力，确保师生生命、财产安全，维护学校良好发展秩序。

四是加强诚信建设，自觉消除违规违法的侥幸心理，坚决消除违规办学的各种行为，尤其是涉及师生权益，社会和家长聚焦关注的有关事宜，努力减少违规投诉和负面影响，提高社会信誉度。强化社会责任感、公益性，提升认可度，提升影响力，以此树立学校的良好形象。

五是加强学校的舆情信息管理，组建主要领导负责的舆情信息管理队伍，明确职责要求，多渠道利用好融媒体的积极功能，加强学校的正面宣传，抢占舆论的制高点，时刻关注网络信息，及时引导正面舆论，为学校的健康有序发展保好驾、护好航。

（六）加大学习、培训的投入力度，加强教师教学教研管理

树立师资队伍是学校发展主要因素的意识，建立教师专业提升、师德强化的有效机制，通过请进来、走出去的学习与观摩，开拓教师视野。凝聚教师士气，实现师资力量的不断改善，为学校发展奠定基础。与此同时加大教师待遇的投入，重视教师尊严的维护，营造轻松和谐的生活环境，用待遇和情感稳定教师队伍，保障学校长期稳定发展。

（七）加强家长教育，注重家校合作

利用家长对学校对学生的高度关注心理，积极开拓家长学习的途径与方法，持续开展对家长育儿理念、方法措施的教育；畅通沟通渠道，增进与家长的联络与沟通，努力达成对学生管理、发展方面的共识，选拔优秀家长代表，组建家委会，广泛听取和采纳家长的合理化建议，汇聚和运用家长的资源优势，推动各项工作顺利开展，实现学校的快速提升。

（八）加大资金投资入力度，改善办学条件

各民办学校要不断加大办学的资金投入，持续改善学校的办学条件，满足教育教学特别是特色办学的基础需求，满足家长对学校生活条件、食宿品质的需求，满足教职员工及学生对学校工作、学习环境的需求，以优美的学校环境、一流的设备设施，提升学校的魅力与竞争力，为学校的提升发展提供强有力的基础保障。

（九）注重学校文化建设，不断提升学校内涵

汇聚学校的远景、理念、建立正确的价值观念，明确各自的使命担当，

创设学校发展独具特色的文化氛围，形成师生共同的理想追求、进取目标，自觉遵守的规则准则，争赶比超的积极态度，文明和谐的人际关系，为学校各方面工作的开展、学校的发展提升注入强劲的动力。

（十）加强品牌建设，提升学校实力和社会影响力

多渠道、多层面提升学校的师资水平、教学质量，开发特色课程、先进理念，加以提炼和升华，凝结并彰显学校独有的办学特色，树立学校品牌教育，并积极运用各种网络媒体，成功打造品牌学校。

B.5

2020～2021学年河南民办学前教育发展报告

侯炳轩　王玉琴　徐照新*

摘　要：河南民办学前教育是河南民办教育的重要组成部分。2020～2021学年，河南民办学前教育以园所建设为龙头，克服新冠肺炎疫情带来的“空园期”“闭园停课”等重重压力和困难，“同舟共济，报团取暖”，实行线上教育，线上线下编织温暖幼教网，面向社会开放教学资源库，开通直播课程，构建民办学前教育特色的园本课程，使河南民办学前教育走上了健康规范的发展之路。面对学前教育发展的新定位和挑战，河南民办学前教育应加强内涵建设和科学管理，开展托幼融合以培育新的增长点，同时尝试联盟发展以实现资源共享。

关键词：河南　民办教育　学前教育

河南民办学前教育是中国民办学前教育矩阵集合中具有“大体量、广覆盖、多样本”研究价值与指标意义的重要考察对象。民办学前教育在政

* 侯炳轩，中学高级教师，河南省民办教育协会副会长兼学前工委理事长，河南民办教育研究院副院长，郑州育人教育集团联校总校长，主要研究方向是核心素养导向的未来心智教育；王玉琴，香港跨世纪教育集团常务副总裁，河南省民办教育协会学前工委秘书长，主要研究方向是蒙特梭利教育中国本土化实践；徐照新，河南教育报刊社学前教育发展中心主任，河南民办教育研究院学前教育研究所所长，主要研究方向是学前教育、托育融合发展研究。

府最小投入的前提下依靠社会力量为解决“入园难”“入园贵”问题做出了不可磨灭的历史性贡献，民办学前教育当之无愧是中国教育战线最具生机活力、最值得尊敬的军团之一。民办学前教育虽然具有部分市场属性，但民办学前教育工作者的主体、主流、主导永远属于真正意义上的教育人，他们对上是科教兴国的追随者，教育报国的执行者；对下是热爱儿童的守望者，教书育人的播种者。

从系统结构维度来看，河南民办学前教育是中国民办学前教育乃至中国民办教育上位宏观系统的下位中观系统。只有把河南民办学前教育放到中国民办学前教育乃至中国民办教育的上位宏观系统中，在大小系统广泛联系中去探究，才能做到上上下下融会贯通、共性个性相辅相成。

从时间变化维度来看，2020～2021 学年河南民办学前教育一定是承前启后、继往开来、不可替代的编年史中重要章节。只有将 2020～2021 学年的河南民办学前教育还原在过去、现在、未来的时序语境中，用不断发展的眼光和思维来回首、对话、畅想，才能真正领悟饮水需思源、厚积始薄发的事物发展规律。

从认知研究维度来看，2020～2021 学年河南民办学前教育不仅有河南幼教人春夏秋冬的风雨兼程，更有其上下求索间的初心叩问、砥砺担当。尽可能全面地掌握第一手材料来记录、盘点 2020～2021 学年河南民办学前教育发展的点滴，不仅有助于我们铭记这段峥嵘岁月，更能勉励后人与时俱进谱写新篇章。

一　中国民办学前教育的生态环境

2018 年 6 月，习近平总书记在中央外事工作会议上明确指出“当前中国处于近代以来最好的发展时期，世界处于百年未有之大变局，两者同步交织、相互激荡”。这是我们党和国家最高领导人在带领全国人民向“两个一百年”奋斗目标宏伟蓝图奋进过程中对当今时代国际国内形势做出的一个重大而清晰的战略判断。

2021 年 3 月 11 日，《中华人民共和国国民经济和社会发展第十四个五年规划和 2035 年远景目标纲要》由十三届全国人大四次会议表决通过。纲要在第十三篇“提升国民素质　促进人的全面发展”部分，出现了“建设高质量教育体系”这一新提法。“建设高质量教育体系”进一步明确宣示了中国教育面临的时代主题和目标任务，要求各省、自治区、直辖市人民政府和各级各类学校全面贯彻党的教育方针，坚持优先发展教育事业，坚持立德树人，增强学生文明素养、责任意识、实践本领，培养德、智、体、美、劳全面发展的社会主义建设者和接班人。

综上所述，中国民办学前教育生态环境已经和正在发生巨大而真实的变化。这些变化在促进民办学前教育回归初心正本清源、行业自律规范发展的同时，也必将对中国民办学前教育机构的生存发展带来深刻的现实体验和深远的历史影响。

（一）以园所党建为龙头，为民办学前教育铸魂

2016 年 4 月 18 日，《关于加强民办学校党的建设工作的意见（试行）》在中央全面深化改革领导小组第二十三次会议中正式通过。

根据该文件精神，民办学前教育机构是社会主义教育事业的重要组成部分，承担着培养社会主义建设者和接班人的重任。民办学前教育机构要充分认识做好党建工作的重要性、紧迫性，自觉接受党组织领导，加强自身党建工作，用社会主义核心价值观培育师生、影响家长，确保园所按照党的要求办学立校、教书育人。

党建工作走进民办学前教育机构，从制度建设层面实现了“不管公办还是民办都是党办”的原则，从实践操作层面实现了党的教育方针和培养目标的贯彻落实。

（二）以立德树人为目标，培养社会主义建设者和接班人

2021 年北京“两会”期间，全国政协委员、全国人大代表围绕习近平总书记“培根铸魂”“启智润心”“立德树人”“系好人生第一粒扣子”的

经典论述为教育发展提案建言、鼓劲加油。随着居民收入与综合国力的不断提升，人民群众对教育提出了更高的要求与期待。“片面追求升学率”的生存空间越来越窄，“培养全面核心素养”越来越深入人心。人生的第一粒扣子如果出错了，接下来每一粒扣子都有可能出错。“幼有所育、学有所教”成了全社会焦点话题。

党的十八大明确提出了新时期教育方针：坚持教育为社会主义现代化建设服务、为人民服务，把立德树人作为教育的根本任务，全面实施素质教育，培养德、智、体、美、劳全面发展的社会主义建设者和接班人，努力办好人民满意的教育。

“培根铸魂”“启智润心”“立德树人”是习近平教育思想的重要体现，也是党对每一位学前教育工作者提出的谆谆教诲、殷切期望。深刻领会、认真落实习近平总书记指示精神是全体民办学前教育机构从业者的职责所在。

（三）坚持以人民为中心的立场，办好人民满意的学前教育

习近平总书记在十八届中共中央政治局常委同中外记者见面时强调：“人民群众对美好生活的向往就是我们的奋斗目标。”坚持以人民为中心的立场，是中国共产党新一代领导班子对“全心全意为人民服务”的进一步凝练和提升，也是中国共产党与其他政党的根本区别。

针对人民群众反映强烈的学前教育领域“入园难”“入园贵”等顽症沉疴，党和政府以中办、国办名义发文进一步明确学前教育的公益性质、普惠性质。学前教育阶段“普及、普惠、安全、优质”已经成为《中国教育现代化2035》和正在征询意见的《学前教育法》高频词语和权威观点。

2018年11月15日发布的《中共中央、国务院关于学前教育深化改革规范发展的若干意见》明确指出，到2020年，全国学前三年毛入园率达到85%，普惠性幼儿园覆盖率（公办园和普惠性民办园在园幼儿占比）达到80%。

2019年1月9日，国务院办公厅《关于开展城镇小区配套幼儿园治理工作的通知》规定：城镇小区配套幼儿园移交后由教育行政部门办成公办

园或委托有条件的民办学前教育机构办成普惠性民办园，不得办成营利性幼儿园。

（四）政府加大供给侧改革力度，扩大普惠性学前教育覆盖面

学前教育是国民教育的起点，也是国家强大和社会繁荣之根本。因此，“办好学前教育”“在幼有所育上取得新进展”成了十九大的重要战略决策部署。一场政府主导、自上而下、普及普惠、综合发力的学前教育供给侧改革在神州大地全面展开。

政府加大财政投入力度，规划建设公办幼儿园扩大有效学位供给；大力支持集体企业开办集体所有制幼儿园满足社会需求；现有公办幼儿园扩大班额，深入挖潜，为社会提供更多学位选择；积极鼓励民办学前教育机构盘活资源开办普惠性幼儿园；政府加大普惠性幼儿园奖补扶持力度，吸引社会力量投资兴办普惠园。

“十四五”规划明确提出“完善普惠性学前教育和特殊教育、专门教育保障机制，学前教育毛入园率提高到90%以上”的要求，针对普惠性幼儿园，提出“以人口集中流入地、农村地区和‘三区三州’为重点，新建、改扩建2万所幼儿园，增加普惠学位400万个以上”。

十三届全国人大四次会议2021年3月11日表决通过的政府工作报告对学前教育未来任务再次明确表述：进一步提高学前教育入园率，完善普惠性学前教育保障机制，支持社会力量办园。

（五）民办幼儿园办园成本逐步加大，普惠性幼儿园发展后劲有待加强

随着社会管理网格细化和行业治理逐步规范，场地租金、人员工资、社保支出等项目支出负担愈发沉重。在办园成本不断加大的前提下，地方政府对普惠性幼儿园法定的优惠政策、奖励补贴不能及时落实到位。一增一减导致脆弱无力的经济基础很难支撑民办学前教育健康持续发展。在特殊历史时期以高房租取得办学场地使用权的民办幼儿园在转普过程中处境

尴尬、困难严重。

地方政府在铆足马力加速推进甚至超额完成普惠性学前教育覆盖率指标的同时，需要深入研究落实、认真执行“一地一策”“一园一策”精神，警惕并避免引发“政策简化性伤害”。不能同步或者超前建立普惠性幼儿园系列配套扶持政策，不仅影响以普惠性幼儿园为代表的社会公共教育服务体系的后续发展，还很有可能给资源不均衡、发展不充分、机体很脆弱的学前教育事业带来不可承受之重。

二 河南民办学前教育的生存状态

河南是幼教大省，幼儿园数量超过 2 万所，在园幼儿超过 400 万，居全国第一位。根据河南省教育厅 2021 年 3 月发布的《河南省教育事业发展统计公报》，截至 2020 年底，全省共有幼儿园 2.43 万所，其中普惠性幼儿园 1.66 万所。入园幼儿 126.58 万人，在园幼儿 425.58 万人，普惠性幼儿园覆盖率 73.7%，学前教育毛入园率 90.3%。全省民办幼儿园 1.82 万所，占幼儿园总数的 74.9%；全省民办幼儿园在园幼儿 283 万人，占在园幼儿总数的 66.5%。可以说，民办幼儿园已经是河南省幼教行业的主力军，数量充足、收费合理、质量优良的民办普惠性幼儿园为河南省扩大学前教育资源、满足人民群众入园需求做出了重要贡献。

置身于中国民办学前教育大的生态环境之中，河南民办学前教育的生存状态和全国其他省份大同小异。

2020 年是各级政府普惠性幼儿园达标考核关键之年，2020 年是城镇小区配套幼儿园专项治理的收官之年。这两项政策对百姓民生无疑是好事福音，对民办学前教育却是转型调整过程中的严峻挑战。

从 2020 年 1 月开始，新冠肺炎疫情肆虐，为了有效控制病毒传播，政府不得已采取居家隔离措施。民办学前教育机构 5 月分期分批复课勉强开学的时候，大半个学期已经过去。

面对新冠肺炎疫情造成的连续“空园期”，民办学前教育举步维艰、困难重重：前期“闭园停课”民办园仍需要按期支付场地租金、人员工资、抗疫费用；后期“复课开学”民办园需要全力应对来自家长的退费诉求、常态防控、师资不稳的局面；因为民办园的“民非”性质，民办幼儿园享受不到政府对小微企业的扶持政策。

（一）资本大鳄基本撤离，幼教市场恢复平静

2018 年 11 月 15 日发布的《中共中央、国务院关于学前教育深化改革规范发展的若干意见》中有关“幼儿园不得直接或间接、变相上市”的规定，让资本大鳄投资幼教、上市圈钱的发财梦惊醒破碎。

2019 年，党和政府陆续出台的普惠导向新法新政击穿了资本热钱发财残梦的最后幻想。自新冠肺炎疫情以来，民办学前教育行业受到巨大冲击，让资本大佬们彻底断了“重金收园、组团上市”的造富念想。

（二）全力以赴抗击疫情，劫后余生惨淡经营

综观民办学前教育市场发展历程，绝大多数民办园仍属于教育情怀和投资行为的双重产物。既然办园是投资行为，那么经营就是一个绕不过去的话题。长时间的“停课闭园”零收入、常态化的“抗疫模式”高成本，让民办幼儿园陷入“入不敷出、寅吃卯粮”的困顿状态。防疫背景下的“持久战”消耗的不仅是物力财力，还有心力、精力。

受疫情的影响，“复课开学”并不意味着全面恢复正常的教育教学秩序，诸多教育教学活动不能顺利开展。要想恢复民办学前教育自身“造血”功能需要足够的时间和耐心。疫情在考验人类抗灾能力的同时，也在考验民办学前教育人的意志和智慧。

（三）“普及普惠”军情紧急，“配套园所”尴尬求生

2020 年 2 月 17 日，河南省人民政府办公厅发布《关于进一步推进城镇小区配套幼儿园治理工作的实施意见》，要求各级政府对辖区内城镇小区配套幼儿园规划、建设、移交、使用等环节存在的突出问题开展彻底清查和坚

决治理。

城镇小区配套幼儿园存在的问题是社会治理落后、法治观念淡薄甚至是相关部门不作为、乱作为的结果，中央政府和省级政府文件虽然规定了“一园一案”的处理原则，但是要在短时间之内快速解决，很容易陷入“运动式”“一刀切”“夹生饭”等简单粗暴的操作误区。

城镇小区配套幼儿园大多属于民办性质。目前集中转型办普惠园与投资人办园预期会出现较大落差，这种落差的弥合、消失需要其自身觉悟的提高，也需要政府政策的支持与帮扶。在小区配套民办幼儿园转普过程中，投资办园人与开发商签订的高租金协议是横亘在转普过程中的森严堡垒，也是压在幼教人心头的沉重负担。城镇小区配套幼儿园大转普工作正在考验相关行政者的政治智慧。

2020～2021 年度是一个特殊年份，这个非常之年给河南民办学前教育带来的深层次影响是不可估量的。笔者在郑州、新乡、济源、商丘、周口、济源等地与同行进行交流中，谈到民办学前教育机构生存状态，不少人用“集体焦虑”表达心声；谈到民办学前教育未来发展趋势，大家的答案是“不容乐观”；谈到“民办幼教事业”，大家用了“同舟共济、抱团取暖”八个字。

三　河南民办学前教育的领军先锋

在河南省民办教育协会的旗帜带领下，在学前教育工作委员会的温暖家庭中，河南民办学前教育同人十年如一日地践行“心中怀正念、脚下走正道、做人树楷模、教育传正能”的协会宗旨和工委精神，向下扎根枝叶茂，厚积薄发显真功。河南民办学前教育从业者面对挑战不退缩，自救图强渡难关，在特别之年建非常之功，涌现了一大批压不弯、打不垮、摔不倒的行业标杆、领军先锋。

（一）停课不停学，线上线下编织温暖幼教网

2020 年新年伊始，突如其来的新冠肺炎疫情打破了秩序井然的幼教风

景。不能正常开园，幼儿居家生活教育如何操作？幼儿父母焦虑情绪如何缓解？幼师专业成长如何实现弯道超车？

全省民办学前教育行业，大到幼教集团，小到单体园所，大家一边根据自身情况创新工作，一边奉献社会，向同行分享经验：线上教师读书打卡让幼师成长不停步；网上育儿直播课程让家长有了专属的家教顾问；丰富多彩、小型多样的亲子居家创意活动，团结抗疫主题宣讲引导家长、幼儿从疫情焦虑转向关注抗疫报道，学习逆行英雄，播撒爱国种子。

疫情无情，河南幼教有爱。有了园所的专业引领、有了家园的热心参与。大家把社会当课堂，把抗疫当教材，把生活当教育，用爱心编织终身难忘的温暖幼教网，为这场抗疫战斗贡献自己的一生。

运营中心位于河南郑州的香港跨世纪国际教育集团在疫情期间面向社会开放教学资源库、开通直播课堂，用专业性、及时性、实效性创造了一次网络直播同步在线听众超十万的不俗战绩。

建业幼教集团选择当好幼儿成长的“守护者”。集团动员 31 位老师、36 位园长、6 位课程开发人员、5 位网络技术人员，共同组成“六个一”抗疫成长攻关小组，共发布 83 篇综合课程、300 多个亲子游戏活动，阅读总量超 20 万人次。

（二）君子怀大德，危难时刻尽显巾帼风采

2020 年 3 月，受疫情影响，开学复课时间不确定。在停课闭园状态下连续为教职员工发放了两个月工资的投资人、管理者心急如焚。大家都在发愁如果疫情继续发展，下个月工资该如何发放？发吧，没有收入，坐吃山空；不发吧，师资不稳，开学咋办？

为寻求合情合理的解决方案，学前工委秘书处通过一对一的方式对全省三十多家各级各类园所进行了电话或微信调研、采访、征询活动。经过整理归类、分析研判，学前工委秘书处最后以无记名内部参考的方式向相关民办学前教育机构提供了一份建议案。

事实证明：在疫情困难面前，河南学前工委团结的民办教育机构都能够

尽最大努力克服困难，为园所幼儿服务，为一线教师着想，用责任和爱心撑起一片民办学前教育的天空。

郑州希雅图幼教集团陈晓霞董事长面对笔者的调研，满怀深情地说："不管遇到多大困难，希雅图一定按时按量给老师发放每月工资。作为董事长，我的确非常困难。但是，想想和孩子们朝夕相处的老师们，她们刚刚开始自食其力了解社会。我不会把疫情带来的困难转嫁到老师身上，一定让大家感受到团队的温暖。"

（三）立足真教育，构建民办学前教育特色课程

河南民办学前教育始终坚持"理念是先导，课程是载体；生活即课堂，教育即体验"的办园兴教原则，积极构建民办学前教育特色课程，为每一位在园幼儿提供最有温度的教育体验。十年磨剑、久久为功，花开四季，香飘神州。

郑州博奥华鑫教育集团田文波园长以科学教育特色为抓手，通过环境创设、活动设计、课程渗透、场景体验、实际操作、专家对话、创意制作等方式让幼儿在课堂上、在生活里懂科学、爱科学、学科学、用科学。2020 年，博奥华鑫凭借先进的教育思想、先进的教学方法成为政府购买优质教育服务的首选品牌。

济源龙儿雪儿幼教集团王修平董事长围绕自然教育和生命美育自主开发的"花妞妞园艺课程"贴近园所、贴近幼儿、贴近生活，专业化的课程支持让"花妞妞"不仅花开河南，而且走向了全国。即使在疫情严重的 2020 年，龙儿雪儿凭借"有理念成体系可操作的"课程输出服务，仍然取得了可观的经济效益。

2021 年 4 月 26 ~ 28 日，全国首届自然园艺教育专家交流大会、河南省民办教育协会学前工委 2021 首场园长课程峰会在愚公故里、山水济源隆重召开。华东师范大学朱家雄教授、中国学前教育领军人物王国平校长、河南省民办教育协会学前工委侯炳轩理事长、河南省实验幼儿园张秋萍园长、花妞妞园艺教育课程创始人王修平老师从各自研究维度围绕"做中国人的自然教育"

核心主题给来自全国各地的300位园长带来了精彩而专业的智慧分享。

平顶山市育童家孙大鹏老师依靠自己和团队对幼教事业的热爱成功地实现了从原来的幼儿教材提供商向幼儿教育专业培训机构的华丽转型。育童家教育机构可以根据一线园长、老师的教育教学需求，为幼儿园量身定做教具、玩具、学具。2020年，孙大鹏团队为幼儿园专属开发的“伴耕伴读自然教育基地”正式被认定为平顶山市研学旅行基地。

在国家黄河流域生态保护和高质量发展时代背景下，如何更好地传承黄河文化，讲述黄河故事，培养黄河后代，河南民办幼教人交出了自己的答卷。随着太极拳世界非物质文化遗产申办成功，由陈氏太极传承人领衔开发的耘芽少儿太极学能课程已经顺利通过专家论证，目前正在郑州圣爱教育集团10家园所进行师生实验，相信在不久的将来，耘芽少儿太极学能课程将为更多中原学童播下黄河文化的种子。

面对民办学前教育的发展挑战，面对国家托育政策的鼓励召唤，河南民办学前教育同人发挥专业特长、探索托幼融合，开辟联动市场，2020年，东伦教育的窝窝爱婴舍、永和教育的咪母家托育品牌引起业界高度关注。至此，诞生于河南民办幼教的窝窝育婴舍、咪亩家、汇爱、真爱幼幼已经成为河南托育的四张名片。

2021年3月，河南省教育厅首批基础教育专家名单向社会公布，河南省民办教育协会学前工委田文波园长、吉小宁园长分别以幼儿科学特色课程、园所自然教育特色课程研究成果代表民办学前教育同行成功入围、光荣上榜。

（四）聚焦大中原，引领河南幼教从文化出发

文化是教育的灵魂，文化是生命的根脉，文化是智慧的源泉，优秀文化是学前教育的立场所在、能量所在，自信所在。在文化立国、文化融合、文化创新的新时代，河南的文化瑰宝无疑是中原幼教走向全国、面向世界、连接未来的宝贵资源。

如何从传统文化中汲取营养，并在教育实践探究中形成特色园本课程，

这是文化传承发展的重要使命，也是每一位教育者义不容辞的责任。2021年，河南学前工委将全年推出“让教育从文化出发——中原文化赋能学前创新”月度系列主题活动。

2021 年 1 月 28 日，第一期：解锁太极，做“有根”“有魂”的中国学前教育主题活动，在河南省民间艺术协会非遗体验馆隆重举行，三十多位幼儿园园长、非遗传承人、大学教授、文化人士共享了这场河南学前教育界的文化盛宴。

2021 年 2 月 2 日，河南民办教育协会学前工委“教育从文化出发”系列主题沙龙第二期“关注三磅宇宙，让科技为幼教发展助力”在河南大才教育研究院无缝接龙，精彩上演。

（五）民族大家庭，享受优质教育一个都不能少

河南省地处中原腹地，自秦汉以后，形成了以汉族为主体的聚居区，但是由于朝代更替及各民族的迁徙流动，河南省成为典型的少数民族散居省份，其少数民族人口在全国非民族自治地方的省份中居第一位，其中蒙古族成为河南省第二大少数民族。

安阳市滑县牛屯镇张营村可姓蒙古族自元末明初留居中原，已有 600 多年的历史，1985 年正式恢复蒙古族身份。如今，民办滑县蒙古族小太阳幼儿园承担起了蒙古族小朋友学前教育的重任，让客居中原的蒙古族后代千里之外享受纯正的民族教育。民办安阳市滑县蒙古族小太阳幼儿园填补了河南省学前教育民族大家庭的一项空白。

（六）捐建梦书屋，用读书来点亮心灯振兴乡村

“LHK 华梦书屋”是由建业教育集团和金水区民政局社会组织联合会于 2016 年 11 月共同发起的公益项目，计划在 5 ~ 10 年间，向山区幼儿园、学校捐建 100 间“LHK 华梦书屋”。

截至 2020 年底，“LHK 华梦书屋”公益活动已发动爱心组织 40 多家，捐建 51 所“LHK 华梦书屋”，惠及近 1.5 万名师生，捐赠图书超 10 万册，

并配以文具和体育器材，捐赠物品价值260多万元。从2021年起，河南省民办教育协会学前教育工作委员会将发动全省更多民办学前教育机构参加到“LHK华梦书屋”公益活动中来，汇聚爱心参与捐赠、让爱流动接受捐赠，让更多的幼儿在“LHK华梦书屋”公益活动中体验爱、善良、健康与欢乐！

2021年4月24~25日，由河南省民办教育协会学前工委主办、建业教育集团承办的“根深叶茂　行稳致远”河南省民办教育协会学前工委2021年年会在郑州建业外国语中学学术报告厅如期举行。来自上海、郑州的六位专家分别就党建引领、普惠办园、内涵发展、法规解释向18个地市300位园长做了专题报告。

四　河南民办学前教育发展瓶颈与忧患

我们正处在一个史无前例的国际大变革时代。不管你是否觉察，这个世界都在按照自己的节奏日新月异。中国的教育现代化决定着中华民族的伟大复兴。

我们正处在一个史无前例的教育大发展时期。不管你是否同意，这场革命都在按照自己的规律发生量变和质变。中国的教育现代化起步于学前教育的奠基工程。

站在新时代、新目标、新理念、新格局的改革前沿，民办学前教育唯有解放思想、革故鼎新、与时俱进，方可在百舸争流中挺立潮头、有为有位。

对标先进省市，着眼未来发展，河南民办学前教育存在以下瓶颈与隐患。

（一）民办学前教育从业人员人文素养积累不深，理念课程传导力有待加强

受综合国力、社会发展、培养体制影响，我国现有幼师大多是初中毕业之后读的幼儿师范学校，整体文化水平、专业素养亟待提高强化。一个文化

底蕴丰厚的教师可以让专业技能如鱼得水，可以让课程魅力神韵兼备。

从创始人和管理者做起，引导幼师、家长读书学习，创建书香园所，本身就是一部精彩而持久的教育连续剧。

（二）有关部门现代服务意识有待加强，民办园法定权利不彰

《民办教育促进法》明确规定，民办学校和公办学校依法享有同等法律地位，民办学校教师依法享有与公办学校教师同等的权利。但是，在实际行政履职过程中，仍有部分工作人员对民办教育另眼相看，规范得多，扶持得少，在服务方面有待提高。

（三）民办学前教育一线教师整体薪酬待遇偏低，幼儿园教师队伍不稳

民办学前教育一线教师薪酬待遇偏低，是由来已久的老问题，也是制约民办学前教育质量提升的大问题。薪酬待遇问题是民办学前教育机构队伍不稳的首要原因，解决民办幼师队伍稳定问题，提升薪酬待遇不可回避。

政府主导，社会参与，园所作为，逐步建立民办幼师薪酬待遇递增督导机制势在必行。

五　河南民办学前教育“行稳致远”建议

中国教育现代化的国家战略规划已经确定，“幼有所育”已经被纳入国民教育公共服务体系重点建设。

在国家制定的国民教育公共服务体系中，“普及普惠优质安全”成为学前教育规范发展基本原则。

李克强总理在 2019 年政府工作报告中指出，只要符合安全标准、收费合理、家长放心，无论是公办园还是民办园，政府都会支持。

面对民办学前教育发展的新定位、新生态、新规则、新挑战，笔者为民办幼儿园提出如下建议。

（一）读懂幼教经，练好基本功，用内涵发展赢得社会认可

热爱生命读懂幼儿，是我们办好幼教的前提；尊重规律做好幼教，是我们办好园所的基础。有了幼儿的进步、家长的满意，园所才会有社会的认可和生存的空间。

基本功永远是看家的本领，园所基本功扎实才有可能确保教育质量稳步提升，逐步构建鲜明的园所特色，日积月累形成园所品牌效应。

（二）节约降成本，学习添后劲，向科学管理争取办园效益

普惠园的本质就是限价。试想，在收费受限的前提下，各种支出如果不能有效控制，久而久之自然会坐吃山空。“省下的就是挣下的”这句老话要谨记。

民办园全员居安思危、精打细算，做学习者、教育者、管理者，齐抓共管、人人担责，用科学管理降低不必要的办园成本，细水长流提升办园效益。

（三）内部深挖潜，统筹广聚力，以幼儿为核心创新园所产业链

生源是幼儿园生存的根本，幼儿园最宝贵的资源是幼儿。幼儿和家庭会形成良好的口碑效应，他们对园所满意都是潜在的巨大财富，民办幼儿园可以对内依托园所教师资源、场地资源、时间资源，对外整合社区资源、异业资源、研学资源，为幼儿和家庭提供更加多元的综合服务。

当然，延伸园所产业链最重要的前提是幼儿需要、家长满意、合法合规。

（四）调整园所结构，在托幼融合中培育增长点

根据社会发展需要，国家托育政策相继出台，各省、区、市文件陆续到位，学前教育覆盖范围从原来的3～6岁幼儿到现在的0～6岁幼儿，托幼融合给行业发展带来了新的增长点。

需要提醒的是，国家有了民办学前教育野蛮生长、过分逐利的前车之鉴，将会把托育行业从起步阶段限定在普惠范围之中。心存侥幸和投机心理，企图通过托育项目高收费高盈利的激情投资者一定要三思而后行。

市场有风险，投资需谨慎。民办幼儿园在进行托幼融合操作时，一定要做好细致考察，避免被某些托育机构进行第二轮收割。

（五）尝试联盟发展，在抱团赋能中共享资源

从外在形式上看，联盟发展可以采用“以强带弱”“以老带新”“以大带小”“平行互助”等多种方式。

从内在主题上看，联盟发展可以采用“课程合作”“培训合作”“教师共享”“采购同步”等多种形式。

实力强、规模大、辐射广的幼教集团可以创新多种方式组建不同主题的发展联盟，打造不同形态的幼教生态圈，实现学术专业上的互学互鉴、后勤服务上的高效低耗。

联盟发展关键要打破壁垒，志同道合，真正做到相互信任、取长补短、资源共享、共同成长。

（六）加强教科研联合，在纵向合作中提升质量

专业素质参差不齐的师资队伍是制约包括民办学前教育在内的幼教事业发展的症结。特殊时期低门槛幼师培养体制亟须建立继续教育专业成长机制，以弥补短板。

高等师范院校幼师专业教师在完成学校教育教学任务的同时，要走出象牙塔，深入第一线，理论联系实践，有可能在教育现场寻找到大学校园没有的教育风景。

大专院校的学术资源与基层园所的人员融合、课题对接、优势互补将实现双向激活、多方受益、专业引领，对个体、团队、行业发展产生巨大的推动作用。

大专院校的有识之士与以实践见长的业务骨干的深度结合、共同成长极有可能催生一批有理论、有实践、懂管理、会经营的专家型人才，为学前教育“管办评”分离储备能量。

B.6
2020~2021学年河南民办托育的发展报告

孙 敏　李 森*

摘　要： 2019年被誉为中国的“托育元年”，2020年是托育真正发展的第一年。河南目前入局托育行业的多为民间力量，作为学前教育的下沉，民办托育成为民办教育中重要的组成部分。目前托育行业尚处于萌芽阶段，托育各方面发展的成熟度也远不及其他民办教育领域。伴随国家重要政策文件相继颁布，河南的托育行业也在逐渐走向成熟化。

关键词： 托育　民办教育　产业链

一　河南托育行业概述

随着“二胎”“三胎”政策的实施，托育服务越来越受到关注。随着生活节奏加快、职场压力增大，双薪家庭父母难以花费足够精力及时间照料新生儿，而隔代教育仍存在诸多问题，促使专业化托育服务需求不断增加。中国人民大学抽样调查显示，60.7%的独生子女家庭因为没人看孩子，而不愿生育二胎。在有关部门组织的网上调研中，有65.2%的家庭需要婴幼儿照护服务。因此，托育服务便成为直接关乎孩子照顾问题的政策关注重点。

---

* 孙敏，河南新学前教育研究院执行院长，河南民办教育研究院研究员，主要从事学前教育、民办教育研究；李森，自媒体“幼有所豫”主编，托育行业研究员、自媒体人。

（一）托育的定义与分类

托育机构是指由社会组织、企业事业单位或个人举办，面向3岁以下，尤其是2~3岁的婴幼儿提供保育、教养服务的婴幼儿照护机构。当父母外出工作或无法履行照料责任时，托育机构通过提供系统化、专业化的照料及看护等保育服务，发挥暂时替代父母照料婴幼儿的职能。

根据不同的运营模式，托育机构可分为全日托、半日托、临时托三种类型。半日制托育机构通常只在工作日上午提供托育服务，婴幼儿上午8~9点入园，11点半至12点离园，托育机构不提供午餐；全日制托育机构的婴幼儿通常从8点至9点入园，下午4点至5点离园；临时制托育机构服务时间灵活，根据客户需要计时。

根据提供托育的不同主体划分，托育机构可分为企事业单位办托育机构、公办托育机构、民办托育机构三种。其中，公办托育机构主要由公办幼儿园、医院等公办机构组成；民办托育机构主要由家庭式托育机构、社区式托育机构组成。

根据不同的运营目的，托育机构分为非营利性和营利性两类。非营利性托育机构不以营利为目的，利用国家财政性经费捐助申请设立，经业务主管单位同意后，在民政部门办理民办非企业单位法人登记；营利性托育机构利用非国家财政性经费和非捐助资产设立，在工商部门办理公司制法人登记，该类托育机构多为民办机构。

（二）中国托育政策导向分析

1. 国家层面托育政策

我国政府历来都比较重视婴幼儿照护托育服务工作。2019年被誉为中国“托育元年”，从国家多部门联动发布一系列托育相关政策文件的频率和内容来看，国家对于托育行业非常重视。

2019年5月9日，国务院办公厅印发《关于促进3岁以下婴幼儿照护服务发展的指导意见》，提出三方面的任务举措：一是加强对家庭婴幼儿照护的支持和指导，落实产假政策；二是加大对社区婴幼儿照护服务的支持力度，支持和引导社会力量依托社区提供婴幼儿照护服务；三是规范发展多种形式的婴幼儿照护服务机构，加强婴幼儿照护服务专业化、规范化建设。

2019 年 6 月 26 日，国务院办公厅发布《关于促进家政服务业提质扩容的意见》。建立健全家政服务法律法规，促进家政服务业与养老、育幼、物业、快递等服务业融合发展。

2019 年 7 月 4 日，财政部税政司在其网站发布《关于养老、托育、家政等社区家庭服务业税费优惠政策的公告》，对此前李克强总理在国务院常务会议上提出的税费优惠政策正式落地实施，公告自 2019 年 6 月 1 日起执行，至 2025 年 12 月 31 日废止。

2019 年 8 月 29 日，住房和城乡建设部发布行业标准《托儿所、幼儿园建筑设计规范》。规划建设婴幼儿照护服务机构和设施，完善相关工程建设规范和标准。

2019 年 10 月 8 日，国家卫生健康委出台《关于印发〈托育机构设置标准（试行）〉和〈托育机构管理规范（试行）〉的通知》。《托育机构设置标准（试行）》坚持政策引导，普惠优先、安全健康、科学规范、属地管理、分类指导的原则，充分调动社会力量积极性，大力发展托育服务。《托育机构管理规范（试行）》坚持儿童优先的原则，尊重婴幼儿成长特点和规律，最大限度地保护婴幼儿，确保婴幼儿的安全和健康。

2019 年 10 月 25 日，国家发展改革委、国家卫生健康委发布《关于印发〈支持社会力量发展普惠托育服务专项行动实施方案（试行）〉的通知》。针对承担一定指导功能的示范性托育服务机构和社区托育服务设施两类托育机构，中央预算内投资按每个新增托位给予 1 万元的补助。

2019 年 12 月 24 日，国家卫生健康委办公厅、中央编办、民政部、国家市场监管总局印发《托育机构登记和备案办法（试行）》，托育服务事业正式进入正规化、合法化发展轨道。

2020 年 12 月 14 日，国务院发布《关于促进养老托育服务健康发展的意见》。着力解决“一老一小”民生问题，将有效扩大面向广大普通家庭老年人和婴幼儿的普惠性服务供给。

2021 年 1 月 12 日，国家卫生健康委发布《托育机构保育指导大纲（试行)》《托育机构婴幼儿伤害预防指南（试行)》，托育行业的相关服务标准逐渐开始完善、健全。

托育行业逐渐被重视，国家政策给托育行业发展指明了方向，托育行业将进一步向普及、普惠方向发展。这会让产后父母在育儿方面得到解放，使年轻人放心生育，对实现中国人口不断增长有着重要的促进作用。

2. 河南省内托育政策

随着河南省经济的发展，托育市场也快速发展。近两年，河南省也开始重视托育行业发展，并结合市场情况出台了一系列托育政策。

2019 年 6 月 21 日，河南省总工会出台《关于推动 3 岁以下婴幼儿照护服务发展的指导意见》。要求各级工会组织通过多种形式促进婴幼儿照护服务发展，鼓励用人单位为职工提供福利性婴幼儿照护服务。

2020 年 4 月 9 日，河南省人民政府办公厅发布《关于促进 3 岁以下婴幼儿照护服务发展的实施意见》，河南省托育政策发力，推进河南省托育事业发展。

2020 年 7 月 3 日，河南省人口学会婴幼儿照护服务专业委员会成立；河南省首届托育论坛举办。河南省内托育行业首个大型会议举办，河南托育事业逐步进入高速发展阶段。

3. “十四五”规划中的托育

《国民经济和社会发展第十四个五年规划和 2035 年远景目标纲要》（以下简称《纲要》）提出：推动生活性服务业向高品质和多样化升级，加快发展健康、养老、育幼、大健康等服务业，推进服务业标准化、品牌化建设。积极应对人口老龄化国家战略，发展普惠托育服务体系，降低生育、养育、教育成本，促进人口长期均衡发展，提高人口素质。

《纲要》中，托育事业再度被提到前所未有的高度，托育服务迎来发展机遇期。20 个“十四五”时期经济社会发展主要目标中，每千人口拥有 3 岁以下婴幼儿托位个数，由 2020 年的 1.8 个提升到 4.5 个，变化率 150%，成为未来 5 年数值变动最大的指标。

《纲要》第十章“促进服务业繁荣发展”中第二节“加快生活性服务业品质化发展”，将托育同健康、养老、文化、旅游、体育、物业等服务业并列提及，由此可见，托育行业发展，对加快生活性服务业品质化发展有着积极的推进作用，同时，托育行业也被定性为生活性服务业。

《纲要》第十四章“加快培育完整内需体系”中第一节“全面促进消费”将托育同教育培训、医疗健康、养老、文旅体育等消费产业并列提及，对人民生活品质提升，促进消费向健康、绿色、安全发展，稳步提高居民消费水平有着重要作用。

第四十五章“实施积极应对人口老龄化国家战略”中，托育和养老成为中国应对人口老龄化的国家战略，托育事业首次上升到国家战略层面。

第五十一章“构建基层社会治理新格局”中第二节“健全社区管理和服务机制”中，托育同就业社保、养老托育、扶残助残、医疗卫生、家政服务、物流商超、治安执法、纠纷调处、心理援助等便民服务场景被同时提及，推动社会治理和服务重心下移、资源下沉，提高城乡社区精准化精细化服务管理能力。

托育在“十四五”规划中被放在了重要位置，对积极应对人口老龄化、加快服务品质发展、全面促进消费、构建基层社会治理格局，有着重要意义。

4. 2021年全国两会关于托育的提案

2021 年全国两会，托育话题持续升温，成为各民主党派和全国工商联关注的重点。“普惠性托育”“幼儿服务人才队伍建设”“提升入托率”等成为托育的关键词；在出生率降低、老龄化加剧的大背景下，每个孩子都应得到精心养育，做好托育服务是各级政府完善公共服务的重要内容，有助于增强年轻人的生育意愿。

来自教育界的市政协委员李建丽曾提案：加快建设 3 岁以下婴幼儿托育体系。她建议，应建立完备的公共托育服务体制，鼓励社区、企业建立公共托育服务。人大代表庹庆明也提出把 0 ~ 3 岁托育工作有步骤地纳入学前教育体系，加强生育社会支持政策。人大代表、华南师范大学教授林勇建议大力发展0~3岁婴幼儿照护服务，增加“家门口”普惠托育机构，提升入托率。

综上所述，在国家层面、省级层面规范托育行业发展的各种文件正在陆续出台，顶层设计日渐清晰。相信在“十四五”托育相关政策的推动下，今后托育的发展将会越来越规范化、利民化。

二　河南常见的托育形式

2020年虽受新冠肺炎疫情影响，但河南托育市场依然发展强劲。随着中小学幼儿园纷纷开学，托育行业也很快热了起来。国内丰富、先进的托育资源和模式，也纷纷在河南落地开花。国内常见的托育形式有以下几种。

（一）商业托育

这类托育的场所一般是商用建筑，很多是早教机构转型、延伸做托育，也被广泛称为“全日制早教”。这类托育形式也是现在最为广泛存在的托育形式。很多早教机构装修十分不错，场地也很大，周一到周五场地基本闲置，加上很多会员的早教课销量不高，结合婴幼儿全日制的托管，很大程度上增加了机构的盈利模式。在托育起步初期，投入托育行业最多的也是早教行业从业人员。第二阶段有很多专业做商业托育的品牌和模式相继问世。这类托育从环境设计、课程选择、师资配置、经营管理等诸多方面，都已经摆脱早教的模式，全方位满足婴幼儿照护、幼儿早期教育的各方面需求。

这类托育形式多出现在幼儿园内，托育机构和幼儿园共享户外场地，加之幼儿园多设在社区内，接送幼儿十分方便。《促进3岁以下婴幼儿照护服务发展实施方案》提到，鼓励有条件的幼儿园开设托班，招收2~3岁幼儿。其实很多幼儿园在很多年以前就开始招收2岁多的孩子，这种托育班一般被称为“小小班”或者“小托班”。幼儿园开设这类班级，更多的是为将来的小班提前锁定生源。也有很多新开幼儿园，园所内空余教室比较多，中大班数量有很多空余托位，增设小托班也能增加幼儿园的经营收入。但是很多幼儿园在满园后，就不再开设托育班。

也有专业的托育机构、品牌，在幼儿园内划分一部分场地，独立经营托育品牌，如建业教育旗下的六一星系托育中心，在建业教育系统的小哈佛幼儿园内半独立经营；伊桥幼儿园和目及婴童学院的合作模式，在伊桥幼儿园内，划分独立的场地给目及婴童学院独立经营托育服务。同样是园所一个品牌，托育一个品牌，却是不同的经营、合作模式。

但是很多不愁招生的幼儿园，普遍不愿开设幼托班，受普惠政策影响，众多社区幼儿园学费锐减。学费的降低，也使得很多学费比较高的幼儿园能够快速满园，没有更多的教室场地开设托育班。0～3 岁托育与 3～6 岁幼儿园的经营模式还是有很大不同的，需要更多的婴幼儿照护的专业知识。无论公办还是民办幼儿园，3～6 岁的托育经营模式已经十分成熟，普遍不愿增加额外的工作负担。

（二）社区场地开办托育

很多大型社区、街道办，都有社区综合服务场所，在社区内举办托育，和养老相结合，有很大的场地优势，一个优势是“零”房租，一个优势是家长方便接送，非常适合做成普惠性托育。但是这类场地是公有属性，社区的场地开办托育，需要各级政府部门用地审批，审批部门尚不明确，基层单位没有接到上级的指导文件，普遍不会擅自分配场地使用。建议相关部门，将可用于经营托育的社区场地进行统计，发布相关的政策文件，引领、指导社区托育发展。

（三）家庭式托育

家庭式托育的前身可以说是个人开设的“托儿所”，可以是在提供服务者自己家里开设，也可以是在小区内承租住宅用房开设。家庭式托育因嵌入社区，具有就近便利、时间灵活、情感联系紧密、照顾的持续性、投入成本低等优势，成为许多国家早期照护系统中的重要组成部分，也能够为广大女性提供更多的创业、就业机会。

建业城市花园中的目及婴童学院，将一楼两套住房打通连在一起，使用面积近400平方米，目前开园近一年，1.5岁以上两个班级已经接近满班。在郑州天佑小区的泥豆儿童之家，满额15个托位，已经经营三年有余，也不愁招生。但是承租房屋的不确定性（如房东卖房）、邻居投诉、缺少监管措施等因素，会带来一定的经营风险。

国家卫健委人口家庭司杨文庄司长对家庭托育予以充分的肯定，并倡导地方政府对于家庭式托育“不要一棍子打死，要加强指导、加强支持、加强有关政策完备”。2020年12月31日，国务院办公厅《关于促进养老托育服务健康发展的意见》指出，鼓励各类房屋和设施发展养老托育，非独立场所按照相关安全标准改造建设托育点并通过验收，不需要变更土地和房屋性质。建立家庭托育点登记备案制度，研究出台家庭托育点管理办法，明确登记管理、人员资质、服务规模、监督管理等制度规范，鼓励开展互助式服务。

（四）企业开办的托育

这类托育利用企业的场地开办托育，核心目的是解决企业内部员工的幼儿看护问题，大多出现在公立医院、大型国企单位以及女性就业密集的企业单位，由于女性职工生育后，要花费大量的时间精力照顾孩子，影响正常的工作。因此一些企业提供场地、建设投入等支持，委托专业的托育机构提供托育服务，如郑州人民医院的汇爱早教托育中心。

三　河南托育发展现状

托育机构的前期投入普遍比较大，但是托育的入园率并不稳定，托育机构面临生源危机经营压力很大。疫情防控常态化时期，托育机构的入托率依旧不高，尤其2020年9月幼儿园开学，大量入托儿童进入幼儿园，托育的入托人数断崖式下降。

托育的经营成本居高不下，除了房租因素外，托育机构的人力成本也十分高。因为 3 岁以下幼儿需要更多的照料，往往一个十多个孩子的班级，就需要和幼儿园一样的 3 名老师照顾。很多托育机构会提前储备教师资源，在班级未满、未开的情况下，就已经将老师储备到位，又增加了很高的经营成本。就 2020 年托育机构的发展情况来看，普遍没有盈利，仅能维持基本开销或是处于亏损状态。

受 2020 年疫情的影响，托育机构在 2020 年 6 月下旬才陆续开园，大多数托育机构租用的商业用房并没有得到房租的减免，还需要承担老师的基本生活工资开支，使得很多托育机构资金周转十分紧张，很多托育投资人更是负债累累。存活下来的托育机构经营也是十分困难。

家庭方面，疫情对各行各业造成的影响是长期的，很多年轻双职工家庭需要承担房贷、车贷、日常基本生活开销，面临突如其来的疫情，停工降薪，家庭收入受到严重影响，甚至有很多服务行业的家长在疫情期间失业。即使复工复产后，很多家庭的收入情况也大不如前。疫情对家庭经济的影响是长期的。现在高昂的经营成本，使众多托育机构收费普遍在 3000 元以上/月，很多家庭为了节省这笔开支，选择自己带孩子或者交给老人育养。

托育作为国内新型的幼儿养育方式，虽然各种模式已经相对成熟，但是仍有很多家长对于托育持怀疑态度，普遍认为孩子这么小，交给托育代养不放心，更愿意自己养育或者交给老人养育。据网络调研，影响家长选择托育的原因有以下几个方面：安全因素占比 24%，价格因素占比 17%，师资水平占比 21%，硬件设施占比 16%，地理位置占比 16%，其他因素占比 6%。

四　河南托育目前存在的问题

（一）人才供给能力不足

我国托育行业起步较晚，目前尚未建立起成熟的托育人才培训体系。高校也尚未大量开设托育行业相关专业。目前托育行业就业人员多来自学前教育专业。0～3岁婴幼儿与3～6岁儿童的教育模式存在较大差异，3岁以下幼儿教育从业人员的培训要求、标准与3～6岁儿童也有所不同，托育从业人员普遍缺乏3岁以下婴幼儿的托育技能与经验。托育机构在招聘后，会对员工进行内部培训，但由于机构内培训水平参差不齐、能力有限，极大地限制了托育行业的发展。需要河南省内高校尽快开设托育方面相关专业，社会上尽快建立具有权威、专业性的托育培训体制。

（二）合适的场地资源稀缺

《托儿所、幼儿园建筑设计规范》要求，托育机构的选址在二层及以下的房屋，并且大于300平方米的托育场地需要办理消防审核，使得很多场地很难达到基本要求。

商业用房的房租普遍比较高昂，严重增加托育机构的经营风险和经营压力。房租低廉，位置合适的用房，更是少之又少。需要政府协调，释放出更多适合托育经营的场所。

（三）经营者缺少专业的经营能力

目前托育行业的经营者多是从幼教、早教行业转行过来的，或是有教育情怀的父母为了自己的孩子入局托育行业。他们普遍有着较为丰富的幼儿教育理论知识，但是经营一家托育机构，需要有很强的招生、管理、财务、宣传等各方面能力，而这些往往是经营者欠缺的。

（四）需要标杆性的行业引领

河南省内已经评选出一部分示范性托育机构，这些托育机构或者有强有力的资金支持，或是有很强的经营能力，或者有地产资源支撑。但仍有大量的托育机构、创业者在摸索前行，在经营上面临很大的问题。需要这些示范性托育园所尽快发挥示范性作用，引领行业进一步发展。

（五）课程、内容输出较少

托育行业目前使用的课程体系多为早教课程，专为0～3岁幼儿研发的课程内容极为稀缺。少部分托育机构采用国外较为成熟的蒙氏教育、瑞吉欧教育、高瞻教育模型，在满足基础的婴幼儿照护需求外，能够为孩子提供良好的早期教育。但是这些课程体系对教师的专业度要求很高，这类托育机构的创始人普遍在这些方面有着多年的教学经验，在经营过程中能够将丰富的教学经验传授给新的老师，使托育机构能够有着不错的教学水平。大多数的托育机构不能提供良好的照护服务，在教育层面缺少系统的教学体系和课程内容。

（六）公办资源投入托育过少，民营托育经营压力巨大

在托育行业发展初期，大量的民间力量投入托育行业的发展中。反观公办幼儿园、企事业单位等公办力量，在行业发展的初期没有起到模范带头作用，大量的行业风险由民办力量承担。建议政府部门、企事业单位，在托育行业发展初期，多参与其中，起到示范带头作用。

五　河南托育行业的发展趋势

（一）托育产业链分析

中国托育行业产业链上游涉及托育保育人员培训、托育机构服务、行业自媒体、课程、玩教具供应商等 To B 服务产业；产业链中游参与主体为各类托育机构，包括民办托育机构以及公办托育机构；产业链下游为托育服务的消费客户，包括有托育需求的婴幼儿及其父母。

1. 上游分析

中国托育行业产业链上游涉及托育保育人员培训、托育机构服务、托育自媒体、课程玩教具供应商等 To B 服务产业。托育作为服务性行业（相对于其他阶段教育，照护服务性内容占主导），婴幼儿的健康成长以及家长满意度为行业的首要任务，因此培育人员培训成为托育行业最主要环节。

中国托育行业相对于其他国家起步较晚，目前尚未建立成熟的培育人员培训体系，业内培训水平参差不齐。中国托育行业从业、培训人员多由幼儿园幼师、育婴师、早教教师组成，然而该三类群体对于0至3岁婴幼儿的托育体系健全而言均存在不足。幼儿园幼师方面，中国学前教育专业的课程设置和培育群体均围绕3至6岁年龄段儿童展开，而0~3岁婴幼儿与3至6岁儿童的教育存在较大差异，因此3岁以下年龄段的培育工作对培育人员的要求也有所不同，有的托育从业人员缺乏3岁以下婴幼儿的托育技能与经验。育婴师方面，其培养体系尚未成熟，且准入标准低。根据国家标准，托育从业人员可考取育婴员、育婴师、高级育婴师三个职业资格认证。这三个职业资格认证考试对学历的要求均为初中及初中以上，学历门槛较低，且考试以笔试为主，导致培训品质难以保证。

在托育其他的上游产业服务方面，由于托育行业刚起步，各方面产业壁垒尚未形成，还有很大的机会。

2. 中游分析

托育行业产业链中游参与主体为托育机构。河南提供托育服务的机构数量众多，根据提供托育服务的主体不同，可分为以政府为主导的公办托育机构（如医院等）和以市场为主导的民办托育机构（如商业用房的托育机构、社区式托育机构、家庭式托育机构等），受场地用房限制，其中商业用房的托育机构为目前最为主流的托育机构。

从河南往年的学前教育板块来看，民办幼儿园占据了整个行业的大半市场。同样在托育行业的发展中，民办托育的各类模式已经纷纷落地，公办托育机构却迟迟未见。很多条件优越的公办幼儿园，在2020年也没有涉足托育领域。公立医院在这方面行动力则强得多，郑州人民医院利用已有空置场地建设托育点，交由汇爱早教托育中心运营，由于运营方没有房租和装修支出，仅需提供玩教具、服务输出，经营成本降低很多，也使得托费得以降低，值得大型企事业单位借鉴。

由于社区释放出可做托育的场地有限，家庭托育住宅用房在政策上不明确，幼儿园目前开设托育班意愿不强。商业用房虽然租金比较高，但是稳定性有保障，加之早教行业转型做托育者众多，以商业用房开设的托育机构目前是河南托育行业的主力军。

3. 下游分析

托育行业产业链下游环节为终端客户，主要涵盖0至3岁婴幼儿及其家长。随着“二胎”“三胎”政策的放开，具有托育需求的家庭数量不断上升。此外，中国女性就职率在全球范围内处于较高水平，进一步提升中国托育市场需求。然而，中国托育市场尚未成熟，中国3岁以下婴幼儿入托率较低，影响双薪家庭生育“二胎”“三胎”的意愿。一方面，早期教育阶段的主要对象为婴幼儿，家长大部分时间不参与其中，且该年龄段儿童尚未具备表达能力，因此托育机构的教育效果难以衡量；另一方面，部分家庭通过雇用保姆的方式照顾婴幼儿，相较托育机构，保姆能够全天候照顾婴幼儿，且父母对保姆的了解程度更深，对其更为信任，因此，育儿保姆行业对托育行业形成直接竞争。

（二）由托育产业链延伸的相关行业

1. 为幼儿园提供托育服务支持

虽然很多没有招生压力的普惠、公办幼儿园普遍没有意愿增设托育班级，但是还有很多营利性幼儿园、新开幼儿园，需要专业的托育服务支持，为3～6岁幼儿园班级储备生源。由于3岁以下幼儿需要更为精细的照料、课程体系，而且托育需要大量的招生工作，很多幼儿园在经营托育过程中常常备感吃力。而且，新生儿出生率连年下滑，即使现在满园的幼儿园，在未来也面临招不满的情况，会有空余出来的教室发展托育。为幼儿园提供专业的托育配套服务，在未来会有一定的需求度。

2. 家庭式托育

在政策不明朗的时候，家庭式托育普遍被划分为“黑托儿所”，但是家庭式托育具有其他托育形式所无法比拟的优势，如房租优势；环境更接近于家，容易被幼儿接受；接送距离近；大量产后女性可以投身到家庭托育事业中，在养育自己孩子的同时，可以造就自己的一番事业。现在对家庭式托育的政策逐渐明朗，在未来，能够为家庭式托育提供配套服务的上游产业，促进女性再就业，会有很多需求。有计划开设家庭式托育的投资者，也可以择机入行。

3. 托育行业的教育培训

由于托育在我国属于新兴产业，托育经营者在诸多方面存在能力的不足，目前尚没有权威、专业的托育相关知识供其学习。托育机构的教师也需要更多的教育培训机会，以不断提升业务能力。

4. 托育园所的驻园服务

很多托育园所在建设过程中投入巨大，但是经营团队的业务能力比较欠缺，比如招生、管理、培训等能力，第一批投身托育行业的机构，在未来会有一部分出现经营疲软情况，但这类托育投资人也不愿将园所关闭。能够为这类托育机构提供专业有效的驻园配套服务，解决园所的招生难、宣传难、管理难。在未来，第一批进入托育行业经营不善的托育园所将在此方面迎来大量的机会。

5. 托育下游产业

托育机构内的儿童集中为 3 岁以下幼儿，客户属性十分精准，能够围绕托育园所的客户提供相匹配的优质服务、产品，在未来也有很广泛的需求。但园所的经营者，要严把品质关，防止出现损害客户利益的不法行为。

B.7
2020~2021学年河南培训教育行业发展报告

朱玉峰　郑学春*

摘　要：在"专项整治'阵痛'+疫情持续影响"双重压力下有序发展，构成了2020~2021年河南培训教育行业发展整体形势的基本轮廓。自2018年开始持续开展的培训教育行业专项整治活动效果明显，在合规办学、结构优化、质量提升和特色建设等方面取得积极成效。新冠肺炎疫情防控常态化带来的行业影响持续消化，经过市场优胜劣汰，行业资源集中度更趋明显，部分机构探索开展创新运营和差异化竞争，服务意识得到进一步提升，以高质量教学服务推动行业高质量发展。融合线上、线下混搭式教学的OMO模式成为培训教育行业发展标配。

关键词：专项整治　在线教育　培训教育

一　行业专项整治工作取得阶段性成果

2020年以来，培训教育行业专项整治持续推进，办学规范化成果日趋显现。行业不和谐、不安全因素减少，学习体验感明显提升。

* 朱玉峰，郑州市人大代表、郑州晨钟教育集团党委书记；郑学春，大河教育研究院特聘专家、郑州晨钟教育集团党委宣传部部长。

针对全国培训教育行业开展的专项治理整顿工作始于2018年初。当时，按照教育部等四部委的统一部署，河南省连续三年开展常态化规范治理，实施黑白名单制度，专项整治活动取得了积极成效，目前仍在深入推进中。

2020年12月，河南省教育厅再次发文，要求在全省校外培训机构中开展“五查五看”活动，进一步落实校外培训机构排查整治工作，扎实规范校外培训机构有序发展。

此次排查整治内容主要集中在5个方面：一是对办学资质进行排查，看是否存在无证无照或证照不全的校外培训机构、具备办理证照条件的是否依法依规办理相关证照。二是对教学计划进行排查，看是否存在“超纲教学”“提前教学”“强化应试”“非零起点教学”等不良行为。三是对办学行为进行排查，看是否存在虚假广告、夸大宣传、搞竞赛评比、与中小学招生挂钩的行为。四是对从教人员进行排查，看是否存在在职教师授课，诱导或逼迫学生参加校外培训机构培训等，从教人员线上线下授课内容（包括教材、教案、辅导材料、音频、视频）是否违背党的路线方针政策、损害国家利益或违背社会公序良俗，散布不良信息等。五是对收费情况进行排查，看是否存在一次性收费超过三个月、是否公示收费标准等。

通知要求，对无证无照、存在虚假广告、夸大宣传的要加大查处力度；对造成中小学生课外负担较重、人民群众反映特别强烈的地方要坚决查处，严肃问责；坚决查处在职中小学教师到校外培训机构兼职并诱导或逼迫学生参加校外培训机构培训等行为。一经查实，依法依规严肃处理，直至取消教师资格。

经过连续三年的专项治理整顿，一批违反相关办学规范要求的机构被依法取缔或纳入黑名单。一批资质完善、办学规范的机构得到了市场保护和快速成长。培训机构资质证照持续完善，办学规范得到落实，基础管理普遍提升，消除了一批安全隐患和不和谐发展因素，整体办学质量稳步提高，学生、家长满意度持续提升。通过聚焦高质量发展目标，河南教育界全面提升了教学服务质量。更加重视团队建设和线上线下课程优化创新，打造了教学特色，强化了家校沟通和服务功能，引导和推动整个培训行业稳定和可持续发展。

二　培训教育行业市场主体发生变化

培训教育机构市场主体发生分化，行业资源集中度进一步增强，机构存量总数略有减少，但行业结构更加优化稳定。

2020～2021 年，培训教育行业专项整治工作持续开展，加上遭受新冠肺炎疫情的严重影响，一些不符合办学规范要求、办学实力较弱的小微机构被迫退出，培训教育行业市场竞争主体发生分化。一些全国性品牌来豫机构和本土区域实力机构依托品牌、资金、课程、团队优势以及庞大的生源基数继续吸纳行业资源，发展实力持续增强。比如全国品牌的新东方、好未来以及本土品牌的晨钟教育、大山教育、联大教育等，其发展形势持续向好。2020 年 7 月 15 日，大山教育控股有限公司正式在香港联合交易所主板挂牌上市。以当日收盘价计，市值约为 9 亿港元。此前，河南已有宇华教育、春来教育两家机构先后在港股上市。郑州晨钟教育集团依托其个性鲜明的理科培训和全国知名的非公党建工作优势，办学实力和行业知名度持续提升。2020 年，晨钟教育集团被评为“全国民办学校党建特色项目建设基地”“河南省社会组织党建示范点”，并当选“河南省民办教育协会培训教育工作委员会理事长单位”。

另据了解，省会郑州以外其他省辖市的培训教育机构经过治理整顿，虽然整体存量略有减少①，但行业结构得到了优化提升，更多培训机构尝试转型开办全日制办学业务，城市教育综合体新业态和区域性龙头机构崭露头角，并开始发力，不断引领行业走向规范化和高质量发展之路。

三　新冠肺炎疫情对培训教育行业发展带来持续影响

新冠肺炎疫情的突袭而至影响了行业整体发展速度，但客观上有利于推

① 《天眼查大数据：2020 教育行业发展报告》显示，2020 年前 10 个月，全国教育相关企业注销数量达到 13.6 万家。

动各市场主体回归教育本质，聚焦高质量，走内涵式发展之路。

新冠肺炎疫情给培训教育行业带来的影响包括：人力物力投入加大导致运营成本上升；闭校停课造成招新困难、收入锐减，现金流难以为继；影响课耗，增加退费；薪酬降低、影响团队稳定等。面对复杂严峻的行业发展形势，一些实力薄弱机构被迫采取关闭校区、部分裁员等措施，有的小微机构甚至选择退出。

据调查，受2020年初以来新冠肺炎疫情的持续影响，全省培训教育机构营收降幅普遍较大。相关调查数据显示，近一半的机构营收比上年同期减少50%以上，近三成机构营收减少30%～50%，近两成机构营收减少10%～30%，只有2%左右的机构能与上年持平或略有增长。

截至2021年第一季度，新冠肺炎疫情对培训教育行业的影响仍在持续，不少机构仍面临生存和发展困境。天眼查数据显示，全国培训教育行业存在经营异常风险提示的企业占到17.8%。河南省虽然没有公布单独的统计数据，但培训机构存在经营异常风险的现象也不在少数。

另外，疫情持续影响和管控常态化有利于推动行业运营战略顶层设计创变提升。一方面，多数机构通过配合专项整治工作完善了资质证照，加快了合规化办学进程，有利于强化校区基础管理、提升应对市场变化的能力；另一方面，个体机构通过控制规模扩张、减员增效，提高单体校区抗风险能力，走向内涵式发展之路，从长远来看有利于行业的健康稳定和可持续发展。

事实上，在这一年中，培训机构的房租物业费用、人力资源费用和日常管理费用等仍居高不下，部分机构生存压力增大。在这种困难形势下，多数机构放缓了校区拓展步伐，行业整体规模增长速度趋于放缓。一些培训机构迫于生存压力，对部分校区采取了减员增效措施，集中力量发展优势校区业务，提升个别单体校区的抗风险能力。这种“断臂求生”的经营策略在业内屡见不鲜。此举在一定程度上也保证了一些中小机构得以生存和发展。

四　在线教育（线上教学）得到快速普及和成长

新冠肺炎疫情期间，河南培训教育机构普遍通过引入线上教学应对闭校停课带来的影响，较好地实现了“停课不停学、成长不停歇”的“抗疫+教学”双赢目标。

2020年初，面对新冠肺炎疫情对中小学教育造成的冲击，培训机构被迫停止线下教学、闭校停课，一些中小机构生存和发展遭遇前所未有的挑战。

按照上级教育部门的统一要求，培训教育机构普遍启动了线上教学工作，以求平稳过渡。为了实现停课不停学的目标，在线下业务关闭的情况下，绝大多数机构通过组建教研团队、研发课程、引入线上授课平台，较好地解决了疫情期间的线上教学和家校沟通问题。一些实力机构开发的线上课程因内容充实、教学规范、管理严格，还受到了学生、家长和教育主管部门的好评与肯定。

但也有一些培训机构因为仓促应对，线上教学效果不佳、学习体验效果差，受到家长诟病并导致部分生源流失。有的机构学生流失引发退费，致使校区经营雪上加霜。

疫情期间，通过数月的线上教学探索实践，河南培训教育行业线上教学能力得到了充分历练，线上课程内容和教学流程日臻成熟，学生、家长较好地适应了线上教学和家校沟通模式，线上课程出勤率和学习效果提升明显，较好地实现了教育部门提出的“停课不停学”目标。

从全国情况来看，2020年多数线下教培机构受到新冠肺炎疫情影响的冲击，而在线教育则迎来大好发展机遇，一些头部企业如猿辅导、作业帮等通过融资获得长足发展。公开报道显示，2020年，中国在线教育共发生111起融资，总金额超539.3亿元，这一数据超过了2016~2019年在线教育行业的融资总和。其中，猿辅导先后获得三轮融资，累计金额达35亿美元。

相对于全国在线教育火暴现象，河南本土在线教育则鲜有大的动作，也未见本土在线教育机构进行大规模融资的公开报道，但多数机构引进了在线教育模式。未来线下教育机构要想更好地生存与发展，就必须与时俱进地调整好自己的业务方向和办学模式，要学会运用科技赋能，增强线上教学能力，应对疫情防控常态化带来的教学挑战。今后，线上、线下教育相结合的OMO办学模式有望成为行业标配。

与全国线上教育先进省市（如北京、江苏、广东等）相比，河南培训教育行业在线教育发展整体水平仍存在较大差距。本土尚未出现全国知名的在线教育龙头机构。

五　培训教育行业迎来高质量内涵式发展时代

受疫情和专项整顿的双重影响，培训机构普遍通过增强单体校区抗风险能力，走内涵式发展之路。在此背景下，放缓扩张步伐，保存量、保营收，压缩市场费用和运营成本成为行业共识。

从行业整体发展情况看，这一年，在新冠肺炎疫情和行业治理整顿双重压力下，通过强化基础管理、完善资质证照和团队运营历练，多数机构经受住了双重考验，只有个别机构因资金链断裂或经营不善等其他原因关门歇业或转行发展。河南培训教育行业整体运营情况基本稳定，未出现社会影响较大的群体性事件。

对于多数经营困难的培训机构来说，疫情影响只是其中一个因素。根本原因还在于个别机构经营不善。专项整治后的行业规范，对不少重度依靠预支现金流活着的机构影响很大。因为自2018年四部委发布文件规范治理校外培训行业后，“一次性不得收取超过3个月的学费”的新规出台，使不少机构出现了资金流断裂的困境，有些机构甚至直接破产关闭。预计随着后期政策的不断落实，加之新冠肺炎疫情持续影响，还将有更多培训机构现金流出现断裂导致生存问题。

同时也有业内人士指出，“教学品质+服务水平”是培训教育机构的核心竞争力。在后疫情时代，行业资源集中度进一步强化，聚焦高质量、内涵式发展仍将是所有培训机构未来发展和竞争的必经之路。或许优胜劣汰会让各区域龙头机构发展得更快更好。

六　行业交流有待加强

基于抱团取暖目标的业内交流活动增加，行业协会工作恢复活跃。受新冠肺炎疫情影响，全省培训教育机构包括行业协会日常活动曾一度受限，一些常态性的会议、培训、调研活动等消失殆尽，即便有一些零星活动，无论频次和规模也都受到较大影响。

而在这一年中，培训教育行业在疫情影响叠加专项整治活动双重压力下，出现了较为严重的发展滞涨和经营困局，从业人员尤其是办学投资人迫切希望加强交流、抱团取暖、同舟共济。在这种情况下，包括河南省民办教育协会及其相关工委、泛亚教育联盟等其他行业性组织在内的各行业协会主动作为、主动担当，先后举办了一系列业内交流活动，为推动行业走出困境、创新突破助力赋能。

2020 年 11 月 28 日，河南省民办教育协会第六届会员代表大会暨理事会在黄河科技学院召开。会议按照相关程序，选举产生了协会第六届理事会新一届领导集体，表决通过了《河南省民办教育协会章程（草案）》《河南省民办教育协会会费标准及管理办法（草案）》，并对相关工作做出安排部署。随后，协会培训工委也召开了换届大会和年度工作会议，针对疫情防控常态化形势下的行业发展提出了具体发展意见。

七　基层党组织建设工作进一步强化提升

培训教育行业基层党组织建设工作持续强化，一批民办学校党建工作成为行业标杆。

加强中小学校党建工作，对于全面贯彻党的教育方针、保证社会主义办学方向、落实立德树人根本任务、办好人民满意的教育，具有重要意义。2020 年 1 月，河南省教育厅下发《关于进一步加强中小学校党组织建设的通知》，明确要求：全省民办中小学校应坚持“应建必建”原则，推进党组织全面覆盖。凡有正式党员 3 人以上的，应单独建立党组织；有正式党员但不足 3 人的，应通过联建、挂靠建立的方式建立党组织。

郑州市教育局在 2020 年工作要点中也明确要求，要进一步规范和加强基层党建工作，提升民办学校党建工作规范化水平。

在上级教育部门的统一要求和具体指导下，全省培训教育机构强化党组织政治核心和政治引领作用，确保了党对教育机构的集中统一领导。基层党建工作实现了“三同步”，即党的建设同步谋划，党的组织同步设置，党的工作同步开展。省内一批党建工作先进机构脱颖而出。郑州晨钟教育集团党组织建设工作还成为行业标杆，在全省乃至全国同行业中赢得了品牌效应。近年来，晨钟教育集团作为全省培训教育机构党建工作先进典型先后获得了“全国民办学校党建特色项目建设基地”、“河南省社会组织党建示范点”以及郑州市、区两级“先进基层党组织”等诸多殊荣，先后接待来自全国各地的参观学习代表逾万人次。

据公开报道数据，截至目前，全省民办学校（包括职业学校、幼儿园、培训机构）尚未实现党组织建设全覆盖。一些小微机构党组织建设工作仍需进一步加强引导和扶持。

2020 年末至 2021 年第一季度，新冠肺炎疫情进入防控常态化阶段，全省培训教育机构虽未全面闭校停课，但部分省辖市教育部门（如郑州、开封、商丘、南阳等地）明确下达了中小学寒假线下培训停课要求。各地有限开课机构也需按照当地疫情防控部门的统一部署，严格采取有效措施开展疫情防控常态化管理，包括积极主动配合卫健、疾控、市场监管等部门工作，按照职责分工落实疫情防控部门联动责任，切实履行疫情防控主体责任；实施严格的人员出入管控措施，做好师生健康摸底排查。严格落实扫码、登记、测温、佩戴口罩等措施，严格落实封闭式管理要求，无关人员、快递物品等不得进入办学场所；教学期间，严格控制学生人数，确保学生一人一桌、间隔 1 米以上，每班人数不超过 25 人；密切监测学生和教职工的健康状态，全力以赴做好服务保障。

而与此同时，新一轮针对培训教育机构的治理整顿工作仍将持续。2021 年 2 月 23 日，教育部有关负责人在新闻发布会上表示，2021 年将继续严格规范校外培训机构，严肃查处违法违规培训行为。并指出，近年来，各地积极开展校外培训机构治理，取得了积极成效。但在一些地方仍然存在不少问题，校外培训仍然过热，超前超标培训问题尚未得到根本解决，一些校外培训项目收费居高，培训机构"退费难""卷款跑路"等违法违规行为时有发生，既加重了学生的负担，又加重了家长的负担，严重破坏了教育生态。2021 年，要进一步加大治理力度，坚持依法治理、源头治理、综合施策、标本兼治，要从严审批培训机构，强化培训内容监管，规范培训服务行为，积极推广使用《中小学生校外培训服务合同（示范文本）》，严肃查处违法违规培训行为，切实减轻学生过重的校外培训负担，维护家长合法权益。同时也希望广大家长把孩子身心健康放在第一位，树立正确的教育观念和孩子成才观念，不给孩子过度施加压力，科学合理地安排孩子学习、生活和锻炼，让孩子健康全面发展。

随着疫情好转和专项治理整顿工作的持续推进，培训机构已开始焕发新的生机与活力，未来在满足人民群众对美好教育生活的新需求方面将继续稳步前行。

专题报告

Special Reports

B.8 河南民办高校毕业生就业状况研究

阮彩灵*

摘　要： 就业是最大的民生，促进高校毕业生就业创业，是实现经济持续健康发展、民生改善和社会大局稳定的重要保障。2016～2020年河南民办高校毕业生人数逐年增加；民办高校毕业生就业率逐年增长；民办高校毕业生的求职途径多元化；就业去向分布中所占比例最大的是签约就业，本科升学率均在7%以下；中小型民营企业依然是河南民办高校毕业生的主要就业渠道；河南民办高校毕业生的就业地域分布非常不平衡，中部地区吸引了绝大部分的毕业生；就业的行业与所在院校专业设置有明显的正相关性；民办高校毕业生择业的主动性增强；民办高校毕业生身份标签意识淡化。政府、企业、学校三方协同推进，方可提升河南民办高校毕业生质量，实现高质量就业。

* 阮彩灵，黄河科技学院教师，硕士，主要从事经济管理、高等教育、民办教育研究。

关键词：　民办学校　高等学校　就业　河南

2021 年是“十四五”规划开启之年，“十四五”规划明确指出要做好稳就业、促就业工作，确保新时期地方就业形势稳定与社会经济健康发展。习近平总书记在党的十九大报告中明确提出了“提高就业质量和人民收入水平。就业是最大的民生。要坚持就业优先战略和积极就业政策，实现更高质量和更充分就业。大规模开展职业技能培训，注重解决结构性就业矛盾，鼓励创业带动就业。提供全方位公共就业服务，促进高校毕业生等青年群体、农民工多渠道就业创业。破除妨碍劳动力、人才社会性流动的体制机制弊端，使人人都有通过辛勤劳动实现自身发展的机会。完善政府、工会、企业共同参与的协商协调机制，构建和谐劳动关系”。习近平总书记在党的十九届五中全会中也强调“要提高人民收入水平，强化就业优先政策，建设高质量教育体系”。中共中央政治局常委、国务院总理李克强在全国就业创业工作暨普通高等学校毕业生就业创业工作电视电话会议中指出，促进就业创业特别是高校毕业生就业创业，是实现经济持续健康发展、民生改善和社会大局稳定的重要保障。党的十九届五中全会通过的《中共中央关于制定国民经济和社会发展第十四个五年规划和二〇三五年远景目标的建议》也明确指出，千方百计稳定和扩大就业，坚持经济发展就业导向，扩大就业容量，提升就业质量，促进充分就业，保障劳动者待遇和权益。着力做好高校毕业生等青年就业工作。高校毕业生是国家的宝贵财富，解决好他们的就业问题，既关系实现个人价值和家庭幸福，更关乎国家长远发展和社会和谐稳定。今后一个时期，我国高校毕业生规模仍将保持在高位。要在改善需求上下功夫，创造更多适合毕业生的知识型、技术型、创新型岗位；在优化供给上下功夫，增强毕业生适应市场和企业实际需要的能力；集中开展专项活动，加大对离校未就业、困难毕业生帮扶力度，帮助毕业生更好择业、更快就业。

高校毕业生就业问题事关重大，是学术界研究的一个热点问题，但是以往的研究对象以公办院校毕业生为主，对民办高校毕业生的就业状况研究不多，本课题以河南省最新的民办高校就业年度报告为样本，对河南省民办高等院校毕业生的就业特征、就业状况进行分析，提出了民办高等毕业生就业的对策建议，对河南省民办高等学校教育的改革提供科学的决策依据和参考价值。

一　近年来河南民办高校毕业生发展状况

近年来，河南省民办高校的数量也在增加，民办高校在“中原出彩”的建设中与公办高校一样发挥着应有的作用，每年为我国社会主义现代化建设输送了一批又一批高质量的人才。据相关部门统计数据，2016～2020 年河南民办高校毕业生是逐年增加的。如图 1 所示，2016 年河南民办高校毕业生总人数是 9.83 万人，其中本科毕业生是 5.9 万人，专科毕业生是 3.93 万人；2017 年河南民办高校毕业生总人数是 11.07 万人，同比增长 12.61%，其中本科毕业生是 6.44 万人，专科毕业生是 4.63 万人；2018 年河南民办高校毕业生总人数是 12.48 万人，同比增长 12.74%，其中本科毕业生是 6.9 万人，专科毕业生是 5.58 万人；2019 年河南民办高校毕业生总人数是 13.35 万人，同比增长 6.97%，其中本科毕业生是 7.55 万人，专科毕业生是 5.8 万人；2020 年河南民办高校毕业生总人数是 15.71

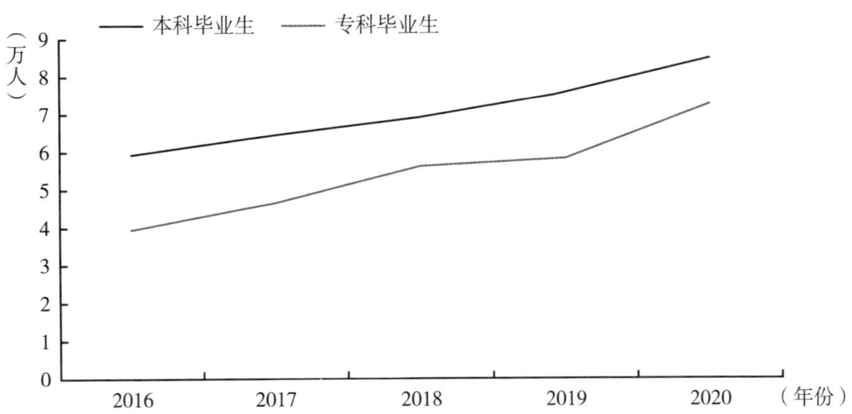

图 1　2016～2020 年河南省民办高校本科和专科毕业生人数

万人，同比增长 17.68%，其中本科毕业生是 8.46 万人，专科毕业生是 7.25 万人。

二 河南民办高校毕业生总体就业情况

河南民办高校普遍重视学生就业工作，建立了相对比较完善的就业制度。根据相关数据，截至每年的 12 月底，2016～2020 年河南民办高校毕业生就业率在逐年增长。如图 2 所示，本科毕业生方面，2016 年河南民办高校本科毕业生就业率是 90.20%，2017 年是 90.28%，比 2016 年增加 0.08 个百分点；2018 年河南民办高校本科毕业生就业率是 91.68%，比 2017 年增加 1.4 个百分点；2019 年河南民办高校本科毕业生就业率是 92.21%，比 2018 年增加 0.53 个百分点；2020 年河南民办高校本科毕业生就业率是 92.34%，比 2019 年增加 0.13 个百分点。

专科毕业生方面，2016 年河南民办高校专科毕业生就业率是 94.16%，2017 年是 94.58%，比 2016 年增加 0.42 个百分点；2018 年河南民办高校专科毕业生就业率是 94.97%，比 2017 年增加 0.39 个百分点；2019 年河南民办高校专科毕业生就业率是 95.32%，比 2018 年增加 0.35 个百分点；2020 年河南民办高校专科毕业生就业率是 95.56%，比 2019 年增加 0.24 个百分点。

2016～2020 年，同一年份河南民办高校本科毕业生的就业率均高于河南高校本科毕业生平均就业率。如图 3 所示，2016 年河南省民办高校本科毕业生就业率是 90.2%，比河南省高校本科毕业生平均就业率高 9.33 个百分点；2017 年河南省民办高校本科毕业生就业率是 90.28%，比河南省高校本科毕业生平均就业率高 9.3 个百分点；2018 年河南省民办高校本科毕业生就业率是 91.68%，比河南省高校本科毕业生平均就业率高 10.56 个百分点；2019 年河南省民办高校本科毕业生就业率是 92.21%，比河南省高校本科毕业生平均就业率高 10.08 个百分点；2020 年河南省民办高校本科毕业生就业率是 92.34%，比河南省高校本科毕业生平均就业率高 10.18 个百分点。

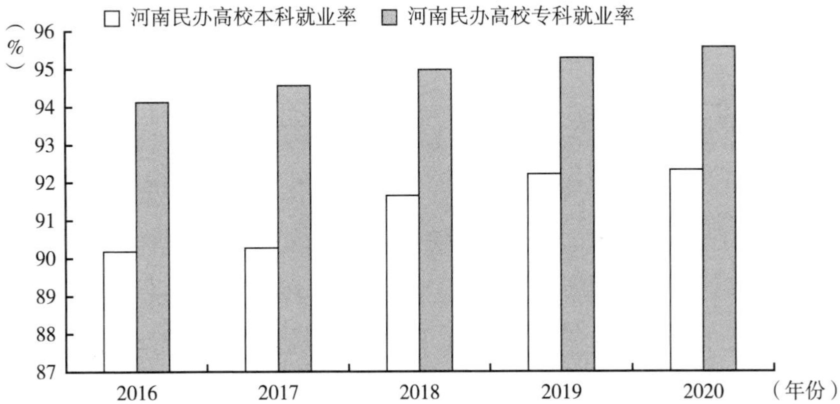

图 2　2016～2020 年河南民办高校本科和专科毕业生就业率

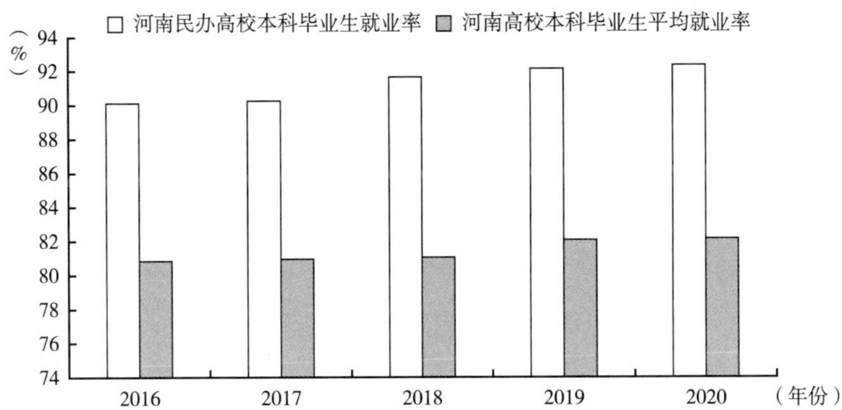

图 3　2016～2020 年河南民办高校本科毕业生就业率与河南高校本科毕业生平均就业率对比

2016～2020 年，同一年份河南民办高校专科毕业生的就业率均高于河南高校专科毕业生平均就业率。如图 4 所示，2016 年河南省民办高校专科毕业生就业率是 94.16%，比河南省高校专科毕业生平均就业率高 10.82 个百分点；2017 年河南省民办高校专科毕业生就业率是 94.58%，比河南省高校专科毕业生平均就业率高 10.99 个百分点；2018 年河南省民办高校专科毕业生就业率是 94.97%，比河南省高校专科毕业生平均就业率高 11.02 个百分点；2019 年河南省民办高校专科毕业生就业率是 95. 32%，比河南省高校专科毕业生平均就业率高 10. 36 个百分点；2020 年河南省民办高校专科毕业生就业率是 95. 56%，比河南省高校专科毕业生平均就业率高 10. 58 个百分点。

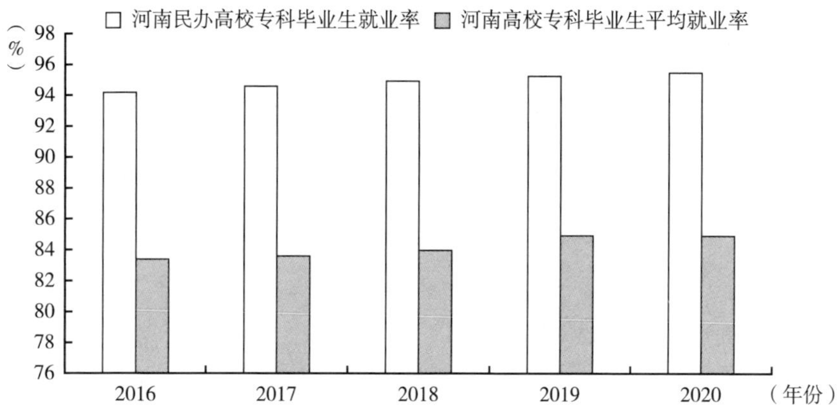

图 4　2016～2020 年河南民办高校专科毕业生就业率与河南高校专科毕业生平均就业率对比

三　河南民办高校毕业生求职途径

通过对部分民办高校毕业生进行调查可知，民办高校毕业生的求职途径呈现着多元化的状态。如图 5 所示，在河南民办高校毕业生求职途径中，学校就业指导中心占 43. 12%，互联网和新闻媒体占 26. 01%，人才交流中心占 10. 45%、关系网络占 10. 23%、创业或者其他占 10. 19%，以上数据充分表明民办高校毕业生求职途径在多元化发展。

根据调查结果得知，毕业生拥有求职资源不同，成功率也是不同的。如图 6 所示，众多资源中，拥有社会关系资源成功率最高，达到 56. 28%；拥有学校及老师资源的成功率是 18%；拥有互联网和新闻媒体的资源成功率是 14. 65%；拥有同学和朋友的资源成功率是 4. 24%；招聘会成功率是

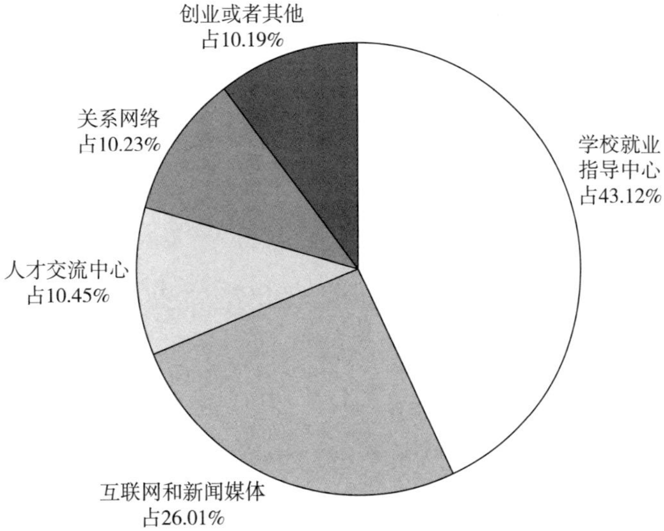

图5　河南民办高校毕业生求职途径所占比例

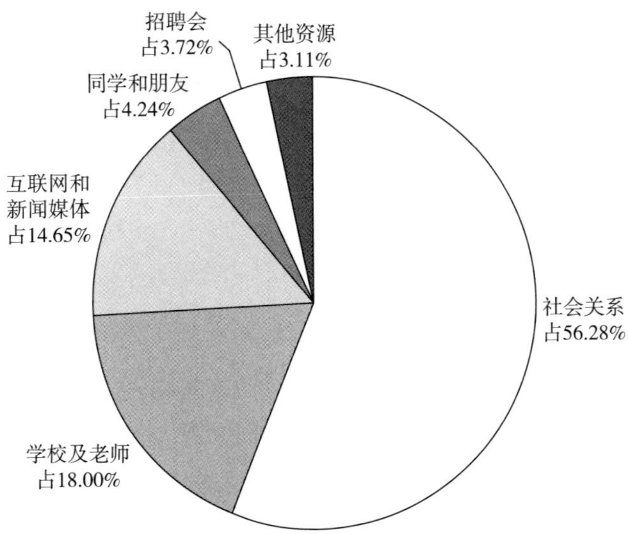

图6　河南民办高校毕业生求职资源成功率

3.72%；其他资源是3.11%。通过以上信息可以得知，在现阶段通过互联网和新闻媒体、同学和朋友、招聘会及其他资源进行择业的有效性相对比较差，而社会关系在毕业生求职成功中发挥着非常重要的作用。同时，学校及老师在学生求职成功中所占的比重仅有18%，这说明河南民办高校在毕业生就业方面，与其所被赋予的角色和功能还有一定的差距。

四　河南民办高校毕业生就业去向

依据就业质量年度报告数据，可以将河南民办高校毕业生的就业去向划分为升学（本科毕业生是指出国留学和国内升学，专科毕业生是指专升本）、灵活就业、签约就业和待就业这四种类型。其中灵活就业包括签订劳动合同、自由职业和自主创业；待就业包括拟出国、拟升学、暂无就业意愿和尚未落实单位。

表1　2016～2020年河南民办高校毕业生就业去向

单位：%

年份	升学		签约就业		灵活就业		待就业	
	本科	专科	本科	专科	本科	专科	本科	专科
2016	0.53	18.13	89.61	75.98	0.06	0.05	9.8	5.84
2017	0.54	18.78	89.69	75.76	0.05	0.04	9.72	5.42
2018	0.55	19.23	91.08	75.70	0.05	0.04	8.32	5.03
2019	0.58	20.12	91.59	75.17	0.04	0.03	7.79	4.68
2020	0.63	20.23	91.69	75.31	0.02	0.02	7.66	4.44

资料来源：河南省就业办以及河南各个民办高校就业中心。

从调查结果来看，如表1所示，可以得出以下几个结论。

第一，2016～2020年河南民办高校毕业生中本科升学率均在0.7%以下，这一比例明显低于河南高校毕业生本科升学率。另外，专科毕业生的录取率平均也在20%左右。这说明，河南民办高校普遍还需要在提高教学水平、高质量升学方面下功夫。

第二，2016～2020 年河南省民办高校毕业生就业去向分布中，所占比例最大的是签约就业。2016～2020 年本科毕业生的签约就业率在 89% 以上，专科毕业生的签约就业率在 75% 以上。根据以上数据可以得知，河南民办高校毕业生总体就业状况良好，符合河南民办高校“面向市场，以就业为基本导向”的发展定位和培养目标，但是，也存在少部分院校的培养目标、专业设置和办学定位与市场真正需求不太匹配的现象，致使部分高校毕业生签约率相对较低。

第三，2016～2020 年河南民办高校毕业生灵活就业率较低。本科毕业生灵活就业率在 0.06% 及以下，专科毕业生灵活就业率在 0.05% 及以下，并且是逐年递减的。如图 7 所示，本科毕业生方面，2016 年本科毕业生灵活就业率是 0.06%，2017 年下降了 0.01 个百分点达到 0.05%，2018 年保持 0.05% 不变，2019 年下降了 0.01 个百分点达到 0.04%，2020 年是 0.02%。专科毕业生方面，2016 年专科毕业生灵活就业率是 0.05%，2017 年下降了 0.01 个百分点达到 0.04%，2018 年保持 0.04% 不变，2019 年下降了 0.01 个百分点达到 0.03%，2020 年是 0.02%。

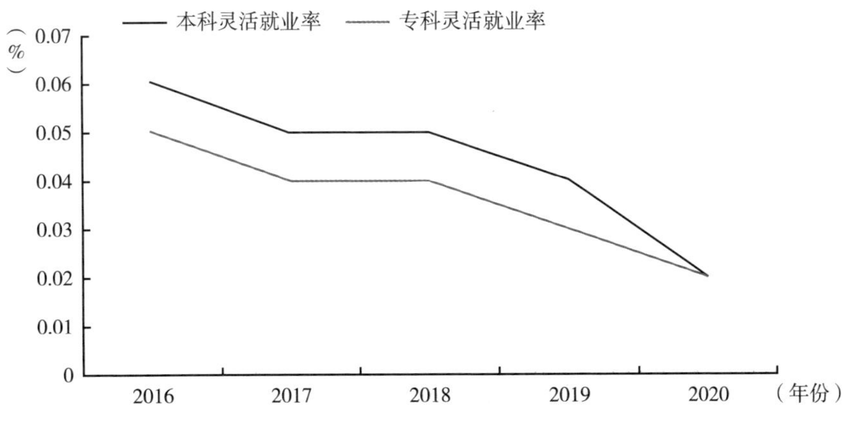

图 7　2016～2020 年河南民办高校毕业生灵活就业情况

五　河南民办高校毕业生签约单位性质分布

为了研究课题的需要，笔者结合就业质量年度报告统计口径，将河南民办高校毕业生签约单位性质分为机关、高等教育单位、中初教育单位、医疗卫生单位、其他事业单位、企业（包括三资企业、民营企业、国有企业和其他企业），如表2所示。

表2　河南民办高校毕业生签约单位性质

单位：%

签约单位性质	比例	签约单位性质	比例
机关	1.53	医疗卫生单位	1.32
高等教育单位	0.63	其他事业单位	3.31
中初教育单位	1.61	企业	91.6

资料来源：河南省就业办以及各个河南民办高校就业中心。

第一，根据调查结果，河南民办高校毕业生由于就业环境等多种因素的影响，自感优势不明显，对未来期望值相对比较低，就业的时候也更加务实，从而就业领域和就业选择方面呈现多样化趋势。中小型的民营类企业依然是河南民办高校毕业生的主要就业渠道，同时，对于其他事业单位的选择数量也在增加。此外，在各级政府的倡导加上河南民办高校大力的宣传氛围下，近年来，越来越多的毕业生积极响应国家的号召，积极参加国家及地方的基层项目进行就业，大学生村官、三支一扶、志愿服务西部计划等活动吸引了越来越多的毕业生的关注。

第二，在各级各类企业中，能够吸纳河南民办高校毕业生就业最重要的主体就是民营企业。河南民办高校毕业生进入各类企业就业的比例达到了91.6%。随着就业形势的发展，河南民办高校纷纷对毕业生开展就业指导，帮助学生树立“先就业，再择业”“三百六十行，行行出状元”的求职理念，毕业生进入民营类企业的现象较为突出，有85%以上的毕业生就业于民营企业。另外，从学历层次来区分，河南民办高校本科毕业生进入国有企业的比例相对高于专科毕业生。

第三，河南民办院校中医学院毕业生就业的比例较高。比如，黄河科技学院医学院 2020 年共有毕业生 1626 人，就业率达到 97. 78%，其中进入医疗卫生单位的比例达到 88. 12%。

六　河南民办高校毕业生就业地区

根据研究的需要，并结合就业质量年度报告的统计口径，本文将河南民办高校毕业生就业地域划分为西部地区、中部地区和东部地区。

河南民办高校毕业生的就业地域分布非常不平衡，中部地区（毕业生院校所在地区）吸引了绝大部分的毕业生，这一比例超过了 71%。比如，黄河科技学院有 76. 98% 的本科毕业生和 61. 43% 的专科毕业生留在中部地区就业，这样的“属地性就业”原则相对比较符合河南民办高校服务于地方性区域经济发展的办学定位。

第二，通过对河南不仅招收本科生也招收专科生的民办高校进行仔细分析可以知道，这类院校的本科毕业生就业地在北京、广州及上海等发达地区的比例高于专科毕业生。比如，黄河科技学院广东就业的本科毕业生比例（1. 65%）高于专科毕业生（1. 47%）。黄河科技学院北京就业的本科毕业生比例（2. 32%）高于专科毕业生（1. 71%）。郑州科技学院广东就业的本科毕业生比例（1. 62%）高于专科毕业生（1. 41%）。郑州科技学院北京就业的本科毕业生比例（2. 26%）高于专科毕业生（1. 68%）。

七　河南民办高校毕业生就业行业分布

河南民办高校毕业生就业的行业与所在院校专业设置有明显的相关性。凡是毕业生到银行、保险、金融行业就业比例比较高的院校均开设有经济、财会等专业，比如，黄河科技学院的商学院开设有财务管理、经济、会计专业。毕业生到信息技术服务、软件、信息传输行业就业比例较高的院校为郑州科技学院，他们设有通信工程、电子信息工程等专业。毕业生到建筑、房地产、水利、环境及批发零售、仓储行业就业比例较高的院校均开设有相关专业。因此，河南民办高校毕业生就业与专业有较高的相关度，毕业生所学的专业与相关行业、产业的结合度相对比较高，这充分说明河南民办高校开设的专业基本符合社会的需求，培养的毕业生在就业市场上的竞争力还是比较明显的，大多数毕业生能够达到学以致用。

八 河南民办高校毕业生择业心态和取向

（一）河南民办高校毕业生择业的主动性增强

所谓择业主动性，是指在择业的过程中，民办高校毕业生越具有积极性和主动性，就越能够获得就业机会，从而就业可能性也将会变大。

关于“您更倾向于下列哪种择业方式”的调查，如图 8 所示，58.8% 的河南民办高校毕业生更加倾向于自己找工作，32.3% 的毕业生倾向于通过自己的亲朋好友帮忙介绍工作，8.9% 的毕业生倾向于有人直接安排工作。由此可见，河南民办高校毕业生中，倾向于自己找工作的人超过一半，这就充分说明了河南民办高校毕业生择业的积极性和主动性在提高。

对于“当您在找工作的时候遇到了问题，你是如何看待这些问题的”，如图9 所示，56.5% 的河南高校毕业生认为“这是正常现象，想方设法去解决就行了”，43.5% 的毕业生认为“不正常，感到压力很大”，这就意味着那些选择想办法解决问题的河南高校毕业生有较强择业主动性，能够积极面对挑战和困难。

对于“假如在毕业后暂时还没有找到理想的单位”的调查，如图 10 所示，“愿意从底层做起，逐步向目标努力”的河南高校毕业生占 68.13%，“通过其他的关系解决”的占 7.18%，“宁缺毋滥，继续找，

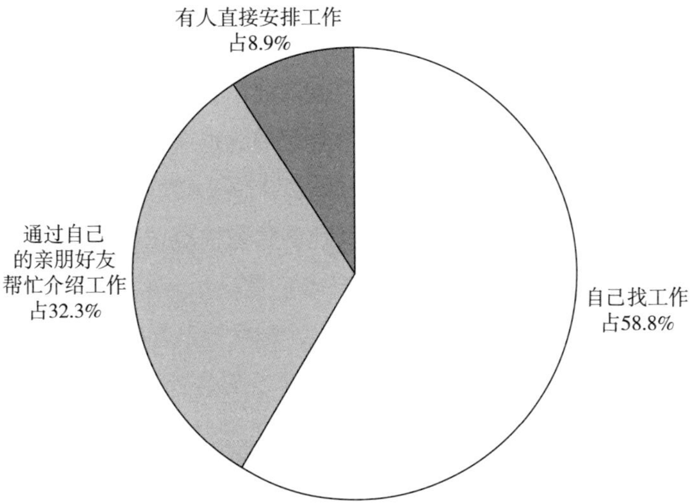

图 8　河南民办高校毕业生择业方式占比

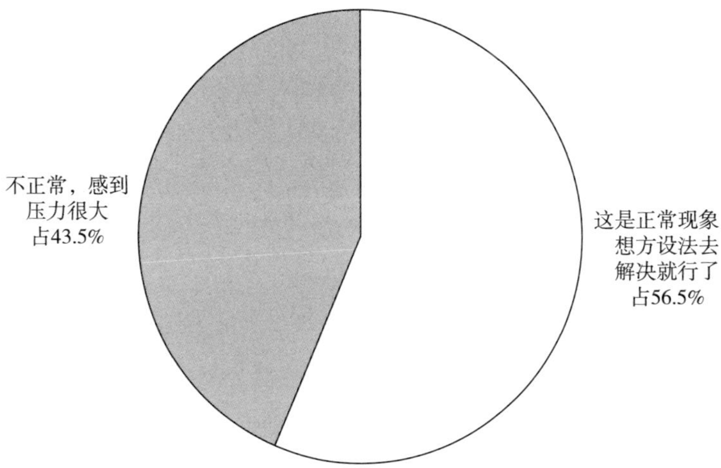

图 9　河南民办高校毕业生对找工作中遇到问题的看法

直到找到理想工作”的占 6.98%，选择“继续深造”的占 6.67%，“参加培训班学到技能后再去找”的占 5.86%，“创业或其他”占 5.18%。

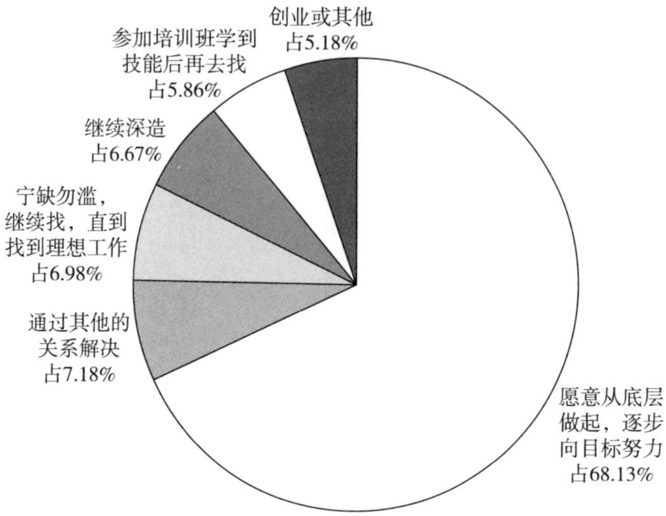

图 10　河南民办高校毕业生对没有找到理想单位的选择

（二）河南民办高校毕业生身份标签意识在淡化

由于公办高校历史悠久，具有“权威”“正统”等光环，毕业生规模占比很大，社会认可程度更高。相对而言，民办高校毕业生虽然近年来在增加，但是总体规模有限，公众认可度相对来说并不高，毕业生会存在一定的“身份标签”意识。但是通过调查发现，近年来，河南民办高校毕业生对自己的身份标签意识在淡化和减弱。

针对“在择业方面，您认为民办高校毕业生和公办高校毕业生区别大吗”的调查，如图 11 所示，13% 的人认为区别非常大，32% 的人认为区别比较大，7% 的人认为区别一般，39% 的人认为区别不大，9% 的人认为区别非常小。由此可见，在关于公办院校和民办院校方面，河南民办高校毕业生对于身份的区别意识在淡化。

对于“您认为社会对河南民办高校毕业生歧视性问题严重吗?”的调查，认为歧视严重的占 25. 7%，认为不严重的占 50. 1%，认为没有歧视的占 24. 2%。这也充分说明，社会对民办高校毕业生的就业歧视现象在弱化和减少，这也意味着河南民办高校大学生面临的就业环境越来越好。

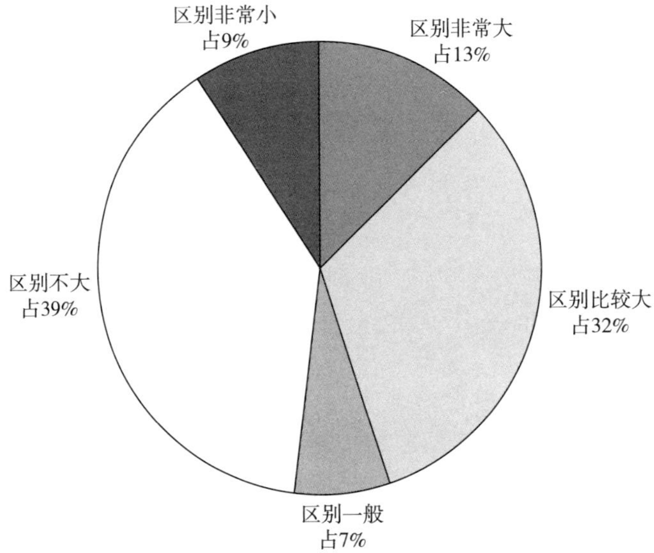

图 11　河南民办高校与公办高校择业区别

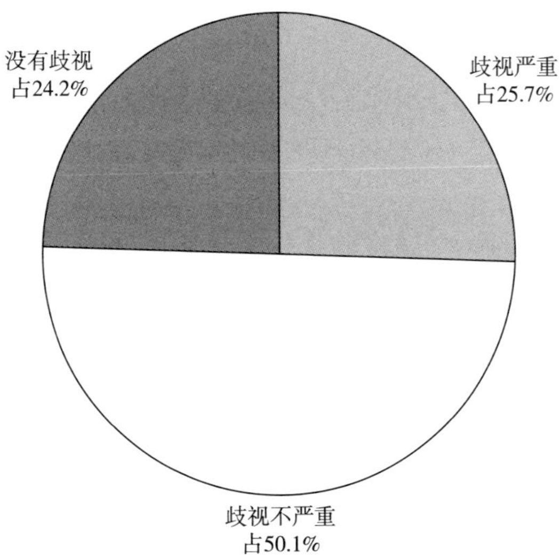

图 12　社会对河南民办高校毕业生歧视性问题

九　河南民办高校毕业生就业思考和建议

本次调查结果对于河南民办高校毕业生具有一定的可信度和代表性，根据以上结果，为了提升河南民办高校毕业生质量，实现高质量就业，可以从以下几方面来推进。

（一）政府方面

为了促进河南民办高校毕业生高质量就业，政府需要从以下方面做起：第一，政府要采取切合实际的措施，出台就业方面的有利政策并加以引导，从而缓解河南民办高校毕业生的就业难题。比如，对于校企合作方面比较好的单位给予一定的资金扶持，帮助这些企业找到人、留住人，而毕业生也有合适岗位，解决供需矛盾。第二，政府对河南民办高校给予一定的资金扶持和政策支持。民办高校要想做大做强，除了提升自己的教学水平之外，还需要大量的资金去运转，如果没有政府的扶持，弱小的民办高校发展会受限，从而影响其人才培养质量，影响河南高校毕业生的就业水平。

（二）企业方面

在现代社会里，很多用人单位往往在选拔人才方面过多重视其毕业院校和学历，其实河南民办高校培养出来的人才大多数也是优秀的，用人单位要改变对民办高校的偏见，不拘一格用人才，以能力和效能为导向，而不是以名牌院校为导向。

（三）学校方面

学校是人才培养的基地，第一，学校要明确人才培养目标，制定人才培养方案，培养出与市场需求相一致的有用人才。第二，建立和完善就业保障机制，成立就业帮扶小组，实行就业导师制。学校一把手亲自抓就业，每周进行就业数据通报，每月进行就业数据总结，每年进行就业数据评比，促进就业工作有序进行，学生高质量就业。

参考文献

胡大白主编《河南民办教育发展报告（2020）》，社会科学文献出版社，2020。

胡大白、樊继轩：《民办高校内涵式发展战略研究》，河南人民出版社，2015。

杨佳乐、高耀：《民办本科院校毕业生就业状况》，《现代教育管理》2016 年第7 期。

B.9 民办中职师资队伍建设研究

毕鹏翾*

摘　要：加快发展现代职业教育是国家做出的重大战略决策，中等职业教育是现代职业教育体系的重要组成部分。为保证教育教学质量，民办中职学校应明确高素质师资队伍建设目标。笔者通过对师资队伍建设现状分析发现民办中职学校师资队伍建设面临着突出问题，需要政府、民办中职学校、教师个人和校企合作企业方等各方共同努力，依据建设目标加强民办中职学校师资队伍建设。

关键词：民办教育　中职学校　师资队伍　“双师型”教师

2019 年教育部等四部门印发的《深化新时代职业教育“双师型”教师队伍建设改革实施方案》指出：“建设高素质‘双师型’教师队伍是加快推进职业教育现代化的基础性工作。”可见，建设高素质“双师型”教师队伍是民办中职学校师资队伍建设的重中之重。

一　民办中职学校师资队伍建设的目标

为推进中等职业教育现代化，提升民办中职学校办学水平，民办中职学校应结合国家职业教育改革要求和本校实际情况，从思想政治素质、专业实

* 毕鹏翾，郑州升达经贸管理学院副教授，主要从事民办教育研究。

践能力、教育教学能力和信息技术应用能力等方面明确高素质“双师型”教师队伍建设的目标。

（一）思想政治素质方面

强化思想政治素质是师资队伍建设的首要目标。民办中职学校要引领教师热爱职业教育事业，深入学习领会习近平新时代中国特色社会主义思想，坚定中国特色社会主义道路自信、理论自信、制度自信、文化自信，积极践行社会主义核心价值观。民办中职学校教师要以立德树人为根本任务，坚持教书与育人相统一，做新时代“四有”好教师。

（二）专业实践能力方面

教师的专业实践能力在很大程度上直接决定了人才培养的质量。中职学校人才培养目标是培养高素质劳动者和技能型人才，因此民办中职学校教师的职业发展方向应为“双师型”教师。“双师型”教师应同时具备扎实的专业理论基础和较强的专业实践能力，既要具备普通教育教师的职业素质，又要具备相应行业人员的职业素质；既能够实施理论教学，又能够指导学生实习实训。

（三）教育教学能力方面

教育教学能力是教师在正确的教育教学理念指导下将专业知识和实践技能传授给学生的能力，是教师最基本的能力。民办中职学校应帮助教师树立正确的教育教学理念，培养教师良好的教学能力，使教师能够运用本专业领域的教育教学规律因材施教，确保教学质量；指导教师进行教学改革和研究，帮助教师探索个性化的教学模式，在教学实践中形成具有自身特色的教学风格和育人风格。

（四）信息技术应用能力方面

2018 年中共中央、国务院印发的《关于全面深化新时代教师队伍建设改革的意见》提出“教师主动适应信息化、人工智能等新技术变革，积极有效开展教育教学”①。可见，民办中职学校要提升教师的信息意识，使教师深刻认识信息技术对教学改革的影响；提高教师的信息获取、理解、分析、加工、处理和传递等能力，使教师具备熟练利用信息技术开展教学的能力。

二 民办中职学校师资队伍建设的现状

《2020 年河南省教育事业发展统计公报》显示：河南省中等职业学校 639 所，在校生 143.74 万人，教职工 6.87 万人，其中专任教师 4.61 万人，生师比 22.13∶1；民办中等职业学校 144 所，在校生 30.65 万人②。2019 年，河南省下达省级“双师型”教师培养培训计划 3300 人，实际完成培养培训 3226 人，完成率为 97.8%；下达省级骨干教师培训计划 3300 人，实际完成培训 3449 人，完成率为 104.5%③。

目前，民办中等职业学校师资队伍建设整体水平逐步提升，然而由于学校、教师个人、社会等多方面因素，民办中职学校的专任教师和兼职教师均呈现较高的流动性，师资队伍建设在数量、结构和教育教学整体水平等方面仍存在以下不足：第一，专任教师总体数量不足。教育部发布的《中等职业学校设置标准》要求专任教师师生比不低于 1∶ 20，而目前现实情况是，与在校生规模相比，民办中等职业学校的教师队伍规模不能完全满足相关标准，生师比普遍偏高，尤其是热门专业和新设专业的专任教师数量缺口更大。第二，师资队伍整体结构不合理④。职称结构表现为职称层次偏低，大多数教师是初级职称和中级职称，缺少高级职称的教师，如 2020 年河南省

① 中共中央、国务院：《关于全面深化新时代教师队伍建设改革的意见》，2018 年 1 月。

② 河南省教育厅：《2020 年河南省教育事业发展统计公报》，2021 年 3 月。

③ 河南省教育厅：《2019 河南中等职业教育“双师型”教师培养培训和省级骨干教师培训情况公布》，2020 年 5 月。

④ 蔡旺：《民办中职学校师资队伍结构合理性研究》，《机械职业教育》2020 年第 12 期，第 59 页。

中等职业学校教师高级职称评审委员会组织讲课答辩和专家评审，全省有762名中等职业学校教师通过评审，然而其中仅有5名民办中等职业学校教师通过副高级职称评审[①]。学历结构表现为学历层次偏低，大多数教师学历为本科甚至更低，缺少硕士、博士学历的教师。“双师型”教师数量明显不足，“双师型”教师主要来自兼职教师，缺少“双师型”教师的专任教师。年龄结构表现为教学和实践经验尚浅的青年教师和公办院校退休的老教师比重较大，缺少中青年骨干教师。第三，师资队伍的教育教学整体水平亟待提高。在河南省组织的2020年中等职业教育教学能力比赛中，专家共评选出20项一等奖、39项二等奖、58项三等奖，然而民办中等职业学校仅获得1项二等奖和9项三等奖，且主要集中在洛阳科技职业学院（获得1项二等奖和5项三等奖）。

三　民办中职学校师资队伍建设面临的突出问题

（一）政府方面

近年来，公办中职学校在师资规模和师资素质方面发展较快，这得益于各级政府对公办中职学校师资队伍建设的大力支持。相比之下，政府对民办中职学校的师资队伍建设支持力度相对不足。第一，公办与民办中职学校待遇不同。比如2019年国务院下发的《国家职业教育改革实施方案》指出“进一步完善中等职业学校生均拨款制度，各地中等职业学校生均财政拨款水平可适当高于当地普通高中”；河南省下发的《河南省职业教育改革实施方案》指出“2020年各地要全面落实公办职业院校生均拨款制度，公办中等职业学校生均财政拨款水平可适当高于当地普通高中”。可见，公办中职学校办学经费有政府财政做保障，而民办中职学校办学没有任何政府财政支

① 河南省人力资源和社会保障厅、河南省教育厅：《关于2020年度河南省中等职业学校教师高级职称评审通过人员的公示》，2020年11月。

持。第二，中职学校教师待遇不同。民办中职学校教师没有享受与公办中职学校教师同等待遇，如民办学校教师与公办学校教师养老保险不同，在各级政府的教师培养培训项目中分得的名额不同等。第三，校企合作的企业平台不同。由于学校实力不同，与公办中职学校合作的企业一般为河南省大中型优质企业，而民办中职学校缺少政府搭建的校企合作优质企业资源平台，合作的企业一般为中小企业。

（二）学校方面

1. 办学经费有限，“双师型”教师的培养资金投入不足

我国公办学校的办学经费筹措不但渠道多元化，而且主要来自保障性很强的政府财政拨款，而绝大多数民办中职学校走的是“以学养学、滚动发展”的道路，即民办中职学校 90% 以上的经费靠学费收入，其余不足部分则依赖银行和个人贷款，可见民办中职学校的资金来源比较单一，办学经费有限。目前，办学经费问题已成为制约民办中职学校生存和发展的主要因素。民办中职学校办学经费缺乏直接影响办学条件改善、师资队伍建设等，尤其在实践教学方面出现校内实验室数量不足、实验仪器设备更新滞后、校外实训基地形同虚设、“双师型”教师队伍建设乏力等问题。

2. 教师管理不完善，不利于“双师型”师资队伍建设

民办中职学校普遍缺乏“以教师发展为本”的教师管理理念，部分管理规定不利于“双师型”师资队伍建设[①]。第一，教师引进方面，民办中职学校引进师资时，由于福利待遇竞争力较弱，不能有效吸引具有专业技术职称资格和实务工作经验的教师应聘。第二，教师考勤方面，民办中职学校一般要求专任教师遵守坐班制度，即教师无论是否有课均需到校上班，这无疑使教师没有时间和机会到企业进行自主实践锻炼。第三，教师职称晋升、绩效考评方面，民办中职学校主要对教师的出勤情况、教学任

① 邵长兰：《中职学校师资队伍建设存在的问题分析》，《职业教育研究》2016 年第 12 期，第 41 页。

务的完成情况、学生与学校的评教情况、科研成果的数量与质量等进行考核，而基本不对教师的企业实践活动进行考核。第四，教师培养培训方面，部分中职学校对教师培养培训工作不够重视，例如2019年河南中等职业教育省级骨干教师培训情况显示，开封市、鹤壁市培训参与率不足计划的50%；大部分民办中职学校对教师培养缺乏整体规划，没有系统的教师培养培训工作方案，基本上很少对教师进行后续培养，更谈不上进行“双师型”教师队伍建设。

3. 基于教师专业发展的师资培养体系尚未构建，青年教师成长缓慢

青年教师是指在学校专门从事教学与研究工作的、年龄在35周岁以下的专任教师。目前，青年教师已成为民办中职学校教师队伍的主体，发挥的作用越来越重要。大多数民办中职学校对教师发展工作缺乏正确认识，对教师普遍存在“重使用、轻培养”的现象，没有成立专门统筹教师发展工作、促进教师全面发展的“教师发展中心”。绝大多数青年教师是高校毕业后直接进入民办中职学校工作，没有企业实践经验和学校教学经验，迫切需要提高思想政治素质、专业实践能力、教育教学能力和信息技术应用能力。新聘青年教师入职后一般只经过简单的岗前培训，甚至不经过培训就直接承担教学任务。而且民办中职学校不重视对青年教师的后续培养，青年教师很少有机会外出参加培训、到企业进行专业实践等，致使青年教师专业实践能力不能得到快速提升。可见，基于教师专业发展的师资培养体系的缺乏，严重制约了民办中职学校青年教师的成长，导致“双师型”教师队伍后备人才严重不足。

4. 激励机制缺乏，兼职教师的优势未充分发挥

兼职教师，是指受学校聘请，兼职担任专业课或者实习指导课教学任务的来自企事业单位在职或退休的教师、专业技术人员和高技能人才。兼职教师是民办中职学校教师队伍中十分重要的组成部分，发挥了重要的积极作用，但民办中职学校聘请“双师型”兼职教师面临以下难题：第一，民办中职学校对“双师型”兼职教师聘用难。一是“双师型”兼职教师属于复合型人才，是紧缺人才；二是民办中职学校由于办学经费有限，聘用兼职教

师的工资没有竞争力；三是兼职教师稳定性差，流动性大。基于以上三点，民办中职学校很难聘用到稳定、优秀的“双师型”兼职教师。第二，民办中职学校对“双师型”兼职教师管理难。一是对于兼职教师的道德素质难以考核和监督，如是否重视教学工作，是否由于个人原因随意缺课或调课等；二是对于兼职教师的专业素质难以考核和监督，如专业技术和授课水平是否过硬等；三是大多数兼职教师除正常上课外，不需要参与教研活动，在实践教学方面与专任教师缺少交流与沟通。可见，由于民办中职学校对兼职教师没有人事管理权，因此很难对兼职教师实行统一规范的教学管理。另外，民办中职学校对兼职教师缺乏有效的激励机制，兼职教师在民办中职学校的“双师型”教师队伍建设中未能充分发挥作用。

（三）教师个人方面

民办中职学校的绝大多数教师是从学校毕业后直接到学校任教的，理论知识相对扎实，但几乎没有实务工作经验，实践教学能力亟待提高。民办中职学校教师个人对学校的归属感缺乏和对“双师型”教师的思想认识有待转变等因素严重影响了“双师型”教师队伍的建设。第一，教师对民办中职学校的归属感缺乏。虽然民办中职学校和公办学校具有同等的法律地位，但民办中职学校的社会认同度不高，民办中职学校教师的待遇、福利和社会认可度与公办学校教师存在较大差距。同时，民办中职学校历史比较短、组织文化薄弱、管理不规范等因素使得部分教师工作不踏实，责任心、归属感不强。第二，教师对“双师型”教师的思想认识有待转变。受传统观念影响，民办中职学校在教师职称晋升、绩效考核方面主要关注教师教学能力、科研能力的考核，而不关注专业实践能力的考核，因此很少有教师将自己的发展方向定位为“双师型”教师。

（四）校企合作企业方面

在校企合作实践中，除了优质的大中型企事业单位外，一般企事业单位参与积极性不高，合作动力不足，使得“双师型”教师培养没有得到校企合作企业方深层次的大力支持。主要原因有以下两个方面：第一，企业的法制观念有待强化。虽然《职业教育法》规定："企业、事业组织应当接纳职业学校和职业培训机构的学生和教师实习；对上岗实习的，应当给予适当的劳动报酬"，但大部分企事业单位仍不愿接受教师到本单位进行调研和实训。第二，企业的社会责任意识有待提高。企业没有充分认识"校企合作"的重要意义，认为"校企合作"只对学校有利，于自身无利也无关。同时，校企合作中企业需要投入一定的人力、物力和财力，而不能立即获得可观的效益，因此企业不愿承担人才培养和师资培训等方面的社会责任。

四　民办中职学校师资队伍建设的对策建议

（一）政府方面

政府应加大对民办中职学校师资队伍建设的支持力度：第一，设立民办教育发展专项资金，支持民办中职学校提高办学水平。为促进当地民办教育发展，北京、陕西等多省市出台了民办教育的专项经费扶持政策，如建立了民办教育发展专项资金，用于资助民办学校的发展。2016 年 11 月新修改的《民办教育促进法》指出"县级以上各级人民政府可以采取购买服务、助学贷款、奖助学金和出租、转让闲置的国有资产等措施对民办学校予以扶持；对非营利性民办学校还可以采取政府补贴、基金奖励、捐资激励等扶持措施"。第二，公平对待中职学校教师。民办中职学校教师应与公办中职学校教师享受同等待遇，如民办学校教师享受与公办学校教师一样的养老保险，民办学校在各级政府教师培养培训项目中能够获得应有的名额。第三，搭建校企合作的优质企业资源平台。政府以平台牵线搭桥，促进民办中职学校与优质企业（尤其是产教融合型企业）深度合作，加强民办中职学校师资队伍建设。

（二）学校方面

1. 保障办学经费充足，加大师资队伍建设的资金投入

目前，民办中职学校的资金来源主要有四种途径：学生学费、政府资助、社会捐赠、学校自身的产业开发。国务院发布的《关于加快发展现代职业教育的决定》明确提出“创新民办职业教育办学模式，积极支持各类办学主体通过独资、合资、合作等多种形式举办民办职业教育”①。可见，除了学生学费，民办中职学校要多渠道筹措办学经费，保障办学经费充足，如引入合作办学资金、争取政府经费支持和政策资助、争取社会捐赠尤其是校友捐赠、利用学校自身优势开拓新的收入来源等。民办中职学校办学经费充足有助于改善办学条件、加强师资队伍建设等，如学校设立教师队伍建设专项经费，用于“双师型”教师的培养和引进、中青年教师的培养等。

2. 完善教师的管理，突出“双师型”教师队伍建设

民办中职学校要不断增强服务意识，完善教师管理制度，进一步激发教师的工作热情和创造力，建立有利于“双师型”教师成长和“双师型”师资队伍建设的专任教师管理制度。第一，教师引进方面，民办中职学校引进师资时，结合学校实际情况提高教师福利待遇的竞争力，有效吸引具备 3 年以上行业企业工作经历的高层次人才应聘。第二，教师考勤方面，可以取消专任教师坐班制度，鼓励教师在保质保量完成自身教学任务之余积极进行企业实践活动。第三，教师职称晋升、绩效考评方面：民办中职学校应积极鼓励教师参与“双师型”教师的认证，对“双师型”教师和普通教师的晋升、考核应有所区别，对于“双师型”教师更应侧重对其培养学生实践能力的考核，并对表现突出的“双师型”教师予以表彰。第四，教师培养培训方面，民办中职学校应对教师培养进行整体规划，出台系统的教师培养培训工作方案，并且加大“双师型”教师的培养和培训力度②。

① 国务院：《关于加快发展现代职业教育的决定》，2014 年 5 月。

② 邱文君：《江西省中职学校师资队伍建设研究——以 D 学校为例》，南昌大学硕士学位论文，2019 年 12 月。

3. 构建基于教师专业发展的师资培养体系，加快青年教师的成长

青年教师是学校可持续发展的基础和保障，民办中职学校要注重对青年教师的系统培养，成立开展教师培训、产学交流、教学研究以及职业发展咨询等活动的专门机构——“教师发展中心”，构建基于教师专业发展的师资培养体系，并采取切实有效措施落实对青年教师的培养。民办中职学校要建立健全新聘教师岗前培训制度和每5年一周期的全员培训制度。民办中职学校要充分发挥基层教学组织的作用，对青年教师的成长做好规划，积极为青年教师创造外出参加培训、到企业进行专业实践等机会，促进青年教师专业实践能力的快速提升，为“双师型”教师队伍建设储备力量。

4. 完善激励机制，充分发挥兼职教师的作用与优势

民办中职学校引进兼职教师有利于改善师资结构，优化教师队伍，因此要建立有效的兼职教师激励机制，充分发挥兼职教师的作用与优势。第一，民办中职学校通过具有竞争力的工资待遇及相关福利聘用优秀的“双师型”兼职教师，并采取有效措施降低兼职教师的流动性。第二，加强兼职教师的管理与考核，充分发挥“双师型”兼职教师“传帮带”的作用。民办中职学校可参照教育部等部委发布的《职业学校兼职教师管理办法》制定本校具体的《兼职教师管理制度》，对兼职教师的资格认定条件、工作内容、考核方式、工资待遇及福利等做出明确规定。其中，在“工作内容”中要明确要求兼职教师除上课外，还应积极参与教研活动，尤其在实践教学方面与专任教师增加交流与沟通，并指导青年教师提高实践技能。

（三）教师个人方面

民办中职学校教师要增强对学校的归属感、正确认识“双师型”教师，不断提高自身实践教学能力，尤其是青年教师应积极到企业进行专业实践，积累实务工作经验，并考取与自身专业相关的专业技术职称及职业资格，将自己的发展方向定位为“双师型”教师。第一，教师要增强对民办中职学校的归属感。民办中职学校教师要辩证地看待民办中职学校与公办学校的差距，树立主人翁意识，积极融入民办中职学校，积极投身民办教育事业。第

二，教师要正确认识“双师型”教师。“双师型”教师是具有良好的职业道德、扎实的理论知识、丰富的实践经验和较强的教学能力，既能进行理论讲授又可进行实践教学的复合型人才。民办中职学校教师要转变传统观念，重新理性思考自身的教师职业生涯规划。

（四）校企合作中的企业方面

企业要充分认识“校企合作”的重要意义：通过校企合作，中职学校实现专业设置与产业需求、课程内容与职业标准、教学过程与生产过程等方面的对接，为合作企业输送所需的高素质劳动者和技能型人才，企业将是最终的接收者和受益者。企业要响应国家加快发展现代职业教育的号召，积极参与校企合作：第一，企业强化自身的法制观念。企业应按照《职业教育法》有关规定，积极接纳民办中职学校的学生和教师实习，并对上岗实习的师生，给予适当的劳动报酬。在互惠互利原则下，企业与学校共同探索校企合作的双赢模式。第二，企业提高自身的社会责任意识。虽然校企合作中企业需要投入一定的人力、物力和财力，而且不能立即获得可观的效益，甚至可能出现亏本，但是企业应将其视为自身应承担的社会责任，尤其是国有企业、行业龙头企业和上市公司应在此方面做出表率，大力支持中职学校“双师型”教师的培养。

B.10

民办中学师资队伍建设研究

孙　冰*

摘　要：改革开放以来，民办教育规模不断壮大，特色彰显。民办中学师资队伍建设是民办教育事业健康发展的第一要义，民办中学教师应坚定职业信念，坚持专业化发展，以立德树人为根本任务，不断提高政治觉悟和教育教学水平。

关键词：民办教育　中学　师资队伍

一　民办中学师资队伍现状

民办教育的产生和发展，为更多学生提供了接受优质教育的机会。近年来，民办中学越来越多地受到人们关注和认可，而教师作为民办学校核心团队，受到了更加广泛的关注。重视民办中学师资队伍建设、培养高质量民办教师队伍，成为每一位民办教育管理者必须深度思考的问题。

师资队伍培养是民办教育事业健康发展的第一要义。教师作为教育事业发展的基础，只有教师优秀才能提高教育教学水平，才能办好人民满意的教育。初期的民办教育办学经费投入少，其教育经费来源有别于公立学校的财政保障，更多依赖于学生学费，人数多学费收入就会多。因此，在民办中学发展初期，招生成为学校重要工作。然而，随着社会需求的转变和提高，家

* 孙冰，北京师范大学教育学博士，中国教育研究会副会长，中国教育学会专职研究员。香港华夏文丰教育集团董事局董事，曾任北京华夏外国语学校校务总监，现任洛阳华夏外国语学校校长，长期致力于学校教育教学的探索与研究。

长选择学校不再单纯是让孩子接受教育，而且关注学校教学质量。因此，能够获得更多社会认可并被选择，成为学校比拼的核心。而信誉度更多依赖于学校优异成绩和办学特色。办学质量成为学校核心竞争力，优胜劣汰趋势日益凸显。

民办学校教师对进修提升认识不足，部分学校创办者责任缺失，导致民办学校缺少权威性学科带头人，更多是老师摸着石头过河，自己钻研。年龄结构不合理也严重阻碍了民办教师在思想交流和学术交流上的畅通性。学校管理者必须智慧地看待教师合理流动。

部分地区对于民办教育师资认识不充分，扶持力度不够，观念上有偏差，简单地把民办教育创办者和民办教师的关系认定为“老板”和“员工”关系，导致民办学校教师队伍建设相对滞后。民办教师在社会上认同感较低。种种因素都成为阻碍民办教师发展的“拦路虎”。从目前状况看，民办学校教师队伍依旧是教师体系中的“弱势群体”。

二　民办中学师资队伍的组织结构

民办学校要想长久稳定发展，必须有一支结构合理、素养优良的教师团队，教育才能获得良好发展，民办学校才能越办越好。近年来，民办学校教师总量持续扩大，截至 2020 年仅河南全省民办教育初中阶段专任教师已经达到 34.05 万人。越来越多的教师选择进入民办中学开始其职业生涯，民办学校师资团队越来越趋向优质化、专业化，民办中学教师队伍构成也愈趋多元化。

（一）学历结构

我国学历结构体系包括小学、初中、中专、大学专科、大学本科、硕士研究生、博士研究生。改革开放之后，民办学校由产生到兴起不断发展壮大，办学规模日益庞大，办学层次日趋高端，教育质量不断攀升，因质量提升和社会认可民办学校教师的学历结构也发生了明显转变。

一所优质学校一定是师资学历结构合理的学校，并且高层次学历教师占比较大。学历高的教师对于教育有着更强专业度，自身素质更高，这对于民办学校教育发展更加有利，也是民办学校最终需要。因此，很多学校鼓励教师自我提升，不断学习，在更新知识上给予教师大量物质鼓励和优惠政策。人才竞争压力催生了规范的教师奖励机制，推动了学校教师学历再提升。

横向观察，随着社会发展，民办学校教师学历越来越高，学校教育教学质量显著提升。当前民办学校教师本科及本科以上学历者占比激增，硕士研究生数量也在加大。从纵向上看，同一时期，同一地区，公办、民办学校教师学历相对平等；但不同地区仍然存在很大差异，经济发展好的地区对教师学历要求更高，经济薄弱地区对教师学历要求普遍较低，尤其县域地区准入标准明显偏低。

（二）教师结构

近年来民办中学教师队伍中多了几个群体，例如“弃公走私”的教师群体，退休返聘的教师群体。当前在青年教师队伍中“弃公走私”者数量逐年攀升，一般而言，公办教师进入民办中学是因发展平台和高薪而来。退休教师则是为了发挥余热而来。退休教师从教一生，积累了丰富实践经验，对民办学校发展有非常大的促进作用，当然退休教师处于年龄劣势，精力有限，容易受陈旧教学观念束缚，缺乏年轻教师的工作热情以及教学创新精神。而青年教师多是由应往届毕业生构成，对工作有极大热情。各种新群体的进入不仅有利于教师个人发展，也有利于民办学校师资队伍优化，促进民办学校发展。拥有长期稳定、能力突出的师资团队，民办学校就具备了发展的核心动力。

三　民办教师的理想信念决定发展之路

（一）民办中学教师需要坚定理想信念

教师的职业信念坚定需要教师真正将选择教育初衷牢记于心，具有崇高职业信念，不受外界诱惑。民办学校教师更需要坚定职业信仰，愿意全心全意投入，为自己职业选择骄傲，让平凡工作并不平凡。教师是对人有深远影响的职业，教师只有明确自己身上的使命担当，深刻意识到自己职业的重要性，才能培养出更多优秀人才。

教师是学校的主人，教师如果具有主动性提升教学工作就不难。因此管理者需要研究在工作中如何建立教师“四感”。

1. 教师的存在感

民办教师职业优越感来自教学成绩的优异，来自家长和社会的肯定，来自自身素质提高带来的教学工作成就感。作为人类灵魂工程师，教师要专心工作，在日常教学中不断提升教学能力，让学生充分感受到教师人格魅力，从而尊重教师，服从管理。学校对于教师培养通过会议、专题教研活动、专业考核等方式进行。教师可以互相学习，取长补短，提高自己，进一步提升教师职业优越感和存在感。

2. 教师的获得感

所有获得感来自付出之后有所收获，而教师的收获是精神富足，成绩优异，社会认可，当然还有教师个人薪资收入的提高。因为好的收入才能保障稳定生活以及好的发展。随着民办学校的强大，教师薪资提升较快，待遇明显提高。民办教师更多获得感来自内在成长，骨干教师、学科带头人、教研骨干等无不使教师收获满满，教师满满的获得感是民办学校发展的重要动力源。

3. 教师的归属感

教师职业归属感来自教师日常与学校、与同事、与集体互动过程中所产生的职业情感。教师归属感强，思想放松，没有压力。做学校的主人是教师职业归属感最根本的体现。因此一所学校发展需要将教师队伍凝聚起来，同心共力，共同为学校发展献力献策。而制定目标之初就要考虑学校发展、教师利益。将教师能力提升纳入学校发展规划。只有真正把教师当作家人，教师才会把学校当成家，做学校的主人。

4. 教师的幸福感

人在工作中只有体会到了幸福感，才会努力工作。同样，教育亦是如此。民办学校必须让教师有收获，幸福感才会随之而来。进而激发其更大工作动力。学校与教师建立情感上的交流，让教师感受到学校给予的关怀；真正做好选人、用人、留人和育人每一个环节，调动教师工作积极性和创造性，使教师在工作中获得精神层面上的快乐和满足。幸福工作可以塑造自己，幸福家人。幸福感是个人成功的有效保障。

（二）民办中学教师的专业化进程

自古以来，教师的职责就是为社会培养符合时代发展需要的人才，培养国家需要的新时代栋梁。新时代中学教师要具有长远眼光，不仅关注眼前，更要关注未来。在工作和学习中，不断提升自己，努力成为专业型教师。只有这样，才能培育出优秀学生。作为民办学校教师，更要转变思想，真正做到用心做教育。能够调动学生在课堂上的积极性和创造性，托举学生，锻炼学生，让学生成才。

牢固树立终身学习意识。终身学习，是一种优良传统，作为一名教师，必须注重自身学习，不能安于现状，而要不断提升自己，与时俱进。作为民办中学教师，首先就要树立终身学习意识，主动接受新知识以及教育教学上的新变化，不断丰富自己知识储备。做学习型教师，走专业化路线，顺应时代发展变化带来的新挑战。将科学体系中知识推导生成、总结概括的能力传授给学生，是新时代教师的能力体现。

四　民办中学教师的历史使命

（一）以国家教育方针为基础

新时代，我国将教育放在优先发展的战略地位。十九大明确提出“科教兴国战略”的指导方针，持续推进教育深化改革，提升素养教育，坚持不懈普及九年义务教育，把教育作为国家和社会发展的头等大事。教育代表大会明确提出，要把建设教育强国作为国家发展的首要任务，深化教育教学改革，真正建立人民满意、社会放心的教育管理制度。国家现代化发展中，把教育放在首要发展的位置，真正实现科教兴国、人才强国。新时代教育改革中，民办教师理应参与其中。

教育是立国之本，强国之基，是提高全民素质的重要方式，是实现中华民族伟大复兴和社会发展的核心根基。在决胜全面建成小康社会关键之际，我们不仅要实现生活上的小康，更要实现教育上的全面小康。因此，优先发展教育，坚定不移走中国特色社会主义教育发展道路，是我们必须贯彻落实的方向。当下，民办中学在教育事业中地位日趋重要，更要坚持发展高质量、高水准的优质民办教育，肩负起公民道德建设和人才培养重任，为祖国发展贡献力量。

（二）以立德树人为根本任务

为党育人、为国育才，科教兴国，人才强国。习近平总书记高度重视教师职业道德建设，并指出广大教师要做有理想信念、有道德情操、有扎实知识、有仁爱之心的“四有”好老师，为发展具有中国特色、世界水平现代教育、培养社会主义事业建设者和接班人做出更大贡献。教师必须牢记为党育人、为国育才的使命。教育的目的不仅是取得好成绩，更重要的是培养学生品德修养。一方面，教师必须明确“怎么培养”；另一方面，教师要不断加强自身能力，努力增加自身知识储备，提高教育教学中的“内在精神力量”，与时俱进，开拓创新，创造出适合现代化教学规律的新方法、新思路，为实现中华民族的伟大复兴打好人才基础。

作为人才培养主力军，教师肩负着提高民族创新力创造力的重大使命。只有教师具备创新创造力，才能培养出具备创新创造力的学生。因此，建设一支具有创新型思想的教师团队尤为重要。民办教师在培养创新型人才过程中，以课堂为主阵地，传授与培养学生应有的科学文化知识和相应动手能力，同时开展多项创新型活动，激发学生自主创新能力，培养学生自我分析以及适应社会发展变化的能力。民办教师不仅培养学生创新精神，同时鼓励学生在生活中实践，在实践中提高，将培养创新型人才放在教学实践中。

（三）不断提高政治觉悟和教育教学水平

责任，是教师本职。民办中学教师在教育学生时要强化责任意识，时刻牢记对学生负责，增强民办教师责任感是民办中学工作重点。高尚道德情操、细致工作态度、健康心理素质，为实现目标而努力奋斗的意志是优秀教师应具备的基本素质。如今，经济浪潮汹涌澎湃，在充满金钱诱惑的市场经济时代，人们更要拥有强烈职业责任感。一个负责任的民办教师可以培养出有责任心并勇于担当的学生，只有这样才能创造成功教育。

教育为国之基础。民办中学教师在教育强国中担任着不可或缺的角色。民办中学教师在思想和行动上，要贯彻落实党的教育方针，为民族强大、人类进步培养一流人才。民办中学教师在课堂上要加强对学生爱国主义教育，培养学生热爱祖国、热爱人民、热爱社会的责任感，同时要培养学生积极学习先辈革命精神，才能在教育强国中发挥重要作用。祖国日益强大，民办学校教师要着力培养学生的爱国情操，让爱国主义思想深入每一位学生心中。因此，民办中学教师要深入贯彻落实国家教育战略思想，培养好下一代，进而推动我国从大国向强国转变。

参考文献

张仲伍：《普通师范教师在新时代的责任与义务》，《教育教学论坛》2019 年 12 月第 49 期。

周海涛、景安磊：《民办学校教师队伍建设面临的问题及其成因》，《当代教师教育》2015 年第 3 期。

朱斌：《民办院校师资队伍稳定性研究》，《黑龙江高校研究》2007 年第 8 期。

B.11

民办高中教学质量监控体系的构建与运行

侯亚茹*

摘　要：　民办高中面临着教学质量监管意识淡薄、教学质量监控的评估要素不健全、教学质量监控体制不完善、教育教学的信息反馈系统不通畅等问题。本研究从民办高中教学质量监控的重要性入手，分析民办高中构建教学质量监控体系的适切性和条件，针对当前民办高中教学质量监控体系中存在的问题，从革新教学质量监控组织架构、转变学校教学监管模式、完善教学过程监控体系、拓展教学信息反馈路径、充实教学质量监控理论、打造特色化教学质量监控品牌六个方面提出了对策建议。

关键词：　民办教育　高中　教学质量　监控体系

随着市场经济体系的不断完善，国内高中教育事业已逐步进入深化体制改革时期，大众化和市场化的高中教育诉求日渐突出，为民办高中事业的发展提供一定的契机。以规范拉动建设，以质量谋求生存，以特色助推发展，是当下民办高中需要坚持的战略导向，也是民办高中赖以生存发展的动力源，同时也是社会、政府以及家长所关心的问题。在这种新形势下民办高中

* 侯亚茹，郑州升达经贸管理学院，硕士，主要从事高等教育、民办教育研究。

只有提升教学质量，才能够建立自己的核心竞争力，才可以与公办高中形成竞争，才能够更好地促进自身的快速发展。故而，民办高中需要将质量的提升作为自己健康发展的主要目标，怎样协调好质量、效益、数量和规模的关系，建构起完善的教学质量监控体系，是新形势下民办高中亟须研究和解决的重点问题。

鉴于社会对民办高中教育质量问题的广泛关注，再加上学术界和民办高中自身又欠缺对建设高中教育质量监控体系问题的相关研究和实践经验、故而本文选择河南省民办高中作为调查对象，分析了新形势下民办高中教学质量监控体系，希望借此找出民办高中教学质量监控体系的主要方式，进而提升河南地区民办高中的教学质量，同时也为其他地区提供借鉴。

一　民办高中教学质量监控的重要性

教学质量是民办高中教学事业快速发展的重要生命线，关乎整个民办高中教育行业的生存和可持续发展。民办高中的教学质量不同于普通中学的教学质量评价，两者之间在表征上也存在着显著的差异，民办高中的教学质量主要是通过以下两个方面来凸显的：一方面是将学生学习需求作为教育目标，也就是通过民办高中的教育促进学生学习的主动性和兴趣，进而满足学生求学以及可持续发展的需求；另一方面是以顺应教育建设与学生发展的需求为整体目标，也就是指民办高中经过设置与之相匹配的课程以及教育教学活动，培养出高校所需要的多重性质高素质的人才。民办高中的教学质量监控体系是为了提升与保障教学质量而实施的必备的监管与控制举措。该监控体系具有全方位、全过程以及全要素的监管特征，主要包含有设定教育教学目标、确立教育教学环节和教育教学内容质量的测量标准、合理配置与利用校内校外的各种教育教学资源、搜集与处理教育教学信息、评估与反馈教学质量等过程。

民办高中教学质量监控体系主要是以学生继续学习为前提导向，以学生素质与学习技能的提升为重点教育内容，以培养高效所需的适用型的人才为教育目标，将整个教育教学过程、教学环节、教育资源与教育主体有机结合在一起，最终建立一个权责分明、任务清晰以及教育各要素互相联系、互相影响的完整系统。建立与完善民办高中的教学质量监控体系，是提升民办高中教学质量的必然要求与重要途径，同时也是保障民办高中快速、可持续发展的主要动力。有研究表明，教学质量偏低的教育是不平衡发展的教育，是缺少生命力的教育。同样，教学质量偏低的民办高中也是缺乏发展空间和生存动力的。民办高中教学质量的提升，民办高中的快速健康可持续发展，需要一个科学、合理且行之有效的教学质量监控体系来保障。

二　民办高中建构教学质量监控体系的适切性

（一）民办高中健康发展的必然选择

随着国内高中教育大众化和市场化发展逐步深入，高校多元化人才需求与高中趋同式发展的矛盾也日渐突出。故而，高中教育的转型发展也被提升到战略层面，当前高中的发展方向也已明确，即逐步转向“桥梁型”高中。在高中转型的新形势下，教学质量是评判其转型成功的主要标准之一。民办高中是国内高中教育事业中的一个重要构成部分，其教学质量提升的问题显得尤为重要。由于国内民办高中起步相对较晚，较之于公办高中，其基本的办学条件、社会声誉、师资力量、生源质量等整体上居于劣势地位。从表1和表2可以看出，民办高中和公办高中在招生分数线上的差距不断缩小。虽然说民办高中和公办高中均是通过中招考试的途径来获得生源，且有些民办高中和公办学校分数线相差无几，甚至高过一些公办高中，比如说实验文博2019年登记分在610，尽管当前其生源质量在逐步提高，但较郑州外国语学校、河南省实验中学、郑州一中等公办高中，其分数线依旧有一定差距，生源质量则相对较低。

表 1　郑州市公立高中录取分数线

学校	2018 年	2019 年	2020 年(满分 600)
郑州外国语学校	652	654	561
河南省实验中学	640	639	552
郑州一中	640	639	552
郑州四中	639	638	551
郑州九中	606	606	496

资料来源：郑州教育信息网。

表 2　郑州市民办高中录取分数线

学校	2018 年	2019 年	2020 年(满分 600)
河南省实验文博学校	610	610	540
郑州市明新中学	600	600	500
郑州市为民中学	580	580	490
郑州市桃园中学	500	500	410
郑州博爵国际学校	530	530	450

资料来源：郑州教育信息网。

另外，在资金上公办高中可以借助国家的财政补贴，而民办高中的财政补贴大体上是空白的。民办高中要想在先天不足的条件下培育出社会满意的优等生，在中学教育的丛林中屹立不倒，首先要做到的是保障学校的教学质量。故而，怎样对固有的教学质量监控体系进行革新，从而建构出更具特色、更加高效的质量监控体系以顺应高中教育的转型发展，成为民办高中亟待思考和解决的重点问题，这不但是时代赋予民办高中的重任，同时也是其自身寻求自我突破的必然选择。

（二）民办高中健康发展的必要环节

从整体上来看，当前国内民办高中的教学质量监控体系的确存在着参差不齐的问题。一方面，有些民办高中已经开始建构符合自身办学特色的教学质量监控体系，在确保教学、提升质量方面扮演着重要的角色；另一方面，有些民办高中已经开始设置专门的教学质量监控部门，也配备专门的监管人员，但在质量监控上依旧存在空白。再者，还有诸多民办高中也建构起自己的内部质量监控体系，但还存在着体系不完善、不成熟的一面。比如说，质量监控理念与自身发展不匹配，依旧照搬公办高中的方法，缺乏自我创新，在实际运用中不能适应自身的发展。质量监控团队薄弱，教学督导知识面狭窄，督导方法不合理等，诸多问题都会限制民办高中教学质量的提升。然而优质性、特色化的教学是民办高中赖以生存和发展的生命线，故而民办高中教学质量监控体系的研究不仅是民办高中寻求自我突破的必然选择，同时也是其健康发展的必要环节。

三　民办高中建构教学质量监控体系的条件

尽管民办高中在自我完善发展进程中存在着诸多的难题和困境，但是其也凭借着独有的灵活性，在开展教学质量监控进程中能够结合高中自身的特点灵活地改进用人机制，并进行制度创新。比如说公办高中存在人事编制的问题，这就使得其难以充分结合学校发展态势合理引进高层次人才，与之相反，民办高中不仅能够结合学校实际情况大力引进对口人才，同时在面对高中教育体制改革、人才社会化需求以及与公办高中生源竞争的三重压力下，能够结合市场需要迅速开展改革创新。从整体上来看，一些生源较佳的民办高中，在转型语境的新形势下都意识到转型的关键在于转变固有的人才培养模式，因而结合自身发展特色和转型需要在人才培养模式上进行改善和调整，将办学目标定位到“全面型”的人才培养上。据此可以看出，这些转变顺应内外部环境的转变，同时也顺应民办高中的办学定律。

通过上述分析可以看出，现阶段民办高中在强化教学质量监控、改善教学质量方面不但借鉴了公办高中已有的实践经验，同时也在不断地进行自我探索和创新，能够找出一套符合自身发展特点的新型教学质量监控体系。

四 民办高中教学质量监控体系中存在的问题

目前，国内众多民办高中都初步建成了自我监督、自我完善的教学的质量监控体系，但是，在实际发展中还存在一定的不足。

（一）教学质量监管意识淡薄

民办高中的教学质量监控体系主要包含督促、管制、反馈、指引以及激励五个方面，不仅规范教师的教学工作，而且激励、指引教师不断提升教学能力，实现教师职业化与专业化发展，保障学生的权益。目前，国内一些民办高中将教学质量监控体系看作监管与控制教师行为的主要手段，却忽略了对教师教学工作的促进、引导与激励。将教学质量监控作为整个教育工作的核心，而不是将其作为提升民办高中教学质量与提升教师素质的措施。教学质量监管意识淡薄，导致教学质量监控体系背离了其原有的功能和本意，在一定程度上限制了民办高中教学质量的改善和提升。

（二）教学质量监控的评估要素不健全

在民办高中，教学工作是一项复杂而又艰巨的系统性工程，教学质量由多种因素共同作用。教学质量监控效果的测评要素不仅包含有关课堂教学的一些活动，同时还涉及教学运作状况以及教学管理效率等各方面，但是由于教育监管工作惯性思维的作用，民办高中教学质量监控的评估要素主要集中于对课堂教学效果的测评，而对于学生自强自立、自主学习以及社会的适应等方面的评估力度还不够。将一些“显性的教学”工作及其效果，比如课程材料、平时测验成绩、学期考试成绩以及学生的升学率等，作为评估教学质量的要素。而对一些“隐性的教学”工作，比如道德品格、“三观”教育、创新精神等方面的监控评估不到位。对教学大纲、教学规划、教育秩序等的监控评估到位，而忽视了对教学改革、教学模式以及教学关系等要素的评估。民办高中教学质量监控的评估要素不健全，不利于高质量全面发展型人才的培养。

（三）教学质量监控体制的不完善

教学质量的监控工作人人有责，民办高中的教学质量监控体制的利益相关者都应成为教学质量的监控者，包括教师和学生、高中领导和管理部门以及社会各界等。多样化的教学质量监控体制不仅能够反映出不同利益者的诉求，还可以从不同视角反映出民办高中教学质量中存在的问题。然而，目前民办高中教学质量监控体制中的参与主体，主要集中于高中领导、教学督导以及学校管理部门的相关工作人员，而政府部门、社会各界以及教师和学生等并没有发挥其应有的监督作用，教学质量监控体制的不完善，影响民办高中教学质量的监控效果。

（四）教育教学的信息反馈系统不通畅

从整个教育教学过程来看，民办高中的教育教学工作主要包含课前准备、课中教育与课后信息反馈三个连续的相互关联的环节，三个方面共同决定着民办高中的最终教学质量。而课后信息反馈在这三个环节中起着承上启下的作用，教育者可以通过反馈的教育教学信息，了解到教育目标完成情况，为下一次教学任务的开展奠定基础。然而，目前许多民办高中只注重学前与学中的监管，却忽视了课后信息反馈工作，导致一些信息反馈管理机构空置，信息反馈平台落后。尽管有些高中有完备的学后反馈系统，但是在反馈过程中，会受到许多“噪音”以及阻力的干扰从而造成反馈的滞后与失真，直接影响整个教学质量的提升。

五　民办高中建构新型教学质量监控体系的路径

（一）“上下联动、形成合力”，革新教学质量监控组织架构

当下，民办高中教学质量的监控是在学校校长和分管教学校长统一化领导下，教务处、年级组、教研组具体执行的形式。但三者的共同目标是全面评估教学质量的各个环节，确保整体教学质量稳步提高，但是三者的分工明

确。年级组、教研组是革新教学质量监控体系的核心，其需要顺应教学转型发展需求，打造学校、教务处、年级组、教研组四位一体化的四级督导体系，进而实现上下联动、形成合力。

高中教育转型的新形势下，要发挥年级组和基层教研组的效用。特别是教研组，其是学校最为基层的组织部门，同时也是教学编排、教学运作、教学科研的核心单位，倘若基层教研组的效用能够发挥到位，就能够形成“教学资料准备、教学设计、教学反馈、教学管理”等“标准化”监管模式。教研组的主要任务是对教学质量的日常化监管，通过覆盖式听课、查阅教学资料、审核试卷命题和试卷质量、把握学生学习质量等实现全程监控、全部覆盖，进而达成“导为主、督为辅”的监管理念，弥补校级督导工作中的不足，实现全方位督导模式。

在学校教务处队伍编排上，可以从以下三个方面入手，一是专职教学员，二是兼职教学员，三是年级组教学员。专职教学员应该由学校内部教学经验丰富的校、院级领导和校内优秀骨干教师组成，这些人员不仅了解高中的顶层设计理念，同时还能够有效地帮助专业教师。兼职教学员可以是业界教学经验丰富、实践技能强的专家成员，这些专家组成员知晓高中教学的规律性，不仅可以合理地指导教师开展教学工作，同时也能够彰显督导的客观性和专业化程度。年级组教学员应该是各年级的教学能力强、业务素质较好的教研组组长或者优秀教师，这不但能够强化教学监管的专业性，同时还可以很好地贯彻和落实学校的顶层设计理念。

（二）“导为主、管为辅”，转变学校教学监管模式

尊重人性化，民办高中现有教学监管者需要转变传统意义下的纯粹监督模式，走“导为主、管为辅”的服务性监管路径。因此学校的“导为主、管为辅”的新型监管理念颇受广大师生的欢迎。

教学监管人员需要给予授课教师相应的自主权和能动权，同时还需要认真听取教师们对教学设计和教学督导方面的建议，充分发挥教师的能动效用，即便是在对授课教师的指导上，也需要结合教师自身的发展水平、专业

能力及课堂情境等因素来灵活选用人性化指导方法，由此来提升教师的教学质量。

具体来讲，需要从以下几方面入手：一是教学监管人员不但需要听课，同时还需要注重教学监管人员的反馈意见，课后需要与授课教师及时交流，一起研讨授课内容的重难点、课堂设计等，此外还需要合理协调教师的教学方式与学生发展特性；二是监管人员需要合理组织开展评学、评教、评管工作，广开言路听取各方意见，并进行教学工作满意度调查，进而测评学校教师的教风、学生的学风以及行政人员的工作作风。对不同年级的课程进度，对教师教学风格，对学生学习态度，对教学管理者的业务素质和服务意识，对教学基本条件，对教学质量等相关方面的满意度可以通过问卷法匿名开展调查。毫无疑问这也是一种服务性监督的路径，较之于传统形式下纯粹的督导形式，这种形式更能得到教师的认可，进而起到事半功倍的效用。

（三）“三位一体，以学论教”，完善教学过程监控体系

“三位一体，以学论教”，完善教学过程监控环节，基于学生在学习过程中的情绪状态、互动效果、思维方式以及学习完成目标，并以影响民办高中教学质量体系的要素为出发点，确立“年级、课型、学科”三维一体的评价指标，进而建构出课堂教学质量监控环节。

另外，“以学论教”的教学过程性监控体系，具体是指教师的教学手段应该基于学生学习需求，站在学生的角度来监管教学质量，并持续创设情境，多元化培养学生发展，让师生互动成功，进而形成实时性课堂教学评价方法，对师生在课堂学习过程中的状态进行实时监管。

再者，需要对模块学习过程进行及时监控，引入时间式监管模式，建构“学生学习—问题出现—解决问题”模块，借助计算机软件进行测试，从图线上准确捕捉学习过程中学生群体和教师个体的基本信息，实现师生自我诊断、自我调节、自我监管。借助档案袋展开评价，帮助学生全面了解自己的知识掌握情况、能力拓展情况、情感成熟度、态度端正和价值观的正确性，进而让学生形成自我查找和自我反思的学习模式。

（四）“零距离信息反馈”，拓展教学信息反馈路径

教学信息反馈路径不能局限于现有的传统式听课，为了拓展教学信息反馈路径，民办高中需要革新思路，推行学生与教学领导的“零距离信息反馈”机制，召开校院领导学生见面会、家长见面会，开放校长信箱，选定学生或家长信息反馈员，开通信息反馈等诸多渠道，进而收集当下的教学信息。特别是高三学生信息反馈员，在反馈教学信息上起到了积极作用。

高中学生对教学质量深有体会，为了让学生信息反馈员能够肩负起对教学质量监督的工作，学校需要出台学生信息反馈员管理制度，同时还需要持续开展相关培训工作，比如说可以定期进行信息反馈员座谈会，进而建立起多重渠道反馈路径。

此外，学校可以推行优秀学生教学信息反馈员的评选活动，同时举办“最受学生欢迎的老师”“寻找最美教师”等评选和征文活动，在评选中需要从多角度考评，让学生打分投票等。此类举措不但鼓励了广大师生的积极性，同时给予他们一定程度的归属感，还能够提升教学信息反馈员的积极性，使其为教学质量的提升出谋划策。

（五）“广开言路”，充实教学质量监控理论

民办高中在建构新型教学质量监控体系过程中，还需要“广开言路”，充实教学质量监控理论，可以就教学模式改革、教学质量检查、教师能力指导、教师科研水平的提升等方面进行集思广益，上至领导层下至基层教学部门，都可以发表自己的观点和见解，可以将这些意见和观点汇聚起来，装订成册，充实现有的教学质量监控理论。

此外，学校还可以组织专家成员对教学督导工作进行概括，形成理论指导实践，比如针对学校开设心理健康课程，撰写《如何上好心理健康课程》等理论文章，对心理健康课程如何做到既“外化”又“内化”，达到预期的教学效果，进行深入浅出的理论归纳，为后续教师的授课提供指导。

再者，在对民办高中教学转型的研究中，相关部门可以组织全校教职工

团队积极申报教学质量监控的课题，并撰写相关文章，为充实教学质量监控理论和新形势下教师教学质量的提升做出理论指导。

（六）“督教、督学、督管、督建”，打造特色化教学质量监控品牌

在民办高中教学质量监控过程中，教学监控工作要着力于教、学、管三个维度。

督教，是指对课前准备、教学设计、教学成效、教学评价等方面的监督和管理。督学，是指对学生的出勤情况、课堂学习秩序、课堂氛围、考试成绩等方面的监督和管理。督管，是指对教学基础设施、教学环境、教学运行过程、教学辅导部门等方面的监督和管理。

除此之外，民办高中还可以开展“督建”活动，具体包含教师队伍建设、教学质量建设、质量评价体系建设等，从而实现全面化管理的建设，打造特色化教学质量监控品牌，逐步打造“督教、督学、督管”的教学质量监控品牌，具体是指，依靠教师和学生的自觉性和能动性来不断提升教学质量。这在一定程度上能够实现“教师自身为榜样、学生自主学习”的教学宗旨，最终提升民办高中师生的文化境界，更好地应对高中教育的转型。

参考文献

洪兵：《高中教学质量监控的构建与实施》，《教学与管理》2018 年第 19 期。

章正彤：《借助“PDCA”理念构建高中教学质量监控体系》，《新课程研究》（下旬刊）2016 年第 10 期。

兰珍莉：《高中集团化办学教学质量监控共同体建构现状调查研究》，《现代职业教育》2020 年第 9 期。

郑广涛：《对民办高中财务风险防控的分析与研究》，《财会学习》2019 年第 16 期。

丁秀涛：《关于高中学业水平考试“合格考”定位与功能的思考》，《中国考试》2020 年第 6 期。

B.12 民办幼儿园科学化管理研究

吴继贵　赵鹏沛*

摘　要： 民办幼儿园作为满足家长多样化教育需求、促进学前教育行业创新与发展的力量，在我国学前教育事业中一直占有不可或缺的重要地位。但是，民办幼儿园之间的办园质量差异巨大，也暴露出不少问题：安全事件频发、“小学化”超前教育倾向明显、师资质量不佳、经营不善等。近两年，国家学前教育政策明确鼓励办园普惠化、公益化，部分民办幼儿园在转型过程中因自身调整不到位而面临极大的经营挑战与生存压力。实现幼儿园科学化管理，应实施理事会或董事会领导下的“园长负责制”，找准定位，加强特色办园，在安全管理、财务管理、保教、师资队伍等方面提高科学化管理水平。

关键词： 民办学校　民办幼儿园　科学化管理

随着市场经济的发展，民办教育的活力不断得到释放，民办幼儿园的发展对于促进学前教育水平提升和创新起到了巨大的推动作用。2018 年国家司法部发布的《民办教育促进法实施条例（修订草案）（送审稿）》明确提出，

---

* 吴继贵，建业教育高级副总裁，河南省民办教育协会学前工委副理事长，河南民办教育研究院研究员，硕士，主要从事学前教育与基础教育研究；赵鹏沛，建业教育幼教总部，硕士，主要从事学前教育品牌管理研究。

各级人民政府应当依法支持和规范社会力量举办民办教育。在政策的鼓励下，民办幼儿园的数量也不断增多，但整体办园水平参差不齐，行业中也暴露出许多乱象和问题。尤其对于单体民办幼儿园来说，由于园所规模小、营收来源主要依靠学费，面对外部环境的变化时，部分民办幼儿园在转型过程中自我调整不够，整体自主管理、运营情况不稳定。这些突出问题直接关系着园所长久良性生存，亟待提升科学化管理水平。

一　民办幼儿园管理存在的问题和成因

由于办园时间、规模、培训力度、人才、管理者意识等诸多差异，不同的民办幼儿园在管理上存在不一样的问题，但大体上可归纳为如下几个方面。

（一）管理者专权

园长作为幼儿园各项工作的主要管理者，对园所经营状况、办园质量和发展都直接负责，“园长责任制”是得到广泛认同的。但是部分民办幼儿园出现了管理者专权的情况。幼儿园投资者或是园长对幼儿园里大小事都直接决策，将“园长责任制”理解为“上令下行”，即园长发令，员工们执行，过度集权。这样的“一言堂”若长期发展下去，会使员工丧失积极性和思考力，很难办出优秀的幼儿园。

出现这种现象，一种情况是管理者对“园长责任制”的理解出现了偏差，以为“责任”是“专权”；另一种情况则是园所没有按照相关法律规定成立理事会或董事会等决策机构，或者成立了以上机构但并未发挥作用。对于民办幼儿园的管理者来说，园务管理不是一个人的事情，幼儿园需要形成完善的治理体系，依据各项既定的规章制度和人员组织结构将权责明晰化，避免集权。

（二）缺乏清晰的办园目标

办园目标是民办幼儿园发展的方向所在，而不少民办幼儿园的举办者和管理者对园所的办学定位、目标和发展规划缺乏深度思考，就出现了一些问题。比如有的仅满足于通过教育部门的检查，突击做好形式工作；有的为迎合家长而设置“小学化”的超前教学内容；有的为追求经济利益而不顾“促进幼儿身心和谐发展”的中心任务。没有清晰的办园目标与定位，这样的民办幼儿园很快就会被市场和行业淘汰。

幼儿园举办者和管理者要有长远的办园目光和可持续发展的意识，围绕《幼儿园工作规程》（2016 版）规定的中心任务，为保障幼儿身心健康和全面、和谐发展而确定办园目标和教学任务。

（三）安全管理缺位

安全管理是一所幼儿园发展的前提，也是园务工作的重中之重。然而近几年新闻中依然有教师违反师德规范、幼儿安全事故的报道。部分民办幼儿园安全管理意识淡薄或者没有相应的管理水平，导致出现了安全事故。

幼儿年龄小、认知浅，缺乏对自身的保护能力，家长把孩子送入幼儿园，幼儿园也就承担了照顾者的责任，同时也承担了一定的安全风险。安全管理的范围非常大且事务琐碎。教师出现违反师德现象，深层次原因是园所缺乏安全管理体系，缺乏风险防控意识。

（四）财务制度不健全

在社会力量参与办学的过程中，不乏民办幼儿园经营困难、面临倒闭的现象。究其原因，除了缺乏经营能力，更重要的问题是资金管理不善，财务管理制度不健全。比如，有些民办幼儿园为多个自然人合作举办，在没有财务制度的严格规范下，合伙人中任意一人想要支取相应的办园费用时，只经几人口头同意即可，这样很容易出现账目混乱或超支。办园者对幼儿园发展不同阶段所需的费用没有清晰了解，也很容易出现资金短缺，导致园所经营不下去。

（五）教师队伍不稳定

在民办幼儿园中，教师队伍不稳定是目前整个行业的共性问题。普通民办幼儿园的福利制度不如公办园，甚至部分民办幼儿园合规意识欠缺，未为员工办理“五险一金”，不能为教师提供法定的社会保障，这导致部分民办幼儿园教师频繁跳槽或进入公办幼儿园当教师。但这只是其中部分原因，师资流失还与管理者给予教师发展平台和专业成长的机会有关，也和管理者的队伍建设与营造的园所文化氛围有关。

（六）保教质量不高

保育和教育是幼儿园的核心工作。家长非常重视幼儿园的保教质量和课程。一些民办园为了节约经费，对幼儿教师没有培养计划，对课程建设不重视，只把幼儿园看成是帮家长带孩子的一个机构，导致其保教质量不高。这是管理者缺乏专业的保教管理知识和理念导致的。

（七）不注重“家园”沟通

对民办幼儿园来说，生源就是幼儿园生存的基础。幼儿园和家长应主动沟通，全面了解幼儿的发展情况，这不仅是促进幼儿成长的必由之路，也是提升家长满意度进而稳定生源的重要工作。一些民办幼儿园在招生时与家长频繁互动，但在孩子入读后，就和家长减少了沟通，而缺乏与家庭交流、合作的幼儿园，难以实现“促进幼儿发展”这一最终目标。《幼儿园工作规程》明确提出了幼儿园做家园沟通工作的要求，比如建立幼儿园与家长联系制度，幼儿园不仅要和家长沟通幼儿的日常，还应努力为家长提供科学育儿宣传指导。照顾和教育幼儿是幼儿园和家长需要协同完成的教育任务。

二　民办幼儿园科学化管理的基本原则

刘颖、虞永平（2021）在《我国幼儿园管理质量的现状、类别及其影响因素——基于潜在剖面分析的结果》一文中，采用分层抽样法，调查了我国不同区域的5省区市内不同发展水平的市区、县镇和不同办学性质的幼儿园 100 所，结果显示，总体上我国幼儿园的管理质量处在中等偏低水平，且地处非城区的幼儿园、民办幼儿园以及规模较小的幼儿园相对容易成为管理质量较差的园所。

（一）管理之道，制度先行

“管理”是指在一定的组织或企业内根据一定的决策、规章进行协调活动，以达到某个明确的目标。可见，民办幼儿园要想做好科学化管理，首先必须依循相关法律法规，看清教育政策导向，依据已出台的《幼儿园教育指导纲要（试行）》《3 ~6 岁儿童学习与发展指南》《幼儿园工作规程（2016 版）》等制度和文件来规范自己的园所，合规办园。其次，民办幼儿园要有意识建立起办园的制度体系，可借鉴国内优质的民办幼儿园的管理方法，并结合本园的实际情况来健全治理和决策机制、办园章程、财务制度、安全管理制度和防范风险预案、队伍管理、教师专业提升与晋升机制、保教管理细则条例、“家园”关系指导手册等，以这些为纲领进行精细化管理。除此之外，还需要内部管理评估和监督相关制度，以促进管理更加科学、有效、全面。

（二）园长负责，民主参与

民办幼儿园的举办形式有个人举办、联合举办、社会组织举办、有法人资质的单位举办等，不管出资者是谁，对园所教学、行政和后勤等事项的管理职责主要在园长。园长负责制可以有效避免民办幼儿园的投资者由于过度关注经济效益而对园里工作过多干涉。决策可以说是任何一个组织的管理者的中心活动。对于民办幼儿园的园长来说，园内大大小小的决策少不了，幼儿园应成立董事会、理事会等形式的机构来做决策，形成有体系的议事规则和流程。园长要善于给中层管理者一些做决策的空间，学会放权。同时，要广开言路，做出正确的、理性的决策需要幼儿园里教师和其他员工的民主参与。

（三）以人为本，信念导向

要做好民办幼儿园的科学化管理工作，园长要坚持“以人为本”。这个“人”是指幼儿，是教职员工，也是家长。首先，民办幼儿园的管理者要努力为幼儿创设一个安全又精彩多样的生活与活动的环境，能够切合幼儿在语言、健康、社会等各个领域发展的需要，给予他们支持、信任、欣赏和尊重，去激发幼儿的内在潜能。其次，民办幼儿园管理者也要给予教师和其他员工关怀，为教师提供专业发展的平台，满足教师和员工的成长需求，打造专业、优秀的师资队伍。再次幼儿园的工作离不开“家园”关系的构建，对民办幼儿园来说，除了以幼儿发展为中心任务，还要让家长满意，关注家长的需求和感受，为家长提供高品质的教育服务。家长工作需要作为园所发展的重要事项。

在和这些“人”的相处中，园长要以信念为导向，确立办园目标和方向，努力营造具有人文关怀气息的园所环境和家园共育氛围，引导幼儿、员工、家长朝着共同的目标前进。

（四）自我提升，目光长远

刘颖、虞永平（2021）在研究中发现，幼儿园管理质量的各个侧面体现出“一荣俱荣”的现象，这也与整体管理质量、水平密切相关。因而民办幼儿园的管理者要有意识地提高整体管理水平，通过主动学习幼儿园科学管理知识，在管理的各个侧面、环节整体提升。自我提升，园长首先要持续学习幼儿保教相关的专业知识，了解最新研究成果，研究行业最先进的教育理念，并把理论应用到实践中去，对园所的保教工作能够起到引领作用。其次，园长要广泛学习管理学的相关知识，从计划、组织、领导、控制几个方面不断提升管理技能，使园所运营更加稳健。懂教育、善经营、会管理，才是一个好的民办幼儿园管理者。在此基础上，园长的办园目光要长远，用办园理念指引员工不断创造价值，制定好园所发展的短期目标和长期目标，增强办园的社会影响。

三 民办幼儿园常见管理问题的科学化解决方案

（一）建立园所治理机制

民办幼儿园要实行理事会或董事会领导下的“园长负责制”。幼儿园要设立保教管理部、后勤管理部、家园联络部、人力资源部和财务部等部门（其中后勤管理部及家园联络部负责人可根据幼儿园规模情况确定为专职或兼职人员担任）；也要建立党团、工会、家长委员会、教职工代表大会等组织，各种组织分工明确，并协同将幼儿园工作落实到位，实现园所的高效治理。

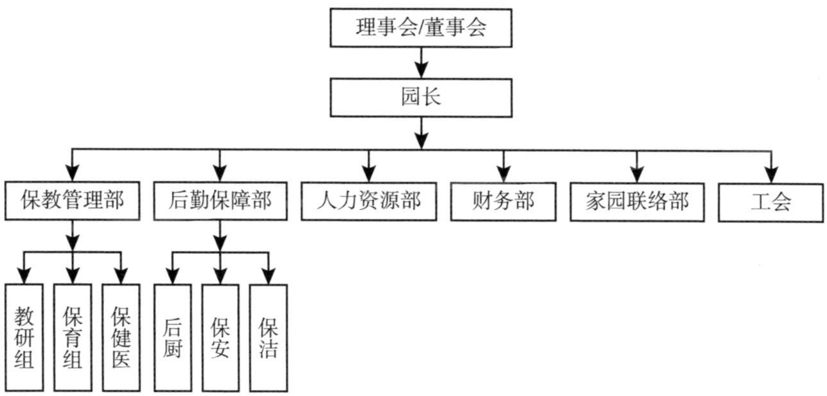

图1　民办幼儿园组织机构示意

此外，民办幼儿园要建立起本园明确的规章制度，制度应以人为本。园所要深入学习《幼儿园教育指导纲要（试行）》等国家出台的文件和最新政策，然后结合园所的组织机构分工，来设立每个部门的工作管理制度，将园务工作管理制度“细节化”。幼儿园常用的管理制度有保教管理制度、财务制度（含财务管理、财务预结算管理、资金管理等）、人力资源管理制度（招聘录用、员工管理、员工福利待遇等）、后勤制度（采购、维修等）和安全管理制度等。

在制定制度的过程中，幼儿园管理者可发动全体员工来参与制定幼儿园的规章制度，以此来调动员工民主参与的积极性，也将保障在执行层面的高效性，并通过宣讲、试行等方式让每一名员工都知晓并遵照执行，如有问题再反馈修订。最终形成一套科学化、系统化且卓有成效的制度与体系。

（二）确定目标，形成特色办园方案

“人生百年，立于幼学。”学前教育是人生教育的根基，对幼儿的成长和未来道路将产生巨大的影响。基于为幼儿发展而服务的中心任务，对于民办幼儿园来说，办园还需明确“要办一所什么样的幼儿园”的问题。随着市场经济水平和受教育水平的提升，新时代的幼儿家长对幼儿园时期的教育质量要求也越来越高，遵照统一的教材实施教育的普通办园模式快被民办教育市场淘汰。此外，在“普惠”政策的要求下，一些本来受家长欢迎的民办高端幼儿园响应政策转型为普惠性幼儿园，对于这些民办幼儿园来说，如何重新找到自己的定位也是需要考虑的。

民办幼儿园可分“三步走”。第一步，先进行市场调查。要对幼儿教育行业发展的现状及趋势进行了解，可获取相关的行业报告；要了解市场家长的需求与行业痛点；要对幼儿园周边几公里范围内的竞争环境进行分析；还要对幼儿园自身发展情况进行分析，比如硬件、师资、口碑等。第二步，明确办园的特色定位。此定位要考虑园所凭借自身现有力量是能够支撑的，且是来自家长的主要需求，与竞争对手相比有优势。第三步，形成特色打造具体方案。园所要确定办园理念、培养目标、特色课程体系。在方案中，还需体现出师资、环境、教学、家园合作、评估等方面的执行体系和实施方案。

（三）安全管理，预防为先

幼儿园是教育孩子健康成长的园地，孩子进入幼儿园后，首要的事情就是确保幼儿的身心健康。幼儿园安全管理的范围非常大，安全事务也非常琐碎，日常的磕碰伤事件很难避免，一旦有重大的安全事件出现，

幼儿园运营就功亏一篑。总体可以概括为师德安全、社会突发性安全、幼儿环境隐患、传染疾病隐患、幼儿意外伤害、员工日常安全等问题。针对以上类型的安全问题，民办幼儿园要做到预防为先，将隐患排除，形成体系化的安全管理制度，全园“网格化”管理，责任落实到人，严格督察。

1. 把好师德关

幼儿园员工入职要严把“入门关”，做好教师工作经历背调、价值取向评估等工作，转正后也需要每年进行师德师风工作考评、家长幼儿满意度评价，早发现问题早干预；入职后要加强师德师风培训引领和日常关注，对可能出现的教师品德、言行不规范行为要“警钟”长鸣、要画“高压线”。同时，管理者要和员工保持好日常沟通，关心其工作和生活中的困难，避免员工将个人情绪带入工作中。

2. 社会突发性安全问题

针对暴力事件、消防安全、地震等突发性安全问题需要做好预案，通过演习不断加强所有员工面对突发事件的应急能力。民办幼儿园要对各类安全预案进行梳理，装订成册，并定期培训。关于食品安全，要求原材料进入幼儿园时由后勤主任、保健医、厨师长共同查验、签字，后勤部门每月进行食品溯源摸底，还要加强幼儿园厨房安全管理，可使用6S管理方法。

3. 幼儿园环境隐患

民办幼儿园可参考教育部门对幼儿园进行安全检查的标准来进行自查，并根据经验和对环境的观察制定本园所的《防范安全隐患手册》。要注意细节处的安全隐患，如沙池里是否有石头、楼梯台阶是否软包、戏水池深度和防滑是否达到标准等。

4. 传染疾病隐患

传染病预防分为三个层面：传染疾病预防宣传到家长；入园时保健医要有专业能力将传染病拒于门外；实行晨午晚检，班级老师要具备对病情变化的鉴别能力。

5. 幼儿意外伤害

幼儿只要受伤就会面临被追责，周期长、赔偿率高。为有效减少磕碰伤，幼儿园可从区域和季节两个维度来梳理安全隐患案例和解决方案，以减少意外伤害。

（四）财务管理

对于民办幼儿园来说，除部分普惠幼儿园有来自当地教育主管部门的少量奖补资金外，运营经费基本来自学费，如果对财务资源没有合理有效利用，是无法生存下去的。管理者要健全各项财务制度，对资金进行规划，制定财务管理制度、财务预结算管理制度和资金管理制度等，要求园所各项工作严格按照财务制度进行。并做好长期及短期经营预算，在预算内把控各项费用支出。

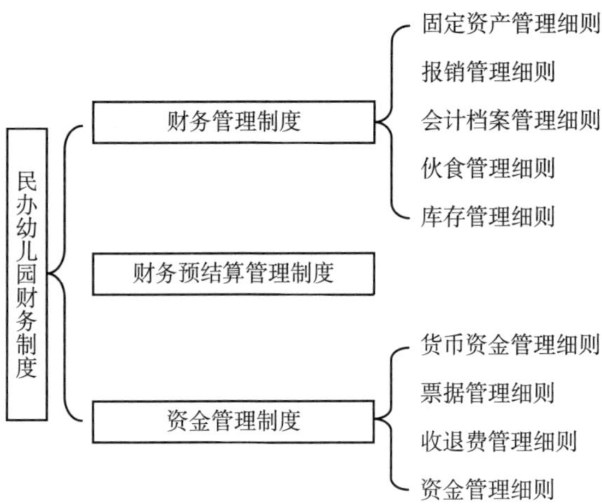

图 2　民办幼儿园财务管理制度示例

（五）保教质量管理

保育教育是幼儿园的核心工作，也是除健康外家长最重视的部分。而保教质量的提升不是一朝一夕就可以完成的。为稳步提升保教质量，民办幼儿园的管理者要给予高度重视，也要有专门的管理策略。

1. 成立专门教研组

民办幼儿园要成立教研组，教研组每学期、每月、每周都要制定保教工作计划，平时定期进行教研培训。幼儿园可组织教师进行优质课的说课做课评比、环创评比、一日常规等各种评比。还可开展区域游戏、玩具自制、个人技能等交流活动，在活动中促进大家自我提升。

2. 入职培训

新教师入职前要跟岗学习，接受相关培训。

3. 以保教工作为重心开展工作

每学期开始前，幼儿园形成保教计划后，园务及后勤等各部门要全力配合支持。

4. 以特色促发展

保教质量是园所发展的基石，特色发展是园所品质的保证。在办园特色方案的指导下实施保教方案，在此过程中要进行记录、调整、实施再调整的循环实证，稳步提升保教品质。

5. 鼓励创新

民办幼儿园可设立创新大奖，激励大家积极创新用于改革保教工作。小到一个育儿金点子、一个教学新思路，大到一个特色活动项目，都可以激励员工积极创新。

6. 保教经验梳理成册

每个精彩的教案、每个好的活动、优质的思路都像一颗颗散落的珍珠，幼儿园要在反复实践检验后将成果梳理成册，这将成为园所后续发展的瑰宝。

（六）队伍建设管理

民办幼儿园要想打造一支优秀的队伍，需要坚持“以人为本”。

一是注重教职工的专业化成长。要根据不同岗位、不同层级分别对教职工进行培训，并建立参训记录和成长档案，同时，设立不同岗位的职级晋升方案，激励员工自我成长。

二是建立每月员工沟通机制。一学期内，园长和每名员工深入沟通1～2次。除了关注员工的工作表现，还可以关注员工的喜好、性格、身体状况、家庭状况、日常情绪状况、教育理念行为等。

三是建立员工个人综合素养提升计划。鼓励员工自我学习提升，比如在职业技能、读书和身心健康发展上制定个人成长计划。

四是发挥榜样的力量。教师队伍可以师徒结对子，充分发挥本园名师、骨干教师的传、帮、带作用；每月评选最美教职工并进行表彰宣传，发挥园内党员和优秀员工的模范带头作用，加强师德师风的培训等。

（七）家园关系管理

为在幼儿成长最重要的阶段促进其获得最好的发展，民办幼儿园的老师和家长应建立起合作者关系和良师益友的关系。民办幼儿园要建立起家长工作机制，成立幼儿园家长工作领导小组，明确组织的分工和目标。一般由园长担任组长，负责带领整个团队一起确立家长工作目标，梳理家长工作的学年计划，组织全体成员的分工与合作等。然后再商定园所各个计划领域家长工作的具体内容与分工。在日常活动中，家长工作小组对园所的各种活动将起到极大的支持作用。

建立理想的“家园”关系要本着接纳、开放的心态，建立过程示意如下：相遇——相识——相知——相伴——相守。在相遇、相识、相知几个环节中，幼儿园管理者要带领教师做好带领参观、新生讲座、婴幼衔接讲座、家访、家长会、家长开放日等活动。在相伴、相守环节中，可开展一对一约访、定期“园长咖啡日”、家长工作坊、家长志愿者任务等活动。在这个过程中，家长和幼儿园逐渐建立起更紧密的连接，家长也可发挥其专业和资源优势，和幼儿园一起为孩子健康快乐成长助力。

四　结语

在国家“普惠”办园政策要求之下，民办幼儿园要积极响应做出调整，依照国家相关规定合法合规办园，提高幼儿园的科学化管理水平。民办幼儿园要注重建立、健全治理机制；确定园所定位和发展方向，制定特色办园方案；在安全管理上做好预防，梳理出相关制度或手册；建立完善的财务制度，确保园所的生存根基；把保教工作放在幼儿园工作重中之重的位置，提升保教质量，使幼儿园具备长远发展的实力；注重师资队伍建设，引领员工树立正确的教育观、儿童观；“家园”之间要用坦诚和真心培育伙伴关系，在幼儿成长的各个方面持续保持协力，培养出可持续发展的现代中国人。

参考文献

帕特丽夏·F. 荷尔瑞恩、弗娜·希尔德布兰德：《幼儿园管理（儿童发展中心管理学）》，华东师范大学出版社，2007。

刘颖、虞永平：《我国幼儿园管理质量的现状、类别及其影响因素——基于潜在剖面分析的结果》，《学前教育研究》2021 年第 1 期。

《民办教育促进法实施条例（修订草案）（送审稿）》，司法部政府网，http：//www. moj. gov. cn/government_ public/content/2018 -08/10/tzwj_ 38281. html，2018 年 8 月 10 日。

B.13

产教融合背景下政产学研用协同创新研究*

王道勋**

摘　要：　产教融合是新时代对人才培养的基本要求。在产教融合背景下政产学研用协同创新是指科研机构、企业、大学以及政府对各种资源有效整合。产教融合背景下科研机构、政府、大学以及企业的效率以及成效仍然不尽如人意。加快地方协同创新机制的构建，有几个着力点：一是制定协同创新目标规划，构筑地方创新发展生态；二是建立利益分配激励机制，激发协同创新持久动力；三是培育合作共赢创新文化，营造平等参与互动氛围；四是避免形式主义，促进科技成果转化应用。通过持续的改革和建设，地方协同创新机制成为推动大众创业万众创新向纵深发展的重要抓手。

关键词：　产教融合　政产学研用　协同创新

近年来，郑洛新国家自主创新示范区、中国（河南）自由贸易试验区、

---

* 本文系中国高等教育学会2021年度专项课题"地方高水平民办大学建设研究"（21DFYB03）、中国民办教育协会2021年度规划课题（学校发展类）"后疫情时代中部地区民办高校内涵式发展研究"（CANFZG21163）、河南省高校哲学社会科学智库研究项目"新中国70年河南教育的政策演变及发展走向研究"（2021－ZKYJ－09）研究成果。

** 王道勋，黄河科技学院副教授，河南民办教育研究院政策与发展环境研究所所长，研究员，硕士，主要从事高等教育、民办教育研究。

国家大数据（河南）综合试验区等国家战略相继落户河南，战略叠加效应正在释放，发展空间不断拓宽。在此背景下，河南省大力实施产教融合战略，为经济社会发展提供动力支撑。如何发挥全社会的创新活力和多元主体的创新优势，打造完整的创新链条，形成“政—产—学—研—用”协同创新良性机制，全面提升创新能力，成为河南省经济结构转型和产业升级的迫切需要，也是河南省实施产教融合战略、深化协同创新理论研究的迫切需要。

当前在政产学研用领域，我国迅速开展相关合作，大幅度提升了经济实力并对技术需求造成强烈刺激。① 企业向大学投资的资金增加，这导致许多大学的科学以及技术方面的经费显著增多，高校横向收到的科研经费总量明显增加，科技成果对应的交易额也大大增加。在此情形下，国内大学以及科研院所的科研水平以及能力明显提高，已发展成通用技术创新中重要的力量，利用不同协作项目以及专项计划为技术的应用提供了有力的支撑。然而，产教融合背景下，政产学研用的协同创新发展却存在诸多问题。

20 世纪 80 年代，国外开始了产学研合作研究。1987 年，英国学者弗里曼等人第一次提出国家创新体系的概念。Henry Kollwitz 在《大学与全球知识经济：大学—产业—政府关系的三重螺旋》《MIT 和创业型科学的兴起》《三螺旋——大学・产业・政府三元一体的创新战略》等著作中，丰富了关于“大学—产业—政府”互动联系的三螺旋创新理论，并对政府、高校、产业分别应该承担的角色和职能进行了详细的论述。

我国的产学研协同创新政策研究开始于 20 世纪 90 年代。国内对协同创新的研究主要集中在近几年，尤其是“2011 计划”实施之后。许艳华（2013）提出借鉴德国模式，发挥政府的主导作用，增强企业的创新能力，改革高等教育体制，发展非营利性研究机构，为科技成果的转化打造中介服务网络，并且加强创新主体间的联系和互动，形成协同创新的合力。王超、

① 莫连光：《政产学研用协同创新绩效评价指标体系研究》，《文艺生活》（文海艺苑）2020 年第 4 期，第 272、274 页。

李庆丰等（2015）提出构建“政、产、学、研、用”协同创新模式。李阳、原长弘（2016）从自组织理论视角出发，揭示了政产学研用协同创新提升企业竞争力的动态演化过程。杨丽花、赵璇（2017）分析了基于合作博弈的产学研联盟收益分配问题。郭咏嘉（2017）提出政产学研协同创新作为产学研合作的深化，在推动区域经济发展、促进产业转型升级上具有重要作用，并从理论上构建了政府、企业、高校及科研单位“四位一体”协同创新机制。何龙（2018）提出构建以创新人才培养机制、项目甄选机制、动力与保障机制及“四大主体”协同运行机制组成的高校政产学研协同创新机制。王开良、秦慧（2017）提出了知识互补性视角下的产学研协同创新激励对策。范继、路丽梅（2020）探寻构建以高校贡献度为导向的政产学研协同创新绩效评价体系，为实现协同项目的高效转化、项目绩效稳步提升提供科学支撑。张玲（2020）等人探讨了工科优势高校信息类专业政产学研用多方协同育人模式。杨阳、王穗东、郁秋亚（2020）认为政产学研用协同创新是提高我国产业技术创新能力的关键途径之一，但在实践中却面临着五者间难以深度融合的问题。

一　产教融合背景下政产学研用协同创新的背景和意义

当前，国家和地方大力实施产教融合战略及“双创”工作。“政—产—学—研—用”协同创新是提高地方竞争力的必然选择，是大众创业万众创新中地方竞争发展的新引擎，是地方协同创新机制建设方向。

首先，政产学研用的协同创新是增强软实力的重要方式，也是我国未来的文化、经济以及政治建设的新路径以及新方向，对我国经济、社会的发展十分重要。其次，为了不断提升我国在经济上的竞争力，需要依靠政府、行业、大学以及研究机构之间的创新合作，为经济的发展奠定技术以及人力资源雄厚基础。同时，政府、企业、大学以及研究机构之间合作的质量以及效率，将有助于进一步加强各省份的技术、政治、教育以及经济的紧密结合。最后，当前我国一直在大力探索创新体系，强调政产学研协同的创新发展模式。将政府纳入协作创新发展中，有助于推动科学技术成果的不断转化，加快创新国家的发展步伐并加速新型政府的建设。

二　产教融合背景下协同创新政产学研用模式存在的问题

（一）协同创新的制度建设有待健全

如今，我国政府、企业界、学术界以及研究机构建立协同创新体系的政策法规不完善，主要是建立了诸如促进科学技术转型之类的法律。然而，缺乏建立协作创新系统的法律条例，政策制定仍具有很大的局限性。例如，激励措施分散，在财政、税收、转化成果以及专利保护等方面不够健全。例如，《高新技术企业认定管理办法》等条例，通常仅限于定额减免以及优惠税率，对研发的支持保障不足，未能充分发挥资金保障作用，企业缺乏进行产学研协作的引导性的措施，政策的导向不足，强制性差。

（二）未能体现企业创新的主体地位

各类公司主动开展技术创新的热情度不高，强烈依赖公司外部的技术，缺乏独立开发重大科研项目的信心以及能力。大多数主要技术还要依赖外部企业以及科研机构和各大学的支持。这类企业进行自主创新的意识严重不足，部分公司缺乏进行研发的资金。例如，湖州市的高端装备制造研发投资在2017～2020年主要营业收入中的占比较低。还有部分企业缺乏高技能、创新以及知识型的人才①。相比于科研院所、高校，企业的科研人才严重流失，人才的招募效率不高，建立公司科研平台的内在动机以及主观动机并不

① 朱超锋、矫庆泽、唐小勇等：《独立学院“政产学研用”协同创新模式构建及实践》，《科技创业月刊》2019年第32（1）期，第16～18页。

强。在这种情况下，科研平台经常被用作获得政策资金支持的一种手段，进而导致不重视科研建设，反而重视项目申报的情况。结果，企业建设科研创新平台的效果低下，加入市场行业协会以及政府主导的技术创新联盟的主动性低下，某种程度上制约了企业进行创新的能力。

（三）高校与科研机构未发挥技术的引导价值

大学以及科研机构对技术市场的变化不太敏感，并且在某种程度上侧重于基础研究。产教研存在严重的脱节现象，无法完全满足公司对技术变革的迅速需求①。大学还没有充分发挥技术的引导价值，这是因为大学及研究机构越来越重视学术影响力，缺乏率先实施以工业发展为中心的技术创新性研究，合作的项目通常是短期项目，不能建立稳定的合作模式以及进行有效的团队建设，难以实现科学研究的协同效应。结果，科研资源的有效整合仍然薄弱，并且在平台建设方面存在资金上的短缺。

（四）市场对协同创新的导向性不足

在工业发展的需求方面，市场的敏感性欠缺，监督系统的有效性低下，市场在资源配置上的能力缺乏，基于市场需求导向的机制不健全，这使得资源分配不均，未实现利用的合理化。市场中的技术型中介过少，并且它们并不充分了解政产学研用间的技术供求关系。缺乏利用大数据分析来准确判断以及预测市场的技术以及产业需求的能力，大学以及科研院所的科研成果不能有效地转化②。公司无法获得他们想要的技术支持，信息的不对称在供需之间造成了更加明显的矛盾。此外，以市场为导向的机制引导下的工业创新联盟缺失，且存在着大而空的不良现象，效率不高，缺乏发展的长期计划以及有效的工作手段。同时，市场经济引起的利益需求多样化也对协同创新造

---

① 史健勇、陈珂、叶欣梁：《政产学研用协同机制发展基本策略以及措施研究》，《科技创业月刊》2019 年第 3 期，第 10～12 页。

② 王鑫颖：《“政产学研用”协同创新人才培养模式研究》，《吉林广播电视大学学报》2019 年第 9 期，第 14～15 页。

成不利影响，在技术、人员以及平台设备等方面限制了协同创新的主体之间的资源共享，进而不利于激励市场。

三 政产学研用协同创新问题的成因

（一）科研管理注重研发而不是成果转化

其一，大学研究人员不了解当前的技术水平以及公司的具体情况，其二，高校的力量不足，无法凭借科学以及公司的技术来支持更成熟的科学研究成果。大学一直被认为是科学研究的重镇，并倾向进行自由探索。大学的大部分科学研究成果以论文以及专著的形式向社会推广，科学研究很少，科研成果很多都不适用于现实情况，转化困难。在大学中，教师晋升以及奖励是基于规定的教育任务的完成，科学研究成果的数量以及质量则是重点。[①]出版高质量的专著以及论文有助于获得奖励以及认可。因此，大学教师通常会出版专著以及论文，这是因为科学与技术成果的转化周期较长，投资相对较高，风险也相应较高，并且只有在实现经济价值时才能获得回报，所以很少关注成果的转化。

此外，高校科学研究有时不针对市场需求，仅注重学术价值。这也解释了为什么大学无法满足大型生产所需的产品以及技术。向企业提供完整的技术以及设备系统困难，使得科技成果和现实情况脱轨。此外，研究成果缺乏市场价值，大学科研成果转化不足，出现重复的概率高。

（二）各主体之间进行协同创新的动力不足

进行协同创新的重要目的之一就是追求共同的经济利益，每个主体都有

---

① 史健勇、陈珂、叶欣梁：《政产学研用协同机制下卓越人才培养研究》，《科技创业月刊》2019 年第 32（6）期，第 61～63 页。

不同的利益驱动力。① 一般而言，政府进行协同创新以及协作的目的是，提高其在本地区以及国家层面的综合实力。学校进行协同创新以及协作的目的是，提高学生的实践能力以及教师的教育素养，并提升学生就业的概率，从而向社会、经济以及政治等部门展示其独特的学校管理能力，扩大其影响力。公司进行协作创新以及协作的目的是吸引高科技人才，提高企业进行科学研究的能力并提升市场竞争力。大型公司通常具有强大的研发能力，拥有自己的研发中心以及科研等创新团队，并且可以独立研究以及开发与其高度兼容的核心技术。企业更重视经济指标，对引进高校科研成果的兴趣不大，然而许多中小企业进行科学研究的能力不足，资本积累十分有限，抗风险能力不足，并且企业独立引进大学的科技成果的能力不足。所以，许多公司希望在不冒险的情况下获利，更专注于引入可以快速产生利润的短期项目。科研院所基于获得较高水平的科学技术成就奖，倾向于研发更高水平的技术，进而在科学以及技术领域实现双丰收，并获得尊重以及地位。

创新合作是将科技成果与经济社会相融合，对地区的经济发展起到促进作用。② 对于选举以及任命政治体系中的主要行政人员而言，这一过程十分漫长。许多政府官员在任期内，只关注经济，将更加积极地引进可以最大限度地提高实用性并迅速产生经济利益的技术创新型成果。从这个角度来看，地方政府对协作创新主体之间合作的影响较为直接。

（三）缺乏政府的协同引导作用

高校的科学技术成就公共产品属性较强，其中大部分是由金融科学研究项目进行资金投入的。政府部门过早地将专利相关的权力转交给了大学，科技以及教育等供资部门无法得到有效的管理。③ 大学的科学技术成就涉及许

① 陈珂、史健勇、叶欣粱：《政产学研用协同机制创新问题研究》，《科技创业月刊》2019 年第 2 期，第 6 ~ 8 页。

② 廖霄梅、魏锋：《研究生教育政产学研用协同创新培养模式的构建》，《教育与职业》2016 年第 18 期，第 31 ~ 33 页。

③ 龚鹏飞：《“政产学研用”协同创新培养交通管理工程人才的新路径——基于江苏警官学院的探索实践》，《江苏警官学院学报》2018 年第 6 期，第 107 ~ 111 页。

多政府部门，例如审计、财政、教育以及科学技术，每个部门都各自为政，这使得高校转化其科技成果仍处于探索阶段，尚未构建创新激发的协同力量。例如，浙江省大力支持科技成果的转化，出台并制定了许多政策法规，然而对应的支持体系以及实施细则严重滞后，许多法规过时而僵化，相应的信用系统还不成熟，进行协作的主体需要冒很大的违约风险，这间接地削弱了转化科技成果的实际效果。

（四）难以整合创新主体的目标

在创新型协作当中，公司自主进行创新能力不足，迫切需要产品以及技术的创新，所以对于公司而言，渴望立即将大学以及科研机构研发的科学技术推向市场。一家公司很难垄断某些常见的市场技术，因为此类的技术成果具有半公开产品的属性。大学能为企业提升竞争能力提供基础型的技术，但对专属技术的研究较少。

据此，在政产学研的合作当中，不同主体在合作目标上具有差异性，主要因为合作伙伴在价值、文化以及性质上不同。大学的重点是学术研究，将公开属性的科学技术的成果以尽可能多的方式向私有形式转化，并基于优先竞争获得学术上的声誉。

比如浙江省湖州制造业正在探索“绿色及智能制造”的发展模式，政产学研用之间的协同创新合作已全面开启。湖州政府正在与相关科研组织合作，联合建设了13个工业创新中心；同时，浙江工业大学和湖州政府合作建设了湖州创新研究院的膜水中心，上海交通大学联合南太湖新区建立了湖州生物医学研究方面的创新中心。吴兴区联合哈尔滨工业大学的机器人学院组建了湖州市国际创新研究所，浙江大学联合德钦县组建了先进技术产业研究所。[①]

---

① 殷猛：《电子商务人才培养下的政产学研用协同机制研究》，《电子商务》2020年第6期，第82～84页。

2019 年中期，浙江大学学者谭建荣和湖州市经济技术开发区团队合作组建了湖州市绿色以及智能化制造技术研究院。同年 9 月，成立了长三角的 G60 科技创新走廊智能装备产业联盟。湖州市建立了 5 个国家企业技术中心、4 个国家技术的创新示范型企业以及 98 个研发平台。[①] 图 1 以及图 2 显示了自“十三五”规划以来，湖州地区的工业研究机构（中心）以及政校企合作分布情况。

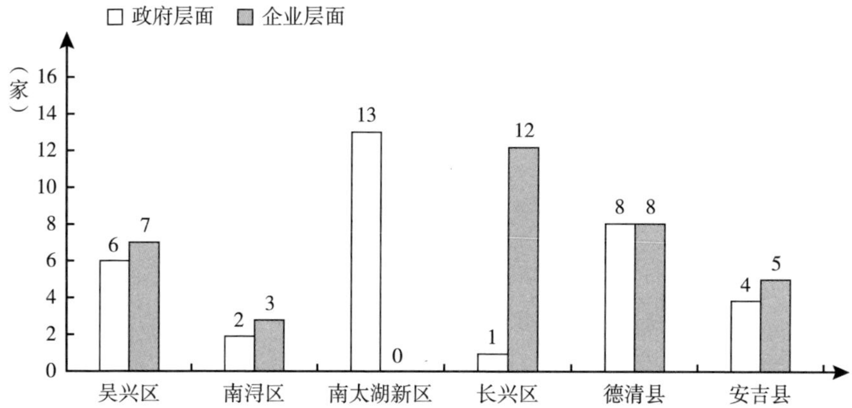

图 1　“十三五”规划以来湖州地区政校企合作建设的产业研究院数量

综上所述，湖州地区建立一系列的产业联盟以及科研平台，大大增强了湖州市政产学研用的协同创新能力，基本上建成了“政产学研用”一体化协同合作模式。[②] 伴随深入发展政产学研用模式，湖州不断转化科技成果，营造了协同发展的创新氛围，取得了良好的效果。

---

① 赵连丰、祝守新、何小勤等：《湖州“绿色智造”政产学研用协同创新体系构建研究》，《湖州师范学院学报》2020 年第 42（10）期，第 85～89 页。

② 陈珂、史健勇、叶欣梁：《“政产学研用”协同机制创新设计与构建研究》，《科技创业月刊》2019 年第 32（1）期，第 19～21 页。

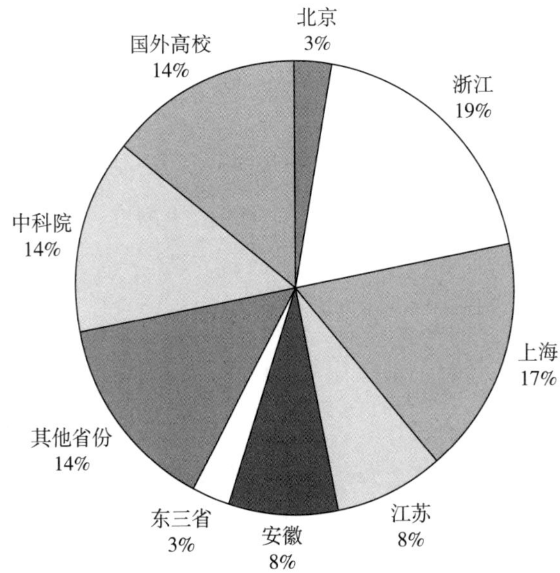

图 2　湖州地区政产学研共建中大学所在省份占比

四　产教融合背景下政产学研用协同创新的改进措施

（一）政府在协同创新中充分发挥引导价值，完善其政策制度

1. 政府大力发挥引导价值

不断完善政产学研用相结合的制度设计，建立合理的竞争规则，实现激励与约束、利益共享机制①，努力突破个人利益主体的限制，利益相关者以及社区建立利益的共同机制。建立政产学研协作的创新氛围，增强外部资源的供应能力，对政产学研用未来的发展方向进行指导，不断地改善社会对其的服务体系，建立良性的竞争氛围以及合作经营的模式，政府逐步成为建立联合创新体系的纽带。

① 浮翔、张冰、徐卫星：《“政产学研用”协同创新实践育人机制研究——以河南牧业经济学院新能源应用技术专业为例》，《就业与保障》2020 年第 16 期，第 126 ~ 127 页。

2. 完善协作创新相应的软环境

建设并完善地区一级的政产学研的合作项目对应的绩效评估体系，并提供税收优惠、金融信贷以及医疗等政策，引导协作创新向政产学研用中的各类项目聚集。尽可能地打破阻碍各要素进行流动的制度障碍，对行政审查以及批准制度进行深化改革，完善政府的权力清单制度，改善财务以及信贷服务上的政策支持，增加资金投入，提供政策支持。

3. 强化对政策的宣传

努力提高创新主体对当前法规条例以及操作程序的认识，使各方真正理解以及享受政策。利用大数据、信息化技术，彻底实施简政放权的改革，持续对审批以及管理工作流程进行优化，努力建设网络的服务平台。尽力加大政府信息的宣传力度，进而提高创新主体获取信息的效率，在制度以及政策上为协同创新提供重要的基础。

（二）提升企业在技术创新中的主体性，激发其协同创新的动力

1. 促进创新资源向企业的集聚效果

以重大的产业化项目为引导，使公司成为产业发展以及核心技术的中心，鼓励企业集中精力提高研发能力，大学、公司、科研院所以及产业集团共同开展技术研发，在研发设备以及人力资源供应方面形成优势，迅速提高研发效率，不断提高协同效应，为深入开展产学研合作提供条件。

2. 加大企业对研发的投入

支持公司的独立建设，与大学以及科研院所共同建立研发机构，寻求多家公司进行投资，形成多元化组织以及管理公司的方法。[①] 建立诸如高级工程研究中心之类的研发机构，促进并引入行业、学术界以及研究领域的所有利益相关者之间的信息、技术以及人才的沟通以及整合，并加强人才的培训。招聘的真正重点是推动公司发展，吸引高技术的人才并牢固建立创新

① 张明晓、孙以栋：《基于政产学研用协同模式下传统村落保护与更新》，《建筑与文化》2019 年第 4 期，第 211 ~ 213 页。

机制。

3. 鼓励各公司主动加入政产学研用的技术创新联盟

政府、大学、科研机构以及市场需要打破各自的边界，为了提高自身的市场需求以及产业发展水平，要加强创新能力以及产业研究，及时掌握产业的发展态势，化解发展产业的技术难题，建立技术研发以及创新的创新型体系。鼓励公司在本地区形成更大的影响力以及协同效应，为最大限度地分配资源、激发协作创新系统的动力提供基础。

（三）高校发挥对技术的引导作用，提高对人力资源的供给能力

1. 发挥高校以及科研院所在重大产业技术创新中的引领价值

高校以及科研院所将区域经济发展紧密整合到前沿的技术领域，开展研究并不断优化学科以及专业的分布。加快对应用型人才的培养，提高当地产业发展与人才培养的契合度以及兼容性。努力将每个大学与一个产业集团联系起来，每个领域都支持地区性产业，即与公司进行专业的对接。

2. 加强现代化政产学研用的紧密合作建设

加快现代科研院所的建设，加强新科研院所的顶层设计，确定合作方式、产业领域以及区域的分布的界限。坚持实现基础型研究、应用型研究与产业管理结合的制度体系，注重学校科研以及社会的服务职能，不断增强对区域产业发展有益的科研院所职能以及激励措施。持续建立以及完善基于知识价值的配置机制，进而尽可能地激发大学教师、研究人员的热情以及创造力，激励其进行创新。

3. 加快转化科技成果的机构建设

寻求有效的机制以及运行模式，大量培育具有灵活市场定位以及机制的国家技术转化机构。大学以及研究机构应积极参与市场、产业技术的创新联盟，积极建立以及参与新的研发机构，增加平台开放度以及增强共享性，建立国际合作型的研发平台，并引进高标准以及高关注度的海外人才、团队，强化平台对人才的聚集效应，努力建立人才库，加强协作创新体系的技术以及人才的供应能力。

（四）强化以市场需求为导向，培养创新驱动的能力

1. 实现全链条、多层次、立体的布局规划

通过灵活使用完善的政策工具以及市场机制来支持技术的创新系统。在刺激技术的创新市场方面发挥应有的价值，积极引导创新型的要素从大学以及科研机构流向公司，充分把握市场的发展趋势以及需求，并与公司合作，不断加强对主要技术的联合研发。[①] 共同建立协作创新的中心以及产学研的合作中心，进而契合研究机构、企业、政府以及大学等各方在实际上的需求。

2. 利用产业技术创新联盟、发展平台以及网络技术交易市场提高行业机构敏感度

充分发挥产业集团的市场敏感性，收集以及披露对应科技成果供求的信息，鼓励产业集团的发展。充分利用科技成果对应的信息资源，积极构建网络协作系统、技术以及人力资源的数据库，彻底解决技术的供需矛盾冲突。

经过多年的发展，政产学研用的协作机制不断创新，并迸发出新的动力。越来越多的科学家、企业家、金融公司都依靠这种机制来与经济、政治以及商业部门进行合作。所以，本文对当前政产学研用的协同机制的现状、问题、成因以及对策的探析，将为产教融合背景下，进一步推动政产学研用的协同创新提供重要的参考，进而为我国的学术界、政府、经济领域以及科研机构的发展提供重要的助力。

---

① 吴文红、崔玉莹：《“政产学研用”协同培育高校软件人才模式的探索》，《华北水利水电大学学报（社会科学版）》2019 年第 6 期，第 53 ~ 56 页。

B.14
民办教育品牌建设研究

田 菊*

摘 要： 学校品牌建设越来越受到民办学校的重视，是民办学校增强竞争力的重要途径。学校形象识别系统是建设学校品牌的重要表征。民办学校在品牌建设方面存在理念识别系统的趋同化、行为识别系统的特色化不强、视觉识别系统传播力不够等问题，应在理念识别系统方面加强特色建设，提高品牌凝聚力；在行为识别系统方面加强内涵建设，提高品牌认同感；在视觉识别系统方面加强融媒体传播，提高品牌感染力。

关键词： 民办学校 品牌建设 形象识别系统

近年来，民办教育在教育领域发挥着愈加重要的作用，成为我国教育体系的重要组成部分。在建设高等教育强国的背景下，在民办教育面临着与公办教育激烈竞争的情况下，如何避免同质化发展，提升核心竞争力，促进内涵式发展成为民办教育可持续发展的重要课题。品牌是一种战略性资产，是组织核心竞争力的重要源泉。① 打造民办教育优势品牌，优化民办教育品牌营销和品牌地位成为提升民办教育竞争力的可行路径之一。

* 田菊，黄河科技学院助理研究员，河南民办教育研究院研究员，硕士，主要从事高等教育、民办教育研究。

① 张平：《民办大学品牌领导力构建路径思考》，《品牌研究》2020 年第 4 期，第 68～70 页。

一 民办教育品牌建设的重要性和必要性

（一）教育同质化倒逼民办教育品牌建设特色化

在国际国内形势日益复杂、国际竞争日益激烈的背景下，我国教育体系面临着办学定位类似、领导变革滞后和管理方式陈旧、教育模式与人才培养模式同质化等多方面的问题。近年来，为改变这种状况，国家层面和各个学校纷纷采取不同措施推动教育综合改革，比如针对高水平大学的“双一流”建设、针对地方高校的应用型本科高校转型、中国特色高水平高等职业学校和专业建设计划（“双高计划”）等。可以说针对不同类型的高校，国家层面采取了一定的措施来改变其同质化发展趋势，保障其特色化发展。在国家不断推进教育综合改革的倒逼下，民办教育需要摆脱封闭、低质、狭隘的教育竞争模式，跳出固化的思维模式，创新品牌战略管理，寻求民办教育的特色化发展方式，以适应教育新常态的变化，保证民办教育在教育体系中发挥重要作用。

（二）多元化的社会需求需要民办教育树立品牌形象

随着社会群体经济能力和教育素养的提升，他们对教育的品质、种类、层次的要求愈发多元化，特别是在终身教育学习体系下，越来越多的人选择通过函授教育、成人教育等方式来提升个人的知识储备和技术技能，单一的公办学校的教学模式已经无法满足社会公众对于多元化教育资源的需求。民办教育机制体制灵活，更加多元化、个性化的教育方式可以为社会公众提供更多的选择。但是目前民办教育质量参差不齐，在繁多复杂的民办学校面前，品牌影响力成为大众选择的重要指标，因此具有清晰定位、能够提供特定价值、具有良好品牌形象的优质民办教育学校往往可以脱颖而出，成为社会大众选择的对象。

（三）教育内生动力推动民办教育提升品牌竞争力

以民办高等教育为例，在我国高等教育迈向“大众化”的发展阶段过程中，民办高等教育做出了巨大贡献，已经成为我国高等教育的重要组成部分。伴随着公办高校的不断扩张以及社会对高等教育质量的要求日益提高，民办高校由于办学时间短、办学质量不高，继续发展扩展受到重要限制，其生存发展空间不断逼仄，发展速度出现滞缓现象，民办高校的办学质量和办学水平发展进入“高原期”。民办高校的发展瓶颈倒逼其不断提升办学质量，注重内涵式和高质量发展，促进品牌发展、提升品牌竞争力成为民办高校在高等教育体系中取得竞争优势的关键。

二　民办教育品牌建设的基本因素分析——基于形象识别系统

所谓品牌通常是由精神、物质和行为三者有机融合的统一整体。[①] 品牌识别这一概念最早由法国学者 Jena Noel Kapferer 在 1992 年提出，他提出品牌识别主要由体格、个性、文化、关系、反映性和自我形象六个部分组成。[②] 品牌形象识别系统最开始用于企业中，在企业中导入品牌识别系统，能够全面展现企业的个性，提高企业的形象和知名度，能够使消费者产生对品牌印象的联想。企业形象识别系统（CIS）由 MIS 企业理念识别、BIS 企业行为识别和 VIS 企业视觉识别三个部分组成，其中理念识别是整个形象识别系统中最高决策层，为整个系统奠定了理论基础和行为准则，这些行为准则通过行为识别和视觉识别表现出来，三者共同作用，成为企业对外形象展示、推广的重点，也成为企业提升知名度、树立品牌形象的重要方式。

相对于公办学校，民办学校具有更加灵敏的市场反应机制，也具有更大

① 李逊：《浅析民办高校品牌建设中的形象识别系统》，《教育教学论坛》2013 年第 11 期，第 268～269 页。

② 〔法〕Kapferer Jean. Noel. Strategic Brand Management. The Free Press，1992，p. 77－95.

的自主权，能够根据市场的需求和变化做出及时的专业调整，为社会培养所需人才，这正是民办教育的优势。在市场化的背景下，特别是在信息化、智能化不断发展的时代，这就给民办学校展示和宣传品牌形象提供了机遇，民办学校有条件也有必要建立品牌的影响力和竞争力，以此提高其在社会公众中的“曝光度”，提升学校竞争力。目前已经有许多民办学校通过建立品牌在全国具备了一定的影响力。因此，在民办教育中引入企业的 CIS 系统有一定的条件和优势，能够更好地将民办教育的特色和优势发挥出来，提高品牌竞争力。基于此，将企业形象识别系统引入民办教育形成民办教育的形象识别系统，并将民办教育品牌建设的基本因素从三个方面来表述，即理念识别系统、行为识别系统、视觉识别系统（见图 1）。

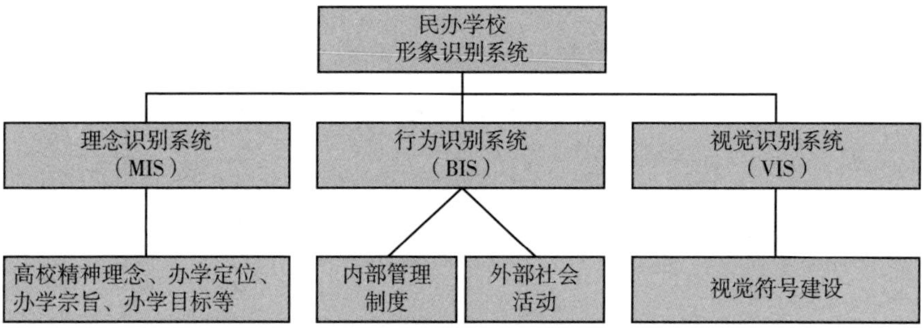

图 1　民办学校形象识别系统

（一）理念识别系统（Mind Identity System，MIS）

民办学校理念识别系统是整个形象识别系统的核心，它是民办学校的灵魂，一般包含学校的精神理念、办学宗旨、发展规划、价值观等几个方面，可以说是学校治学育人理念和校风学风的集中体现。其中，校训可以说是民办学校理念识别系统的精髓，它体现了一个学校校园文化的灵魂，是全校师生共同遵循的精神理念，也是学校办学特色、办学风格、治学精神的高度概括，体现了学校的整体价值追求和治校风范。比如哈佛大学的校训是“让真理与你为友”，以世界一流的学术研究来带动教学和人才培养，从这里走出了诸多诺贝尔奖获得者及一大批的科学家；斯坦福大学的校训是“愿学术自由之风劲吹”，让斯坦福大学成为著名的创业型大学，举世闻名的“硅谷”即创立于此；国内的民办高校如浙江树人大学的校训是“崇德重智，树人为本”；西安翻译学院的校训是“多元集纳，综合创新”，这些校训都反映出学校的办学特色和精神理念。

（二）行为识别系统（Behavior Identity System，BIS）

民办学校行为识别系统是理念识别系统的行为体现，学校将自身的精神理念、价值观、办学宗旨等抽象的概念融入日常的教育教学活动和师生的行为中，也通过多种活动方式将学校的理念呈现给社会公众，从而产生整体性的行动方式，展示学校形象，是整个形象识别系统的一个动态展示。行为识别系统包含对高校的内部管理和外部宣传两个方面，内部管理主要包括学校建立的各类规章制度和行为准则，比如学校的教学管理制度、科研实力和管理制度、人事制度等等，学校的师生员工都要遵循这些规章和准则；外部宣传主要是指学校通过各种活动，如对外合作与交流、思想文化宣传传播、社会服务活动、文化艺术活动等方面体现学校的办学理念和办学精神。

（三）视觉识别系统（Visual Identity System，VIS）

民办学校视觉识别系统是形象识别系统的静态部分，主要是指学校外观的形象识别系统，通过规范化、系统化、统一化的视觉识别，将学校的理念传达出来，让师生员工及公众从外观上得以识别，从而在视觉上形成统一的形象概念。[①] 它主要包含视觉符号的建设，比如统一的校徽、校标、校服、办公环境、用品设计、宣传设计等。每一个学校根据自身的理念和特色，都会建立一个独特的视觉符号，让社会公众通过这些符号同样能够知道这些学校，这是最直观也是最具传播力和感染力的方式。这些符号通常都会通过传播校园文化的方式向师生员工和社会公众展示出来，以此不断彰显学校的影响力和生命力。

---

① 李静：《试论建立高校 CIS 识别系统》，《辽宁工业大学学报》（社会科学版）2014 年第 5 期，第 79～81 页。

三 民办教育品牌建设的现状

目前，国内许多学校都已经建立形象识别系统，并且在品牌建设方面取得了许多明显的成效，不仅包括一些知名度比较高的“双一流”高校，也包含具有办学特色的地方高校和职业院校等，其中民办院校建设形象识别系统并取得知名品牌的也较多。比如，黄河科技学院作为全国第一所民办普通本科高校，在 2012 年就建立和发布了《黄河科技学院理念识别系统（MIS）》，对学校名称、办学理念、学校定位、发展目标和办学特色等都进行了系统和完整的阐释。云南经贸外事职业学院同样设计了形象识别系统，提出学校发展目标是把学院打造成为西部一流、云南领先、特色鲜明、公信力强等优秀的民办学校。可以说，目前许多民办院校都非常重视品牌建设，也在积极探索和建设形象识别系统，但是在整体形象识别系统等设计和应用上还较少。网络检索发现，国内许多高校都建立和发布了形象识别系统等文件或通知，但大部分集中在公办院校，比如中国政法大学、上海交通大学、中国地质大学等，发布形象识别系统的民办院校十分有限。虽然有些民办院校在建立过程中也形成了形象识别系统，在理念识别或行为识别、视觉识别上建立了具有民办教育特色的做法或经验，但尚未形成整体的形象识别体系。基于此，本研究选取一些民办高校，通过官网查询其办学理念、办学目标以及学校文化等涉及的理念识别、行为识别和视觉识别，并进行对比分析，以梳理民办学校的品牌建立现状，发现还存在以下问题。

（一）民办学校理念识别系统的趋同化

学校的理念识别系统主要是学校精神、办学目标、办学特色等方面的体现，文章选取黄河科技学院、武昌首义学院和西安外事学院三所学校的办学定位、学校精神、办学目标和办学特色进行分析，发现这三所学校在理念识别方面的趋同。首先，在办学定位上，黄河科技学院的定位是教学型高校，立足河南，辐射中原，面向地方、面向基层、面向经济建设第一线，培养高素质应用型人才。武昌首义学院提出培养具有社会责任感的高素质应用型人才的科学定位。西安外事学院则是一所以本科教育为主的国际化、应用型、综合型、高水平的民办非营利高校，培养具有爱岗敬业、感恩奉献精神的社会主义事业合格建设者和可靠接班人。从办学定位上可以看出三所学校都是培养适应地方社会发展需要的高素质人才，其表述都较为笼统。其次，在学校精神或办学愿景上，黄河科技学院提出的学校愿景是“办一所对学生最负责任的大学”，学校精神是“开拓、拼搏、实干、奉献”，并且提出了“敢为天下先”的精神；武昌首义学院提出的学校精神是“敢为人先，自强不息”，办学理念是“学为中心、崇尚学术、立德树人、知行合一”；西安外事学院的学校愿景是“学无长幼，校无大小，教无高下，育无国界，人人都有理想的教育”，办学使命是“化鱼成龙”。从这些办学精神可以看出，民办学校都强调以学生为中心，重视学生的成长成才，并且强调敢为人先的精神，黄河科技学院和武昌首义学院都提出了敢为人先的理念。再次，从办学目标来看，黄河科技学院提出要建设国内一流应用技术大学，西安外事学院提出要建设特色鲜明的国际化、应用型、综合性的高水平民办大学，创办百年名校，从这一点可以看出民办学校的办学目标都趋向于办高水平、应用型的高校。最后，从办学特色来看，只有武昌首义学院提出了“工科优势、养成教育、一专多能、学以致用”的办学特色，其余两所学校并未具体提出学校特色。因此，从整体上来看，民办学校的理念识别系统相对还不够完善，特别是在办学特色上还不明确，在办学理念、办学定位及目标上都有一定的趋同化倾向。

（二）民办学校行为识别系统的特色化不强

民办学校行为识别系统主要体现在学校的内部管理制度和外部的各类活动及宣传方面，通过这些方式，将学校的办学理念渗透师生日常生活中，提高学校凝聚力。就民办学校来说，完善的规章制度是保障学校办学规范的重要方式，其包含多种内容，其中最基本的就是以学校章程为核心的民办学校现代大学制度。当前，许多民办高校都建立了相对完善的学校章程，对学校的董事会或理事会的职责、师生的权利和义务等都做了比较详细的规定，但特色化并不明显，学校的校风建设、教风建设和学风建设都还不够完善。另外在学校内部管理制度中，最核心的要素是教学与科研，因为高校形象以育人为本，通过高校的教学与科研，造就高素质人才是高校形象战略的生命线。但民办学校办学质量不高、科研成果转化率低一直是制约其内涵发展的重要因素，这是民办学校行为识别系统建设中的重要困难。最后，民办学校一般是面向地方办学，其重要职能之一就是要为社会提供服务，社会服务功能是民办学校展现公众形象的一个重要方式，但从现实情况来看，民办学校的社会服务仅体现在人才培养或者一些基础的培训等方面，在高层次的社会服务方面比如智囊团作用、科技攻关等方面的能力明显不足，产教融合的层次和水平也还不够，这些因素同样成为学校展现品牌形象的制约因素。

（三）民办学校视觉识别系统传播力不够

民办学校视觉识别系统是学校品牌的最直观的体现。一些民办学校在校标、标准字、标准色等上面都有一些雷同的现象。通过梳理发现，大多数民办高校校徽的标准色为蓝色、红色、绿色三种，图标均为圆形，圆形外圈为校名的中英文，内圈不同图形表示学校不同的精神理念，但也有一些学校有类似之处。比如信阳学院和浙江师范大学行知学院校徽标准色均为绿色，内圈图形信阳学院是由信阳学院中“信”字的篆书金文的字形变形而来；知行学院是“行”“知”两个字的篆书书法体，在寓意和写法上均有相似之处。南昌工学院和西安外事学院标准色均为蓝色，外圈同样是学校的中英文名称，内圈均选用龙标志为主体，南昌工学院校徽由“龙”“行”天下、双手托梦、平台/讲台圆梦、1988（龙年）等元素组成；西安外事学院内圈图形采用鱼龙变化的过程为视觉形象（见图2）。

校徽作为学校视觉识别系统的基础要素，在其他视觉要素如办公用品、招牌、校服、交通工具等上的应用广泛，校徽的雷同则很容易导致其他应用要素的雷同，在视觉形象传播中也容易造成混淆，这对于民办学校的品牌建设是不利的。另外和公办学校相比，民办学校在知名度和

图 2　四所民办学院校徽比较

接受度上都略显逊色，这也导致学校各种视觉形象在公众媒体上的传播力不够强，也就造成了民办学校视觉识别系统在社会公众中的模糊化印象。

四　民办教育品牌建设的架构与途径

在促进教育高质量发展的今天，民办教育作为整个教育系统的重要组成部分，必须认清形势、转变观念，积极树立品牌意识，整合多方资源，从而形成统一的发展合力，以应对来自国内外教育环境的压力和挑战。通过导入形象识别系统来塑造具有竞争优势、地域特色的民办教育品牌，对内可以营造和树立一个良好的学校形象，增强学校的凝聚力和向心力；对外可以提升民办学校竞争力、影响力、知名度，也是民办学校破解生源困境、质量难题的重要途径。

（一）建立独具特色的理念识别系统，提高品牌凝聚力

理念识别系统是整个学校精神理念的宗旨和灵魂，在种类多样的教育体系中，民办学校理念识别系统的构建要特别突出优势和特色，这样才能在诸多的学校中拥有立足之地。民办学校的特色内涵可以从两个方面体现，一是

可以利用民办学校的地方文化，充分发挥地方文化特色，以地区的差异形成学校办学的品牌特色；二是从行业的差异性出发，根据行业特色制定符合学校职业发展方向的品牌特色，比如医学院的办学理念中突出医学培养，师范类院校的办学理念中突出为人师表等。在学校的办学特色确定以后，学校的办学目标、办学宗旨等其他精神理念都要依据这个特色来规划和制定，从而形成既统一又有差异的理念识别体系，提高学校品牌的凝聚力。从整体上而言，学校的理念识别系统也是三个 W 的问题，一是我是谁，即学校的角色定位和校情诊断；二是我要做什么，即学校的办学宗旨和发展目标；三是我要怎么做，即学校的经营哲学和行为准则。这些问题解决以后，一个完善的理念识别系统也就形成了，一所民办学校的精髓和核心也就有了。

（二）建立内涵统一的行为识别系统，提高品牌认同感

听其言，不如观其行。一所学校的办学理念不能只是一面辉煌的旗帜或一句响亮的口号，它应该充分体现在学校各个部门乃至每个师生员工的行为中，成为其共同自觉遵守的行为规范体系，从而提高整个学校及全体师生员工的素质，为学校树立品牌形象打下坚实的基础。学校行为识别系统的建立可以从两个方面着手，从对内行为识别来看，要注重领导管理、教育质量管理和教师管理。在领导管理上，学校领导层面对于学校形象识别系统的导入方式、路径选择具有决定性作用，因此，学校领导层面要认识到构建品牌形象的重要性并在行为上鼓励和支持学校品牌的建设；在教育质量管理上，民办学校要注重教学质量的提升，在人才培养方式上要立足区域经济发展要求，在学科专业设置上对接产业链、创新链，从而培养适应经济社会发展需要的高素质人才；在教师管理上，教师的人事聘任、福利待遇、科研管理等都需要有一个标准的制度和规范，同时注重教师的外引内培，提高民办学校教师的层次和水平，减少优质教师的流动。从对外行为识别来看，主要是加强对外交流与合作、社会服务、对外宣传等方面。在对外交流与合作上，要建立完善的对外合作机制，整合多方资源，推进产教融合，促进科研成果转化，提升学校的社会效益；在社会服务上，充分利用学校现有的教育资源、

物理空间等为社会提供培训、决策咨询、科技攻关等服务，特别是高端服务，提升学校品牌形象；在对外宣传上，要利用多种媒体积极宣传与传播学校丰富的文化活动，讲好学校故事，积极弘扬正能量，特别是在高端媒体上发声，让社会更多地看到和关注学校，提升学校美誉度。

（三）建立融媒体传播的视觉识别系统，提高品牌感染力

随着社会观念的转变，民办学校也越来越重视对自身品牌形象的建设，只有建立和设计一套符合学校发展实际和特色的视觉形象识别系统，让学校以独特的视觉形象出现在公众面前，才能够提高学校的可辨识度。从特点上看，学校的视觉形象识别系统具有明显差异性、相对统一性、典型文化性、突出有效性、灵活动态性、艺术审美性等特点。[①] 在学校视觉形象识别系统的设计中要符合这些特征，运用简明的图形，通过抽象化的设计手法表达出学校的理念和精神，对于标准色、标准字和标志图形的设计要有统一的规范，比如校训、校徽、校名的设计以及学校建筑、引导牌、标志等要注重统一和规范，营造积极的校园文化氛围，突出高校文化的个性化特质。从整体上看，目前许多民办学校已经有相对整体和统一的视觉形象识别系统，但是许多视觉形象的标识、标志不为人们所认识，学校品牌形象不强。而视觉方式正是学校展示品牌的最好渠道，因此，需要应用品牌营销手段积极传播学校品牌形象，提高学校的竞争力，特别是在“互联网 +”时代下，民办学校要与时俱进，用融媒体的方式积极建设学校品牌文化，比如采用微信、微博、短视频等方式积极传播学校形象，这样一方面可以利用现代信息的高速高效传播提升学校品牌与大众的互动性，构建社会与学校的双向互动渠道；另一方面也可以有效增强社会对学校品牌的认识，让品牌真正深入人心，提高品牌竞争力。

---

① 陈佳：《视觉形象识别系统设计在高校形象建设中的作用》，《美术教育研究》2020 年第 4 期，第 90 ~ 91 页。

B.15
高质量发展环境下民办教育质量提升研究*

阮家港　陈　静**

摘　要：　改革开放40多年来，随着民办教育促进法的实施，民办教育不断发展壮大，为国家教育发展做出了独特贡献。但随着经济由高速发展转为高质量发展，人民对于教育的需求由“有学上”转为“上好学”，而民办教育对公办教育的补充作用也开始弱化。笔者通过对民办教育的发展现状的研究，发现政策扶持力度不足、教师队伍建设滞后、地区教育发展不均衡等因素制约了民办教育质量提升，从而提出从探索政府扶持民办教育的新模式、建设高素质专业化新时代教师队伍和多举措增强区域教育均衡发展助推民办教育提质等方面提升民办教育质量。

关键词：　高质量发展　民办教育　内涵发展

2020年10月，党的十九届五中全会通过的《中共中央关于制定国民经济和社会发展第十四个五年规划和二〇三五年远景目标的建议》提出要

* 本文系河南省教育科学“十三五”规划一般课题“后疫情时代河南民办高校内涵式发展研究”（2020YB0320）、河南省高校哲学社会科学智库研究项目“新中国70年河南教育的政策演变及发展走向研究”（2021－ZKYJ－09）研究成果。

** 阮家港，硕士，副教授，商丘学院商学院党总支书记、院长，主要研究方向为复杂系统评价；陈静，硕士，副教授，商丘学院管理学院院长，主要研究方向为民办教育。

“建设高质量教育体系”，要“支持和规范民办教育发展”。民办教育是社会力量兴办教育的主要形式，对促进国家教育现代化发展和经济社会持续发展做出了独特贡献。民办教育的发展弥补了我国办学体制单一和活力欠缺的不足，推动了我国教育领域的改革，拓展了教育资源，缓解了政府公共财政的压力。民办教育作为我国教育事业的重要组成部分，在实现教育现代化的过程中起着重要的推动作用。2016 年 11 月全国人大常委会修订了《民办教育促进法》，2017 年 9 月 1 日起施行，要求各级人民政府将民办教育事业纳入国民经济和社会发展规划中。目前我国仍处于重要的战略机遇期，也正经历着“百年未有之大变局”，在当前国家民办教育政策调整的关键时期，民办教育机遇与挑战并存，民办教育的质量如何提升日益成为国家和社会关注的热点问题。在当前我国教育资源总量充足但地区之间供需差异明显的情况下，认清民办教育发展现状，剖析其面临的挑战，找出提升民办教育质量的路径，对于民办教育高质量、内涵式发展有着重要的意义。

一　民办教育对教育发展的意义

教育供给方面，截止到 2019 年，全国各级各类民办学校 19.15 万所，占全国学校总数的 36.13%，在校学生 5616.61 万人，占全国在校学生总数的 19.92%。我们可以看出，民办教育增加了教育供给，丰富了教育生态，实现了教书育人的社会职责，激发了教育活力，有力解决了“有学上”的问题，同时为教育服务市场提供了多元化、多样化的教育类型，满足了不同层次受教育者的不同教育需求，拓宽了优质多元的教育资源，加速了基础教育的普及化进程。此外，民办高等教育在国家教育体系中的地位举足轻重，从全国第一所实施本科学历教育的民办高校——黄河科技学院开始，民办高等教育资源快速增补，对高等教育大众化起到了不可替代的作用。

教育公平方面，发展民办教育，可以弥补公办教育在教育特殊性和个性化方面的不足，为那些不适应公办教育和公办学校体制特征的学生提供新的选择机会，为那些具有个性化的学生提供了受教育的机会，为教育公平的实现贡献了力量。民办教育为那些外出务工子女受教育的问题提供了解决途径，保障了弱势群体享受教育公平的机会，在改善教育公平上发挥了独特价值。民办教育给社会提供的教育机会是使教育公平实现由公平入学到可接受同等质量教育的过程，因此，从质变的角度来看，提高教育质量也是促进教育公平的体现。一些发达地区的民办教育与公办教育相比具有明显的优势，民办基础教育成为优质教育资源的提供者，助推实现教育公平的目标，缓解了社会教育焦虑感。

教育改革层面，民办教育的发展，改变了之前公办教育垄断的局面，推动了我国教育领域的改革，对形成多元化办学体制具有一定的推进作用。民办教育在制度上具有一定的优势，如灵活、效率高等。同时内生的动力促使民办学校之间相互学习、持续改进，这种内源性改进机制促进了教育的改革，是提升教育质量和效率的重要源泉。民办教育在特定的形势下应运而生，具备勇敢探索的内生驱动力，助推了我国教育制度创新和治理体系治理能力的不断完善，有利于构建完备的教育体系，从而实现人才强国、教育强国的战略目标。

二　民办教育发展的现状

2002 年《民办教育促进法》出台为民办教育的发展提供了良好的外部法律政策环境，我国民办学校得以健康发展，数量逐年增加。根据教育部公布的历年全国教育事业发展统计公报，自 2010 年至 2019 年，近 10 年来全国各级各类民办学校由 11.9 万所增加到 19.15 万所（见图 1），其中 2019 年民办高等学校 757 所，比 2010 年增加了 81 所。民办学校在校学生人数由 2010 年的 3393 万人增加至 2019 年的 5617 万人，增加了 2224 万人，可见随着时间的推移，近 10 年来我国民办学校的学生数量稳步增加，增长了 65.5%（见图 2）。

根据教育部统计，2019 年各级各类民办学校数量占全国总数的

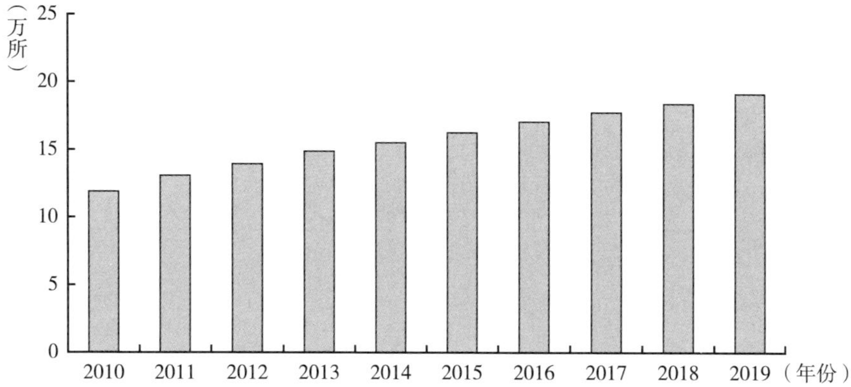

图 1　2010 ~ 2019 年我国民办学校数量

资料来源：教育部网站（下同）。

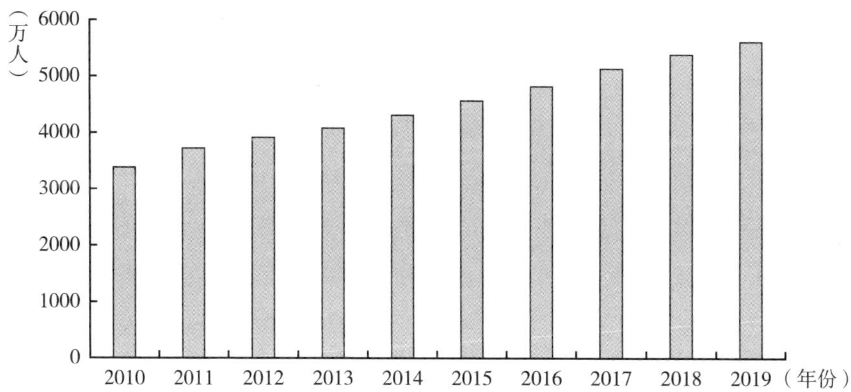

图 2　2010 ~ 2019 年我国民办学校在校生数量

36.13%，同时民办学校在校生人数占全国比重接近 20%。教育的发展离不开教师队伍，《加快推进教育现代化实施方案（2018 ~ 2022 年）》提出全面加强新时代教师队伍建设。教育的高质量发展需要优质的教师资源的推动，民办学校教职工数和专任教师数均呈现出逐年增长的趋势，分别由 2010 年的 246.05 万人和 159.35 万人增加至 2019 年的 531.55 万人和 300.09 万人，各增长了 116.03% 和 88.32%，可见通过近 10 年的发展，民办教育教师队伍发展态势良好，在我国教育体系中所占的分量越来越重。2019 年各级各类民办学校的发展情况具体如表 1 所示。

表 1　2019 年各级各类民办学校发展情况

	学校数（万所）	占全国比重（%）	在校学生数（万人）	占全国比重（%）	教职工数（万人）	专任教师数（万人）
学前教育	17. 32	61. 60	2649. 44	56. 21	320. 52	169. 30
普通小学	0. 62	3. 87	944. 91	9	30. 77	23. 33
普通初中	0. 58	16. 57	687. 4	14. 24	62. 03	42. 29
普通高中	0. 34	24. 29	359. 68	14. 90	60. 42	23. 15
中等职业学校	0. 2	25. 97	224. 37	18. 45	11. 58	8. 04
民办高等院校	0. 08	29. 63	708. 83	23. 38	46. 23	33. 98
其他	0. 01	—	41. 98	—	—	—
合计	19. 15	36. 13	5616. 61	19. 92	531. 55	300. 09

资料来源：教育部公布的 2019 年教育统计数据。

三　民办教育发展面临的挑战

民办教育的发展可以弥补公办教育的不足，为教育提供多元化、个性化服务，对实现教育公平有着很好的助推作用，因此民办教育不可或缺，但是我国民办教育的发展还面临着很多挑战，具体体现在以下几个方面。

（一）政策扶持力度需加强

据《2019 年全国教育经费执行情况统计公告》，2019 年全国教育经费总投入为 50178. 12 亿元，其中民办教育经费投入为 5008. 9 亿元，占全国教育经费投入比重为 10%，教育经费的投入有助于各级各类民办教育的发展，有助于优化教育资源配置、提升教育教学水平等。当前阶段，教育资金的分配存在结构性失衡，经济欠发达地区的财政经费投入有限，对民办教育的发展产生了不利影响，从整体来看，学费收入仍然是民办学校办学经费的主要来源。目前，我国教育的主要矛盾是人民对优质教育的需要与教育不平衡不充分发展之间的矛盾，这不仅需要公办教育的支撑也需要民办教育的助力，而地方党委和政府对民办教育的扶持力度欠缺，体现在专项资金、各种优惠政策、购买服务等方面。

地区间的财政扶持不均衡，民办教育财政支持的主体为地方政府，而地区的经济发展状况以及对民办教育的重视程度，对民办教育的财政扶持力度会产生很大差别。虽然，从国家层面上提出了民办教育是教育事业发展的重要增长点，从法律层面提出县级及以上政府可以设立专项资金，用于民办教育的发展，但是与公办院校相比，对民办院校的财政扶持力度依然有限，这不利于民办学校内涵建设以及教师培养培训，也不利于欠发达地区民办教育事业的发展。

随着公办院校的扩招，境外教育资源的涌入，民办教育市场竞争越发激烈，而且民办学校面临着资金、教师等资源性障碍。另外，公办、民办院校教师在机关政策享受、人员编制、教学津贴等方面存在较大差距，致使民办学校的教师存在不安全感，不利于其形成职业认同感，阻碍了民办学校自身的内涵式发展。虽然，各省、区、市在土地、税收等政策制度方面给予了民办教育一定的优惠，促进了民办教育的校园建设，这符合国家相关政策的规定，但各地没有因地制宜地出台各自实施细则，使得措施方案存在趋同或者照搬国家标准，致使政策上的创新力度有限，不利于真正落实到促进民办教育发展上。

（二）教师队伍建设有待加强

教师是教育发展的第一资源，教育的高质量发展离不开高水平的教师队伍的支撑。目前，民办教育的教师队伍在年龄结构上呈现倒纺锤形，中青年骨干教师缺乏，这种现象在民办高校中尤为明显，教师队伍中教学经验不足的新聘教师比较多，而中高级职称的教师较少，具有博士学位的专任教师较少，缺乏科研专业能力强的教学或创新团队。从外在环境来看，第一，民办教师的聘任基于合同制，福利待遇依据学校发展状况来定，同时受到民办学校内部薪酬结构、分配制度的影响。在人员编制和待遇方面民办教师与公办教师之间存在较大差距，同时缺少有效的保障措施，使得民办教师无法安心从教，职业安全感和归属感缺乏，致使教师队伍的稳定性不强。第二，民办教师很难在高质量的期刊上发表学术论文，教研类项目的申报也有一定的难度，导致在职称评定中存在劣势。此外，民办教师参加学术交流或者外出培训进修的机会较少，无法与公办教师同步建设同步培训，这些都限制了教师的发展，致使民办教师这一职业的吸引力不强，无法引进或留住优秀人才，建设一支满足新时代教育发展需求的民办教师队伍有一定的难度。第三，民办学校领导层的关注点有待转移，学校领导目前重点关注或优先考虑学校环境的改善、扩大学生规模、提升在社会中的认可度等问题，而没有很好地关注师资队伍的发展和学术氛围的营造问题，学校内部对教师管理制度、评价机制无法让教师产生教学成就感，这些对教师队伍的稳定产生了消极影响，很难建立稳定的专职教师队伍。

从民办教师自身能力来看，教师专业发展水平也直接影响着教育的质量提升。青年教师在求学的过程中以获得知识为主，刚从教时会受自身知识储备的限制以及视野的局限，教学质量水平有限。此外，教师自主寻求发展的意识相对比较淡薄，教师职业信念不强，尤其是在对教师自身能力提出更高要求的信息化社会，民办教师没有更多地关注自身能力的提升，在后学历的时代，学历与能力并不完全对等，而青年教师参与继续教育的积极性有限，限制了其知识体系的完善，没有形成主体学习意识，无法提升核心竞争力，不利于教师队伍的建设。

（三）地区教育发展仍存在不均衡态势

一个地区的民办学校数量与当地的经济发展水平呈现一定的正相关关系，经济发达地区与欠发达地区相比在教育资源方面有一定的优势，有利于民办教育的发展，致使地区之间的教育差异扩大，不利于教育资源的优化配置。目前，东部、中部、西部地区之间的教育差异较大，北京、上海、江苏、深圳等地的民办教育供给较为充足，民办教育呈现出东部最强、中部次之的发展格局，这需要政策的倾斜才能更好地改善。各省、区、市在民办教育发展的政策目标制定上，存在一定的差异，如有强调民办教育发展的品牌目标、民办教育内涵发展目标、民办教育发展的定量目标等，各省、区、市教育规划纲要的制定各有不同，侧重点也不尽相同，不同的发展思路，间接造成区域之间的不均衡发展。此外，教育投资的偏向也对地区教育发展产生一定的影响，教育投资偏向于东部省份，如北京、上海、广东等经济较为发达的省份，使得东中西部的教育投资水平差异较大，造成地区间教育资源分配的不均衡，进一步扩大地区之间教育的差距。对于地方政府来说，投资动力不足，投资意愿不强，无法拉动民间资本的投入，这在一定程度上固化了教育投资水平的地区差距。

在我国一些发达地区民办教育能够为人民群众提供高质量的教育资源和服务产品，而欠发达地区仅仅在向满足人民大众的基本教育需求努力，这种不均衡的发展态势，对民办教育的高质量发展会产生一定的阻力，同时导致其服务地方经济发展的能力削弱，经济与教育之间的正向拉动优势就无法形成。民办教育资源供给质量和教育服务的能力关系民办学校在当地的口碑、社会的认可度和民办教育的覆盖范围，从而也影响着民办教育的可持续发展之路。

四　促进民办教育提升教育质量的对策

（一）探索政府扶持民办教育的新模式，加强政策的倾斜度

提高质量与教育公平应该统一来看待，没有质量的公平达不到真正意义上的公平，同时没有公平的质量也得不到持续的发展。公平是教育高质量发展的内在要求，民办教育的发展离不开国家、各级政府的扶持，各级政府应多渠道为民办教育发展提供融资途径，鼓励金融机构在风险可控条件下为民办教育提供多样化的金融服务，深化民办教育的融资改革，增加民办学校办学经费筹集的途径，补足民办学校教育经费的投入，为民办教育的高质量发展提供良好的环境。此外，民办教育还需要政府财政经费资助、设立民办教

育发展专项资金，在生均经费补助、政府购买服务等方面给予政策扶持，政府在投入财政经费之后，可以通过教学督导、办学条件审查等形式对民办学校实施监督和管理，引导民办学校健康发展，进而提高民办教育质量。

教育资源是有限的，从经济学的角度来说，要使有限的资源效率最大化，这样才能创造出更多的价值。民办教育的高质量发展需要有足够的资源投入作为支撑，各级地方政府应该积极出台和落实对民办教育的扶持政策，优化教育经费使用结构，在各级各类民办学校中，政府在保证国家标准的基础上，把政策倾向于对教育质量贡献度最大的学校，以服务地区经济的发展，满足当地经济对于人才的需求，建设人才强省，这样可以使有限的教育资源最大限度地促进教育的高质量发展。

此外，政府可以给予民办学校高度的自主办学权，完善学校内部的治理体系和增强治理能力，支持有能力的民办学校开展高水平的中外合作办学，凸显其办学特色的同时，增强其社会影响力。政府应积极引导社会资本创办高质量民办职业技术院校，推行“双证制度”，即学历证和职业技能证书，创新办学模式，提升办学质量，探索出一种符合中国特色社会主义的学徒制度。

（二）建设高素质专业化新时代教师队伍

建设高质量的教师队伍是提升民办教育质量的核心，是推动民办教育改革创新、满足人民对优质教育资源需求的重要举措。

从政府层面来看，各级地方政府应出台相应的措施，切实提高民办教师的地位和待遇，完善医疗保险、养老保险及退休待遇等社会保障制度，保障民办教师的合法权益，使得其与公办教师享有相同的权利和地位，有利于民办学校对人才的引进，提升民办教师的职业安全感。进一步完善民办教师专业技术职称评定，解决阻碍其合理晋升的问题，保障民办教师在进修培训、科研奖励、评优表彰等方面享有与公办教师同等的机会，提升民办教师的职业认同感，进而促进民办教育的高质量发展。

从学校层面来看，民办学校和公办学校可以深化教师之间的交流，完善教师交流机制，建立智力支援和教师流动机制，逐步提升民办教师师德师风修养、专业素质能力和教学水平，积极打造教学和科研创新团队，积极发挥学科带头人的作用，创新人才培养方式，打造一批高素质专业化的民办教师队伍，助推民办教育的高质量发展。此外，民办高校可以建立“双师型”教育机制，与职业技术院校和行业企业联合培养教师队伍，使其更能洞悉市场变化和本专业的发展动态，这样在教学中才能做到有的放矢，对学生进行创新能力的培育。

从教师自身层面来看，师德师风是评价教师素质的第一标准，教师要有自我意识，坚持以德立身、以德立学、潜心育人。课堂教学是提升民办教育质量的主阵地，民办教师要积极参加职前培训和入职后的继续教育，有效利用在线教育资源，培养自主学习意识，完善终身学习体系，让自己的思想与时俱进、知识不断更新以及能力持续提升。在教学环节、教学过程方面增强学生的主动参与意识，让学生体验到进步感，让学生变被动为主动，积极参与到教学过程中，激发学生的学习热情，引导培养学生的自主创新意识和能力，从而为人才强国提供优质的人力资源。

（三）多举措增强区域教育均衡发展，助推民办教育提质

地区经济发展水平的提升不是一蹴而就的，需要一定的时间，所以应转变观念、多样化发展，对于经济较发达地区，可以利用其特定优势，走特色化、品牌化、多样化的发展之路，形成差异化优势，提升民办学校自身的竞争力和影响力，在此基础上，充分发挥优质教育品牌的辐射带动作用，可以与周边区域民办学校开展合作帮扶。国家从宏观层面上进行调控，优化教育资源布局，推进中西部地区的教育振兴。

采用集团化办学模式，可以使名校与办学能力薄弱的民办学校实现优质资源的共享，实现以强带弱，或者形成名校之间优势互补的格局，在扩大优质教育资源覆盖面的前提下，可以进一步提升区域民办教育的发展质量；在少数民族和文化多元化地区，可以利用其文化的多元性，举办具有当地特色或者地方文化特征的民办学校，来满足人民大众对于教育多元化的需求，还

可以间接地保护中国传统文化，扩充教育资源，深化文化教育的内涵，助推区域教育的发展，使得民族地区教育的质量提升；对于欠发达地区，当地政府应根据国家实施的中西部教育振兴发展计划，结合自身条件，因地制宜地出台促进民办教育发展的相应措施，通过政策倾斜，可以先改善办学条件，提升民办学校的硬件设施，运用互联网提供的优质教学资源补足自身教育资源的短板，循序渐进地提升教学能力，进而提高教育质量。

参考文献

《中共中央关于制定国民经济和社会发展第十四个五年规划和二〇三五年远景目标的建议》，2020 年 11 月 3 日。

教育部：《2019 年全国教育事业发展统计公报》，http：//www. moe. gov. cn/jyb_ sjzl/sjzl_ fztjgb/202005/t20200520_ 456751. html，2020 年 5 月 20 日。

张万朋、程钰琳：《探析教育领域的供给侧结构性改革》，《复旦教育论坛》2017 年第 5 期。

秦玉友：《从高速增长迈向高质量发展——新时代教育内涵发展战略转型》，《南京师大学报》（社会科学版）2019 年第 6 期。

B.16

新时代民办高校教育国际化发展的路径探索

韩彩虹*

摘　要： 高等教育国际化发展是新时代对教育强国的深度诠释。随着跨境教育大发展与“一带一路”建设对国际应用型人才的需求，以应用型人才培养作为定位的民办高等教育国际化发展在接受挑战的同时也迎来了战略机遇。文章主要从新时代教育国际化治理体系构建的视角，以河南省为例，采用SWOT法分析河南省民办高校教育国际化发展状况，比较分析民办高校与公办高校在助推教育国际化过程中的差距及问题和根源，进而对民办高校教育国际化发展趋势进行研判，最后整合成“S+W+O+T”交互协同式教育国际化发展新路径，有助于从国际和国内两个层面完善民办高等教育机制，关乎河南高等教育国际化水平的整体提高和教育软实力的全面提升。

关键词： 民办教育　高等教育　教育国际化　教育软实力

一　新时代赋予民办高校教育国际化战略使命

2018年6月，教育部部长陈宝生在新时代全国高等学校本科教育工

* 韩彩虹，郑州科技学院外国语学院院长，教授，主要研究方向：语言教育学、教育社会学。

作会议上提出“坚持‘以本为本’，推进‘四个回归’，加快建设高水平本科教育，全面提高人才培养能力，造就堪当民族复兴大任的时代新人”①。接着，2018年9月，习近平总书记在全国教育大会上发表重要讲话，全面系统地阐述和部署了新时代教育工作，并指出：“中国坚持对外开放的基本国策，坚持打开国门搞建设，积极促进‘一带一路’的合作，努力实现政策沟通、设施联通、贸易畅通、资金融通、民心相通，打造国际合作新平台，增添共同发展新动力”。可见，国家高层为新时代高等教育国际化发展勾勒了清晰的蓝图，深度诠释了高等教育发展是实现国际化发展的最佳路径。民办高等教育作为我国高等教育的重要组成部分之一，也需要顺势而为，与公办高校在同一个国际舞台展开竞争，同时更好地借助外部环境的机遇，尤其是跨境教育大发展与“一带一路”建设对国际化应用型人才的需求，积极融入国际化潮流大力发展高质量教育。

本文语境下民办高等教育国际化可定义为民办高校借力“一带一路”发展机遇，通过积极引进、本土化改造、融合创新等路径，不断对各种教育资源进行优化配置，形成职业教育输出和优质资源引进的融通机制，培养一批“既会外语，又懂专业”的国际化复合应用型人才，有效参与国际事务管理协作，逐渐增强民办高校职业教育对外话语权，进而助推我国民办高等教育国家化发展进程。

二　基于SWOT分析法的河南省民办高校教育国际化发展现状

河南省位于“一带一路”关键节点，正在实施着与跨国交流和发展相关的自贸区和跨境电商两大国家级战略。在新时代良好的政策环境和市场需

---

① 陈宝生：《在新时代全国高等学校本科教育工作会议上的讲话》，《中国高等教育》2018年第4期。

求下，高等教育国际化发展应该成为河南高等教育软实力提升的最强引擎，中外合作办学则是突破口。民办高校在这个教育国际化浪潮中是迎来了春天，还是寒冬，我们可以通过 SWOT 分析法找到答案。

（一）Strength：优势分析

在新时代跨境教育大发展的背景下，国家支持民办高校中外合作办学发展，并为民办高等教育国际化的发展营造了较好的政策支持生态环境。早在 2012 年，《教育部关于鼓励和引导民间资金进入教育领域促进民办教育健康发展的实施意见》就提出“鼓励民间资金与我国境内学校合作，参与引进境外优质教育资源，依法举办高水平的中外合作办学机构”。2017 年 1 月 18 日，国务院印发的《促进民办教育健康发展的若干意见》也明确提出，支持“引进培育优质教育资源。鼓励支持高水平有特色民办学校培育优质学科、专业、课程、师资、管理，整体提升教育教学质量，着力打造一批具有国际影响力和竞争力的民办教育品牌，着力培养一批有理想、有境界、有情怀、有担当的民办教育家。允许民办高等学校和中等职业学校与世界高水平同类学校在学科、专业、课程建设以及人才培养等方面开展交流”。2018 年 4 月 28 日，河南省人民政府办公厅印发的《河南省深化省属本科高校和职业院校生均拨款制度改革实施方案的通知》提出，“鼓励省属本科高校与国外高水平大学合作举办本科层次以上的办学机构和项目，其中，合作高校在世界排名 100 位以内的，办学项目每个奖励 500 万元，独立设置和非独立设置的办学机构每个分别奖励 1 亿元和 5000 万元[①]。由此可见，推进民办高等教育国际化进程问题已经被提到重要的日程上来，民办高校迎来了大发展的外部机遇。民办高校引进国外优质教育资源需要坚守四个原则：①有利于学生成长与发展；②有利于学校治理能力建设与整体办学水平的提升；③有利于国家经济发展，促进

① 河南省人民政府办公厅：《河南省深化省属本科高校和职业院校生均拨款制度改革实施方案的通知》，https：// www. henan. govcn/2018/05 –07/24956C. html.

区域发展的平衡；④有利于实现相得益彰、协同发展的高等教育分类管理生态。

（二）Weakness：劣势分析

鉴于中外合作办学及留学生接收数量是衡量教育国际化的两个重要指标，笔者根据教育部中外合作办学监管工作信息平台数据统计整合了截至2020年12月河南省高校中外合作办学及留学生接收情况（见表1）。

表1　河南省高校开展中外合作办学及接收留学生情况

序号	院校名称	办学性质	中外合作办学国别	项目合作专业	项目教学外语语种	项目审批年份	是否有留学生
1	郑州大学	公办高校	日本	材料科学与工程	日语	2010	是
			白俄罗斯	音乐表演	俄语	2012	
			波兰	经济学	英语	2012	
			波兰	应用心理学(停止招生)	英语	2013	
			美国	机械工程	英语	2016	
			澳大利亚	计算机科学与技术	英语	2011	
			澳大利亚	通信工程	英语	2011	
			澳大利亚	电子信息工程	英语	2011	
			美国	土木工程	英语	2017	
2	河南大学	公办高校	德国	生物工程	德语	2004	是
			德国	国际经济与贸易	德语	2004	
			俄罗斯	视觉传达设计	俄语	2011	
			俄罗斯	俄语	俄语	2011	
			俄罗斯	环境设计	俄语	2011	
			白俄罗斯	播音与主持艺术	俄语	2013	
			澳大利亚	计算机科学与技术	英语	2012	
			澳大利亚	会计学	英语	2012	
			澳大利亚	国际经济与贸易	英语	2002	

续表

序号	院校名称	办学性质	中外合作办学国别	项目合作专业	项目教学外语语种	项目审批年份	是否有留学生
3	河南科技大学	公办高校	英国	工商管理	英语	2002	是
			英国	计算机科学与技术	英语	2002	
			英国	车辆工程	英语	2012	
			英国	机械设计制造及其自动化	英语	2013	
			俄罗斯	自动化	俄语	2017	
			美国	机械电子工程	英语	2018	
			荷兰	工业工程	英语	2020	
4	河南工业大学	公办高校	英国	生物技术	英语	2002	是
			英国	食品科学与工程	英语	2012	
			英国	会计学	英语	2012	
			英国	市场营销	英语	2012	
			英国	人力资源管理	英语	2012	
5	商丘师范学院	公办高校	英国	经济学	英语	2002	是
			加拿大	软件工程	英语	2017	
			英国	计算机科学与技术	英语	2002	
			匈牙利	通信工程	英语	2020	
6	新乡医学院	公办高校	英国	护理学	英语	2004	是
			意大利	医学影像技术	英语	2017	
7	郑州轻工业大学	公办高校	英国	国际商务(停止招生)	英语	2004	否
			英国	互联网科学与技术(停止招生)	英语	2004	
			英国	产品设计(停止招生)	英语	2004	
			英国	数字媒体艺术(停止招生)	英语	2004	
			英国	电子商务(停止招生)	英语	2004	
			英国	环境设计(停止招生)	英语	2004	
			意大利	食品科学与工程	英语	2019	
8	中原工学院	公办高校	英国	会计学	英语	2011	是
			英国	市场营销	英语	2011	
			英国	纺织工程	英语	2011	
			英国	视觉传达设计	英语	2011	
			英国	环境设计	英语	2011	
			英国	服装与服饰设计	英语	2011	
9	河南农业大学	公办高校	加拿大	工商管理	英语	2003	是
			澳大利亚	环境科学	英语	2012	
			澳大利亚	动物科学	英语	2011	
			美国	食品科学与工程	英语	2017	

续表

序号	院校名称	办学性质	中外合作办学国别	项目合作专业	项目教学外语语种	项目审批年份	是否有留学生
10	河南理工大学	公办高校	美国	电气工程及其自动化	英语	2010	是
10	河南理工大学	公办高校	美国	机械设计制造及其自动化(停止招生)	英语	2010	是
10	河南理工大学	公办高校	爱尔兰	计算机科学与技术	英语	2012	是
10	河南理工大学	公办高校	爱尔兰	土木工程	英语	2013	是
11	黄淮学院	公办高校	英国	动画(停止招生)	英语	2010	是
11	黄淮学院	公办高校	印度	软件工程	英语	2012	是
11	黄淮学院	公办高校	英国	美术学(停止招生)	英语	2012	是
11	黄淮学院	公办高校	英国	会计学	英语	2013	是
11	黄淮学院	公办高校	英国	广播电视编导(停止招生)	英语	2013	是
11	黄淮学院	公办高校	英国	音乐表演	英语	2014	是
11	黄淮学院	公办高校	韩国	动画	韩语	2016	是
12	河南理工学院	公办高校	韩国	电子信息工程	韩语	2018	否
13	河南师范大学	公办高校	美国	旅游管理	英语	2011	是
13	河南师范大学	公办高校	法国	法语	法语	2016	是
13	河南师范大学	公办高校	美国	电气工程及其自动化	英语	2017	是
13	河南师范大学	公办高校	白俄罗斯	体育教育	俄语	2018	是
13	河南师范大学	公办高校	美国	环境工程	英语	2019	是
14	河南工程学院	公办高校	荷兰	纺织工程	英语	2012	是
14	河南工程学院	公办高校	澳大利亚	视觉传达设计	英语	2013	是
14	河南工程学院	公办高校	荷兰	服装设计与工程	英语	2014	是
15	信阳师范学院	公办高校	韩国	土木工程	韩语	2012	是
15	信阳师范学院	公办高校	韩国	生物技术	韩语	2013	是
15	信阳师范学院	公办高校	美国	经济学	英语	2017	是
16	河南财经政法大学	公办高校	俄罗斯	人文地理与城乡规划	俄语	2012	是
16	河南财经政法大学	公办高校	俄罗斯	金融学	俄语	2013	是
17	华北水利水电大学	公办高校	英国	机械设计制造及其自动化	英语	2012	是
17	华北水利水电大学	公办高校	俄罗斯	土木工程	俄语	2015	是
17	华北水利水电大学	公办高校	韩国	环境设计	韩语	2016	是
17	华北水利水电大学	公办高校	英国	地质工程	英语	2011	是
17	华北水利水电大学	公办高校	韩国	物流管理	韩语	2017	是

续表

序号	院校名称	办学性质	中外合作办学国别	项目合作专业	项目教学外语语种	项目审批年份	是否有留学生
18	南阳理工学院	公办高校	新西兰	生物工程	英语	2012	是
			新西兰	应用化学	英语	2011	
			英国	电气工程及其自动化	英语	2018	
19	南阳师范学院	公办高校	韩国	广播电视编导	韩语	2016	是
			泰国	化学专业	英语	2019	
			韩国	机械电子工程	韩语	2020	
20	许昌学院	公办高校	美国	舞蹈学	英语	2012	是
			美国	土木工程	英语	2015	
			加拿大	人力资源管理	英语	2017	
21	安阳工学院	公办高校	英国	土木工程	英语	2013	是
			荷兰	城乡规划	英语	2018	
			维也纳	办机械电子工程	英语	2019	
22	洛阳理工学院	公办高校	爱尔兰	土木工程	英语	2014	是
23	洛阳师范学院	公办高校	白俄罗斯	音乐学	俄语	2017	是
			美国	小学教育	英语	2018	
24	河南城建学院	公办高校	俄罗斯	给排水科学与工程	俄语	2014	是
25	郑州航空工业管理学院	公办高校	波兰	产品设计	英语	2015	是
			波兰	环境设计	英语	2016	
			英国	飞行器设计与工程	英语	2018	
26	郑州师范学院	公办高校	白俄罗斯	音乐学	俄语	2017	是
27	周口师范学院	公办高校	马来西亚	环境设计	英语	2017	是
			美国	网络工程	英语	2018	
28	安阳师范学院	公办高校	美国	会计学	英语	2017	是
29	新乡学院	公办高校	美国	生物技术	英语	2017	否

续表

序号	院校名称	办学性质	中外合作办学国别	项目合作专业	项目教学外语语种	项目审批年份	是否有留学生
30	河南中医药大学	公办高校	意大利	护理学	英语	2018	是
			意大利	医学影像技术	英语	2020	
31	河南牧业经济学院	公办高校	澳大利亚	河物流管理	英语	2019	否
32	河南科技学院	公办高校	乌克兰	动物医学	英语	2019	是
33	平顶山学院	公办高校	西班牙	物联网工程	西班牙语	2020	是
34	黄河科技学院	民办高校	美国	工商管理(停止招生)	英语	2003	是
			美国	计算机科学与技术(停止招生)	英语	2003	
35	郑州科技学院	民办高校	芬兰	电气工程及其自动化	英语	2019	否
36	郑州西亚斯学院	民办高校	美国	音乐表演	英语	2019	是

从表1可以得知民办高校教育国际化的劣势主要体现在如下几个方面。①与公办学校比较，其教育国际化程度较低。目前，河南省高校共计151所，获教育部批准认可的中外合作办学项目为36所共计116个，项目合作涉及国家21个，合作的理工科类专业居多，项目教学中仍然以英语语种为主，然而，在36所高校、116个成功获批的中外合作办学项目中，民办高校仅占3所、4个项目，占比均低于10%。②中外合作办学治理体系不完善，出现了项目质量评估不达标现象。截至2020年12月，河南省高校成功获教育部审批的116个中外合作办学项目中，出现了13个项目已经停止招生、5所高校没有接收任何留学生等情况。③民办高校对于教育国际化理念相对淡薄。通过表1所呈现的中外合作办学项目申报的年度统计可以发现，

中外合作办学项目获批年限集中在2002～2020年，而民办高校开展合作办学项目大多集中在2019年以后。④合作交流的外语语种相对单一，大多采用英语教学，只有在少数的公办学校采用了诸如日语、德语、韩语、西班牙语、法语、俄语语种，极大限制了服务“一带一路”建设对于多语种人才的诉求。

（三）Opportunity：机遇分析

“一带一路”七年来所取得的重大成就深度诠释着全球的发展主线和规律，不仅符合中国经济社会发展和中华民族伟大复兴的需要，也满足了世界发展的最大需求，“‘一带一路’国际公共产品的功能逐渐显露”[①]。为此，2016年7月13日，教育部下发了《推进共建“一带一路”教育行动》的通知，对教育的定位是围绕“一带一路”重点合作的“五通”提供两方面支撑，一是促进民心相通，二是为其他“四通”提供人才支撑。以应用型人才培养定位的民办职业教育也因“一带一路”建设对一大批国际化应用型人才的诉求迎来了战略机遇。相对同处于发展中国家行列的共建“一带一路”国家而言，我国民办职业教育已经形成较为丰富的办学理念、教学内容、运行模式和师资，可以通过有效输出的模式将民办职业教育资源转化为教育国际化资源，向共建“一带一路”国家进行传播，主导项目设计与管理、工程技术、小语种、行业标准制定等方面的技术技能。另外，教育对外开放成为国家自信和国家开放的集中体现。随着近年来我国经济社会的不断发展，我国国际地位日趋提升，世界想了解和认识中国。民办高校发展职业教育资源的国际输出，正是通过教育国际交流合作传播中国声音，讲好中国故事，提升国家文化软实力，关系我国在世界文化格局中的定位，关系我国国际地位和国际影响力型人才的培养。

---

① 胡键：《“一带一路”的国际公共产品功能与中国软实力的提升》，《国外社会科学》2020年第3期，第15页。

（四）Threat：威胁分析

民办高校教育国际化发展所面临的威胁，一方面来自民办高校自身在短时期内的相对不变性因素——社会认可度不高；另一方面，则来自在当前民办高校发展过程中能够与新时代保持同行同向的可持续发展软实力。具体体现在如下几个方面。

1. 基于分类管理的营利性与非营利性的选择

在高等学校分类管理背景下，2016 年 11 月 7 日，第十二届全国人民代表大会常务委员会第二十四次会议通过了关于修改《民办教育促进法》的决定①，将原法的第十八条改为第十九条，修改为："民办学校的举办者可以自主选择设立非营利性或者营利性民办学校"②。2016 年 12 月 29 日，国务院发布了《关于鼓励社会力量兴办教育促进民办教育健康发展的若干意见》，2017 年 1 月 5 日，教育部、人力资源和社会保障部、民政部、中央编办、工商总局五部门联合印发了关于《民办学校分类登记实施细则》的通知。为落实以上文件精神，河南省人民政府于 2018 年 2 月 2 日发布了《关于鼓励社会力量兴办教育进一步促进民办教育健康发展的实施意见》。通过上述文件可见，《民办教育促进法》修订带来的民办高校分类管理势在必行，已经成为影响民办高校（包括独立学院）办学行为的重要行政管理政策，民办高校在选择营利性和非营利性的差异性管理模式方面的踌躇会影响其教育国际化的顶层设计及对发展路径的研判。

2. 公办高校办学实力雄厚所带来的同台竞争的劣势

我国公办高校整体的办学实力和办学水平仍然高于民办高校，无论是项目申报的基础数还是社会认可度方面公办高校都远远优于民办高校，这使得两者在开展中外合作办学工作过程中易出现"马太效应"，民办高校中外合作办学发展的空间会被公办高校雄厚的办学实力所挤压。武书连领衔的

① 全国人民代表大会：《民办教育促进法》，（2016－11－07）[2018－01－15]。

② http：//www. npc. gov. cn/wxzl/gongbao/2017＊02/20/content_ 2007551. htm.

《中国大学评价》课题组每年发布的“中国大学排行榜”（武书连版）将民办高校和公办高校一起评比，在其历年发布的《挑大学选专业——高考志愿填报指南》中，民办高校均排在500名左右，极大地影响了民办高校的认可度和竞争力，对民办高校可持续发展带来了巨大的冲击。

3. 国际教育需求新趋势下的生源冲击

新时代，随着跨境教育发展如火如荼，国内对于国际教育需求已经在逐渐发生转变，高端化、精英化、品牌化的中外合作办学机构和项目越来越受欢迎，民办高校因其知名度低、整体办学实力较弱、办学时间短等劣势，其中外合作办学的生源问题出现危机，需要创新思路，通过自身的特色错位发展，在危机中发掘新机。

三　民办高校教育国际化发展的新路径

（一）S + O 策略：基于内部优势，把握外部机会

民办高校的内部优势集中体现为具有敏锐的市场洞察力、灵活的办学体制，能根据市场信号及时反应调整办学定位、专业设置，并能以更为开放的姿态引入国际教育。民办高校借助其内部优势并在政府部门对民办高校开展中外合作办学的支持政策下，锁定分布在“一带一路”沿线上且应用型人才培养特色鲜明的海外高校开展中外合作办学，可以充分发挥S + O的“蝴蝶效应”。下文以郑州科技学院（民办高校）与芬兰东南应用科技大学开展的“英语 + 电气工程及其自动化专业”本科教育项目为例，该中外合作办学项目于2019年成功获教育部批准，执行的是4 +0合作模式，主要引进对方13门专业核心课程、10名优秀“双师型”教师及相关的“双元制”教学模式等优质资源，取得了预期效果，也拓展了中外合作办学的新路径。

1. S 策略：中芬项目合作的内部优势

优势一：郑州科技学院已经具备国际化办学较为扎实的基础。通过

借助欧盟伊拉斯谟+KA107平台和民办高校灵活的运行机制，促使自身的内涵建设不断提升。2018年学校成为入选中国高校创新创业教育联盟“百城千校”计划首批试点高校。2019年6月郑州科技学院作为河南省首所民办高校加入全国高校内部质量保障机构联盟（CIQA）。学校在2018年中国高校智库全国民办大学排名中位列第三，在中国科教评价研究院民办本科院校科研竞争力评价中获B+评级，已经具备较为扎实的国际化办学基础。

优势二：双方合作专业人才培养定位高度契合。电气工程及其自动化合作专业是郑州科技学院“电力电子和电力传动”省级重点学科主要支撑专业、河南省品牌专业、学校首批特色专业之一。学校依托智能制造学院开展电气类新工科试点，引入“学校—企业”双导师联合授课，应用型人才培养成效明显。芬兰东南应用科技大学综合实力在芬兰应用科技大学中列第二位，坚持实用与创新发展理念，执行德国“双元制”教学模式，致力于智能技术、清洁能源等方面应用科学研究，“双师型”师资队伍雄厚，电气工程类专业办学竞争力突出。

优势三：专项经费保障合作项目实施。郑州科技学院董事会充分认识到国际化办学对创建高水平民办大学的重要意义，将国际化定为学校发展战略之一，并为中芬开展电气工程及其自动化合作办学提供500万元建设保障资金，以确保“四个三分之一”以上优质教育教学资源及其师资的引进和落地工作，希望借力国际化助推高水平民办大学建设。

2. O策略：中芬项目的外部机会

机会一：“一带一路”背景下良好的国际合作环境和郑州的地域优势。中国连续14年成为芬兰在亚洲的最大贸易伙伴，双方双向投资增长强劲，2017年中芬两国元首宣布在“一带一路”框架下建立中芬面向未来的新型合作伙伴关系。郑州作为“一带一路”建设核心节点城市，具有举足轻重的地位，郑州科技学院坐落郑州，具备服务“一带一路”建设的地域优势。双方高校通过整合优势资源，为中芬企业和电力系统培养应用型人才，对接我国“一带一路”建设，满足电力“丝绸之路”人才需求。

机会二：借助国际教学和科研平台进行精准发力。2017 年 3 月郑州科技学院成功加入欧盟伊拉斯谟 + KA107 计划，成为欧洲高校合作交流联盟成员之一，借助该平台与芬兰、法国、西班牙等欧盟高校开展了“微留学”和“学生互换”等校际交流项目。2018 年 6 月，作为欧洲高校合作交流联盟成员的芬兰东南应用科技大学校长一行到河南考察郑州科技学院等应用型高校，介绍了芬兰学校的办学模式及成效，受到了河南省教育厅领导接见和高度评价。郑州科技学院通过与该校深入交流发现两校人才培养定位契合、开设专业相近，双方合作愿望强烈并签署合作框架协议。2018 年 7 月，郑州科技学院代表团回访该校，就合作开展电气工程及其自动化本科专业教育项目进行了充分沟通并签署了合作办学协议。2019 年 1 月，郑州科技学院再次邀请对方来访，针对合作办学模式、人才培养方案及课程对接和优质教学资源引进等具体事宜达成了共识，即用好中方实践平台，引进芬方“双元制”教学，培养具有国际视野的电气工程类新工科应用型人才。

（二）W + O 策略：利用外部机会，弥补内部劣势

顺应全球发展需求的共建“一带一路”为民办高校国际化发展带来的外部机会。共建“一带一路”的国家有 60 多个，大多是发展中国家，虽然这些国家的办学综合实力与欧美相比较有一定的差距，但是依然有不少领域的教学和研究水平位居世界前列，有待深入挖掘和整合。笔者通过搜索梳理出 75 个在“一带一路”建设范围内的国家，其中有 65 个国家是与中国签订了共建“一带一路”协议。这些国家急需一大批既懂英语又会专业技术的多语种应用型人才，与我国民办高校应用型人才培养的定位高度契合，同时在国际上认可度不高的民办高校参与“一带一路”建设，更能成为中外合作办学突破口和弯道超车之路径。

表 2　共建“一带一路”国家分布及官方语言一览

序号	国家名称	分布国家	官方语言	是否用英语交流	未签订合作协议国家
1	东帝汶	东南亚（11 个）	德顿语、葡萄牙语	/	
2	菲律宾		菲律宾语、英语	是	
3	柬埔寨		高棉语	/	
4	老挝		老挝语	/	
5	马来西亚		马来语	/	
6	缅甸		缅甸语	/	
7	泰国		泰语	/	
8	文莱		马来语	/	
9	新加坡		英语、马来语、华语、泰米尔语	是	
10	印度尼西亚		印尼语	/	
11	越南		越南语	/	
12	韩国	东亚（2 个）	韩语	/	※
13	蒙古		蒙古语	/	
14	阿富汗	西亚（20 个）	普什图语、达里语	/	
15	阿曼		阿拉伯语	/	
16	阿塞拜疆		阿塞拜疆语	/	
17	巴勒斯坦		阿拉伯语	/	
18	巴林		阿拉伯语	/	
19	土耳其		土耳其语	/	
20	叙利亚		阿拉伯语（通用英语和法语）	是	
21	亚美尼亚		亚美尼亚语	/	
22	也门		阿拉伯语	/	
23	伊拉克		阿拉伯语	/	
24	格鲁吉亚		格鲁吉亚语	/	
25	卡塔尔		阿拉伯语	/	
26	科威特		阿拉伯语	/	
27	黎巴嫩		阿拉伯语	/	
28	沙特阿拉伯		阿拉伯语	/	
29	伊朗		波斯语		
30	以色列		希伯来语、阿拉伯语		

续表

序号	国家名称	分布国家	官方语言	是否用英语交流	未签订合作协议国家
31	阿联酋	西亚（20个）	阿拉伯语	/	
32	塞浦路斯		希腊语、土耳其语	/	
33	约旦		阿拉伯语	/	
34	巴基斯坦	南亚（7个）	乌尔都语	/	
35	不丹		宗卡语、英语	是	
36	马尔代夫		迪维希语	/	
37	孟加拉国		孟加拉语	/	
38	尼泊尔		尼泊尔语	/	
39	斯里兰卡		僧伽罗语、泰米尔语	/	
40	印度		印地语、英语	是	
41	哈萨克斯坦	中亚（5个）	哈萨克语、俄语	/	
42	吉尔吉斯斯坦		吉尔吉斯语、俄语	/	
43	塔吉克斯坦		塔吉克语、波斯语	/	
44	土库曼斯坦		土库曼语	/	
45	乌兹别克斯坦		乌兹别克语	/	
46	阿尔巴尼亚	中东欧（17个）	阿尔巴尼亚语	/	
47	爱沙尼亚		爱沙尼亚语	/	
48	保加利亚		保加利亚语	/	
49	波兰		波兰语	/	
50	黑山		黑山语	/	
51	捷克		捷克语	/	
52	斯洛伐克		斯洛伐克语	/	
53	斯洛文尼亚		斯洛文尼亚语	/	
54	波斯尼亚和黑塞哥维那		波斯尼亚语、塞尔维亚语、克罗地亚语	/	
55	匈牙利		匈牙利语	/	
56	奥地利		德语		※
57	克罗地亚		克罗地亚语	/	
58	拉脱维亚		拉脱维亚语	/	
59	立陶宛		立陶宛语	/	
60	罗马尼亚		罗马尼亚语	/	
61	马其顿		马其顿语	/	
62	塞尔维亚		塞尔维亚语	/	

续表

序号	国家名称	分布国家	官方语言	是否用英语交流	未签订合作协议国家
63	俄罗斯	东欧（4个）	俄语	/	
64	白俄罗斯		白俄罗斯语、俄语	/	
65	摩尔多瓦		罗马尼亚语	/	
66	乌克兰		乌克兰语	/	
67	芬兰	北欧(1个)	芬兰语、瑞典语	是	※
68	西班牙	西欧（4个）	西班牙语	是	※
69	意大利		意大利语	/	※
70	葡萄牙		葡萄牙语	/	※
71	卢森堡		卢森堡语、德语、法语	/	※
72	埃及	北非（2个）	阿拉伯语	/	
73	摩洛哥		阿拉伯语	/	※
74	马达加斯加	南非（2个）	马达加斯加语、法语	/	※
75	南非		英语、南非荷兰语、祖鲁语	是	※

可见，“一带一路”建设已经深入人心，满足了世界发展的巨大需求，也是民办高校开展对外合作办学的契机。另外，在75个国家中有8个国家实现了英语畅通交流，彰显了这8个国家的国际化程度较高，可以作为河南民办高校开展合作办学的优先选择，可以有效规避语言不通带来的沟通教学方面的障碍，也可以借助英语语种的交流来拓展语种范围，开辟培养一大批复语型、应用型人才的新路径。

（三）S+T策略：利用内部优势，解决外部威胁

通过上述对S和T分析可知，特色差异化发展是民办高校应对国际教育开放带来生源威胁的必然趋势。河南省民办高校中外合作办学发展的目标定位，须结合民办高校自身办学情况及河南省的经济社会发展需求，需要坚守中国特色社会主义道路办学方向，坚定中国共产党领导，“坚持中外合作办学引进国外优质教育资源，促进民办高校（国内高校）教育教学体制机制改革，为我国经济社会发展培养高素质国际化人才的价值定位，而不能将中

外合作办学视为学校扩大营收，获取经济利益的手段。”① 以郑州科技学院为例，其与芬兰东南应用科技大学共同协定了电器工程及其自动化专业计划，并把人才培养定位为具有中国情怀的国际化复合应用型电器人才，促进基于“双元制”模式的新工科特色发展，首届国际生报考率达到125%，较好解决了来自公办高校同台竞争所带来的威胁。主要是做到了如下几个方面：（1）深刻把握河南高校中外合作办学的学科专业分布，尽量避免多个专业重复或与公办高校撞衫；（2）结合学校以工为主的办学特色，锁定申报新工科建设背景下国家鼓励的国内急需学科专业；（3）与锁定的海外合作院校在人才培养定位上保持高度契合，便于课程的有效衔接。总之，坚持差异特色发展，解决国际化教育过程中的外部威胁。

（四）W+T策略：弥补内部短板，规避外部威胁

针对民办高校总体上社会认可度不高这个短板问题，可以借助国家对高等教育进行分类管理的契机，坚持公益性办学原则，基于政策考量和路径依赖，选择非营利性模式，则会更好地规避外部威胁。由此可以推断：非营利性民办高校将是未来我国民办高等教育体系的主体，也是助推教育国际化的核心力量。

四　结语

新时代赋予民办高校推进教育国际化使命的同时也带来了大发展的机遇。通过调研河南省高校国际化发展状况发现：民办高校相对于公办高校而言，在推进教育国际化过程中，无论是项目的数量还是质量都远远落在后面，其办学实力、社会认可度以及国际声誉等诸多方面均处于劣势，遭遇了一定的外部威胁，影响了河南省高等教育软实力的同步提升和均衡发展。为

① 薛卫洋：《民办高校中外合作办学发展研究》，厦门大学博士学位论文，2018年，第224页。

此，民办高校需要借助新时代跨境教育发展、“一带一路”建设及分类管理的机遇，从管理学治理体系构建的视角着眼，遵循教育国际化发展的规律，坚持党的领导原则、维护教育主权原则、锁定差异化发展原则、坚守公益性原则，分别通过“S+T策略、W+O策略、S+T策略及W+T策略”助推其教育国际化进程，便于从国际和国内两个层面完善民办高等教育机制，关乎河南高等教育国际化水平的整体提高和教育软实力的全面提升。

参考文献

迈克尔·古尔德等:《公司层面战略》，黄一义译，人民邮电出版社，2004。

B.17

基于大学评价的河南民办高校科研竞争力研究*

樊继轩**

摘　要：大学排名活动作为大学评价的重要手段之一，以其特有的方式诠释着大学的办学质量和水平。本文通过对河南民办高校发展现状的调查分析，运用加权平均法对全国范围内河南民办高校综合竞争力、河南民办高校科研竞争力进行分析，论证了河南民办高校在全国的综合科研实力，为河南民办高校实施内涵式发展和各级政府引导民办高等教育健康发展提供决策参考依据。研究表明全国民办高校科研竞争力呈现南强北弱的态势。虽然河南民办高校和独立学院在全国民办高校科研竞争力排名方面处于上游水平，但仅就国家级科研基金项目而言，与本省同期升本的地方本科高校相比差距明显拉大，这也是大多数民办高校和独立学院的薄弱环节，因此，有待进一步加大科研资金投入，引进高学历高水平人才，改善现有人才结构。

关键词：大学评价　民办高校　科研竞争力　河南

---

* 本文系中国高等教育学会 2021 年度专项课题“地方高水平民办大学建设研究”（21DFYB03）、中国民办教育协会 2021 年度规划课题（学校发展类）“后疫情时代中部地区民办高校内涵式发展研究”（ANFZG21163）研究成果。

** 樊继轩，黄河科技学院民办教育研究院研究员，教授，主要研究方向为民办高等教育、民办教育史。

大学排名伴随着世界高等教育的发展，已成为一种全球现象。[①] 大学排名活动的实质是对大学的评价。大学排名活动作为大学评价的重要手段之一，以其特有的方式诠释着大学的办学质量和水平，并成为社会各界了解大学情况的重要途径。[②] 学术科研是现代大学的三大职能之一。虽然改革开放以来我国民办高等教育取得了健康规范的发展，但科研水平较低仍然是民办高校发展的短板。本文梳理了国内民办高校的相关资料及相关大学评价体系，对近年来国内大学评价体系关于民办高校科研竞争力的排行进行权重分析，论证分析河南民办高校在全国民办高校中的综合科研实力，为河南民办高校提升科研水平、创办高质量高水平的教育提供决策咨询依据。

一　河南民办高校发展现状的调查分析

改革开放以来，在各级政府的支持下，河南民办高等教育驶上了健康规范发展的快车道，已成为河南高等教育的重要组成部分。2020 年上半年，虽然新冠肺炎疫情导致河南民办教育遭受了重大损失，但全省民办高等教育系统坚持以习近平新时代中国特色社会主义思想为指导，全面落实习近平总书记关于河南工作的重要讲话和指示精神，办好人民满意的民办高等教育，仍然交出了较好的答卷。

（一）河南民办高校办学规模的实证分析

2020 年，全国共有普通高校 2738 所。其中，本科院校 1270 所（含本科层次职业大学 21 所）；高职（专科）院校 1468 所。各种形式的高等教育在学总规模 4183 万人，高等教育毛入学率 54.4%。图 1 显示了 2015 年以来全国高等教育在学总规模及毛入学率。[③]

① 刘念才等：《大学排名：国际化与多元化》，上海交通大学出版社，2009，前言 1。

② 林晓青：《大学排名方法的局限与改进》，《教育研究》2009 年第 11 期，第 27～35 页。

③ 教育部发展规划司：《2020 年全国教育事业统计主要结果》，http：//www.moe.gov.cn/jyb_ xwfb/gzdt_ gzdt/s5987/202103/t20210301_ 516062.html。

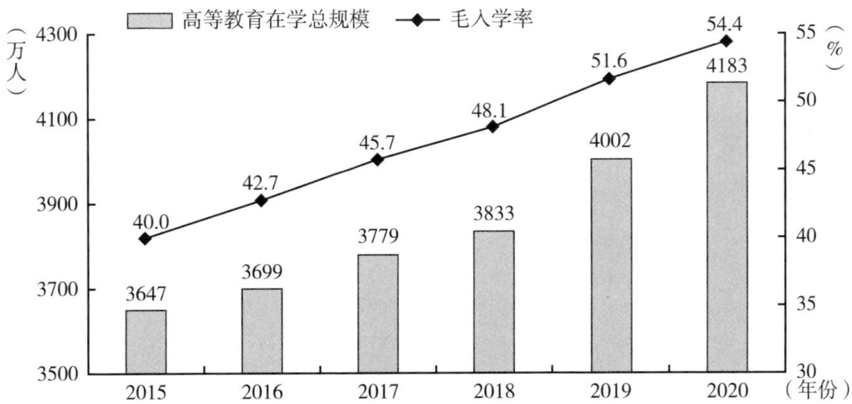

图 1　2015～2020 年全国高等教育在学总规模及毛入学率

2012 年，河南民办高校和独立学院共有 34 所，在校生总数 28.96 万人；发展到 2020 年，河南民办高校和独立学院共有 43 所，其中，本科 19 所，专科 24 所，占河南省普通高校（151 所）的 28.48%；2020 年，河南民办高校和独立学院在校生总数 67.12 万人，其中，本科 37.74 万人，专科 29.38 万人，占全省普通本专科在校生 249.22 万人的 26.94%。[①] 表 1 显示了 2012～2020 年河南民办高校数和在校生数占全省普通高校的比例情况。

表 1　2012～2020 年河南民办高校数和在校生规模发展情况

年份	学校数				在校生数			
	民办高校数（所）	普通高校数（所）	民办高校占比（%）	民办高校比上年增加（所）	民办高校在校生数（万人）	普通高校在校生数（万人）	民办高校在校生数占比（%）	民办高校在校生数比上年增加（万人）
2012	34	120	28.34		28.96	155.90	18.58	
2013	35	127	27.56	1	33.04	161.83	20.42	4.08
2015	37	129	28.68	2	38.65	176.69	21.88	5.61

① 《2020 河南省教育事业发展统计公报》，http：//news.haedu.cn/newstongzhi/2020/0413/1105133.html。

续表

年份	学校数				在校生数			
	民办高校数（所）	普通高校数（所）	民办高校占比(%)	民办高校比上年增加(所)	民办高校在校生数（万人）	普通高校在校生数（万人）	民办高校在校生数（占比)%	民办高校在校生数比上年增加（万人）
2016	37	129	28.69	—	41.72	187.47	22.26	3.07
2017	37	134	27.62	—	45.66	200.47	22.78	7.01
2018	39	140	27.86	2	51.05	214.08	23.85	5.39
2019	39	141	27.66	—	59.47	231.97	25.64	8.42
2020	43	151	28.48	4	67.12	249.22	26.94	7.65

资料来源：《河南省教育统计提要》；2012～2020 年《河南省教育事业发展统计公报》。

由表 1 可看出，2012～2020 年，河南民办高校数由 34 所增加到 43 所，增加了 26.47%，民办高校在校生数由 28.96 万人发展到 67.12 万人，增加了 131.77%。民办高校在校生数占全省普通高校比重由 2012 年的 18.58% 上升到 26.94%。2012 年河南民办高校校均规模为 8518 人，2020 年达到了 15609 人，涌现出不少万人高校；短短 8 年间，校均规模增加了 83.25%。虽然 8 年间河南民办高校数量仅仅增加了 9 所，但校均规模和在校生总人数整体上在高速增长。图 2 反映了河南和部分省份高等教育毛入学率。

2019 年河南省高等教育毛入学率 49.30%，2020 年已提高到 51.86%，比上一年度增加了 2.56 个百分点。相比之下，虽然河南省高等教育毛入学率略低于全国 54.4% 的平均水平，但按照马丁·特罗 1973 年提出的高等教育大众化三阶段论，河南的高等教育已跨入普及化阶段。2019 年 39 所民办高校为河南高等教育进入普及化阶段做出了应有的贡献。

（二）河南民办高校办学硬件资源的实证分析

近年来，随着河南省民办高校实施内涵式发展战略，河南民办高校普遍较为重视办学硬件资源的建设，加大了资金投入力度，产权占地面积、产权

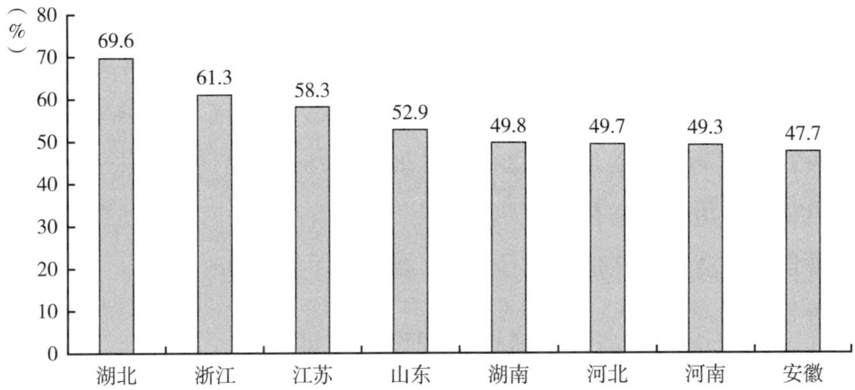

图 2　2019 年部分省份高等教育毛入学率

资料来源：师闻《2020 年全国教育事业统计主要结果公布》，《中国教师报》2021 年 3 月 3 日，第 2 版。

藏书量、产权教学仪器价值、产权建筑面积等办学指标大幅提升。表 2 反映了 2016～2019 年河南民办高校办学条件的总体概况。

表 2　2016～2019 年河南民办高校办学条件总体概况

年份	民办高校数	产权占地总面积(亩)	产权总藏书量(万册)	产权教学仪器总价值(万元)	产权建筑总面积(平方米)
2016	37	27629.53	3630.64	240296.34	7776096.06
2017	37	28906.50	3875.81	265244.64	8203575.35
2018	39	41344.75	4549.70	607250.46	16556503.62
2019	39	41455.62	4859.37	691287.72	16676634.03

资料来源：《河南省教育统计提要》。

由表 2 看出，2019 年河南民办高校虽然比 2016 年仅新增了 2 所，但产权占地总面积已从 2016 年的 27629.53 亩扩增到 41455.62 亩，校园产权占地总面积增加了 13826.09 亩，2019 年相比 2016 年增长率达到 50.04%。由于办学条件的改善和资金的不断投入，2016 年河南省 37 所民办高校产权藏书量 3630.64 万册，2019 年则达到了 4859.37 万册，增加了 1228.73 万册，增长率高达 33.85%。进入 2016 年以来，各个民办高校把钱花在刀刃上，在产权教学仪器设备上大力投入，产权教学仪器总价值从 2016 年的

240296.34万元增加到2019年的691287.72万元，相比增加450991.38万元，增长率更是高达187.69%。河南民办高校校均规模快速增长必然要扩大产权建筑面积。4年来，河南民办高校产权建筑面积已从2016年的7776096.06平方米增长到2019年的16676634.03平方米，增加了8900537.97平方米，增长率达114.46%。[①] 概而言之，河南民办高校多项办学硬件设施的高增长率充分显示了民办高校办学条件的改善。

（三）河南民办高校师资队伍建设的实证分析

民办高校教师承担着教育和培养人的神圣使命。近年来，随着河南省民办高校实施内涵式发展战略，民办高校越来越重视人力资本的作用，在师资队伍建设方面有了较为明显的改善。河南省民办高校中青年教师无论是数量和质量都有了较大程度的提升。表3体现了2016～2019年河南民办高校师资队伍建设的总体概况。

表3　2016～2019年河南民办高校师资队伍建设总体概况

单位：人，%

年份	民办高校数	教职工总人数	专任教师人数	具有研究生学历教师占专任教师的比例	具有高级职称专任教师占专任教师的比例
2016	37	27807	20991	49.27	26.60
2017	37	30295	22769	50.68	28.30
2018	39	34872	26429	51.78	30.18
2019	39	36814	28217	54.40	32.59

资料来源：《河南省教育统计提要》。

由表3看出，全省民办高校教职工人数呈逐年递增的趋势。2016年，全省民办高校37所、教职工人数27807人，到2019年，新增民办高校2所，民办高校39所，教职工人数达36814人，相比2016年增加了9007人，

① 胡大白主编《河南民办教育发展报告（2020）》，社会科学文献出版社，2020，第29～36页。

增长率为 32.39%。

专任教师是稳定民办高校教学质量的关键力量。专任教师人数由 2016 年的 20991 人增加到 2019 年的 28217 人，增加了 7226 人，增长率达 34.43%。近年来，专任教师的学历也有了较大幅度的提高。2016 年具有研究生学历教师占专任教师的比例为 49.27%，2019 年达到 54.40%，增长了 5.13 个百分点。在专任教师职称方面，河南省民办高校中具有高级职称专任教师占专任教师的比例也在逐年增加。2016 年，具有高级职称专任教师占专任教师的比例为 26.60%，到 2019 年增长到 32.59%，增长了 5.99 个百分点。上述数据说明河南民办高校教师队伍的结构已有了明显的改善，一支高学历、高职称的专职教师队伍在建设高水平民办高校中发挥着主力军的作用。[①]

二　全国范围内河南民办高校综合竞争力分析

近年来，我国民办高校的办学条件和教学科研水平都有了进一步提升，正受到越来越多的关注。图 3 体现了 2012 ~ 2019 年中国民办高校普通本、专科学生数量。图 4 体现了 2012 ~ 2019 年中国民办高等教育普通高校数。[②] 民办本科院校和独立学院是我国高等教育体系中的重要组成部分，不仅在补充和平衡我国高等教育资源方面起着重要的作用，在我国高等教育进入大众化和普及化阶段也做出了重大贡献。

（一）河南民办高校发展情况与全国的比较分析

表 4 显示了 2020 年各省份民办普通高校（含独立学院）数在全国的排名，并分别列出了各省（自治区、直辖市）民办本科院校和民办专科院校的数量。

① 胡大白主编《河南民办教育发展报告（2020）》，社会科学文献出版社，2020，第 36 ~ 41 页。

② 《2020 年我国民办高校行业运营现状——基于波特五力模型视角》，http://market.chinabaogao.com/wenti/0220532X42021.html。

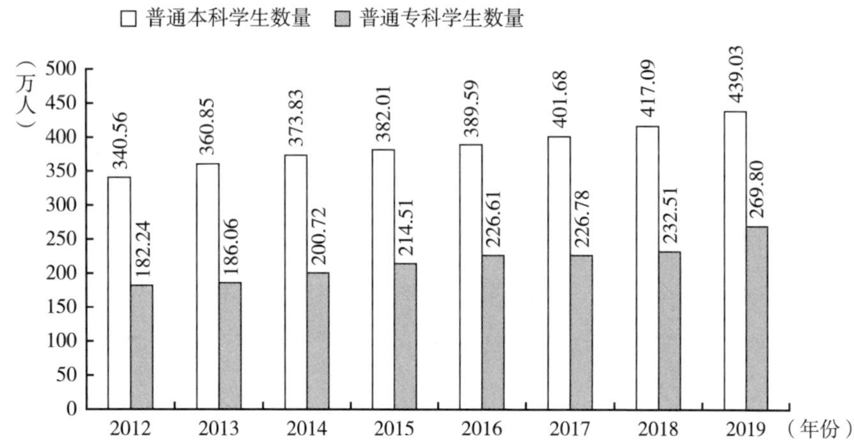

图3　2012～2019年中国民办高等教育学校普通本、专科学生数量

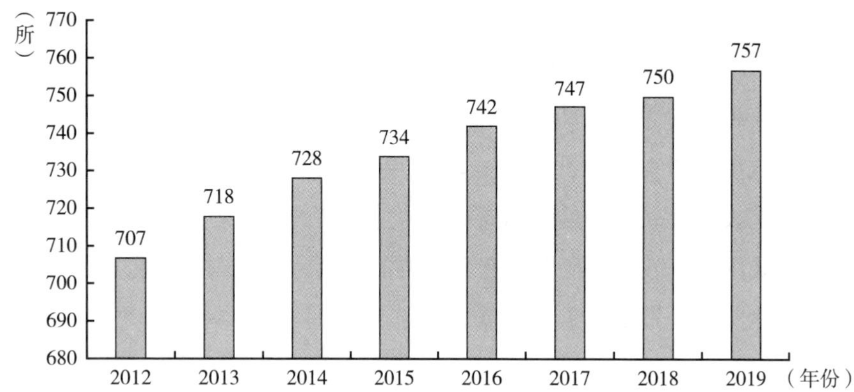

图4　2012～2019年中国民办高等教育普通高校数

表4　2020年各省份民办普通高校、独立学院在全国区域分布排行

单位：所

省份		四川	广东	江苏	河南	湖北	山东	河北	福建	浙江	江西	辽宁
在全国排名		1	2	3	4	5	6	7	8	9	10	11
民办普通高校数（含独立学院）	本科	18	25	28	19	32	26	24	14	25	21	24
	专科	33	25	21	24	10	16	13	21	9	13	9

续表

省份		陕西	安徽	湖南	重庆	广西	云南	吉林	上海	黑龙江	山西	北京
在全国排名		12	13	14	15	16	17	18	19	20	21	22
民办普通高校数（含独立学院）	本科	23	17	20	9	13	9	12	8	12	11	6
	专科	9	15	10	20	13	12	8	11	6	4	9
省份		贵州	天津	内蒙古	海南	新疆	甘肃	宁夏	青海	西藏		
在全国排名		23	24	25	26	27	28	29	30	31		
民办普通高校数（含独立学院）	本科	9	11	2	3	4	5	4	1	0		
	专科	5	1	8	6	4	2	0	0	0		

资料来源：全国教育统计公报和教育部数据（不含港、澳、台地区的数据）。

由表4看出，四川省、广东省、江苏省、河南省、湖北省的民办高校数分别排在全国前5位。整体来看，沿海经济发达地区和人口大省民办高校数量较多，西部地区除陕西、四川、重庆民办高校规模发展较好外，其他地区发展较为缓慢。各省（自治区、直辖市）民办高校在全国所占的比例一定程度上反映了一个地区的经济社会发展活力。表5统计了2020年部分省份民办普通本科高校（含独立学院）数量及在全国排名。

表5　2020年部分省份民办普通本科高校（含独立学院）数量及在全国排名

单位：所

	湖北	江苏	山东	广东	浙江	河北	辽宁	陕西	江西	湖南	河南	四川
在全国排名	1	2	3	4	5	6	7	8	9	10	11	12
民办本科高校数（含独立学院）	32	28	26	25	25	24	24	23	21	20	19	18

资料来源：全国教育统计公报和教育部数据（不含港、澳、台地区的数据）。

作为全国人口大省，河南民办高校总数在国内排名第4，但民办本科高校（含独立学院）数仅有19所，在国内排名第11位。另一个人口大省四川民办高校总数在国内排名第1，但其民办本科高校（含独立学院）数18

所，在国内排名第12。湖北、江苏、山东、广东、浙江、河北、辽宁、陕西、江西、湖南十省民办本科高校（含独立学院）数分别排在全国前10位。民办本科高校（含独立学院）在全国所占的比例在一定程度上反映出一个地区高等教育组织结构中的办学层次和办学水平。表6统计了2004～2020年河南民办高校数量和在校生数量及占全国的比例。

表6　2004～2020年河南民办高校发展情况与全国的比较

年份	民办学校数(所)			在校学生数(万人)		
	全国	河南	河南占比(%)	全国	河南	河南占比(%)
2004	228	10	4. 39	139. 75	6. 34	4. 54
2005	547	10	1. 83	212. 63	9. 92	4. 67
2006	596	11	1. 85	280. 49	14. 30	5. 10
2007	615	11	1. 79	349. 69	16. 69	4. 77
2008	640	11	1. 72	401. 30	20. 29	5. 06
2009	658	23	3. 50	446. 14	23. 38	5. 24
2010	676	28	4. 14	476. 68	25. 37	5. 32
2011	698	33	4. 73	505. 07	25. 89	5. 13
2012	707	34	4. 81	533. 18	28. 96	5. 44
2013	718	35	4. 87	557. 52	33. 04	5. 93
2014	728	37	5. 08	587. 15	35. 51	6. 05
2015	734	37	5. 04	610. 90	38. 65	6. 33
2016	742	37	4. 99	634. 06	41. 72	6. 58
2017	747	37	4. 95	628. 46	45. 66	7. 27
2018	749	39	5. 21	649. 60	51. 05	7. 86
2019	757	39	5. 16	708. 83	59. 47	8. 39
2020	773	43	5. 57		67. 12	

资料来源：历年全国教育统计公报、河南省教育统计提要（不含港、澳、台地区的数据）。

纵观河南省民办高校的发展历程，2004年，全省有民办普通高校10所（不含独立学院），在校生6.34万人。当年全国民办普通高校228所，河南仅占4.39%；全国民办高校在校生为139.75万人，河南仅占4.54%。2012

年，全省有民办普通高校 34 所（含独立学院），在校生 28.96 万人，当年全国民办普通高校 707 所，河南占 4.81%；全国民办高校在校生为 533.18 万人，河南占 5.44%。2020 年，全国民办普通高校 773 所，河南省民办普通高等学校达到 43 所，占全国民办高校数的 5.57%，2020 年河南民办高校相比 2004 年增加了 33 所；2020 年，河南民办高校在校生数达到 67.12 万人，是 2004 年的 10.59 倍（见表 6）。河南民办普通高等教育在规模扩大的同时，还实现了办学层次的节节攀升，2004 年全省只有一所民办本科高校，到 2020 年，河南的民办本科高校已经达到 19 所。

（二）全国范围内河南民办本科高校综合竞争力分析

2020 年，全国民办本科院校有 156 所，2021 年由于一批独立学院转设为民办本科高校，增长到 204 所，增加幅度较大。图 5 反映了 2021 年民办普通本科高校（不含独立学院）及 50 强在全国各地区的分布情况。表 7 列出了中国科教评价网发布的“金平果”2021～2022 年中国民办本科院校综合竞争力 100 强排行榜。

表 7　2021～2022 年中国民办本科院校综合竞争力排行榜

排名	学校名称	等级	省(区、市)	省(区、市)排名	类型	类型排名
1	江西科技学院	5★+	江西	1	理工	1
2	浙江树人学院	5★+	浙江	1	理工	2
3	南昌理工学院	5★	江西	2	理工	3
4	黄河科技学院	5★	河南	1	理工	4
5	西京学院	5★	陕西	1	综合	1
6	北京城市学院	5★	北京	1	综合	2
7	三亚学院	5★	海南	1	综合	3
8	湖南涉外经济学院	5★	湖南	1	财经	1
9	吉林外国语大学	5★	吉林	1	文法	1
10	汉口学院	5★	湖北	1	理工	5
11	潍坊科技学院	5★-	山东	1	理工	6
12	宁波财经学院	5★-	浙江	2	财经	2

续表

排名	学校名称	等级	省(区、市)	省(区、市)排名	类型	类型排名
13	武汉东湖学院	5★ -	湖北	2	理工	7
14	河北传媒学院	5★ -	河北	1	文法	2
15	浙江越秀外国语学院	5★ -	浙江	3	文法	3
16	烟台南山学院	5★ -	山东	2	综合	4
17	长沙医学院	5★ -	湖南	2	医药	1
18	西安欧亚学院	5★ -	陕西	2	财经	3
19	文华学院	5★ -	湖北	3	理工	8
20	西安翻译学院	5★ -	陕西	3	文法	4
21	西安外事学院	4★	陕西	4	财经	4
22	青岛滨海学院	4★	山东	3	综合	5
23	武汉生物工程学院	4★	湖北	4	理工	9
24	福州外语外贸学院	4★	福建	1	财经	5
25	三江学院	4★	江苏	1	综合	6
26	四川传媒学院	4★	四川	1	艺术	1
27	无锡太湖学院	4★	江苏	2	综合	7
28	吉林动画学院	4★	吉林	2	艺术	2
29	安徽新华学院	4★	安徽	1	理工	10
30	河北美术学院	4★	河北	2	艺术	3
31	黑龙江东方学院	4★	黑龙江	1	综合	8
32	武昌理工学院	4★	湖北	5	理工	11
33	西安培华学院	4★	陕西	5	文法	5
34	广东科技学院	4★	广东	1	理工	12
35	成都文理学院	4★	四川	2	综合	9
36	海口经济学院	4★	海南	2	财经	6
37	郑州西亚斯学院	4★	河南	2	财经	7
38	山西工商学院	4★	山西	1	财经	8
39	武汉传媒学院	4★	湖北	6	艺术	4
40	郑州升达经贸管理学院	4★	河南	3	财经	9
41	闽南理工学院	4★	福建	2	理工	13
42	燕京理工学院	3★	河北	3	综合	10
43	武汉工商学院	3★	湖北	7	综合	11
44	南昌工学院	3★	江西	3	理工	14
45	郑州工业应用技术学院	3★	河南	4	理工	15
46	长春建筑学院	3★	吉林	3	理工	16

续表

排名	学校名称	等级	省(区、市)	省(区、市)排名	类型	类型排名
47	商丘学院	3★	河南	5	综合	12
48	山东英才学院	3★	山东	4	综合	13
49	大连艺术学院	3★	辽宁	1	艺术	5
50	武汉工程科技学院	3★	湖北	8	理工	17
51	湖南信息学院	3★	湖南	3	理工	18
52	广东白云学院	3★	广东	2	理工	19
53	沈阳工学院	3★	辽宁	2	理工	20
54	重庆人文科技学院	3★	重庆	1	综合	14
55	成都东软学院	3★	四川	3	理工	21
56	山东现代学院	3★	山东	5	综合	15
57	广州工商学院	3★	广东	3	综合	16
58	山东协和学院	3★	山东	6	医药	2
59	上海建桥学院	3★	上海	1	综合	17
60	上海视觉艺术学院	3★	上海	2	艺术	6
61	武昌首义学院	3★	湖北	9	综合	18
62	仰恩大学	3★	福建	3	综合	19
63	广州商学院	3★	广东	4	综合	20
64	陕西国际商贸学院	3★	陕西	6	财经	10
65	大连东软信息学院	3★	辽宁	3	理工	22
66	青岛黄海学院	3★	山东	7	综合	21
67	安徽三联学院	3★	安徽	2	理工	23
68	南宁学院	3★	广西	1	理工	24
69	郑州财经学院	3★	河南	6	财经	11
70	广东东软学院	3★	广东	5	理工	25
71	武昌工学院	3★	湖北	10	理工	26
72	江西工程学院	3★	江西	4	理工	27
73	四川文化艺术学院	3★	四川	4	艺术	7
74	珠海科技学院	3★	广东	6	综合	22
75	辽宁传媒学院	3★	辽宁	4	艺术	8
76	安徽信息工程学院	3★	安徽	3	理工	28
77	四川工商学院	3★	四川	5	综合	23
78	西安思源学院	3★	陕西	7	理工	29
79	辽宁财贸学院	3★	辽宁	5	财经	12
80	江西服装学院	3★	江西	5	理工	30

续表

排名	学校名称	等级	省（区、市）	省（区、市）排名	类型	类型排名
81	广东培正学院	3★	广东	7	财经	13
82	郑州工商学院	3★	河南	7	理工	31
83	温州商学院	3★	浙江	4	财经	14
84	长春财经学院	3★	吉林	4	财经	15
85	四川电影电视学院	3★	四川	6	艺术	9
86	广州城市理工学院	3★	广东	8	理工	32
87	厦门华厦学院	3★	福建	4	综合	24
88	信阳学院	3★	河南	8	综合	25
89	上海杉达学院	3★	上海	3	财经	16
90	武汉华夏理工学院	3★	湖北	11	理工	33
91	齐鲁医药学院	3★	山东	8	医药	3
92	广西外国语学院	3★	广西	2	文法	6
93	南京传媒学院	3★	江苏	3	艺术	10
94	郑州商学院	3★	河南	9	财经	17
95	阳光学院	3★	福建	5	综合	26
96	武汉设计工程学院	3★	湖北	12	综合	27
97	辽宁对外经贸学院	3★	辽宁	6	财经	18
98	陕西服装工程学院	3★	陕西	8	理工	34
99	云南经济管理学院	3★	云南	1	财经	19
100	广东理工学院	3★	广东	9	理工	35

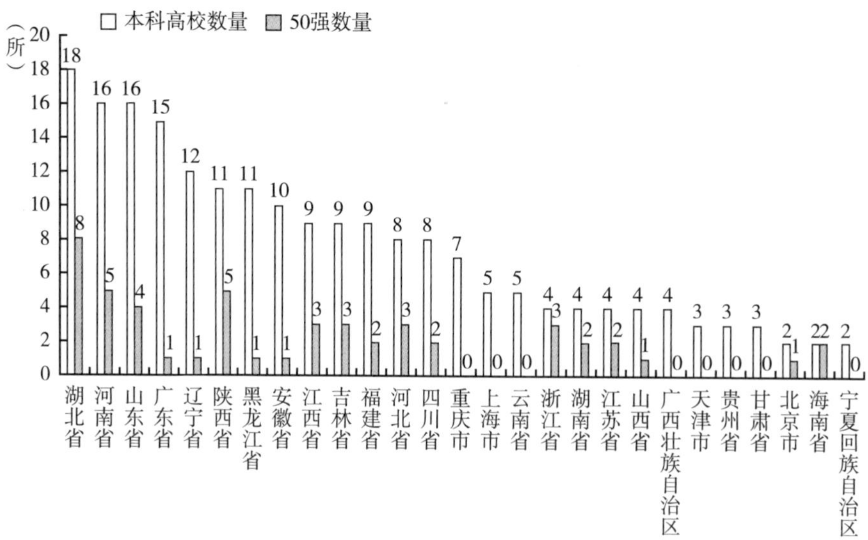

图 5　2021 年民办普通本科高校（不含独立学院）及 50 强在全国各地区的分布情况

由表7和图5看出①，204所民办本科院校主要分布在27个省份（不含港、澳、台地区），其中湖北省有18所、山东省16所、河南省16所、广东省15所、辽宁省12所。民办本科院校的前50强排名中，涵盖了19个省份，其中湖北省8所、陕西省和河南省均为5所；全国排名前五的民办高校分别是：江西科技学院、浙江树人学院（树人大学）、南昌理工学院、黄河科技学院、西京学院。河南省排名前五的民办高校分别是：黄河科技学院、郑州西亚斯学院、郑州升达经贸管理学院、郑州工业应用技术学院、商丘学院。2021年河南有9所民办高校进入中国科教评价网发布的“金平果”2021～2022年中国民办本科院校综合竞争力100强排行榜。

表8　河南民办本科院校在全国百强民办院校中综合竞争力排名

学校名称	国内排名		省内排名		类型	类型排名	
	2020～2021年	2021～2022年	2020～2021年	2021～2022年		2020～2021年	2021～2022年
黄河科技学院	3	4	1	1	理工	3	4
郑州西亚斯学院		37		2	财经		7
郑州科技学院	33		2		理工	10	
郑州升达经贸管理学院	35	40	3	3	财经	7	9
郑州工业应用技术学院	39	45	4	4	理工	12	15
商丘学院	47	47	5	5	综合	15	12
郑州工商学院	64	82	6	7	理工	22	31
安阳学院	78		7		综合	27	
郑州商学院	79	94	8	9	财经	13	17
信阳学院	85	88	9	8	综合	28	25
郑州财经学院	86	69	10	6	财经	16	11
商丘工学院	91		11		理工	30	

由表8看出，2020年河南省有11所民办本科高校进入“金平果”2021～2022年中国民办院校综合竞争力100强排行榜，占比11.00%。2021年河南省有9所民办本科高校进入100强排行榜，占比9.00%，与2020年相比，

① 陈丽婷、刘宁：《“金平果”2021年民办、独立院校排名揭晓!》，http://casee.hdu.edu.cn/2021/0311/c1031a132922/page.htm。

综合竞争力略有下降。具体分析，与2020年相比，2021年黄河科技学院在国内排名从第3名下降到第4名，郑州科技学院从第33名跌出排行榜，郑州升达经贸管理学院从第35名下降到第40名，郑州工业应用技术学院从第39名下降到第45名，郑州工商学院从第64名下降到第82名，郑州商学院从第79名下降到第94名，信阳学院从第85名下降到第88名，郑州财经学院从第86名上升到第69名，安阳学院均从第78名、商丘工学院从第91名跌出排行榜。仅有两所民办高校排名可圈可点，郑州大学西亚斯学院由中外合作办学转设为民办高校之后，以第37名进入2021～2022年中国民办院校综合竞争力100强排行榜，郑州财经学院由第86名上升到第69名。整体看来，国内民办高校综合竞争力提升较快，河南民办本科高校综合竞争力呈现整体下降趋势。

三 全国范围内民办高校科研竞争力分析

科研是大学的重要功能，和大学的人才培养是相辅相成的。科研也是学校发展资金的重要来源，民办高校、独立学院资金基本上来源于学费，其他需要通过纵向科研、横向科研以及别的方式获取。[①] 浙江树人学院（树人大学）中国民办高等教育研究院和杭州电子科技大学中国科教评价研究院自2012年推出中国民办本科院校科研竞争力评价排行榜后，2013年又分别推出了中国民办本科院校和独立学院科研竞争力评价排行榜并延续至今。

（一）2020年民办高校科研竞争力评价的方法

2020年的评价对象包括170所民办本科院校（比上一年增加9所）和238所独立学院（比上一年减少16所）。和往年的评价对象口径一致，此次评价未包括宁波诺丁汉大学、上海纽约大学、昆山杜克大学、

① 叶慧珏：《科研竞争力基本代表大学实力》，《中国青年报》2004年8月17日，第B1版。

温州肯恩大学等中外合作办学院校，也未包括研究型的西湖大学。2020年的评价指标体系和2015年以来的评价指标体系保持一致（见表9）。

表9　历年来的评价指标体系及权重

单位：%

一级指标	二级指标	权重				
		2012年	2013年	2015年	2018年	2020年
论文	CSSCI、CSCD论文	25	35	35	35	35
	SCI、SSCI、A&HCI论文	15	15	10	10	10
	中国知网(CNKI)论文	10		10	10	10
课题	国家社科、国家自科、教育部课题、文化部课题等	25	25	20	20	20
专利	发明专利	15	15	15	15	15
奖励	部级以上科技奖励	10	10	10	10	10

资料来源：汤建民2012～2020年《中国民办本科院校及独立学院科研竞争力评价研究报告》。

由表9看出，2012年以来的指标评价体系及权重在2013年和2015年有过两次调整：一是2013年CSSCI、CSCD论文权重由25%上升到35%，删去了占权重10%的CNKI论文项目；二是2015年对来自国外的论文评价体系SCI、SSCI、A&HCI论文权重由15%下降到10%；三是由于民办高校科研普遍还处于低水平，因此，2015年国家社科、国家自科、教育部课题、文化部课题等所占权重由25%下降到20%。

经过两次对评价指标体系的调整以后，2020年的科研竞争力评价工作仍然采用“动态评价法”进行计算，一是把2019年的数据权重由往年的70%下降为60%，2018年的数据权重由往年的30%上升到40%。

2020年的评价结果与往年相比有所改变，同时以四种形式给出：一是百分制分数。二是按分数从高到低的排序。三是层级标记，分为A+、A、B+、B、C+、C、D、E八个层级，层级和排序的对应规则如下：A+（前5%）、A（5%～10%）、B+（10%～20%）、B（20%～30%）、C+（30%～50%）、C（50%～70%）、D（70%～90%）、E（90%～100%）。四是基于最近三年评价结果给出的发展态势判断。其中第四种评价结果形式为2020年首次增加。评价研究团队认为，将上述四种结果形式同时结合起来观察，可以比较全面地进行各校科研竞争力的强和弱、进步和退步的横向与纵向比较。①

（二）2020中国民办本科院校科研竞争力评价结果

进入2020中国民办本科院校科研竞争力评价结果C+级及以上的高校共85所，排名如表10所示。进入2020中国独立学院科研竞争力评价结果B级及以上的高校共71所，排名如表11所示。

表10　2020中国民办本科院校科研竞争力评价结果（C+级及以上85所）

排名	学校名称	标准分	层级	发展态势
1	西京学院	100.00	A+	
2	宁波财经学院	86.68	A+	
3	浙江树人学院	74.13	A+	
4	黄河科技学院	72.05	A+	
5	浙江越秀外国语学院	67.77	A+	
6	三亚学院	62.47	A+	
7	烟台南山学院	62.13	A+	
8	无锡太湖学院	54.43	A+	明显上升
9	江西科技学院	53.32	A+	
10	郑州工业应用技术学院	53.31	A	明显上升
11	西安培华学院	53.25	A	明显上升
12	温州商学院	52.89	A	明显上升
13	潍坊科技学院	52.86	A	
14	三江学院	51.68	A	
15	郑州科技学院	50.42	A	明显上升
16	长沙医学院	49.82	A	
17	安徽新华学院	49.54	A	
18	福州外语外贸学院	49.15	B+	
19	阳光学院	47.14	B+	明显上升

① 《2020中国民办本科院校及独立学院科研竞争力排行榜》，https://www.sohu.com/a/423647127_120492088。

续表

排名	学校名称	标准分	层级	发展态势
20	武汉生物工程学院	47.03	B+	
21	湖南涉外经济学院	44.95	B+	
22	西安外事学院	44.53	B+	
23	陕西国际商贸学院	44.28	B+	
24	南宁学院	44.03	B+	明显上升
25	信阳学院	44.02	B+	明显上升
26	武汉东湖学院	43.93	B+	
27	山东英才学院	43.84	B+	
28	沈阳工学院	43.60	B+	
29	安徽信息工程学院	42.78	B+	明显上升
30	广东理工学院	42.44	B+	明显上升
31	柳州工学院	42.14	B+	
32	文华学院	42.13	B+	
33	安徽三联学院	41.69	B+	明显上升
34	西安思源学院	41.64	B+	明显上升
35	广州工商学院	41.63	B	明显上升
36	南通理工学院	41.25	B	
37	南昌理工学院	41.23	B	
38	郑州升达经贸管理学院	41.19	B	
39	江西服装学院	41.15	B	
40	西安翻译学院	41.03	B	
41	广东科技学院	40.75	B	
42	武昌理工学院	40.59	B	
43	商丘工学院	40.48	B	
44	青岛黄海学院	40.26	B	
45	青岛滨海学院	39.49	B	
46	厦门华厦学院	39.44	B	
47	长春财经学院	39.31	B	明显上升
48	北京城市学院	39.27	B	
49	上海杉达学院	39.16	B	
50	黄河交通学院	38.71	B	
51	闽南科技学院	38.63	B	
52	上海建桥学院	38.59	C+	
53	辽宁对外经贸学院	38.53	C+	
54	郑州工商学院	38.29	C+	
55	海口经济学院	37.81	C+	
56	大连东软信息学院	37.77	C+	
57	广州商学院	37.70	C+	
58	重庆工程学院	37.65	C+	
59	郑州商学院	37.63	C+	

续表

排名	学校名称	标准分	层级	发展态势
60	河北传媒学院	37.58	C +	
61	武昌工学院	37.44	C +	
62	武汉工商学院	37.44	C +	
63	大连财经学院	37.36	C +	
64	四川传媒学院	37.23	C +	
65	陕西服装工程学院	37.19	C +	
66	闽南理工学院	37.11	C +	
67	山东协和学院	37.08	C +	
68	长春科技学院	37.03	C +	
69	吉林外国语大学	37.02	C +	
70	广东白云学院	36.98	C +	
71	南昌工学院	36.93	C +	
72	重庆人文科技学院	36.81	C +	
73	齐鲁理工学院	35.92	C +	
74	吉林建筑科技学院	35.52	C +	
75	河北美术学院	35.50	C +	
76	厦门工学院	35.47	C +	
77	上海视觉艺术学院	35.41	C +	
78	茅台学院	35.30	C +	
79	湖南信息学院	35.29	C +	
80	山东华宇工学院	34.96	C +	
81	云南经济管理学院	34.88	C +	
82	西安明德理工学院	34.71	C +	
83	西安欧亚学院	34.70	C +	
84	长春建筑学院	34.60	C +	
85	大连科技学院	34.59	C +	

表 11　2020 中国独立学院科研竞争力评价结果（B 级及以上 71 所）①

排名	学校名称	标准分	层级	发展态势
1	电子科技大学中山学院	100.00	A +	
2	厦门大学嘉庚学院	96.80	A +	
3	北京师范大学珠海分校	90.26	A +	
4	中国石油大学胜利学院	71.80	A +	明显上升

① 《2020 中国民办本科院校及独立学院科研竞争力排行榜》，https：//www. sohu. com/a/423647127_ 120492088。

续表

排名	学校名称	标准分	层级	发展态势
5	浙江工业大学之江学院	67.51	A+	
6	吉林大学珠海学院	67.16	A+	
7	中山大学南方学院	66.48	A+	
8	浙江农林大学暨阳学院	66.30	A+	
9	山西大学商务学院	62.01	A+	
10	中山大学新华学院	60.41	A+	
11	华南理工大学广州学院	57.68	A+	
12	西安交通大学城市学院	56.00	A+	明显上升
13	绍兴文理学院元培学院	55.56	A	明显上升
14	温州大学瓯江学院	55.26	A	
15	宁波大学科学技术学院	54.91	A	
16	四川大学锦城学院	54.13	A	
17	成都理工大学工程技术学院	53.96	A	
18	南京大学金陵学院	52.07	A	明显上升
19	杭州师范大学钱江学院	50.60	A	
20	重庆工商大学融智学院	48.40	A	
21	东莞理工学院城市学院	48.19	A	
22	南京师范大学泰州学院	47.88	A	
23	扬州大学广陵学院	47.59	A	明显上升
24	浙江工商大学杭州商学院	47.59	A	
25	新乡医学院三全学院	46.84	B+	明显上升
26	北京理工大学珠海学院	46.53	B+	
27	南京医科大学康达学院	46.24	B+	明显上升
28	四川外国语大学重庆南方翻译学院	44.97	B+	明显上升
29	武汉科技大学城市学院	44.39	B+	
30	福建师范大学协和学院	43.93	B+	
31	浙江财经大学东方学院	43.76	B+	明显上升
32	福州大学至诚学院	43.02	B+	
33	上海外国语大学贤达经济人文学院	42.58	B+	明显上升
34	东南大学成贤学院	42.41	B+	
35	东北师范大学人文学院	42.12	B+	
36	广州大学华软软件学院	42.02	B+	
37	浙江海洋大学东海科学技术学院	41.79	B+	明显上升
38	长春理工大学光电信息学院	41.64	B+	

续表

排名	学校名称	标准分	层级	发展态势
39	广东外语外贸大学南国商学院	41.11	B+	
40	浙江师范大学行知学院	40.91	B+	
41	福建农林大学金山学院	40.82	B+	
42	南京理工大学泰州科技学院	40.82	B+	
43	广东财经大学华商学院	40.53	B+	
44	广东海洋大学寸金学院	40.31	B+	
45	江西理工大学应用科学学院	40.18	B+	明显上升
46	重庆师范大学涉外商贸学院	39.95	B+	
47	南京理工大学紫金学院	39.80	B+	
48	山西农业大学信息学院	39.79	B+	
49	淮北师范大学信息学院	39.63	B	
50	苏州大学应用技术学院	39.57	B	明显上升
51	南通大学杏林学院	39.42	B	明显上升
52	南京航空航天大学金城学院	39.32	B	
53	天津财经大学珠江学院	39.19	B	
54	河南师范大学新联学院	39.17	B	
55	西安建筑科技大学华清学院	39.10	B	明显上升
56	上海师范大学天华学院	38.74	B	明显上升
57	北京交通大学海滨学院	38.68	B	
58	南开大学滨海学院	38.57	B	
59	湖北大学知行学院	38.53	B	明显上升
60	常州大学怀德学院	38.23	B	
61	集美大学诚毅学院	38.19	B	
62	长江大学工程技术学院	37.49	B	
63	同济大学浙江学院	37.46	B	
64	西安财经大学行知学院	37.27	B	
65	烟台大学文经学院	37.22	B	
66	广东工业大学华立学院	37.04	B	
67	辽宁师范大学海华学院	37.03	B	
68	苏州大学文正学院	37.00	B	明显上升
69	广西民族大学相思湖学院	36.93	B	
70	重庆邮电大学移通学院	36.72	B	
71	河南大学民生学院	36.69	B	

（三）近年来民办高校科研竞争力排行数据的分析

综合分析2012年以来我国民办本科院校和独立学院科研竞争力评价有关数据，可得出以下结论。

1. 整体科研实力薄弱，大部分高校处于徘徊起步阶段

（1）科研论文是衡量高校科研竞争力的一项重要指标。目前，民办本科院校及独立学院的整体科研实力仍然较为薄弱。仅就论文发表数量而言，目前还有不少民办高校和独立学院所发论文不仅数量少，而且质量不高，常常是为评职称而发论文，大部分民办本科高校和独立学院作为第一署名机构在SCI、CSSCI、CSCD三个数据库中的年发文总量未超过10篇。

（2）国家自然科学基金项目和国家社科基金项目对促进中国自然科学和社会科学事业发展发挥了重要作用，对于民办高校和科研机构来说，其获得的数量和质量是体现和衡量依托单位学术水平和科研竞争力的重要指标。查询有关资料，近年来，仅有少数民办高校、独立学院在国家级科研项目方面有所成就（见表12、表13）。例如，浙江大学宁波理工学院2015~2019年主持国家科技支撑计划课题、国家自然科学基金、国家社科基金等国家级项目合计57项，外源到款科研经费超过4亿元。浙江越秀外国语学院已有36项国家社科基金项目。①山东英才学院和三亚学院分别获得35项和34项国家级科研基金项目。

表12　部分民办高校获得国家级科研项目情况

排名	民办高校名称	国家社会科学基金				国家自然科学基金	总计	备注
		国家社科	艺术学	教育规划	合计			
1	浙江越秀外国语学院	36			36		36	
2	山东英才学院	17		13	30	5	35	
3	三亚学院	32			32	2	34	
4	武汉生物工程学院					23	23	2019年数据

① 《浙大宁波理工学院：设新工科求是班2019年招生2500人》，百度百科，http：//college.k618.cn/gxzt/zjdxnblgxy/lgxw/201906/t20190624_ 17473339.html。

续表

排名	民办高校名称	国家社会科学基金				国家自然科学基金	总计	备注
		国家社科	艺术学	教育规划	合计			
5	武汉东湖学院			1	1		18	
6	黄河科技学院	1	1		2	14	16	
7	西京学院	3	2		5	11	16	2019 年数据
8	宁波财经学院	12			12	1	13	2019 年数据
9	温州商学院	10			10		10	2019 年数据
10	浙江树人学院	8			8		8	2019 年数据
11	湖南涉外学院	3		1	4	4	8	
12	阳光学院	7			7		7	
13	南昌理工学院	5			5	2	7	2019 年数据
14	江西科技学院	1			1	6	7	
15	长沙医学院					5	5	2019 年数据
16	海口经济学院	4			4		4	

资料来源：各民办高校、独立学院官网及相关报道。

表 13　部分独立学院获得国家级科研项目情况

排序	独立学院名称	国家社会科学基金				国家自然科学基金	总计	备注
		国家社科	艺术学	教育规划	合计			
1	浙江大学宁波理工学院						57	2019 年数据
2	浙江师范大学行知学院	2		1	3	21	24	2019 年数据
3	电子科技大学中山学院	2	1		3	15	18	
4	扬州大学广陵学院	4			4	10	14	
5	宁波大学科学技术学院	6			6	7	13	
6	浙江工业大学之江学院	9			9	4	13	
7	杭州电子科技大学信息工程学院					12	12	
8	中国石油大学胜利学院					5	5	2019 年数据
9	浙江理工大学科技与艺术学院						5	

资料来源：各民办高校、独立学院官网及相关报道。

（3）从相关数据的分布规律看，发现校际科研竞争力发展差距正在拉大。仅有少数民办本科高校的科研工作业绩较为突出。相比较而言，科研竞争力较稳定地居于民办高校群体前列的有浙江越秀外国语学院、山东英才学院、三亚学院、武汉生物工程学院、武汉东湖学院、黄河科技学院、西京学院、宁波财经学院，例如，西京学院仅2019年一年就有16项国家级科研基金立项，近年来签订横向课题合同1700余项，科研经费达4.6亿元。科研竞争力较稳定地居于独立学院群体前列的有浙江大学宁波理工学院、浙江师范大学行知学院、电子科技大学中山学院、扬州大学广陵学院。

2. 校际发展差异较大，区域分布呈现南强北弱趋势

（1）从单项指标看，近年来发表SCI论文较多的民办本科院校有西京学院、阳光学院、黄河科技学院、浙江树人学院、宁波财经学院、长沙医学院等。发表CSSCI论文比较多的民办本科院校有浙江越秀外国语学院、宁波财经学院、三亚学院、无锡太湖学院、浙江树人学院等。发表CSCD论文比较多的民办本科院校有西京学院、烟台南山学院、黄河科技学院、长沙医学院等。获得国家自科、国家社科和教育部课题比较多的民办本科院校有浙江越秀外国语学院、山东英才学院、三亚学院、武汉生物工程学院、武汉东湖学院、黄河科技学院、西京学院、宁波财经学院、温州商学院、浙江树人学院、湖南涉外学院等。表14反映了2019年全国民办高校教育部人文社科项目立项数排行情况。获得授权发明专利比较多的民办本科院校则有黄河科技学院、西京学院、潍坊科技学院、南宁学院等。

表14　全国民办本科高校2019年教育部人文社科项目立项数排行情况

排名	学校名称	立项数	排名
1	宁波财经学院	13	77
2	吉林外国语大学	4	243
3	阳光学院	3	294
4	浙江树人学院	3	294
5	无锡太湖学院	2	365

续表

排名	学校名称	立项数	排名
5	浙江越秀外国语学院	2	365
5	青岛滨海学院	2	365
5	黄河科技学院	2	365

（2）从单项指标看，近年来发表SCI、SSCI论文较多的独立学院有浙江大学城市学院、浙江大学宁波理工学院、电子科技大学中山学院、扬州大学广陵学院、中山大学南方学院等。发表CSSCI论文比较多的独立学院有浙江大学宁波理工学院及浙江大学城市学院、北京师范大学珠海分校、厦门大学嘉庚学院、中山大学南方学院、山西大学商务学院等。发表CSCD论文比较多的独立学院有浙江大学城市学院、浙江大学宁波理工学院、厦门大学嘉庚学院、中山大学新华学院、中国石油大学胜利学院、成都理工大学工程技术学院等。获得授权发明专利比较多的独立学院有浙江大学宁波理工学院、浙江大学城市学院、电子科技大学中山学院、厦门大学嘉庚学院、温州大学瓯江学院、绍兴文理学院元培学院等。获得国家自科、国家社科、教育部课题比较多的独立学院有浙江大学宁波理工学院、浙江大学城市学院、北京师范大学珠海分校、电子科技大学中山学院、浙江师范大学行知学院、宁波大学科学技术学院、浙江工业大学之江学院等。经查证，在国家级社科基金立项方面，目前大多数民办本科高校，尤其是独立学院还处于空白状态。

比较近年来的排名，大多数民办高校和独立学院的排名比较稳定，位次波动在10位以内。排名靠前的学校波动幅度也较小。例如，西安交通大学城市学院、江西服装学院等部分学校近年来显示了较大的排名上升幅度，彰显了这些院校不甘平庸、积极进取的良好发展态势。

四　河南民办高校在国内科研竞争力中的对比分析

加权平均法是指利用过去若干个按照时间顺序排列起来的同一变量的观

测值并以时间顺序变量出现的次数为权数，计算出观测值的加权算术平均数，以这一数字作为预测未来期间该变量预测值的一种趋势预测法。其特点是：所求得的平均数包含了长期趋势变动。本课题运用加权平均法整理2012～2020年中国民办本科院校科研竞争力评价结果，整理2013～2020年中国独立学院科研竞争力评价结果，可梳理出2012～2020年河南民办高校和独立学院科研竞争力国内评价结果（见表15、表16）。

表15　2012～2020年河南民办高校科研竞争力国内评价结果

高校名称	2012年排名	2013年排名	2014年排名	2015年排名	2016年排名	2017年排名	2018年排名	2019年排名	2020年排名	国内综合排名
黄河科技学院	2	3	4	3	2	2	3	4	4	3
郑州工业应用技术学院		25			31	23	20	15	10	21
郑州科技学院		24	22	31	41		21	17	15	24
郑州升达经贸管理学院			21	30		39	45	45	38	36
信阳学院								50	25	38
郑州商学院				33	30	32	37	61	59	42
郑州工商学院					42	36	36	44	54	43
商丘工学院								48	43	46
黄河交通学院								42	50	46
郑州财经学院							43	60		52
商丘学院							44	67		56

表16　2012～2020年河南独立学院科研竞争力国内评价结果

高校名称	2012年排名	2013年排名	2014年排名	2015年排名	2016年排名	2017年排名	2018年排名	2019年排名	2020年排名	国内综合排名
新乡医学院三全学院				36				50	25	37
郑州经贸学院（原中原工学院信息商务学院）						37	42	56		已转设 45
河南师范大学新联学院								50	54	52
河南大学民生学院					47			57	71	64

（一）河南民办高校、独立学院在国内科研综合竞争力排名分析

2020 年的评价对象包括 170 所民办本科院校（比上一年增加 9 所）和 238 所独立学院（比上一年减少 16 所）。河南共有 15 所民办本科高校和 4 所独立学院参与评价。中原工学院信息商务学院虽然已转设为郑州经贸学院，但仍被归入独立学院中。

其一，11 所民办高校科研竞争力在国内排名在 60 名之内。其中，多年来，黄河科技学院科研竞争力在国内排名较为稳定，基本上处于第 2 到第 4 名，运用加权平均法计算，国内综合排名第 3 名，郑州工业应用技术学院国内综合排名第 21 名，郑州科技学院国内综合排名第 24 名。郑州升达经贸管理学院、信阳学院、郑州商学院、郑州工商学院、商丘工学院、黄河交通学院在国内民办高校科研竞争力排名在第 36 名至第 46 名。如果把 170 所民办本科高校科研竞争力分为上、中、下三个层次，那么河南 11 所民办高校在国内民办高校中科研竞争力表现不俗，排名处于上游水平。

其二，自 2013 年以来，郑州工业应用技术学院、郑州科技学院排名基本上处于第 10 到第 41 名之间，不仅科研竞争力在国内排名较为稳定，而且近年来处于上升趋势，2020 年郑州工业应用技术学院排名第 10 位、郑州科技学院排名第 15 位，均居国内前列。信阳学院、郑州商学院、郑州工商学院等学校在推进一流民办高校建设过程中，加强了对科研的重视程度，加大了投入力度。信阳学院 2019 年首次进入中国民办本科院校科研竞争力评价体系，排行第 50 名，2020 年就跃居到第 25 名。

其三，河南独立学院的母体院校缺乏 985、211 的耀眼光环，尤其是新乡医学院三全学院、中原工学院信息商务学院、河南师范大学新联学院。虽然其母体院校仅仅是国内普通的一般院校，但在科研竞争力方面毫不逊色，四所独立学院均进入国内独立学院科研竞争力排行前 64 名。新乡医学院三全学院从 2019 年的第 50 名大步跃升到 2020 年的第 25 名。

综上所述，河南 19 所民办高校、独立学院中有 15 所进入国内科研竞争

力排行榜，排名较为靠前，整体科研综合竞争力在国内民办高校和独立学院中处于上游水平。

（二）河南民办高校、独立学院国家级科研项目竞争力分析

科研项目，即开展科学技术研究的一系列独特的、复杂的并相互关联的活动，这些活动有着一个明确的目标或目的，必须在特定的时间、预算、资源限定内依据规范完成。项目参数包括项目范围、质量、成本、时间、资源等。[①] 尤其是国家自然科学基金项目和国家社会科学基金项目是国家资助基础研究的主要渠道。与公办高校相比，民办本科高校和独立学院在国家级科研项目方面还处于十分薄弱的环节。

其一，虽然大多数民办本科高校和独立学院没有国家级科研项目，但已有少数民办高校不仅在国家级科研项目方面有所突破，而且有所成就。例如，浙江大学宁波理工学院 2015～2019 年主持国家科技支撑计划课题、国家自然科学基金、国家社科基金等国家级项目 67 项。浙江越秀外国语学院已有 36 项国家社科基金项目。山东英才学院、三亚学院分别有 35 项、34 项国家级科研基金项目。武汉生物工程学院、武汉东湖学院、西京学院分别有 23 项、18 项、162 项国家级科研基金项目。近年来，黄河科技学院共有国家级科研基金项目 16 项，其中，获得国家自然科学基金 14 项，获得国家社科基金 2 项（见表 17）。

表 17　河南民办高校、独立学院获得国家级科研项目一览

排序	民办高校名称	国家社会科学基金				国家自然科学基金	总计	备注
		国家社科	艺术学	教育规划	合计			
1	黄河科技学院	1	1			14	16	
2	信阳学院	3			3		3	
3	郑州升达经贸管理学院	2					2	
4	新乡医学院三全学院					2	2	
5	郑州商学院			1	1		1	

① 《科研项目》，百度百科，https：//baike. baidu. com/item/% E7% A7% 91% E7% A0% 94% E9% A1% B9% E7% 9B% AE/15436897？fr = aladdin。

其二，由表17看出，河南仅有5所民办高校、独立学院在国家级科研项目方面有所突破。经查证，河南其余14所民办本科高校和独立学院没有国家级科研项目。表18所列均是2000年或2000年后与黄河科技学院及其他民办高校同时升本的地方本科高校，如河南工程学院升本更晚（2006年），但这些公办院校获得国家级科研项目数量大幅度超过黄河科技学院等民办高校，民办高校与公办高校科研竞争力方面的差距十分明显。

表18　河南地方本科高校获得国家级科研项目一览

排序	地方本科高校名称	国家社会科学基金				国家自然科学基金	总计	备注
		国家社科	艺术学	教育规划	合计			
1	南阳师范学院						160	
2	商丘师范学院	32				102	134	2021年数据
3	安阳师范学院				37	87	124	2019年数据
4	洛阳师范学院						100	2019年数据
5	周口师范学院				63	30	93	
6	河南工程学院						60	

五　结论

综上所述，由于大学排名活动的实质是对大学的评估和评价。构建一个科学、完善、稳定并经得起科学验证的评价指标体系是提高大学评价与综合排名稳定性、有效性与科学性的核心基础。[①] 各种各样的大学排行榜尽管一直备受争议，褒贬不一，但具有学术和商业双重性质的大学排名已潜移默化地影响着高校的管理、政策与决策制定。提升大学的排名实际上已成为大学

① 《高校跟风大学排行榜　提升排名成校长目标》，http：//news. cntv. cn/20110218/101565. shtml。

校长的共同目标。①

大学排名活动作为大学评价的重要手段之一，以其特有的方式诠释着大学的办学质量和水平。本文通过对河南民办高校发展现状的调查分析，运用加权平均法对河南民办高校综合竞争力和科研竞争力进行分析，得出了河南民办高校在全国的综合科研实力评价结果

一是整体看来，近年来国内民办高校综合竞争力提升较快，河南民办本科高校综合竞争力整体呈现下降趋势。

二是河南 19 所民办高校、独立学院在国内科研综合竞争力排名方面，较为靠前，在国内民办高校和独立学院中处于上游水平。黄河科技学院、郑州工业应用技术学院、郑州科技学院科研竞争力排名处于前列，不仅在国内排名较为稳定，而且近年来处于上升趋势。

三是在国家级科研基金项目方面，国内民办高校、独立学院整体呈现南强北弱的态势。虽然黄河科技学院以 16 项国家级科研基金项目在国内民办本科高校和独立学院中位列第 6，但河南民办高校整体科研实力较弱，仅有黄河科技学院、信阳学院、郑州升达经贸管理学院、新乡医学院三全学院、郑州商学院在国家级科研基金项目方面有所突破。令人欣慰的是，近年来信阳学院进步较大，不仅获得了 3 项国家级科研基金项目，2019 年该学院李言统教授获批国家社会科学基金重点项目，实现了河南民办高校国家级社科基金重点项目零的突破。

四是在国家级科研基金项目方面，若与 2000 年后部分升本的河南地方本科高校相比，河南民办高校、独立学院差距巨大。比如 2000 年与黄河科技学院一同升本的南阳师范学院国家级科研基金项目已有 160 项、商丘师范学院 134 项、安阳师范学院 124 项、洛阳师范学院 100 项。周口师范学院和河南工程学院虽然升本较晚，但其国家级科研课题也分别取得 93 项和 60 项。

① 朱建华:《一些高校跟风大学排行榜提升排名成校长共同目标》,《长江日报》2016 年 2 月 16 日。

研究表明，全国民办高校科研竞争力呈现南强北弱的态势。虽然河南民办高校和独立学院在全国民办高校科研竞争力排名处于上游水平，但仅就国家级科研基金项目而言，与本省同期升本的地方本科高校相比差距明显拉大，这也是大多数民办高校和独立学院的薄弱环节。因此，如何进一步加大河南民办本科高校、独立学院在科研方面的资金投入、改变河南民办高校薄弱的人力资源组织结构，引进高学历高水平的高端人才，创办一流民办高校，是河南民办高等教育实现弯道超车亟须解决的问题。

特别关注

Special Attention

B.18

民办职业教育服务河南高质量发展调研报告*

河南民办教育研究院课题组**

摘　要：民办职业教育对河南经济社会发展起到了重要的推动作用。但与一些经济发达地区相比，河南民办职业教育在与产业的匹配度、人才培养质量、服务高质量发展能力方面还存在明显不足。应加大政策支持力度，加强产教融合、校企合作，优化民办教育发展环境。

关键词：职业教育　高质量发展　产业发展　民办教育

* 本文系河南省高校哲学社会科学智库研究项目“新中国70年河南教育的政策演变及发展走向研究”（2021－ZKYJ－09）、河南省教育科学“十三五”规划一般课题“后疫情时代河南民办高校内涵式发展研究”（2020YB0320）研究成果。

** 课题组负责人：王道勋；成员：李丽芳、贾全明；执笔：王道勋。

建设高质量经济体系、满足人民美好生活需要、塑造国际竞争新优势，迫切需要大批高素质高技能人才。河南的职业教育为全省经济社会发展和中部崛起提供了强有力的技术技能和人才支撑。党的十八大以来，河南省坚持基于经济社会发展全局统筹谋划职业教育，把职业教育改革发展作为深化教育综合改革的重要突破口，推动了河南省职业教育平稳较快发展。河南是全国第一教育人口大省，也是职教大省，职业教育总体规模居全国前列，校均规模居全国首位。2021 年 1 月，教育部与河南省政府联合印发了《关于深化职业教育改革推进技能社会建设的意见》，河南省成为部省共建、整省推进职业教育创新发展高地建设的 7 个省份之一。

当前，省委、省政府以习近平新时代中国特色社会主义思想为指导，深入实施郑州航空港经济综合实验区、中国（河南）自由贸易试验区、郑洛新国家自主创新示范区和中原城市群建设、中部崛起等国家战略。河南省应积极贯彻落实习近平总书记在 2021 年全国职业教育会议上的指示精神，大胆创新，突出政策优势，在民办职业教育领域先行先试，使职业教育各项改革措施真正落地生根，为河南省经济社会高质量发展提供有效支撑。

一　调研整体情况

鉴于民办职业教育在整个职业教育体系中的重要地位，以及对于河南省高质量发展的重要性，课题组开展调研，旨在梳理民办职业教育发展现状，推进民办职业教育构建现代职业教育体系、推进产教融合校企合作、全面提高人才培养质量。课题组从 2 月下旬开始，历时两个多月，以访谈、座谈会、实地考察等方式，深入考察河南省内鹤壁、洛阳等几个地市民办职业教育的发展情况，并到广东、山东两省学习了他们的民办职业教育的先进经验和做法，针对民办职业教育的现状、问题及解决方法进行了深入调研，对民办职业教育服务高质量发展的现状、经验、问题及建议进行梳理和总结，形成此报告。

河南省民办教育发展势头良好，增加了教育供给，促进了教育公平，推动了教育改革，为国家节约了财政支出，培养了大批应用型技能人才，民办教育逐渐从公办教育的有益补充发展成为整个职业教育体系中不可或缺的重要组成部分。截至 2020 年底，全省共有职业院校 511 所，在校生 250.2 万人，其中民办 172 所，占 33.65%，在校生 58.43 万人，占 23.35%。从整体上看，民办高等职业教育占全省高职高专教育 1/3 的规模，民办中等职业教育占全省的份额超过 1/4。在职业教育改革的大背景下，鼓励社会力量兴办职业教育，是解决河南省“十四五”高质量发展的重要途径，而且相较公办教育，民办职业教育更具有体制机制的灵活性，对服务经济社会和产业升级发展具有不可替代的作用。

河南省的民办职业教育工作走在全国前列。一是重视顶层设计。省政府先后出台了《职业教育校企合作促进办法（试行）》《职业教育改革实施方案》《关于鼓励社会力量兴办教育进一步促进民办教育健康发展的意见》《关于深化产教融合的实施意见》等文件，鼓励有条件的企业举办高质量职业教育，在招生、办学评估、学生奖助学金等方面给予民办职业院校与公办职业院校同等的待遇，另外，以政府补贴、基金奖励、捐资激励等措施扶持非营利性民办职业院校。二是强化政策扶持。为加快民办职业教育发展，在院校设置、招生、学科专业建设、师资培训等方面向民办职业院校（尤其是民办高等职业院校）倾斜。河南科技职业大学成为河南省唯一一所本科层次职业大学，立项建设 6 所高水平民办中等职业学校、6 所高水平民办高职院校。三是加大资金投入。省财政从 2012 年起设立了 2000 万民办教育发展专项资金，目前资金总额为 8000 万元，其中约 5000 万元用于民办高校。

当前，河南省民办职业教育发展还存在一些短板和不足。

一是民办职业教育适应性不够强，包括服务先进制造业在内的专业设置与产业结构的契合度不高，人才培养的规模、结构、质量仍不能很好地适应经济社会高质量发展的需要。

二是国家和河南省先后出台了一系列政策，鼓励深化产教融合、校企合作，鼓励开展股份制、混合所有制办学，但是缺乏可操作、能落地的具体措施，产教融而不合、校企合而不深的问题还普遍存在。

三是民办职业院校办学条件有待改善，特别是中等职业学校基本办学条件相对薄弱，中等职业教育吸引力不强。高职扩招后高职院校生均办学指标有所下滑，在学生管理、教学实训、考试评价等方面还不能很好地适应生源、规模的变化。

二 民办职业教育服务河南高质量发展存在的问题

河南省民办职业教育在“十三五”期间取得了一些成就，对服务河南经济社会发展起到了重要的推动作用。但与一些经济发达地区相比，河南省民办职业教育在与产业的匹配度、人才培养质量、服务高质量发展能力方面还存着一些短板和不足。

（一）产业人才供需匹配问题

1. 产业链与专业链脱节

民办职业院校人才培养与产业、企业需求缺乏有效的衔接机制，教育链、人才链、产业链在衔接上有堵点、断点和难点，专业设置不能动态调整，与地方经济社会发展契合度不高。

2. 人才培养规格较低

一是高技能人才培养数量不足。《深入推进全民技能振兴工程大规模开展职业技能培训行动方案（2018～2022 年）》提出，到 2022 年河南技能人才总量将达 810 万人，其中高技能人才总量达到 230 万人，职业教育在校生规模达到 280 万人。河南省作为制造业大省，按制造业增加值占全国的比重计算，河南省高端技术人才的缺口将达到 153 万人。二是培养的人才不完全适应岗位需求。由于在教学目标与教学内容制定方向以及教学过程中和企业结合不紧密，对企业岗位要求不了解，培养的学生到企业后往往需要再培养，加大企业成本，导致企业对民办学校的学生需求不高，形成恶性循环。三是人才培养层次不合理。目前全省只有 1 所民办本科职业院校，民办职业教育整体的人才培养层次较低，不能满足高质量发展对人才层次的需求。

3. 校企命运共同体远未形成

一是“一头热”问题突出。校企合作在政策层面有很多的积极导向，如河南省的《关于深化产教融合的实施意见》《职业教育产教融合发展行动计划》等，但在具体落实过程中，企业的营利性诉求与学校的公益性要求存在根本冲突，普遍存在“校热企不热”的情况，校企“和而不作”、产教“合而不融”现象突出。

二是合作限于较浅层次。目前很多理念先进的产教融合、校企合作模式，如引企入校、引校入企、产业学院、合作办学等在河南省落地的情况并不好，大多停留在较浅层次上。有些合作，企业一方是利用学校廉价劳动力为自己谋利，学校一方则是“搞形式”“走过场”，完成实践教学任务。“两张皮”问题严重。

（二）民办职业教育服务能力问题

1. 目标定位不明

部分民办职业院校出于利益考量，在办学定位上存在短视行为，不愿开设实验实训等投入较高的制造类专业，在发展方向上过于追求数量而不是质量。办学层次和办学类型定位有偏差，专业同质化严重，办学特色不鲜明。

2. 办学条件不强

民办职业院校一方面由于办学经费的限制，实践教学设施严重不足；另一方面自身优势不明显，吸引优质企业投资共建实践教学基地项目较少。此外，普遍存在设备落后、老化问题。

目前，我国职业院校专任教师 133.2 万人，其中“双师型”教师 45 万人，占比不到 40%。河南省民办职业院校教师队伍存在兼职教师比例较高、专任教师整体学历偏低、职业经验不足、教师流动性大等问题。由于社会认可度不高，待遇偏低和个人发展受限，民办职业院校教师流动性大。据统计，民办学校教师退休后平均只能拿到 3000 元左右的养老金，远低于公办学校教师的 7000 元左右。这些因素都直接影响了民办职业教育的办学水平和育人能力。

（三）民办职业教育发展环境问题

民办职业院校主要依靠学费收入，大多数存在经费不足问题。政府在补贴、融资、收费等方面的政策有限。民办职业院校在用地、用水、用电方面仍然不能享受和公办院校同等的待遇。

有关民办职业教育的法律法规有待进一步完善。根据《民办非企业单位登记管理暂行条例》，民办学校的法人属性为“民办非企业”，这一划分明显缺少上位法支持。同时，尽管民办教育促进法明确规定，民办学校与公办学校具有同等的法律地位，国家保障民办学校的办学自主权，国家保障民办学校举办者、校长、教职工和受教育者的合法权益。由于该规定相关内容过于宽泛，加之缺少必要的监督机制，法律地位平等与合法权益保障很难真正兑现。

三　民办职业教育服务河南高质量发展的对策建议

（一）加大政策支持力度

1. 规范民办职业教育发展

一是按照《民办教育促进法》新修法的规定，督促民办院校严格履行理事长、院委会、党委会、教职工代表大会的权限和职责，构建“四位一体”的民办法人治理体系，提高民办院校治理能力水平。

二是通过质量评估、评优奖励等方式促进民办职业院校在招生、学籍、课程、教学、教师等方面的管理水平全面提升。

三是建立规范办学行为长效工作机制，完善退出机制。加大对违法违规办学行为的查处力度，管控风险，并形成长效管理机制，进一步规范民办职业院校办学行为。

2. 完善经费保障机制

一是鼓励各地市政府设立民办教育发展基金，用于奖励服务高质量发展贡献突出、办学成效显著的民办院校，用于进一步改善办学条件、提高教育质量。

二是可采取政府购买服务的方式支持民办职业院校，将一些社会培训任务交予民办职业院校，增加民办职业院校收入。

三是建议成立教育融资服务平台或担保服务平台，解决民办职业教育融资难问题，改善融资环境，建立健全多元投融资渠道与机制，允许民办职业学校将土地、房产、仪器设备等资产作为融资方式进行融资。

四是采取措施激励社会对民办职业院校的捐助行为，比如对捐助方的税收减免抵扣等，鼓励支持民办职业教育发展。

五是明确河南省民办教育专项资金向民办职业教育倾斜，建议至少占到一半份额，并确保公开公平公正和可及性。

六是借鉴山东等地经验，争取民办职业教育纳入地方政府债券申报工作，争取中央预算内项目支持。引导学校科学制定发展规划，按照先急后缓原则安排支出预算。

3. 扶持民办职业院校升级发展

一是在深化教师、教材、教法“三教”改革中，将公办职业教育和民办职业教育一体谋划，一体推进。引导民办职业教育实施教学提质专项行动，加大对符合“项目化”“模块式”需要的教师教学创新团队支持力度；鼓励校企合作“双元”开发规划教材，推广项目教学、案例教学、情境教学和模块化教学，鼓励民办职业院校开发、建设职业教育专业教学资源库、在线开放精品课程。

二是加强师资队伍建设。让民办学校教师享有与公办学校教师同等政策待遇，既是民办教育促进法的要求，又是促进民办教育与公办教育公平的重要举措。探索打通公办学校、民办学校教师流动渠道，使公办学校和民办学校教师实现一定范围内的流动，给予民办院校教师个人发展更大空间；在社保问题上按职业而非所在学校性质缴纳社保，为民办职业院校教师按事业单位性质缴纳社保，要求学校足额缴纳，政府适当给予补贴，缩小民办学校教师和公办学校教师的退休待遇差距。确保公办学校与民办学校之间养老保险关系顺畅转移接续，促进人才合理流动和优化配置；借鉴上海、浙江等地经验，适当给予民办学校一些编制，可以给予自收自支或差供编制，便于引进高层次、高技能人才。

三是规划建设若干共享性的大型智能（仿真）实习实训基地。将基地建设成为区域产业转型升级的技术高地和面向中小微企业的技术服务中心，成为企业培训培养紧缺技能人才的实践中心，推动区域形成兼具人才培养、生产服务、技术研发、文化传承、科学研究等功能的校企命运共同体。

四是打造一批国家级和省级高水平优质职业院校和专业群，促使3～5所条件成熟的民办职业院校升格为职业技术大学，而不是在现有应用技术类型高校中转型发展职业技术大学，保障河南省民办高等教育结构的合理化及高素质、高层次制造业人才的迭代培养。

五是搭建多元赛事平台，争取全国职业技能大赛部分项目在河南落地，借鉴广东等地经验，鼓励民办职业院校积极探索建立全国职业院校技能大赛新赛制。提高民办职业院校重大活动的参与度，以赛促教，以赛促学，引领专业整体发展，确保学生“上手快，后劲足”；提升一线教师的职业素养和技能水平，促进教师队伍建设；投入职业技能提升行动，增强学校发展动力，锻炼学校组训能力，提升学校办学水平，为河南省培养更多更高水平的技能人才；充分利用河南省优越的区位优势、便利的交通条件和悠久的人文历史资源等，为建设职业教育创新发展高地打下良好的基础。

六是整合省内职业教育智库资源，建设河南职业教育研究高端智库，研究破解制约民办职业教育发展的重大问题。面向全国启动职业教育创新发展高地理论实践研究项目申报工作，探索河南省特色职业教育发展模式。

七是完善职业教育管理体制，推动职业教育和技工技师教育融合发展。借鉴山东等地经验，试点“一校两牌”工作，经主管部门批准或教育部备案，技工学校、中等职业学校分别挂技工学校、中等职业学校招牌，技师学院纳入教育部门的高等学校设置规划，纳入高等学校序列。支持有条件的高职院校转型为职业技术师范大学。

（二）深化校企互利共赢的合作机制

1. 出台激励政策，促进校企合作

一是推动出台《河南省职业教育校企合作促进条例》，用好“金融＋财政＋土地＋信用”组合式激励政策，对参与民办职业教育发展的企业、集团给予政策上的鼓励和经济上的补偿，并在用人政策、工伤保险、劳动纠纷等方面提出可操作的细则，让企业愿意参与职业教育发展。

二是建立学生实习责任保险制度，将学生实习实训补贴和投保经费纳入公用经费补助范围，免除企业的后顾之忧。

三是加快研究制定民办职业院校与企业开展校企合作的收费政策，扩大校企合作项目收费标准的浮动幅度，以弥补学生实习实训对企业造成的生产性损失。

四是借鉴广东等地经验，建立校企常态化对话机制和平台，组建多元主体参与的产教联盟，支持和鼓励河南省大型企业（尤其是大型国有企业）与民办职业院校建立长期战略合作关系。

五是推动校企合作税收政策落地，完善成本补偿和激励机制，对兴办职业教育的投资抵免教育费附加，充分发挥市场配置资源的决定性作用，打造校企命运共同体，激发企业、社会资本参与或举办职业教育的积极性。

六是鼓励企业联合学校建设职业体验馆、职业教育科技馆等，按公益性事业管理。

2. 鼓励兴办产业学院，加快产教融合发展

2019 年 1 月国务院印发《国家职业教育改革实施方案》，重点提出职业教育改革要促进产教融合校企“双元”育人，建设多元的办学格局，鼓励发展股份制和混合所有制职业院校。产业学院是一种多元主体办学、与产业链对接、与企业密集开展产学互动，在坚持教育性定位的前提下，兼具技术研发、成果转化、社会服务和企业孵化等复合功能的教育机构。

政府部门统筹协调行业协会、产业园区、龙头企业等与职业院校积极合作，举办多主体合作的实体化职业教育机构，为产教融合的顺利实施提供良

好路径，构建校企深度合作的有效平台，对推动深化产教融合、人才培养与经济社会发展需求精准对接方面具有十分重要的作用。

3. 对机关企业给予税收等倾斜，压实政府责任

政府有关部门在税收优惠、财政补贴、经费支持方面要向参与校企合作、产业融合的企业倾斜，同时对参与办学的国有企业、民营企业一视同仁。国资部门把企业参与职业教育纳入对国有企业的考核指标。加大对地方政府履行发展职业教育职责的监督力度，重点对地方人民政府、相关国有企业履行职业教育责任进行检查督导，进一步压实政府、企业发展职业教育的责任义务。

（三）以产业发展为导向办出民办职业教育特色

1. 紧盯产业链条和企业需求

一是加强信息公开，推行产业规划和人才需求信息发布制度，利用现有人才供需平台，设置河南省产业人才供需“面对面”板块，及时发布人才需求预测，引导民办职业院校利用机制灵活的优势，紧贴市场和就业形势，建立产业发展与专业动态调整机制，通过差异化投入、政策项目引导等方式，鼓励学校开设更多紧缺的、符合市场需求的专业。

二是政府发挥对民办职业教育办学方向引导作用，推动民办教育职业与区域发展同生共长，鼓励其紧贴当地实际和企业需求调整教学内容、教学方法和评价手段，使全社会从一次性学历教育转入终身学习教育的新阶段。

2. 实施民办职业教育特色化建设工程

一是为积极主动服务中部崛起、乡村振兴战略，加快建设高水平职业院校和专业群，要求各地市及职业院校把发展职业教育摆在更加突出位置，成立以主要领导为组长的工作协调机制，找准突破口与着力点，系统设计区域内职业教育体系框架、结构布局，编制好工作方案，做到“一市（校）一案”，努力实现河南省职业院校尤其是民办职业院校“一校一特色”。

二是开展过程监督和结果评价，对紧紧围绕河南省“十四五”规划开设相关专业的民办职业院校，分“优秀”“良好”“合格”三个层次评价其人才培养质量，按招生人数给予资金支持。

三是发掘河南省企业与民办职业院校共建产业学院、开展校企合作的先进典型，开展评优表彰等活动，形成示范引领效应。

（四）优化民办职业教育发展环境

（1）通过办学用地的资源供给、市场机制的灵活配置等举措，鼓励支持民办职业院校兴办和发展，着力解决民办职业教育因土地资源、市场资源呆滞等因素导致发展动力不足的问题。

（2）最大程度放开市场，强化市场主导，支持市场在资源配置中发挥主导作用，取消住宿费等“一刀切”限制（目前学校住宿费最高1500元/年），支撑保障院校自担风险，真正形成“优质优价”的良性办学机制。

（3）鼓励试点多种所有制办学，推动形成多元办学格局。学习山东、广东等地经验，引入社会力量参与办学，激发办学活力，以“混”促“改”，切实构建多元办学格局。

（4）积极发挥中华职教社在党和政府联系、团结职业教育界和民办教育界人士中的桥梁纽带作用。依托职教社对职业教育界人士和民办教育界人士进行思想引领，做好凝心聚力工作。积极开展调查研究，建言献策，参与有关法律法规的研究制定，推动河南省职业教育理论、实践、制度创新。反映职业教育界、民办教育界人士的愿望和诉求，促进社会和谐稳定。积极开展温暖工程职教扶贫公益事业，开展职教领域的评比和竞赛活动。开展与海内外教育界人士、机构的交流合作，促进民间友好往来。

（5）服务国家对外开放、“一带一路”倡议和国际产能合作。“引进来”“走出去”相结合，深化民办职业教育对外开放合作。研究制定河南省扩大职业教育对外开放的指导意见，支持国（境）内外高水平应用技术型高校在河南省开展合作办学。支持、鼓励民办职业院校与德国等国家的企业、职业教育机构或行业协会深度合作，进行本土化实践，探索中原特色的职业教育办学模式和人才培养模式。借鉴山东、广东等地经验，服务企业“走出去”，促进技术技能人才国际流动，提升技能证书国际化水平。深化“一带一路”职业教育国际合作，支持民办职业院校举办国际合作论坛。

B.19

构建学校教育、家庭教育、社会教育互补体系的思考与实践

——河南少年先锋学校家长委员会组建与运行

任晓林　翁　晴　栗海霞　张　贺　孙　品*

摘　要： 河南是教育大省。在教育由规模扩大到质量提升的转型过程中，国家的期望、社会的诉求和家庭的希望在大原则上是一致的，但在操作层面会出现一些矛盾和问题。如何构建学校、家庭和社会三位一体的教育模式，河南少年先锋学校做了有益的探索。

关键词： 基础教育　三位一体　家校共育

促进学生个体的健康成长，实现学校整体的科学发展，只有在党和国家教育方针的指导下，依靠学校、家庭和社会的共同努力才能实现。把学校教育与家庭教育、社会教育紧密结合起来，是实现教育目的的最佳途径。义务教育阶段是学生世界观、人生观、价值观形成的重要时期，学校、家庭和社会应该形成合力，为孩子的人生打好全面坚实的基础。一个时期以来，片面追求升学率的倾向导致了严重的拔苗助长现象，社会指责，家长疲惫，学校无奈，学生忙乱，影响的是民族的未来。解决

* 任晓林，河南民办教育研究院特邀研究员；翁晴，河南大才教育研究院院长，河南民办教育研究院研究员；栗海霞，河南少年先锋学校校长助理，班级导师；张贺，河南少年先锋学校教师；孙品：河南少年先锋学校家长委员会副主任，河南民办教育研究院研究员。

这一问题，国家顶层设计已经有了科学的方案，河南少年先锋学校也进行了探索试验。

一　教育的过度与缺失

教育的过度表现在两个方面，一是高层次的知识快速下沉，教育的层次向下推进，突出表现在学前教育层面，幼儿园就开始进行初等小学教育，违背了儿童的身心发展规律，也严重影响了正常的初等教育、中等教育；二是多种教育科目对学生的包围，学校教育之外各种校外培训挤占了孩子的休息玩耍时间，影响了他们的健康快乐成长。

教育的缺失主要表现在人文素养上，具体有三个方面。一是家庭教育，家长更多的是看孩子的考试成绩，考虑给孩子报什么课外班，希望自己的孩子“不输在起跑线上”，忘记了孩子怎样成人。二是学校教育，单纯地按考试成绩排名，宣扬“考试状元”“学习尖子”。忽略了人文培养，忘记了因材施教，违背了教育规律。三是社会教育，一味崇尚考试机器，不把学生当“人”。一些不负责任的媒体宣扬腐朽的价值观、道德观和人生观，形成负面的影响；全社会关心和支持未成年人思想道德建设的风气尚未全面形成，还存在一些不利于未成年人健康成长的社会环境等因素。

这样的缺失，使教育背离了初衷，而三者的严重脱节，则在一定程度上影响了学生的成长，从而带来一系列社会问题。解决这一问题，学校教育是主阵地，应该主动作为，充分发挥家庭教育的基础作用和社会的环境作用，使教育回归初心。

二　家庭、学校和社会教育互补体系探索

为使教育回归本心，学校、家庭和社会必须形成合力。

河南先锋教育自 1998 年成立之日起，就一直在构建学校、家庭、社会三位一体教育模式的道路上孜孜探索。学校最早将国学引进基础教育课堂，

将培养孩子的人文素养和社会主义的道德情操作为学校教育的基本任务，在系统探索中西方经典教育的同时，引进现代化教育手段，系统编写了具有浓郁中华传统文化特色的全学科经典教育教材，并付诸教育教学实践。

执著的探索是先锋教育不断发展的动力。正是因为坚持社会主义办学方向，坚持全面育人的指导思想，先锋教育才一步步发展起来，逐步成为全国闻名的国学教育品牌，成为在基础教育领域弘扬中华优秀传统文化的旗帜与榜样。先锋教育不但拥有幼儿园、小学、中学等全日制教育学校，还有国学师资班、国学研究院、河南省儒学文化促进会、六艺馆等多层次普及中华优秀传统文化的教育文化机构。这样的结构设置有利于在研究、弘扬中华文明的同时，将有益的教育融入学校的教育教学之中，先锋教育也成为立足中原的具有一定影响力的国学教育品牌。

先锋教育经过 23 年的探索与实践，逐渐形成了具有中国特色的生命教育模式，先锋教育的每一位学子在成人成才中所展现出的自强不息、博学明礼、文韬武略的独有品格，受到了许多教育专家的关注和好评。

在发展过程中，先锋教育认识到，要真正实现教育目的，仅仅依靠学校是远远不够的，所以从建校之初就把家长学习、家校同步成长作为工作的一部分来开展，旨在以学生为点，以家庭为线，带动社会力量，共同为教育的终极育人目标而努力。为此，学校有专门的学术机构和讲师来共同打造家长课程，进行家庭教育引领、家长生命个体成长的探索和实践，进行家校联动，共育时代英才。

在探索与实践过程中，先锋教育从以学校为主体开展家长参与教育活动，到成立家委会，以家长代表为主体，进行各种活动和课程的策划和探索，实现了更广泛、更深入进行知识教育和人文教育的高度融合与统一。

先锋教育自 1998 年建校以来一直秉承自己的教育理念，以人文教育为本，在完成现行教育知识学习的基础上，完善人格和思想教育，旨在培养具有独立人格和思想精神，且博学厚德、志存高远、德才兼备、文武双全的济世大才和具有幸福能力的健全人。

教育终极目的是实现生命的自我觉悟与完善，是生命与生命之间的互动与启迪。教育者最终要帮助学生实现自我生命成长。先锋教育尽可能提供合适的环境和方式、行为引领，让孩子能够经历这样的过程而真正觉悟成长，使他们在以后的人生中，生活积极乐观、充实而有意义。

社会是由一个又一个家庭组成的。家，是生命共同成长的精神家园，家庭是孩子生命的来源处，父母是孩子终身的老师。家庭的成长是孩子成长最重要的原动力。提升家庭文明素养，可以形塑学生的气质性情，促进学生的全面健康成长。

学校成立家委会的主要目的是加强家长与学校的联系，如反映家长对教学工作的意见、了解孩子的在校情况等。《国家中长期教育改革和发展规划纲要（2010~2020年）》提出，建立中小学家长委员会，引导社区和有关专业人士参与学校管理和监督。在学前教育、义务教育阶段，学校成立家长委员会，目的在于加强联系沟通、增进家校互动、促进学生成长。

家委会以各种形式出现在学校中，不仅一、二线城市，甚至地市县的学校也逐渐认识和重视家委会在教育中所起的作用。除了民办学校，近年来，不少公办学校也构建了本学校的家委会组织。

从治理现代化的视角来看，家委会有助于厘清教育者和受教育者的权责边界，有利于学校推进现代治理，完善学校教育体系，丰富现代教育内涵。

在认真研判和走访座谈的基础上，先锋教育决定成立家长委员会，搭建学校和家庭、社会沟通的桥梁。经由全体家长提名、推荐、竞选、投票表决的形式，坚持自主自愿原则，综合家长个人特长和工作时间，建立了家长委员会。先锋教育梳理出家委会参与学校管理的重点工作内容，包括学校的教育教学、学生的膳食营养和安全保障三大项。在此基础上，针对工作内容、性质的不同，家委会工作被进一步细化，变单一的家长委员会为“三委会”，即教委会、伙委会和安委会，分别负责三方面工作。

教委会主要配合学校教育教学相关工作。教委会成员将所了解的教育新信息、新观念带到学校，结合自身职业特点和特长，参加“家长进课堂”活动，为学生带来丰富的活动体验，同时积极为学校的教育教学献计献策，主动向学校提交合理化建议，并督促落实。

伙委会参与食堂管理，了解市场行情，监督食品价格，对学生食品的采买、加工制作、食堂卫生安全状况等进行检查和监督。同时经常收集信息，了解家长对学校膳食的意见和建议，从丰富学生膳食品种及营养搭配的角度提出合理化建议，提高学生膳食质量。

安委会参与学校的安全管理，定期参与学校安全消防联合大检查，反馈检查中存在的问题及家长对安全工作的意见建议，参加学校的安全知识学习培训，向全体家长宣传涉及切身利益的安全消防、学生安全知识，保障学校活动安全等。

家委会成员采取自荐和竞聘的形式产生，设有总会长，统筹安排工作，定期参加学校召开的家委会会议，将收集发现的问题上会讨论，形成决策并传达实施。职责明确、分工合理的家长委员会，既能最广泛地代表各位家长，又能反映学校的心声。先锋教育的家委会，还积极参与到家长成长课堂的开展和推进工作中，助力学校教育和自身成长有效结合，打破了传统的家委会形式，家长们各司其职，团结协作，从而拉近了家校关系。

家委会在沟通学校、家庭和社会教育方面发挥了较大作用。在新冠肺炎疫情期间，家委会牵头联系组织社会爱心企业和人士，为学校捐赠了防疫口罩10000余只、84消毒液200余瓶、免洗消毒液500余瓶等防疫物资，有效缓解了学校防疫物资短缺的压力，为学校疫情防控提供了有力的物资保障。在抗疫最紧张的时刻，家委会组成志愿者服务队，每逢学校上学、放学期间，义务维持学校周边交通秩序，有力保障了学生上下学期间的安全，同时多次邀请消防、卫生、心理等方面的专家，走进校园，为学校师生开展公益的消防安全教育讲座、卫生防疫健康宣传讲座、心理健康知识讲座等，丰富了校园生活，也提高了师生安全健康意识。

家委会组织家长代表积极参与学校组织的冬至、清明等传统节日特色活动，家长们不仅实际参与到活动的各个环节中，而且提供了很多物资方面的帮助（如提供活动会演道具、服装等），还联系了一些新闻媒体，对学校的特色活动进行了宣传报道，大力推动了学校各项活动顺利进行，更提高了学校的知名度。

家委会组织家长代表多次召开座谈会，搜集整理了几十条关于学校饮食、住宿、课程设置、家校沟通、学生学业、校园活动、环境布置等多方面的意见和建议，并反馈给学校，协调学校校务、后勤等部门，将家长们的意见和建议落到实处，有效推进了学校的科学管理和良性发展。

家委会多方联系校外研学组织和机构，先后牵头组织学校各个年级开展了秋季野外课堂拓展研学活动和春季亲近自然校外游学活动，活动期间的交通、食宿、费用等问题均由家委会协调解决，活动方案由家委会会同学校与活动承办方协商制定。

在日常工作、生活和学习活动中，家委会作为学校、家庭和社会沟通的桥梁，做了大量细小、琐碎的工作，将许多先前学校和家庭之间、教师与学生之间由于观念、方法、认识不同产生的小误解、小摩擦、小矛盾及时化解，在学生的成长教育中发挥了重要作用。

三　发展展望

传统意义上的家长委员会只是在浅表层面做了一些工作，如何在新时代教育发展的大背景下使学校、家庭、社会教育形成合力，先锋学校的家长委员会有一些新的思考。

第一，使家长委员会成为家校联系的纽带。除了把家长的建议和意见反映到学校、将学校的意图传递给家长之外，还要进一步加强家校在育人方面的合作，让家长在一定范围内参与到学校的各项教学活动之中，甚至在学校发展规划、人才培养计划、特色课程建设、教师工作评价、学校管理服务评估等方面家长也可适当参与。

依托信息技术，利用微信和网络平台，建立家校互动平台；家长与学校、家长与教师共同探讨教育教学方面的问题，共同教育孩子，有利于把孩子培养成德才兼备的人才。

学校要通过会议、微信、问卷、专访等形式与家长共同了解学生学习、生活的动向，及时解决学生在校内校外出现的问题，与家庭一起营造学生成长的良好环境。

第二，在学校教育和社会教育中发挥作用。教无定法，贵在得法。教育教学方法和管理不是一成不变的。教育教学改革不断深化，许多新的教育教学模式颠覆了传统的教育教学方式。先锋教育从建校以来，一直把教育教学改革的方案、设想、措施、方法、制度等有关信息，通过学生成长的成果展示，通过家长讲座的宣传多方面多途径告诉家长，让家长成为学校教育教学改革的宣传员，通过宣传获得社会支持，从而让先锋学校教育教学改革更加顺利地进行。

家委会除了正面宣传学校的教育教学改革外，还要搜集、整理、反馈广大家长对学校教育教学工作的意见和建议。学校通过家委会的反馈，广泛听取家长的批评与建议，针对这些批评与建议，不断修错改正，使学校教育教学改革取得良好效果，结出丰硕成果。

为实现这样的目的，要从两个方面着力，一是学校要真正认识到家庭教育的重要性，将其视为学校教育有效的补充。这里要避免将学校教育的责任推卸给家庭。家庭教育是学生成人的基础，不是知识传授的主战场。在这个基础上，学校和家庭教育之间的科学分工需要厘清，互补产生合力。学校可以根据国家的教育方针和自身办学的特色，通过家长委员会及时组织行之有效的家长课堂，相互沟通，商讨共同育人的方案。二是家长委员会可以参加不影响学校正常教学工作的会议和活动，甚至可以列席教职工代表大会，代表广大家长对学校的发展提出自己的意见和建议。

参考文献

《中共中央国务院关于进一步加强和改进未成年人思想道德建设的若干意见》（中发〔2004〕8号），2004年2月26日。

闫海瑞：《家校共育培养小学生健全人格》，《教育》2016年第5期。

赵晓丹：《开展养成教育，创建家校共育新模式》，《中小学教学研究》2015年第1期。

谢希红:《创新家长会形式可以提升家校教育合力》,《中国教育学刊》2016 年第 6 期。

李志超:《关于家校教育价值观整合的探讨》,《当代教育科学》2012 年第 22 期。

杨雄、刘程:《关于学校、家庭、社会“三位一体”教育合作的思考》,《社会科学》2013 年第 1 期。

党 建 篇

Party Construction Section

B.20
河南民办教育党建报告

秦 旻*

摘 要： 新的《民办教育促进法》实施以来，民办学校党建工作日益受到重视。河南省民办高等教育在政治建设、思想建设、组织建设、作风建设、纪律建设、制度建设各个方面不断加强，幼儿园、小学、中学、中职层次的民办学校更加注重党员先锋模范作用的发挥，找准党建发力点，将党建工作落在实处。在高质量发展的背景下，河南民办教育将进一步坚持立德树人根本任务，强化思想引领，围绕中心，服务大局，以党建工作的高质量推动民办教育高质量发展。

关键词： 河南 民办教育 党建 思想引领

* 秦旻，郑州升达经贸管理学院党委委员、党办主任、组织部部长，硕士，讲师，主要从事党建与思想政治教育研究。

近年来，河南民办教育的规模、数量、质量不断提升，在全国范围内引起了极大关注。河南民办教育除了在学科建设、人才引育、科研成果、教师培养等方面取得亮眼成绩外，在党的建设方面也取得了显著成效。

1994 年，黄河科技学院成立党总支，揭开了河南民办学校党建工作序幕。27 年间，河南省各级各类民办学校党建工作迅速发展，党建引领力、吸引力、生命力得到增强，融入业务、带动业务取得显著成效。如何更有效地发挥党建的引领作用，走出一条符合学校实际、自身特色鲜明的党建之路，成为摆在所有民办学校面前的重要问题。根据习近平总书记对民办学校党建工作做出的重要指示，河南省进一步明确“高标准党建引领高质量发展”的工作目标，确保民办学校党建引领作用得到充分发挥。

一 河南民办学校党建工作的现状

（一）河南民办学校基本情况

2020 年，全省各级各类民办学校 2.17 万所，在校生总数 715.15 万人，教职工总数 61.57 万人。其中，民办幼儿园 1.82 万所，在园幼儿 283 万人；民办小学 1894 所，在校生 180.22 万人；民办普通初中 941 所，在校生 101.27 万人；民办普通高中 366 所，在校生 52.6 万人；民办中等职业学校 144 所，在校生 30.65 万人；民办普通高等学校 43 所，其中本科院校 19 所，高职（专科）院校 24 所；普通本专科在校生 67.12 万人，其中本科 37.74 万人，专科 29.38 万人，占全省普通本专科在校生总数的 26.93%。[①] 值得关注的是，全省民办教育在校生数占到全省各级各类教育在校生总数 2689.67 万人的 26.59%，占比超过 1/4，且同比增长 0.08%，足见民办学校整体发展建设步伐之稳、速度之快。

① 《河南省教育厅关于印发 2020 年河南省教育事业发展统计公报的通知》，http：//jyt.henan.gov.cn/2021/03－24/2114107.html，2021 年 3 月 24 日。

（二）河南民办学校党建工作开展情况

2020年，河南省民办学校坚持目标导向，巩固政治建设统领地位，在提升党建工作质量方面进行了有益探索，推动形成了各级党组织、全体党员共同发力的良好发展局面。各级各类学校紧跟发展新形势，探索解决薄弱环节，突出特色发展，走出了一条党建高质量带动学校发展高质量的发展路径，切实将党的领导贯穿学校各项工作全过程，真正使党建成为推动民办学校持续健康发展、服务地方发展的有力引擎。

1. 民办普通高等教育

一是加强顶层设计，充分发挥核心作用。对照中央和省委要求，省委组织部、省委高校工委进一步健全完善民办高校党委书记派驻制度，并进一步扩大了派驻的学校范围和人员范围。对照公办本科高校标准，为郑州升达经贸管理学院、郑州经贸学院、信阳学院以及商丘工学院等遴选具有丰富高校党务工作经验的正厅级干部担任党委书记。对照公办专科院校标准，遴选10名副厅级干部进驻郑州电子信息职业技术学院、郑州商贸旅游职业学院等10所民办专科院校担任专职党委书记。同时，在河南省基层党组织建设先进单位中，遴选聘任22名党建指导员，首批选派9人担任郑州电子信息职业技术学院、郑州城市职业学院等9所民办专科院校党建指导员，并兼任学校党委副书记，指导、推动民办高校党的建设更加科学、规范。各民办高校逐步完善党委会议议事规则，在学校“三重一大”事项中，积极参与研究，进一步加强了党委决策的合理化、科学化、全局化，发挥出了党委政治核心作用。

学校董事会、校行政全力支持党委工作，助推党建发展。目前，“双向进入、交叉任职”已经全面实现，“一岗双责”落实到位，党建工作与业务工作基本实现有机融合。比如郑州升达经贸管理学院党委书记进入董事会，另有2名党委班子成员进入董事会班子；同时，2名行政班子成员进入党委班子。民办高校党建的发展离不开董事会和校行政的大力支持，省内各高校均形成了党委与董事会、校行政协商沟通的良好机制。郑州升达经贸管理学院多年来坚持党委与董事会沟通协商制度和党政联席会制度，形成了董事会、校行政、校党委各司其职、齐心协力解决问题的良好工作局面，为学校稳扎稳打迈步向前提供了坚强制度保障。

2020 年，各民办高校始终坚持在各个领域、各项任务中从严从实落实管党治党职责，持续净化校园政治生态，为实现收官之年圆满收官、推动民办教育事业进步奠定了坚实基础。在郑州升达经贸管理学院全面从严治党工作中，签订落实党风廉政建设责任书，强化自我监督、带头廉洁自律已经成为党员领导干部的必修课程。同时，“双管齐下”发挥外部监督的力量，扎实做好重点环节、关键节点、重要岗位的把关提醒工作，避免苗头性问题演化成严重的腐败问题。除了“关键少数”，还有全员签订廉洁自律承诺书、积极组织廉洁文化教育和警示教育等活动，不断加大从严治党力度，强化制度执行力。

坚持重大问题、紧急事项第一时间通报、最快时间解决，使得民办高校意识形态工作有制度、有保障，意识形态工作责任制有效落实。郑州升达经贸管理学院制定了《意识形态工作分析研判联席会议制度》，使意识形态工作与各单位业务工作同步开展得到了保障。2020 年，学校多次组织召开意识形态研判会，在分析形势的同时，重点审查了学校是否存在影响意识形态领域安全的问题，推动校园环境文明健康发展。持续加大“防传教防渗透”工作力度，着力根治“三化”，结合新生入学、毕业生离校以及其他重要时间节点，制定“双防”宗教工作方案，明确各相关行政部门、各学院的任务和责任，确保任务落实到人、落实到事，积极做好做实做优“双防”工作。深入开展大学生反邪教教育，巩固“四课”教育成果，形成了升达独具特色的“一月二周三日四课”教育模式，推进无邪校园建设取得新成果。

二是夯实基层基础，激发党建活力。2020 年，各民办高校根据提质引领行动的任务要求，以制度更完善、力度更大、标准更高等强有力的举措，推动支部建设更加标准化、规范化，并在此基础上全面提升省级样板党支部的工作水平，不断加强基层党组织建设。在公布的首批全省高校省级样板党支部中，民办高校占到 24 个。注重全面落实“双带头人”制度，推进党建工作和业务工作同步发展。坚持量化考核形式，各个民办院校也都制定执行了基层党组织建设的考评体系，其中郑州升达经贸管理学院制定了综合考核评价指标体系，并与每年的党建工作评优评先相结合，促进各级责任落实。

结合疫情防控形势和防控需求，各民办高校不断创新教育方法，充分利用碎片化时间，统筹思想优势和技术优势，同步开展线下教育与线上教育，实现了“两学一做”常态化与制度化，进一步提升广大党员学习成效。郑州升达经贸管理学院结合学校实际情况，组织录制了 15 期微党课、2 期培训班，确保党员发展和党校培训工作不停步、取实效。2020 年，民办高校共有 12 个基层党组织、14 名党员和 5 名党务工作者受到高工委表彰。

品牌在很大程度上代表了一项工作水平和质量，也更能进一步起到提质增效的带动作用。多年来，各民办高校党委坚持品牌意识和思维，围绕学校基层党建重点工作，大力创新、不断突破，推动形成“一校一特色”的党建发展模式，带动基层党组织组织力不断提升。包括郑州升达经贸管理学院思政工作坊、红色经典诵读等在内的一大批优秀党建品牌，大力创新，在全省民办高校中具有较强的示范作用。特别是在此次疫情中，升达全体党员“当先锋、做表率”，克服挑战、勇于担责、无私奉献，为抗疫工作贡献力量，展现出了升达人的风采。学校 20 名教职工党员、43 名学生党员、42 名积极分子主动参与到社区村庄的疫情志愿服务工作中。全校成立 10 支党员志愿者服务队，党员同志全员投入学生返校复学和秋季学期报到工作中，受到学生和家长的广泛好评。

新时代，各民办高校党委积极响应习近平总书记的号召，高度重视统战工作发展，充分调动党外知识分子群体，为学校事业发展共同奋斗。郑州升达经贸管理学院紧密结合时代发展新形势，对学校新社会阶层人士的统战工作进行创新，形成了“坚持一个中心、突出两个重点、打造三个品牌”的新模式，并在中部七省区新的社会阶层人士统战工作经验交流会上做典型经验分享，获得了中央统战部和省委统战部的高度评价。2020 年度，郑州升达经贸管理学院被评选为全省统战工作成绩突出单位，也是唯一获评的民办高校。

三是加强思想引领，严格落实根本任务。坚持“立德树人”根本任务，充分发挥校党委、院系党组织、思政课教师、辅导员以及全体教职工的育人作用，着力构建全省民办高校全面化、立体化、多层级的思政教育工作体系。郑州升达经贸管理学院坚持配齐配强思政队伍、创新思政教育载体、强化师德师风建设、推进课程思政教学改革四项措施，不断加强师生思想政治教育。

黄河科技学院将党建工作与学校常规工作紧密结合，落实到基层。机关第一党总支委员开展了“学党史、忆初心、强党性”学习活动；机关第四党总支三个党支部全体党员及骨干徒步前往郑州二七纪念馆追寻红色记忆，缅怀革命先烈；教务科研处党支部开展“学党史、强信念、育新人”党史学习教育活动；工学部举行学习《论中国共产党历史》读书分享会；学生处（招办）党支部开展“重温百年路，启航新征程”主题党日活动；职业技术学院分党委组织全院师生开展“重温红色经典，学习百年党史——同看一部红色电影”活动；纳米功能材料研究所党支部开展“学党史、强党性、守初心、担使命”主题党日活动；艺体学部开展建党百年主题党日教育实践活动；医学院分党委组织 100 名党员和积极分子到郑州市爱馨养老医院开展主题为“学史力行　以行践知——建党 100 周年志愿服务”的社会实践活动；音乐科教中心教工党支部齐诵入党誓词，举办以“传承红色文化　弘扬革命精神”为主题的诗歌朗诵主题党会；后勤集团开展党史学习教育专题课；校产管理处党支部举办“迎接建党百年、百道党史答题”知识竞赛活动。这些活动推动了党建和思想政治教育工作扎实开展。郑州升达经贸管理学院成立党委教师工作部，积极探索新时代教师思想政治工作规律。建立人员聘任凡进必签（廉洁自律承诺书）、凡进必审（政审和品德审查）制度，逐渐完善师德师风一票否决制度，提高升达全体教师教书育人责任感。设立了“升达师德奖励基金”，激励广大教职员工向师德先进典型看齐。制定实施课程思政教学改革专项方案，深入推进课程思政“四个一”工程，组织评选学校首批课程思政示范课 12 门，在全校范围内形成了思政课和专业课程相互配合、协同育人的大思政格局，充分发挥出了思政教育

"1+1>2"的效应。

充分发挥思政课的领航作用，2019年，升达经贸管理学院成立马克思主义学院，抓住思政课教师这个关键，全面提升思政工作质量水平。强化队伍建设，为每个院（部）配备专（兼）职组织员，严格按照师生比配备专职辅导员和思政课教师，制定辅导员定级晋升政策，稳定思政工作队伍。坚持不懈地把思想政治教育贯穿落实到日常教育教学和管理之中，升达经贸管理学院建校27年来，坚持每学期举办"思政课活动周"，每天开展"国旗教育""养成教育""劳动教育"，形成了"一周、三教育"教育品牌活动。持续繁荣校园文化，升达经贸管理学院校园始终洋溢的好学乐读、礼让整洁、爱国爱校的浓厚氛围与学校高度重视校园文化培育有着密切的联系，广大师生在潜移默化中受到教育，引领学生健康成长。

郑州科技学院、郑州工业应用技术学院、郑州商学院、商丘学院、黄河交通学院、信阳学院、开封科技传媒学院、郑州澍青医学高等专科学校、郑州电力职业技术学院、郑州黄河护理职业学院等高校都能结合学校实际开展有特色的活动，有效推动了人才培养工作。河南省民办教育协会根据河南省情和民办教育发展实际，开展了一系列卓有成效的工作。各民办学校也将自身置于党的工作的大局之中，得到了各级党组织和社会各界的肯定。2020年3月，作为在新冠肺炎疫情防控工作中表现突出的基层党组织和共产党员，中共黄河科技学院教务科研处支部委员会和洛阳科技职业学院疫情防控武汉临时党支部书记、信息工程学院辅导员麦陆南受到中共河南省委高校工委的通报表扬。2020年，黄河科技学院校产管理处党支部、郑州升达经贸管理学院教工党支部等22个单位被省教育厅评为全省高校样板党支部。

2. 民办高中教育

在河南省民办教育体系中，高中阶段学校数量占到全部民办学校数量的1.69%，在校生数占到7.36%，所占比例并不大。依据实际情况，省内民办高中由各省辖市管理，因此，各市的具体情况必然影响学校党建工作的开展及进展，总的来说，民办高中更多注重党员素质培养、党员作用发挥和师生思想政治工作。

民权九九高中党支部充分发扬“党员干部走在前，啥事都不难”的良好干事传统，高度重视党员素质培养，注重党员带头作用发挥。开展“诵读经典、红心向党”诗歌朗诵会、召开入党积极分子培训会，加强党员、积极分子教育培训，进一步丰富了教育载体。

黄河科技学院附属中学充分发挥党支部的战斗堡垒作用，通过定期召开支部会议、落实民主生活会制度、推行党员活动日制度等，不断增强党员干部的责任担当和使命意识。组织开展微党课活动，并要求党员同志规范佩戴党徽，提高党员身份意识，增强爱国主义情怀。

安阳市深蓝高级中学坚持以党风带校风，以党风促教风，以党风强学风，坚持党建与业务工作深度融合，坚持做好思想政治工作，培养师生爱党、爱国、爱军、爱民的意识，切实提升师生综合素质。

长葛市第三实验高级中学坚持政治理论学习常态化，每月组织一次党员专题学习。注重教师师德培养，定期开展师德师风培训。强化学生思想政治教育，着重抓养成教育，引导学生养成良好品德。积极开展党员服务群众承诺行动，坚持“双结对、双报到”，扎实开展党员“三联系”和志愿者服务活动，增强党员服务群众意识，培养无私奉献的志愿者精神。

南阳市张衡中等职业学校党支部同样注重党员作用发挥，结合党员“示范岗”、党员“三联系”、党员承诺践诺行动，因地制宜组织开展党员“五个一”行动，发挥党员在教学科研、文明传播、志愿服务、服务师生等方面的示范引领作用。

3. 民办初中教育

濮阳市外国语初中党支部成立于2020年2月，虽成立时间较晚，但党建工作开展得有条不紊。学校坚持党建工作紧紧围绕教育教学工作，坚持一切从实际出发，切实将党建和学校教育教学工作紧密结合。重视党员的业务能力建设，把党员培养成优秀教师，把优秀教师培养成党员；鼓励党员在工作中勇于创新；重视党员的思想建设，引导党员坚守思想堡垒；把少先队、共青团和党的建设工作紧密联系在一起，培养学生爱党爱国的意识。

郑州建业外国语中学在“五学智慧课堂”特色品牌的基础上拓展德育

内涵，加强思政课和音体美劳等课程建设，让爱党、爱国、爱社会主义教育贯穿学校各项活动，赢得社会广泛赞誉。组织开展红歌比赛、慈善日捐款、师德演讲比赛、志愿服务等活动，不断丰富党员教育形式。加强党建带团建，指导校团委创立“一元成长基金”，鼓励教师、学生积极参加，培养学生感恩意识。

4. 民办小学

襄城县实验学校坚持“幸福教育”办学理念，党支部通过“立体德育”“养成教育”“特长培养”“展示教育”“诗意教育”，塑造幸福教师，培养幸福学生，成就幸福家长，促进家校关系和谐发展。增强党员争先创优意识，以争创“共产党员先锋岗”为载体，设立“发展规划岗”“德育特色岗”“教育质量岗”“课题研究岗”“安全和谐岗”“服务保障岗”“家校联系岗”等党员实践活动岗位，确保党员先进性教育经常性和长效性。采用“5 + X”模式，即缴纳党费、奏唱国歌、重温入党誓词、诵读党章、“两学一做”学习教育交流开展主题党日活动。2020 年，襄城县实验学校被评为襄城县“中小学党建工作示范校”、襄城县教育系统“先进基层党组织”、许昌市“中小学党建工作示范校”。

义马英山外语（国际）学校坚持把党建工作纳入学校总体发展规划，由校长担任党支部书记，保证党组织班子成员进入学校管理层。以党建项目化管理为手段，充分发挥党员教师的示范引领作用。以党建促进教育教学工作的开展，注重“红色基因”传承，通过升旗仪式、宣誓教育、励志课堂、晨诵课堂等养成教育，打造特色文化校园。

南阳市宛城区建业小哈佛双语学校坚持“精品教育　服务社会”教育理念，以党员承诺活动为契机，组织全体党员每学期签订《党员承诺报告单》；以“开展党员先进性教育，争创家长满意教师”为载体，开展好党员考评；组织引导广大党员争创“党员先锋岗”，不断增强党员教师争先创优的意识，始终保持党员先进性、示范性。

5. 民办幼儿园

幼儿园教育虽不属于义务教育，但是对儿童的成长具有重要的影响。多数民办幼儿园积极探索幼儿教育规律，开拓发展思路，将党建同教育工作联系起来，发挥党建的引领作用，形成了各具特色的幼儿教育。

汝州市西雅图香榭世家幼儿园党支部通过红色阵地、师德阵地、育人阵地宣传党的路线、方针、政策，教育师生爱党、爱国、爱家乡、爱校。党支部以“举旗定向，永跟党走”“不忘初心，砥砺奋进”“我是党员请向我看齐”等为主题打造红色阵地，以“让每一块墙壁会说话，每一块展板能传情”为目标，激励全园师生心中有信仰，脚下有力量。以“童心向党聚合力 和美润园育幼苗”为主题，根据幼儿年龄段的特点，建立寓教于乐的活动模式，打造“童心向党”党建品牌，2018 年首创以红色题材为主的《红星闪闪》大型体智能早操，编排大型党建主题情景剧《传承红色基因 培养时代新人》，受到市组织部、教育局、家长及社会的一致好评。

卢氏县洛苑小区幼儿园把党建作用发挥同提高教职工能力素质结合起来，以党建促能力提升，以能力提升带动党建发展。引导广大党员对照党章党规、对照最新精神、对照工作实际找差距，总结存在的不足，分析产生的原因，制定切实可行的解决对策，不断提升能力素质，争当干事创业模范。

巩义市第二幼儿园按照党员领导干部联系基层的工作思路，深入实施“一岗四联”：联系一个年龄组，联系一个班级，指导一位教师，结对一名特殊儿童，开展有温度的党建活动，真正为师生解难题、办实事，尤其注重关心关爱特殊儿童成长，充分体现了学校党建工作的人文情怀。

6. 民办培训机构

郑州晨钟教育集团党委提出了“文化是根、人才是本、发展是基、党建是魂”的党建工作指导思想，不断创新学习方法，搭建学习平台，开展了以红色研学活动为载体的专题学习活动，大力传承红色基因，强化文化引领，不断从红色研学活动中汲取党的优良传统和作风，推动教育事业健康发展。其中，“六上井冈山”“嘉兴南湖研学”“延安精神研学”“古田、瑞金研学”等深受党员干部好评，郑州晨钟教育集团成为河南省郑州市非公党建观摩窗口、河南省社会组织党建示范点。

郑州市金水区大山培训学校有限公司以“搭班子、拉队伍、强组织”

多种方式推进基层党组织的标准化创建，进一步夯实党建工作基础，使公司党建工作水平整体提升。2020 年，金水区丰产路街道党工委任命党委副书记兼纪检书记，进一步健全了党委班子。公司设有党建专职联络员及党务工作部门，专门负责党建活动的开展。选拔学科带头人、优秀党员教师、优秀管理人员等能力强、讲奉献的党员担任党支部书记，引领党支部建设。同时，公司专门成立了流动党支部，将离职党员和未转入组织关系的党员纳入管理，为他们提供参加组织生活的平台，实现了党员教育全覆盖。

不同于前两所培训机构的党建工作规模，联大教育集团党支部规模虽相对较小，但自成立之日起便坚持把政治建设摆在首位，认真组织学习贯彻十九大精神，用习近平新时代中国特色社会主义思想指导工作、推动实践。组织全体党员参加“万名党员进课堂”活动，深入掌握师生诉求。以“红色基因代代传”工程为载体，利用周边红色教育资源，开展“党员先锋在身边”和“追寻红色足迹”活动，营造红色党建环境，教育激励全体教职员工坚定理想信念。2019 年，党支部被金水区教育局评为“先进党组织”。

通过梳理总结可以发现，河南省民办普通高等教育的规模普遍大于其他类别民办学校，在政治建设、思想建设、组织建设、作风建设、纪律建设、制度建设各个方面成效较为显著。而初高中、幼儿园、中职层次的民办学校则更加注重党员先锋模范作用的发挥，注重发挥党员在传承红色文化、学生思想政治教育、教育教学工作、家校联系中的示范作用，通过每一名党员的教育，找准党建发力点，真正将党建工作落到实处。

二　存在的问题

第一，党组织的作用没有得到充分发挥。一是管党治党压力向下传导不够。通过调查发现，省内部分民办学校基层党组织还存在只布置工作不问效果，或只求完成任务不求高质量的懒汉思想，被动应付多，积极主动少。部分党员干部提高履职本领的劲头有所下降，导致工作能力无法满足党建工作提出的新要求。二是党务干部力量配备不足。当前省内民办学校的党组织建设发展迅速，各方面都在不断完善，但是仍然存在不足之处，就类别而言，主要存在党建不平衡问题；就具体工作而言，较为突出的是专职党务干部的配备依然较为薄弱，党组织专职人员普遍配备不足，很多都是兼职，“一人多岗多职”的现象影响了党务工作的开展，也影响了党组织作用的有效发挥。

第二，基层党组织的建设有待完善。一是基层党组织生活缺乏多元化的形式，内容吸引力不足。通过调研发现，省内部分民办学校基层党组织多停留在听报告、学习文件，使党组织生活变成文件教育，因此不能使师生党员需求得到满足，师生党员参加党组织生活的热情受到影响。二是基层党支部，尤其是学生党支部存在应付党建工作的问题。在对省内民办学校党建工作进行调研的过程中发现，部分学校尤其是民办高校的学生党支部甚至是教工党支部都存在着应付党建工作的问题。主要表现为：教工党支部对业务工作较为重视，对党建工作常常忽视；学生党支部的党组织生活敷衍了事，虽按时召开，但成效不大。三是师生党员的发展质量有待提升。通过调研发现，有些师生党员在入党以前和入党以后的表现存在较大的差异，入党前的表现好，入党后表现不好，甚至部分预备党员在评选过程中出现了“拉选票”的问题，通过微信、QQ 等拉票。四是部分基层党组织设置有待健全。现阶段，多数民办学校党组织对于学科建设、科学研究等给予了高度重视，然而对于党组织建设重视程度有待提高。

第三，基层党建活力需进一步增强。一方面，基层党组织创新发展理念还不够强，对党建优秀品牌引领示范作用认识还不够。民办学校原有一些品牌，但也面临再创新、再创造、再提高问题。调查发现，大部分民办学校基层党组织能够意识到自身存在创新意识不强、创新能力有待提高的问题，个别基层党务干部习惯于用常规思维推进党建工作，进行深层次研究思考还不够，导致创新性举措少，基层党建进步缓慢。另一方面，部分党员的党性修养需要提高。通过调查发现，在党员教育方面存在着缺乏多元化方式、内容乏味等问题，以理论为主，缺乏和师生党员实际的结合，导致对于党的政策仅仅停留在学习表面，不能融入师生党员心中，使党员受教育效果受到影响。当前已经步入互联网时代，然而有些民办学校基层党组织依然以集中上党课为主，缺乏将党员教育和新媒体的有机融合，影响了党员教育质量，使部分师生党员不能对新精神、新知识等进行深入领会，对于新问题不能有效处理，面对着复杂的环境，党性观念与信念淡化，党性修养有待提高。

三　民办学校党建工作的启示

（一）坚定政治方向，不断提高党建质量

民办学校党的政治建设取得新成效，党的全面领导更加坚定。民办学校切实将党建内容融入学校章程中，提高党组织对民办学校决策和监督的参与程度。积极推进党组织队伍与学校决策管理团队构建“双向进入、交叉任职”的模式，对于党组织和学校董事会的日常沟通协调制度不断进行完善，对党政决策的规则进行修订与健全，厘清党政权力的范围，详细列出党委和董事会的具体事项以及规范内容、决策程序、会议决议和实施方法。确保党委履行指导方向、管理全局、做好决策、领导团队、确保执行的职责。

全面落实新时代党的建设总体要求与组织路线，包括牢牢树立“做好党建工作就是最大政绩”的理念，对党建优秀品牌进行积极培育，充分发挥党支部的导向作用，加强各级党组织的建设等。同时，要对学校基层党组织综合考核制度进行优化，对党务工作者培养力度要加大。学校党组织书记对于基层党建述职评议工作要高度重视，教师党支部书记的“双带头”工程要落到实处。

民办学校的社会主义办学性质得到保障的前提是从严治党，通过从严治党为党在民办学校的执政能力提高与民办学校可持续发展提供保障。要扛起管党治党根本政治责任，抓住“关键少数”，对各级领导班子的建设给予强化，对制度的建设要重视，监督执纪“四种形态”要有效应用，使“以案促改”得到深入，促进学校的健康发展。

（二）突出根本任务，着力强化思想引领

民办学校高度重视新思想的学习宣传，实现理论学习的常态化、日常化。全面系统学习《习近平治国理政》和《习近平总书记教育重要论述讲义》，统筹线上线下载体，深入推进“三进”工作。组织开展各级党组织政治学习活动，加强理论宣讲与研究，引导师生学以致用。

党的事业发展受到意识形态安全的直接影响。民办学校意识形态工作责任制要严格落实，定期开展专项会议，部署任务的同时，加强对新形势、新方法的学习掌握；“一岗双责”与“党政同责”的原则须坚决遵循，确保各级领导班子都能承担起应有责任。规范管理课堂教学、各种宣传思想文化的阵地，特别是新媒体平台，完善备案制度与审批制度。对于舆情尤其是网络舆情的引导以及监测要强化，对舆情工作机制进行完善。建立对各种突发事件、负面舆情进行应对的有效机制，为省内民办学校的发展创造良好的环境。

坚守立德树人的教育初心，通过党建工作的强化，确保为社会主义建设培养合格人才，这实际上也是包括各级各类民办学校在内的全部学校办学的根本出发点。要扎实推进学生思想政治工作，加强“四史”教育，积极开展大学生思想引领，加强网络思政建设。要扎实开展师德师风主题教育，选树师德先进，营造争做“四有”好老师良好氛围。按照国家相关文件要求配齐配强思政课教师、辅导员等思政工作队伍，增强育人亲和力，让育人有力度有温度。民办高校要支持和保障马克思主义学院建设，借助思政课改革，调动思政课教师积极性，打造更多“思政课”金课。课程思政的“四个一”工程建设要稳步推进，调动思政课教师和专业课教师全部参与到“课程思政”进程中来，形成完整的教育链，共同完成学生思政教育的重要任务。

（三）服务中心工作，深化精神文明建设

在构建文明和谐校园的过程中，民办学校要从自身实际出发，使国家与社会对于民办学校的要求得到满足，使全体师生的文明素养与校园的文明程

度得到提高。校园安全建设责任制要落到实处，重点抓好重要节点和重要时期的校园安全稳定工作，共创平安和谐校园。要深入开展反邪教工作，深入开展国防教育和国家总体安全观教育，引导师生自觉维护国家安全。

中国特色社会主义的建设离不开党外人士的参与，因此，必须团结各方面的力量，形成合力，实现“心往一处想，劲往一处使”的局面，为教育教学提供服务，确保学校的各项工作稳定推进。“同心圆”工程的实施要深化，民主党派、党外代表人士、统战团体建设要加快，对于新的社会阶层人士、海归侨台、民族宗教等工作要给予强化，使凝聚政治共识得到加强。

要发挥群团组织桥梁纽带作用，创新民办高校工会、共青团工作形式，完善工会、共青团工作机制，加强思想引领。工会组织应积极主动开展形式多样、主题鲜明的教职工教育培训和文体活动，为困难教职工“送温暖”，不断提高全体教职工的向心力、凝聚力。共青团要充分发挥联系青年、团结青年的优势，建优建强基层组织，深化“第二课堂”，加快推进改革，不断提升实践育人效果。

参考文献

河南省教育厅：《2020 年河南省教育事业发展统计公报》，http：//jyt. henan. gov. cn/2021/03 – 24/2114107. html，2021 年 3 月 24 日。

王玉平：《新时代高校党建与高校治理现代化的逻辑互构》，《学校党建与思想教育》2021 年第 1 期。

胡华忠：《新时代提升高校院系党建质量的多维路径》，《思想理论教育》2020 年第 6 期。

郑顺平：《高校党建工作的新方向与新方法》，《中学政治教学参考》2019 年第 36 期。

陈哲、何祥林：《改革开放以来高校党建的发展历程和基本经验》，《学校党建与思想教育》2019 年第 21 期。

黄悦华、薛田良、黄华：《高校院（系）基层党建标准化的实践探索》，《学校党建与思想教育》2019 年第 14 期。

乡 镇 篇

Countries

B.21 河南省乡镇民办教育发展报告*

河南民办教育研究院课题组**

摘 要：河南是教育生源大省，也是民办教育大省。"十二五""十三五"期间，全省城乡民办教育呈现了各具特色的发展走势，城市的民办普通高等教育和优质特色基础教育发展迅速；在镇区和乡村，民办教育也由20世纪八九十年代的技术培训发展到了普通基础教育和学前教育。2010～2019年十年间，河南学前、小学、初中三级民办教育规模扩张的速度，城市快于乡镇。在规模扩张的同时，乡镇民办学校采取各种措施，不断提高办学条件和人才培养质量，为河南民办教育

* 由于高中教育、中等职业教育和高等教育的管理权限长期在市级以上教育行政部门，这些学校即使建在乡镇，其统计数据也不归属乡镇甚至县（市）。本报告涉及的对象，主要是县和县级市管辖的民办幼儿园、民办小学和民办初中学校。统计数据时间为2010～2019年。

** 课题组负责人：王建庄；成员：汤保梅（河南省民办教育协会秘书长）、王道勋（河南民办教育研究院研究员）、贾全明（河南民办教育研究院研究员）、鲁标（荥阳市教育局职成教科科长）、王国卿（巩义市鲁庄镇中心校校长）、李炜（荥阳市崔庙镇中心校校长）、武传旭（荥阳市高村中心校校长）、朱玉庆（荥阳市王村镇中心校校长）、焦行军（巩义市杜甫街道教研中心副主任）、张群（巩义市紫荆街道教研中心副主任）；执笔：王建庄。

成为全省教育改革发展的重要力量发挥了重要作用。

关键词： 河南 民办学校 乡镇教育

河南文化积淀深厚，一直有着崇尚教育的优良传统，民间举办教育的热情十分高涨。1982 年《宪法》打开了当代中国民办教育发展的大门，民间举办教育事业的潜力一旦被激发，便很快奔涌出来。当然也是因为文化积淀的深厚，河南的正统意识也很强烈。民办教育长期被禁锢，使得河南民办教育一开始小心翼翼，在 20 世纪 80 年代前后，虽有复苏，但一直处于比较落后的地位。随着国家对民办教育支持力度的加大，加上省委省政府的大力扶持和一批河南乃至全国民办教育领军人物的艰苦探索和不断努力，经过三十多年的发展，河南民办教育终于走在了全国前列。

当代河南民办教育的发展，一开始呈现的是城乡不同的特色。知识培训教育的探索最早是从城市开始，而技术培训则发端于乡镇。1976 年焦作市中站区李封就在本村举办了非“正统”的裁剪缝纫培训班。不久，全省乡镇基本上出现了种植、修表、裁剪、照相、理发、电器修理等实用技术培训班。

资料显示，党的十一届三中全会以来，社会力量办学在郑州市发展迅速，逐步形成了多学科、多层次、多形式的办学格局。1987 年，经各级教育行政部门登记备案或试办的学校达到 227 所，合计 1127 个班，在校学员 56294 人。1983～1987 年，在社会力量举办的各级各类学校中结业的学员有 60206 人次，其中属文化专业知识教育的有 12519 人次；各种短期职业技术培训的有 47687 人次。

1988 年，仅郑州、开封、洛阳、新乡、安阳、南阳、商丘、平顶山、三门峡 9 个市地不完全统计，社会力量举办的学校（班）达 1000 多所，在校生达 18.7 万人；专职管理人员 2300 多人，兼职管理人员 1200 多人，专职教师 2300 多人，兼职教师 3300 多人；有教室 11 万多平方米；设置专业 150 多个；已结业学员达 649 万多人（次）。

地市的民办教育呈现蓬勃发展的局面。安阳市的社会力量办学从1981年起步，1985年以后形成高潮，到1988年底，全市社会力量开办的学校（班）达784所，在校生38544人，结业39685人。其中，大专层次的学校（班）10所，在校生2138人，结业768人；中专层次的学校（班）17所，在校生3161人，结业1254人；初等层次的学校（班）757所，在校生33245人，结业37663人。

在城市的民办高校建立和普通中小学教育快速扩张的同时，乡镇的民办普通学历教育也一步步发展起来。到2006年，全省县镇、农村民办幼儿园在园幼儿已达到34.50万人，占到全省县镇、农村幼儿园在校生总规模134万人的25.75%；民办普通小学在校生达到36.86万人，占到全省县镇、农村普通小学教育在校生总规模908.71万人的4.06%；全省县镇、农村民办普通初中在校生达到30.37万人，占到全省县镇、农村普通初中教育在校生总规模486.60万人的6.25%。民办教育正在逐步成为河南教育的重要组成部分。

2010年，全省镇区、乡村民办幼儿园在校生数达到77.44万人，已经占到全省民办幼儿园在校生总数101.90万人的76.00%；全省镇区、乡村民办小学在校生达到73.04万人，占到全省民办小学在校生总数82.78万人的88.24%；全省镇区、乡村民办初中在校生达到40.43万人，占到全省民办初中在校生总数47.46万人的85.19%。乡镇三级民办教育在校生总数达到190.91万人，占到总数232.14万人的82.24%。当年，全省民办教育在校生总数的4/5在乡镇。10年后，全省乡镇民办教育在校生规模继续扩大，总规模达到574.53万人，占到全省三级民办教育在校生总数的77.11%，总数增加了383.62万人，占比却减少了5.13个百分点。

一 规模持续增长

（一）镇区民办教育的发展情况

从招生情况看，与全省镇区（含公办等）幼儿园招生情况比较，在

“十二五”和“十三五”时期的十年中，河南省镇区的民办教育实现了持续发展。“十二五”期间，全省镇区的民办幼儿园招生数由2010年的11.83万人增长到2014年的43.18万人，占比由49.34%增长到58.74%；民办小学招生数由2010年的4.08万人增长到2014年的7.83万人，占比由13.35%增长到14.83%；民办初中招生数由2010年的10.31万人增长到2014年的15.14万人，占比由16.88%增长到20.71%。

“十三五”期间，全省镇区的民办教育依然保持着持续增长的态势。到2019年，全省镇区的民办幼儿园招生数增长到32.54万人，占比增长到67.60%；民办小学招生数增长到13.02万人，占比增长到18.55%；民办初中招生数22.04万人，占比增长到24.86%。

十年间，全省镇区民办幼儿园在校生数由26.86万人增长到121.81万人，增加了94.95万人，平均每年增加9.5万人，占比由66.72%增长到71.46%，增长了4.74个百分点。民办小学在校生数由31.31万人增长到95.17万人，增加了63.86万人，平均每年增加6.4万人，占比由15.99%增长到22.32%，增长了6.33个百分点。民办初中在校生数由29.02万人增长到64.29万人，增加了35.27万人，平均每年增加3.5万人，占比由16.11%增长到24.47%，增长了8.36个百分点。

表1　2010～2019年河南省镇区民办幼儿园规模发展情况

单位：万人，%

年份	招生数			在校生数		
	总规模	民办	民办占比	总规模	民办	民办占比
2010	23.98	11.83	49.34	40.26	26.86	66.72
2011	56.64	28.65	50.59	91.92	52.04	56.62
2012	64.52	33.64	52.14	106.48	61.41	57.68
2013	69.95	40.51	57.92	118.17	73.03	61.80
2014	73.52	43.18	58.74	128.53	80.86	62.92
2015	78.65	49.63	63.11	145.77	95.98	65.85
2016	59.20	37.75	63.77	152.23	103.51	68.00

续表

年份	招生数			在校生数		
	总规模	民办	民办占比	总规模	民办	民办占比
2017	56. 35	37. 01	65. 68	158. 68	111. 24	70. 11
2018	53. 25	35. 68	67. 00	167. 45	119. 23	71. 21
2019	48. 14	32. 54	67. 60	170. 48	121. 81	71. 46

说明：2011 年教育统计实施了国家统计局首次颁布的《统计用城乡划分代码》，将原来的城市、县镇、农村的三个分类调整为三大类七小类，即城区（含主城区、城乡接合部）、镇区（含镇中心区、镇乡接合区、特殊区域）、乡村（含乡中心区、村庄），下同。

资料来源：历年《河南省教育统计提要》。

表 2　2010～2019 年河南省镇区民办小学规模发展情况

单位：万人，%

年份	招生数			在校生数		
	总规模	民办	民办占比	总规模	民办	民办占比
2010	30. 57	4. 08	13. 35	195. 89	31. 31	15. 99
2011	53. 31	6. 86	12. 87	322. 54	47. 60	14. 76
2012	54. 65	7. 05	12. 90	340. 93	55. 77	16. 36
2013	55. 71	8. 17	14. 67	323. 49	58. 30	18. 02
2014	52. 80	7. 83	14. 83	331. 28	57. 66	17. 41
2015	61. 77	8. 74	14. 15	359. 95	62. 85	17. 46
2016	63. 79	9. 60	15. 05	373. 26	67. 68	18. 13
2017	65. 15	10. 85	16. 65	388. 24	74. 89	19. 29
2018	67. 54	11. 93	17. 66	404. 69	84. 92	20. 98
2019	70. 20	13. 02	18. 55	426. 37	95. 17	22. 32

资料来源：历年《河南省教育统计提要》。

表 3　2010～2019 年河南省镇区民办初中规模发展情况

单位：万人，%

年份	招生数			在校生数		
	总规模	民办	民办占比	总规模	民办	民办占比
2010	61. 11	10. 31	16. 88	180. 09	29. 02	16. 11
2011	77. 90	13. 33	17. 11	224. 44	35. 76	15. 93
2012	78. 63	14. 69	18. 68	225. 04	39. 97	17. 76
2013	71. 27	14. 31	20. 08	198. 17	39. 62	19. 99

续表

年份	招生数			在校生数		
	总规模	民办	民办占比	总规模	民办	民办占比
2014	73.13	15.14	20.71	208.94	42.69	20.43
2015	77.41	16.40	21.19	224.45	47.73	21.27
2016	80.66	17.59	21.81	232.03	50.68	21.84
2017	83.24	19.24	23.11	240.06	55.04	22.93
2018	89.08	21.50	24.14	251.55	59.91	23.82
2019	88.67	22.04	24.86	262.82	64.29	24.47

资料来源：历年《河南省教育统计提要》。

荥阳市是离省会郑州最近的县级市，2020 年共有义务教育阶段（初中和小学）学校 91 所，在校生 75919 人。其中民办学校 13 所，占到总数的 14.29%；在校生 7774 人，占到总数的 10.24%。

表 4　荥阳市义务教育小学阶段公办、民办学校布局情况

年份	学校数量(所)			在校生数量(人)			专任教师数量(人)		
	公办	民办	民办占比	公办	民办	民办占比	公办	民办	民办占比
2016	52	4	7.15	41913	2038	4.64	2767	158	5.40
2017	53	4	7.02	42866	2177	4.83	2851	227	7.37
2018	53	5	8.62	43525	4892	10.11	2845	305	9.68
2019	55	7	11.29	45376	5709	11.18	2841	417	12.80
2020	58	8	12.13	48102	5529	10.31	2924	465	14.14

整体看来，荥阳市民办小学教育规模在“十三五”期间呈增长的趋势，学校数由 4 所增长到 8 所，增加了一倍；在校生数由 2038 人增长到 5529 人，增加了 3491 人，民办小学在校生占比增长的趋势保持到 2019 年，2020 年出现了回落。

表5 荥阳市义务教育初中阶段公办、民办学校布局情况

年份	学校数量(所)			在校生数量(人)			专任教师数量(人)		
	公办	民办	民办占比	公办	民办	民办占比	公办	民办	民办占比
2016	17	1	5. 56	17835	961	5. 12	2021	98	4. 62
2017	17	1	5. 56	19170	354	1. 81	1917	112	5. 52
2018	19	2	9. 53	20680	3239	13. 54	1772	149	7. 76
2019	19	3	13. 64	20923	2999	12. 54	1757	115	6. 14
2020	20	5	20. 00	20043	2245	10. 08	1784	197	9. 94

该市民办初中教育的情况与小学相近，但是在校生人数比小学早一年，即在2019年就出现了回落。从专任教师占比情况看，全市民办中小学专任教师的比例都在增长，说明义务教育阶段民办学校的生师比趋向优化。

巩义市是全省经济实力强劲的县（市），教育发展也处于先进水平。该市民办学前教育整体上是城镇强于乡村。鲁庄镇共有在园幼儿1876人，其中民办园950人，占到50. 64%；市区的杜甫街道办事处共有在园幼儿2846人，其中民办园就有2296人，占到80. 68%。这种情况基本反映了全省城镇、乡村民办教育的实际情况。

（二）乡村民办教育的发展情况

从2010年到2019年十年间，河南省乡村民办教育的规模也实现了持续发展。从招生情况看，全省乡村民办幼儿园招生数由22. 35万人增长到25. 30万人；占比由31. 21%增长到55. 04%，增长了23. 83个百分点。民办小学招生数由7. 39万人增长到8. 33万人；占比由5. 46%增长到14. 10%，增长了8. 64个百分点。民办初中招生数由4万人减少到3. 04万人，减少了0. 96万人；占比却由5. 47%增长到10. 69%，增长了5. 22个百分点。从十年间乡村民办教育招生情况看，除民办初中教育招生数比2010年有所减少外，小学、幼儿园的招生都有增加。即使是招生数下降的初中阶段，其占比从2011年以来也一直呈增长的趋势。就招生数在镇区同层次整体情况看，民办教育是年年呈现增长的趋势，最明显的是民办幼儿园，十年间招生占比

增长了23.83个百分点。这说明，民办教育在乡村整体规模是不断增长的，增长幅度最大的是民办幼儿园。

全省乡村民办幼儿园在校生数由50.58万人增长到101.89万人，增加了51.31万人；占比由47.76%增长到64.21%，增长了16.45个百分点。民办小学在校生数由41.73万人增长到51.31万人，增加了9.58万人；占比由5.58%增长到15.11%，增长了9.53个百分点。民办初中在校生数由11.41万人减少到8.56万人；占比却由5.20%增长到9.97%，增长了4.77个百分点。

表6　2010～2019年河南省乡村民办幼儿园规模发展情况

单位：万人，%

年份	招生数			在校生数		
	总规模	民办	民办占比	总规模	民办	民办占比
2010	71.63	22.35	31.21	105.92	50.58	47.76
2011	88.59	31.47	35.52	123.25	55.31	44.88
2012	97.49	39.70	40.72	138.71	67.45	48.63
2013	97.79	45.80	46.84	147.16	80.38	54.62
2014	97.71	47.32	48.43	154.22	87.32	56.62
2015	93.68	48.70	51.99	161.30	96.91	60.08
2016	70.53	35.12	49.79	168.00	103.17	61.41
2017	64.79	34.22	52.82	172.69	109.33	63.31
2018	57.75	31.06	53.78	173.85	110.77	63.72
2019	45.97	25.30	55.04	158.69	101.89	64.21

资料来源：历年《河南省教育统计提要》。

表7　2010～2019年河南省乡村民办小学规模发展情况

单位：万人，%

年份	招生数			在校生数		
	总规模	民办	民办占比	总规模	民办	民办占比
2010	135.49	7.39	5.46	748.02	41.73	5.58
2011	107.78	5.53	5.13	587.45	30.51	5.19
2012	102.72	5.70	5.55	549.82	33.64	6.12
2013	90.95	6.53	7.18	427.83	33.26	7.77
2014	71.94	5.27	7.33	399.75	33.02	8.26
2015	73.09	6.22	8.51	384.04	35.57	9.26

续表

年份	招生数			在校生数		
	总规模	民办	民办占比	总规模	民办	民办占比
2016	72.30	7.17	9.92	386.37	40.20	10.40
2017	68.77	7.93	11.53	376.72	45.16	11.99
2018	64.26	8.17	12.71	357.66	49.17	13.75
2019	59.08	8.33	14.10	339.67	51.31	15.11

资料来源：历年《河南省教育统计提要》。

表 8　2010～2019 年河南省乡村民办初中规模发展情况

单位：万人，%

年份	招生数			在校生数		
	总规模	民办	民办占比	总规模	民办	民办占比
2010	73.17	4.00	5.47	219.57	11.41	5.20
2011	50.13	1.88	3.75	146.79	5.32	3.62
2012	44.37	1.86	4.19	128.72	4.97	3.86
2013	32.69	1.70	5.20	89.13	4.32	4.85
2014	31.24	1.92	6.15	88.11	5.50	6.24
2015	29.45	1.89	6.42	85.35	5.56	6.51
2016	29.42	1.88	6.39	84.43	5.52	6.54
2017	30.39	2.59	8.52	85.49	6.73	7.87
2018	30.72	2.55	8.30	85.97	6.88	8.00
2019	28.44	3.04	10.69	85.85	8.56	9.97

资料来源：历年《河南省教育统计提要》。

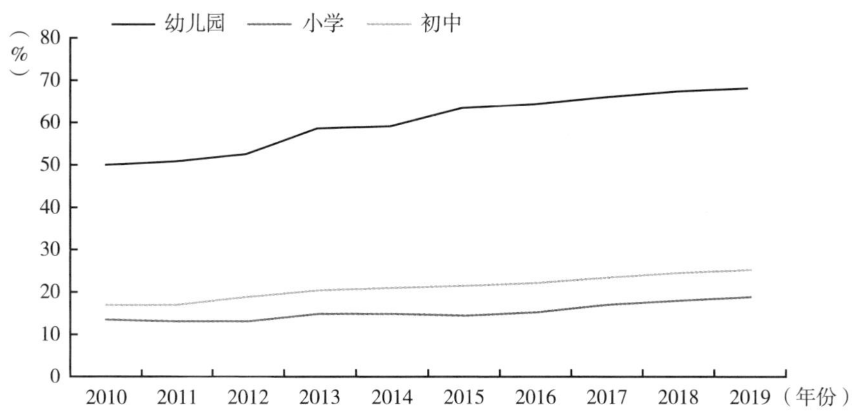

图 1　2010～2019 年河南省镇区民办初中、小学、幼儿园招生数占比

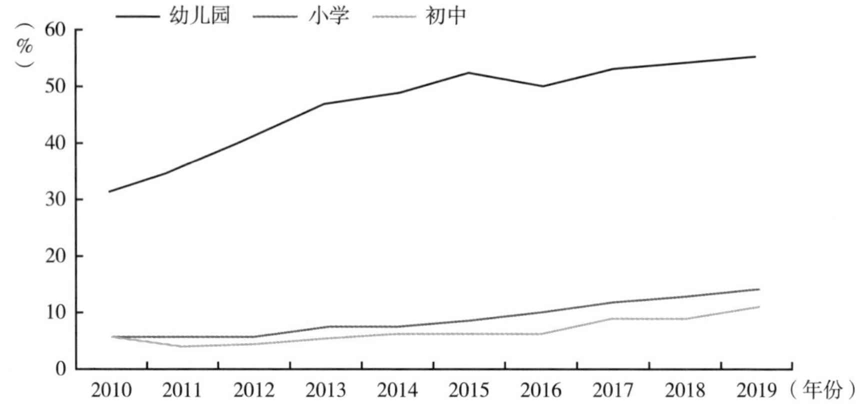

图 2　2010～2019 年河南省乡村民办初中、小学、幼儿园招生数占比

二　发展环境与内生动力

2010 年，全省民办幼儿园招生 43.57 万人，其中县镇民办幼儿园招生 11.83 万人，农村民办幼儿园招生 22.35 万人，镇村民办幼儿园招生合计 34.18 万人，占到当年全省民办幼儿园招生总数的 78.45%；全省民办小学招生 13.13 万人，其中县镇民办小学招生 4.08 万人，农村民办小学招生 7.39 万人，镇村民办小学招生合计 11.47 万人，占到当年全省民办小学招生总数的 87.36%；全省民办初中招生 16.95 万人，其中县镇民办初中招生 10.31 万人，农村民办初中招生 4 万人，镇村民办初中招生合计 14.31 万人，占到当年全省民办初中招生总数的 84.43%。镇村民办幼儿园、民办小学、民办初中三级教育招生合计 59.96 万人，占到全省民办三级教育招生总数 73.65 万人的 81.42%。数据表示，“十二五”开局之年，全省民办基础教育的主体在镇村，城市只占了不到 1/5。

到 2019 年，全省民办幼儿园招生 79.60 万人，其中镇区民办幼儿园招生 32.54 万人，乡村民办幼儿园招生 25.30 万人，镇村民办幼儿园招生合计 57.84 万人，全省民办幼儿园招生总数的 72.67%，比十年前减少了 5.78 个百分点，说明这十年间城市民办学前教育的规模发展速度稍稍高于镇村；全省民办小学招生 26. 30 万人，其中镇区民办小学招生 13. 02 万人，乡村民办小学招生 8. 33 万人，镇村民办小学招生合计 21. 35 万人，占全省民办小学招生总数的 81. 18%，比十年前减少了 6. 18 个百分点，情况与民办幼儿园相似；全省民办初中招生 33. 94 万人，其中镇区民办初中招生 22. 04 万人，乡村民办初中招生 3. 04 万人，镇村民办初中招生合计 25. 08 万人，占全省民办初中招生总数的 73. 90%，比十年前减少了 10. 53 个百分点。镇村民办幼儿园、民办小学、民办初中三级教育招生合计 104. 27 万人，占全省民办三级教育招生总数 139. 84 万人的 74. 57%。十年间，乡镇民办三级教育年招生数增加了 44. 31 万人，但在全省民办三级教育招生总数中的占比却减少了 6. 85 个百分点，说明乡镇三级民办教育的规模在持续扩大，而在全省大盘子中的份额却在减少，十年间，城市民办基础教育规模的发展速度明显高于乡镇。

（一）乡镇民办教育发展的优势

1982 ~2017 年，河南民办教育的发展经历了“公办教育的必要补充”“教育事业的重要组成部分”两个阶段。从 1982 年到 1999 年，是“必要补充”阶段，这一时期的民办教育特点是从低端开始，技能培训、自考培训遍地开花。因为城市的正统观念更深厚，加上监管过严，所以乡镇发展得快一些。从 2000 年到 2017 年中国共产党十九大召开，河南的民办教育逐步发展，成为河南教育重要的组成部分。这一时期，城市的民办教育发展渐趋成熟，在乡镇，民办教育的主体也由技能培训转变为普通基础教育。

1. 发展环境相对宽松

一般情况下，基础教育的监管部门级别在县级教育行政部门以上，乡镇一级虽然有中心学校或教育办公室，但是其将更多的精力放在发展公办基础教育上，工作的着力点在中心学校，对民办教育的监管较宽松，所以民办教育有更广阔的发展空间。笔者通过对郑州市所辖的荥阳市三个乡镇，巩义市所辖的两个乡镇、两个街道办事处，平顶山汝州市的一个乡镇中心学校的负责人座谈发现，这些基层的教育管理人员都有很深的教育情结，愿意为民办教育的健康发展提供环境支持。

2. 教学设施条件相对优越

乡镇的民办学校与公办学校相比，在校容校貌、教学设备、实验实习条件方面有一定的优势。因为民办学校多是新建的，建设理念超前；又因为民办学校要争取生源，举办者在基础设施、仪器设备方面投入力度较大，条件会好一些。

3. 注重特色建设

乡镇民办学校更加注重特色建设，会在经济和社会条件许可的情况下引进一些新的教育教学理念和教育教学方法，使得学校很快站稳脚跟，崭露头角，实现有实力的生存发展。举办者和管理者会有意识地突出办学特色。

4. 注重名师效应

没有事业编制既是民办学校的短板，也是民办学校的优势。乡镇民办学校先前比较注重聘请城市重点学校退休的教师来承担主干课程的教学任务，显示名师效应。随着国家高等教育的普及和出于自身发展的需要，近年来他们也有意识地选用一些大学毕业生来充实教师队伍，同时也注重聘用城市重点学校退休的校长等来加强管理力量。

5. 体制机制灵活

民办学校与公办学校相比，其最突出的优势就是体制机制的灵活性，乡镇的民办学校比城市的民办学校有更大的灵活度。在薪酬发放、人才流动、教师聘用、基本建设等方面有着较大的自主权。这样的自主权使得民办学校能够有效地避免体制机制的僵化，将办学资源最大规模地投入学校发展的主要方面。

6. 内生动力强劲

这种动力是自发的，源于举办者和参与者对教育的执著情怀和生存发展的压力。没有教育经费、没有事业编制、没有公办学校享受的优厚待遇，只能在法律、政策的范围内努力经营，还要办出特色、办出水平，没有强大的内生动力是不行的。

（二）乡镇民办教育发展的短板

乡镇民办教育和乡镇公办教育、城市民办教育相比，都有许多不及之处。

1. 经费来源

这是民办教育的共性问题。与乡镇的公办教育相比尚且无法企及，更不用说和城市的民办教育相比，乡镇民办教育缺少像城市那样的对民办教育的补助和捐赠。多数乡镇民办学校主要靠学生的学费收入支撑发展。

2. 师资短缺

这也是民办教育的共性问题。但是城市的民办教育因为城市的基础设施齐备、生活条件优越而较乡镇民办教育具有优势，即使是聘任教师也有比乡镇民办学校优越得多的条件。乡下交通不便，基础设施不如城市，民办学校聘用教师特别是聘用高水平的教师成本就会高于城市。再有就是教师在乡下学校的发展上升空间远远不如城市，所以乡镇民办学校师资队伍建设就需要投入更多，建设科学的、梯次结构的教师队伍也就很难。

3. 社会资源贫乏

城市民办教育因为城市的教育资源集中，在学术交流、实验实习、线下信息共享等方面有着得天独厚的优势。乡镇民办学校的这些资源就很薄弱。

4. 发展思路受限

教育应该走在时代的前面，所以举办者、管理者具有先进的发展理念尤为重要。乡镇民办学校教职工更多的是为学校的日常问题操心头疼，在很大程度上影响了对战略发展的思考。可喜的是，近年来许多乡镇民办学校的举办者已经清醒地认识到了这个问题，在学校发展的核心竞争力凝聚方面进行了有益的探索，但是仍有极少数学校停留在最初创办阶段的思维定式上，缺乏创新意识，缺少创新能力。

5. 管理力量薄弱

受经费和办学成本制约，乡镇民办学校不可能有专业的管理人员来进行超高水平的管理。但是许多民办学校深知科学管理的重要性，舍得投资来建立强有力的管理队伍、制定科学的管理制度并实施之。也有极少数学校在用人上力度欠缺，要么是低成本聘用能力不足的人做管理工作，要么是加大管理人员的工作量，出现一人多职、一人多岗的现象，使得管理捉襟见肘，出现问题。

6. 生源问题堪忧

在乡镇，对民办教育的认可度还是高于城市的。但是由于民办学校收费较高，普通农民和县城居民一般承受不了。民办学校招生也愿意接受知识基础较好的学生，但是这些学生会有家境困难的情况。要招收家庭富裕的学生，就要承受基础知识欠缺的现实。随着义务教育阶段“公民同招”的落实，乡镇民办学校的生源问题将会更加突出。

三 品质提升：未来发展的重心所在

未来一个时期，国家对民办教育发展政策的主基调是规范管理，粗放的发展模式将成为过去。在高质量发展的背景下，乡镇民办教育要想实现新的突破，必须坚决贯彻党和国家的教育方针，坚持社会主义办学方向，努力办好国家认可、政府放心、人民满意的教育。

1. 保持规模

一定的生产关系必须适应一定的生产力发展需要。规模的无序扩张虽然会给学校带来短期的学费收入，但是如果教育教学和管理跟不上，将会埋下巨大的隐患。

2. 突出特色

民办教育的趋公化、同质化都会消减自身的体制机制优势。如果没有了自己的特色，乡镇民办学校在竞争中将没有任何优势。只有结合自身的实际，从基础入手，培育和发展与众不同之特色，有了鲜明的特色，才能立于不败之地。

3. 服务乡村振兴

继大规模的脱贫攻坚之后，党和国家的农村发展战略是乡村振兴，这是一篇大文章。乡镇民办学校要认真分析思考，抓住这一难得的历史机遇。要理性、科学地找准事业新的切入点，把自身做强。

4. 提升品质

把思考的重点、工作的中心和着力点转移到提升人才培养质量上来。这样的质量提升，不是死死盯着升学率，而是更加重视对学生综合素质的培养，为学生未来的发展奠基。以此为出发点，改革学校管理、改革教学管理、革新课堂教学。这些工作的前提是改革评价方法和评价体系，以育人为根本目的，来评价管理人员的服务、评价教师的教学、评价学生的学业成绩。社会也将逐步以此为标准评价学校。

5. 重视师资队伍建设

不管有多少困难，都没有理由忽视这个问题。随着乡村振兴战略的实施，国家对乡村的教育会有一定的支持措施，人才也会逐渐向乡村流动。民办学校要利用自身的优势，引进需要的、合适的人才，不必追随潮流，重金聘任与岗位不匹配的高学历、高职称的人才，避免人才的浪费。实际上，不同领域的人才在适应自己的岗位上才能最大限度地发挥作用。同理，适合学校教育教学需要的人才才是必须引进的人才。

6. 确立科学的发展理念

民办教育已经进入“成为教育改革发展重要力量”阶段，这就要求民办教育主动适应国家的发展需要，主动融入社会发展的潮流。要真正实现自身的社会价值，必须具有战略发展的眼光和胸襟。民办学校要清醒地看到，先前的大规模、跨越式的量的扩张时期已经过去，内涵式建设迫在眉睫。要在融入国家发展大局的基础上坚守教育的基本规律，又要在守正的基础上创新。总之，既要清醒地看到发展大局，又要切实关怀帮助每一个学生使其实现健康成长。

综 述 篇

Summaries

B.22

2020年民办教育政策综述及资本市场观察*

河南民办教育研究院课题组**

摘　要：2020年是新中国历史上值得铭记的一年，也是教育系统具有里程碑意义的一年。教育相关政策趋稳趋细，目的是让教育协同并进。这一年，民办教育经受了新冠肺炎疫情的严峻考验，国家对教育培训提出了更高的要求，出台了一系列整顿和监管办法；独立学院转设虽然有三个途径，但囿于理顺关系、完善条件、“分手费”等因素，进展缓慢；疫情之下，资本市场分化明显，在线教育备受资本青睐，并

* 本文系河南省高校哲学社会科学智库研究项目“新中国70年河南教育的政策演变及发展走向研究”（2021－ZKYJ－09）、中国高等教育学会2021年度专项课题“地方高水平民办大学建设研究”（21DFYB03）、中国民办教育协会2021年度规划课题（学校发展类）“后疫情时代中部地区民办高校内涵式发展研究”（CANFZG21163）研究成果。

** 课题负责人：王道勋。成员：刘箐菲、康家雯、龚鹏丽、杨婷、赵梦肖、努尔比耶·麦合木提。执笔人：王道勋。

购潮再起。

关键词： 整顿 独立学院 转设 分化

2020 年是新中国历史上极不平凡的一年，注定是值得铭记的一年。

对于教育系统而言，也是极具里程碑意义的一年。这一年，教育领域"大事多、变化多、新政多"，教育系统抗击新冠肺炎疫情取得重大成果，全系统尽锐出战，发起了教育脱贫攻坚最后总攻，重大政策重要举措密集出台，"十三五"教育规划实现圆满收官。特别是教育领域综合改革取得重大进展，中国特色社会主义制度教育体系的主体框架基本确立，一些长期制约教育事业发展的体制机制障碍得到破解，一大批基层改革创新的经验做法不断涌现，教育面貌正在发生格局性变化。

突如其来的疫情，改变了所有人对教育行业的认知，也深刻影响着行业的未来走向。这一年的教育行业，A 股上市公司业绩大幅震荡，港股民办学校稳步前进，美股在线教育概念股蒙眼狂奔，线下机构转型，教育信息化机构抢占风口。冲击之下，在线教育迎来机遇的同时，线下机构在资本市场却频频遇冷；头部机构大规模融资，中小机构却在艰难求生。疫情导致行业分化，这场极限生存的考验，正深刻改变着教育行业未来的发展走向，推动教育行业驶向全新的航线。

这一年，党中央、国务院高度重视教育工作，一系列教育新政纷纷出台。经统计，2020 年我国发布包括中共中央、国务院，教育部和其他部门以及一级行政区出台的教育相关政策共 119 项。其中，中共中央、国务院出台了关于全面加强大中小学劳动教育、深化教育评价改革等高规格的文件。中办、国办就深化教育督导体制机制改革、全面加强和改进学校体育和美育工作印发了意见。国办出台了关于加快医学教育创新发展的指导意见。

教育部或教育部会同有关部门就大中小学教材建设规划、加快构建高校思想政治工作体系、健全义务教育有保障长效机制、研究生教育、激发中小学办学活力、加快和扩大教育对外开放、加强乡村教师队伍建设、职业教育提质培优、加强高校法治工作等出台了若干意见，推动新时代教育改革发展的政策体系进一步完善。

一　新冠肺炎疫情之下校外培训机构直面大变局

校外培训又称“影子教育”（Shadow Education）。这一称呼源于1992年两位美国学者对日本补习教育现象的描述：存在于主流学校教育之外，以学校教育为基础，以处于基础教育阶段的学生为对象，以培优或补差为目的，需要支付一定经济报酬参与的辅导和补习的统称。早在1966年，美国社会学家科尔曼及其团队完成的“科尔曼报告”就指出学校教育对学生学业成绩的影响是有限的，从而引发了人们对非学校教育的探索和思考。

由此可见，校外培训是一种全球普遍现象，并不只在某些国家或地区存在，只是在培训程度和方向上可能会有所差异。

1. 疫情带来前所未有的冲击

2020年新冠肺炎疫情突发，教育培训行业面临发展史上最为复杂的外部环境，经历了前所未有的冲击与蜕变。疫情出现之前，教育培训行业已经出现三浪叠加的苗头：线下战场继续渗透；教育 + 互联网的应用正如日中天；“互联网 + 教育”、数据、AI驱动正蓄势待发……而受疫情的“黑天鹅”影响，发生巨大变化。受疫情影响，线下教育遇“寒冬”，线上教育获“火热”，提前分化了行业格局。

疫情期间，线下校外培训机构迎来“倒闭潮”。中国民办教育协会发布的《疫情期间培训教育行业状况的调研报告》显示，超过90%的机构表示疫情对经营造成较大影响，其中面临倒闭危机的占29%，经营停顿的占36.6%，勉强维持的占25.4%。大部分线下机构面临困境。79%的机构表示账上资金仅能维持3个月以内，8%的机构甚至只能支持半个月以内。韦博英语、优胜教育、学霸君等一批非头部企业相继关停和倒闭。未来，校外培训领域的行业集中度将进一步提升，可能呈现强者恒强、强者愈强的局面。

毫无疑问，疫情已经改变全行业的命运轨迹。外部局势的急剧变化之下，头部品牌开启了一场倒逼式自我变革，并在这个过程中寻找到新的商业机会。2020年6月，新东方宣布大力改革，将全部线下业务OMO化、用本地化网校模式渗透省域市场。另一家头部品牌好未来的在线化则更为彻底。2021财年第3季度好未来在线业务已占整体营收的40%。

头部品牌之外，地面战场中区域品牌也在迭代升级，他们顺应时代的潮流，变革组织、试水新模式，为下一个阶段布局。另一端，在线教育获得了广为人知的认可。在线大班课在人才、技术、组织、数据等多维度的高强度竞争也推动了行业的变革。

疫情之下，“停课不停学”、免费直播课成了这一年的独特记忆。为了阻断防止疫情在学校中蔓延，2020年1月29日，教育部有关负责人表示，教育部正在统筹整合国家、有关地方和学校相关教学资源，提供丰富多样、可供选择、覆盖各地的优质网上教学资源，全力保障教师们在网上教、孩子们在网上学。开展“停课不停教、不停学”工作。“停课不停学”口号一出，全国超2亿学生转移到线上学习，这也成为教育信息化的历史时刻。顺应教育部指示，各在线教育机构推出大量免费直播课，在线教育也迎来爆发期。在学校无法正常开学时，在线教育提供全天候免费直播网课。其中，学而思网校在免费直播课推出的3个月时间里，每天观看直播课的学生超过6000万人次；作业帮春季免费直播课开课5周，学员量超3300万；新东方在线春季在线免费直播课报名人次达2000万；猿辅导春季免费直播课开课2周学员量达2000万；跟谁学免费直播课也吸引了约1500万学生报名。在此次教育部紧急开展“停课不停学”工作中，各家机构均展现了其快速反应及组织能力（见表1）。

表1　部分在线教育机构宣布免费课上线时间

在线教育机构	免费课上线时间
学而思网校	2020 年 1 月 26 日(全国)
新东方在线	2020 年 1 月 27 日(全国)
作业帮	2020 年 1 月 25 日(湖北)、2020 年 1 月 27 日(全国)
猿辅导	2020 年 1 月 29 日(全国)
有道精品课	2020 年 1 月 24 日(武汉)、2020 年 1 月 26 日(湖北)、2020 年 1 月 29 日(全国)

在 2020 年疫情突发之初，很多机构被迫仓促应战，在这场战役中最终坚持下来的机构，不论是平台还是教师都被磨炼得较为成熟了，各机构的 OMO 模式也已应用起来。

2. 部分中小机构难以为继

受校外培训机构整顿等因素影响，2019 年至少有 1.2 万家教育机构关停。进入 2020 年，疫情黑天鹅更是引发了中小机构的退租关店高峰。

房租、人力是教培机构需要承担两大项支出成本。无数中小机构被房租拖垮，没被拖垮的，要想节流保命，除了降薪裁员之外也只能从房租这一项入手。

退租以中小机构为主，留学行业和素质教育机构尤为脆弱。疫情在全球的蔓延使得留学行业遭遇沉重打击。不仅是新中关大厦的留学机构在寻求出路，抗风险能力弱的中小机构，也成为退租撤店、合并校区的主体。

教培行业依旧是一个极度分散的行业，尽管有向头部集中的趋势，但是行业的集中一定是头部机构用产品优势、资本优势、扩张优势不断地扩大影响力，并不会因为疫情一下子就变得高度集中。

3. 多地出台管理办法，严防办学风险

校外培训机构面临更多规范性监管。2018 年以来，国家重点整治无证无照、超标超前培训、违规收费、虚假宣传等问题，摸排整治了 40 万所校外培训机构。同时，国家颁布了一系列针对校外培训机构的监管和规范类政策，《关于切实减轻中小学生课外负担开展校外培训机构专项治理行动的通知》《关于规范校外培训机构发展的意见》《关于健全校外培训机构专项治理整改若干工作机制的通知》《关于规范校外线上培训的实施意见》等文件密集出台。政府还将继续完善部门联合工作机制，严肃查处违法违规培训，动态更新黑白名单，引导培训机构合规经营。

为切实解决校外培训机构的监管难题，严防办学风险消除隐患，福州市教育局发布了《关于强化校外培训机构监管严防办学风险的通知》，对规范收费管理、加强资金风险防范和加强办学情况公开等方面做出了强调和要求。

通知强调严格执行教育收费公示制度，培训机构收费项目及标准应当向社会公示。收费时段与教学安排应协调一致，不得一次性收取时间跨度超过3个月的费用。各县（市）区要结合本地实际，制定资金监控管理办法，建立资金监管系统。2021年开始对校外培训机构资金实行监管。原批准的其他校外培训机构资金监管系统也应于2021年5月前全面完成。

资金监控管理办法是要求各校外培训机构选择一家银行，开设唯一的培训费资金专户，并报主管部门备案。主管部门将会严控最低余额和大额资金流动，新设立或设立不足一年的校外培训机构，监管账户内留存资金最低余额不少于10万元；设立一年以上的校外培训机构，最低余额不少于30万元。如低于上述金额，教育主管部门将对培训机构进行风险评估，如认定存在风险即将其列入风险警示名单，将会对外发布警示信息。

开展黑白名单制度和诚信评价活动，各地将在当地官网定期公布校外培训机构黑白名单，并抄送市教育局。黑白名单和诚信评价实行动态管理，对已经审批登记但有负面清单所列行为的校外培训机构（含违规设立分支机构），及时将其从白名单上清除并列入黑名单；对未经批准登记、违法违规举办的校外培训机构，予以严肃查处并列入黑名单，对列入黑名单的机构及时进行整治。

黑名单的信息将归集至全国信用信息共享平台，按有关规定实施联合惩戒。

此外，浙江、合肥、四川等多地开展“互联网＋监管”加强校外培训机构综合治理。

2020 年 12 月 1 日，《浙江省教育厅　中国人民银行杭州中心支行关于加强校外培训机构资金监管的通知（征求意见稿）》发布，面向社会征求意见。其中提到，探索建立“省级统筹、分级管理、部门联动”的校外培训机构资金风险预警协同机制，开户银行将向省教育厅推送培训资金监管账户余额、交易流水（不含交易对手信息）等内容。校外培训机构资金监管将实行风险分级预警，按照风险严重程度分为黄色和红色风险预警。培训资金监管账户余额低于预设值或异动金额高于预设值时，触发预警规则。

2020 年 8 月，合肥市教育局同地方金融监督管理局联合制定《全市校外培训机构学员预缴费管理办法》，共同开发了合肥市校外培训机构学员预缴费服务系统，并遴选四家银行为首批服务合作承接银行。预缴费服务系统将向学员提供缴费、师资和课程查询等服务，约定培训机构账户最低余额，运用信息技术手段对校外培训机构学员预缴费资金进行监管，滚动拨付校外培训机构培训费，对预缴费账户内的大额资金异动情况及时报告属地教育主管部门。

2020 年 9 月，四川省教育厅出台《关于进一步防范化解校外培训机构办学风险的通知》，建立四川省校外培训机构信息管理平台，严格资金监管，利用“互联网 + 教育”和大数据分析等信息化手段，通过管理端、机构端和家长端，提供机构情况、培训内容、课程设置、收费标准、教师和学生信息等多项功能，实现对校外培训机构管理工作的信息化、公开化、透明化。

另外，校外培训机构要自主选择银行开设专用账户，用于存放专用账户最低余额和收取学杂费等。专用账户相关信息必须报当地教育行政主管部门备案，并与管理平台进行对接，确保管理平台能及时掌握机构办学信息、专用账户最低余额、大额资金异常流动等情况，及时发布风险预警，逐步实现对校外培训机构学杂费的全额监管。

2021 年 1 月，河南省教育厅起草了《河南省培训机构监督管理办法（试行）（征求意见稿）》，强调应当遵守相关规定，制定收费标准、退费规定和管理办法。培训机构不得强制、诱导学员使用消费贷款，不得捆绑贷款、金融等产品或者服务；不得聘用在职中小学教师，聘用外籍人员应当符合国家有关规定；不得进行虚假宣传，欺骗和误导受教育者及其家长。

第一，收取和使用培训费用方面，应当遵守相关规定，制定收费标准、退费规定和管理办法。严格落实明码标价规定，按要求公示收费项目、收费标准等内容，不得收取任何未予标明的费用。在招生收费时履行告知义务，收取费用应当开具税务发票，妥善、及时处理学生的退费要求。

培训机构不得强制、诱导学员使用消费贷款，不得捆绑贷款、金融等产品或者服务。对金融机构贷款办理及相关业务的监督管理，由人民银行郑州中心支行、河南银保监局、地方金融监督管理部门分别按照职责依法实施。

第二，人员方面，要求培训机构应当配备与培训类别和规模等相适应的专兼职员工队伍，不得聘用在职中小学教师，聘用外籍人员应当符合国家有关规定。

第三，宣传方面，培训机构不得进行虚假宣传，欺骗和误导受教育者及其家长。培训机构的广告宣传监督管理将由市场监督管理部门依法实施。

此外，培训机构有下列行为之一的，将有可能被依法追究刑事责任：(1) 擅自分立、合并培训机构的；(2) 擅自改变培训机构名称、类别和举办者的；(3) 发布虚假招生简章或者广告，骗取钱财的；(4) 管理混乱严重影响培训秩序，产生恶劣社会影响的；(5) 恶意终止培训业务、抽逃资金或者挪用培训业务经费的。

二　独立学院转设缓慢推进

为推进高等教育治理体系和治理能力现代化，教育部加快了推进独立学院的转设工作。独立学院转设符合国家高等教育改革的政策导向，转设发展标志着学院正式取得普通本科高校的独立建制，有利于提升办学水平、办学层次、办学质量。独立学院是指公办高校与社会资本合作举办的民办本科高校。从1999年教育部批准设立浙江大学城市学院算起，独立学院的发展已历时21年。据教育部2019年6月数据，全国有257所独立学院，在校生三四百万人次，约占高等教育在校生的1/7。长期以来，独立学院被认为为公办高校“输血”。

在一定的历史时期内，为解决社会对高等教育的需求，提高高等教育毛入学率，独立学院做出了很大贡献。而随着中国高等教育从精英教育阶段进入后大众化阶段，高等教育规模扩张面临终结，发展方式也应从外延式发展向内涵式发展转型。

“转设”并非新鲜词。早在2006年，教育部就首次提出：独立学院视需要和条件按普通高等学校设置程序可以逐步转设为独立建制的民办普通本科高校。2020年之所以成为“转设大年”，是由于2020年5月教育部《关于加快推进独立学院转设工作的实施方案》（以下简称《实施方案》）出台实施，特别是“2020年末各独立学院需全部制定转设工作方案，同时推动一批独立学院实现转设”的要求，为独立学院“转设”提供了多种路径，包括转为民办、转为公办和终止办学等。

《实施方案》直指独立学院发展的弊病：“独立学院在发展过程中存在的法人地位未落实、产权归属不清晰、办学条件不达标、师资结构不合理、内部治理不健全等问题，在一定程度上影响了教育公平和高等教育健康发展。”独立学院为母体高校创收的模式，实际上与新修订的民办教育促进法原则相违背。公办高校可以参与举办非营利性的学校，但不得以品牌输出获得利益。在发展困难与政策收紧的双重压力下，母体学校对独立学院的态度开始冷淡。

独立学院要转设最根本的问题在于独立学院办学性质不清晰，长期陷入公办、民办两边不沾的尴尬处境。其次，大部分独立学院办学特色不鲜明，在办学师资、招生等方面对母体学校有很大依赖性。这样办学既培养不出人才，又浪费了教育资源。

按照教育部文件要求，独立学院需在2020年末全部制定好转设方案，拟好“出路”。然而，转设过程并不顺利，不少独立学院依然处在转设“尴尬期”。截至2021年4月20日，转设申请获省级教育厅或直辖市教委公示，还未获教育部批复的独立学院至少有56所（见表2）。

表2 2020~2021年获省级教育厅（或直辖市教委）公示的拟专设高校名单

序号	地区	原校名	拟更名/转设为	办学性质
1	安徽	安徽大学江淮学院	普通本科学校	/
2	安徽	安徽师范大学皖江学院	普通本科学校	/
3	安徽	安徽医科大学临床医学院	普通本科学校	/
4	安徽	阜阳师范大学信息工程学院	普通本科学校	/
5	北京	北京工商大学嘉华学院	普通本科学校	民办
6	重庆	重庆工商大学派斯学院	普通本科学校	民办
7	甘肃	统筹西北师范大学知行学院本科办学资质，在兰州石化职业技术学院基础上转设组建	兰州石化职业技术大学（暂定）	公办
8	甘肃	统筹兰州财经大学长青学院本科办学资质，在兰州资源环境职业技术学院基础上转设组建	兰州资源环境职业技术大学（大学）	公办
9	广东	东莞理工学院城市学院	东莞城市学院	民办
10	广东	广东工业大学华立学院	广州华立学院	民办
11	广西	广西民族大学相思湖学院	南宁数字科技学院	民办
12	广西	广西师范大学漓江学院	桂林学院	民办
13	广西	桂林理工大学博文管理学院	普通本科学校	民办
14	广西	广西大学行健文理学院与广西农业职业技术学院合并	广西农业职业技术大学	公办
15	广西	桂林电子科技大学信息科技学院	桂林信息科技学院	民办
16	贵州	贵州师范大学求是学院与高职院校合并	本科职业院校	公办
17	贵州	贵州大学科技学院	普通本科学校	民办
18	贵州	贵州大学明德学院	普通本科学校	民办
19	贵州	贵州民族大学人文科技学院	普通本科学校	民办
20	贵州	贵州财经大学商务学院	普通本科学校	民办
21	贵州	贵州医科大学神奇民族医药学院	普通本科学校	民办
22	贵州	贵州中医药大学时珍学院	普通本科学校	民办

续表

序号	地区	原校名	拟更名/转设为	办学性质
23	贵州	遵义医科大学医学与科技学院	普通本科学校	民办
24	河北	燕山大学里仁学院与秦皇岛职业技术学院合并	秦皇岛职业技术大学	公办
25	河北	河北师范大学汇华学院与石家庄信息工程职业学院合并	石家庄工程职业技术大学	公办
26	河南	新乡医学院三全学院	普通本科学校	民办
27	河南	河南科技学院新科学院	普通本科学校	民办
28	湖北	湖北民族大学科技学院	普通本科学校	民办
29	湖北	长江大学工程技术学院	普通本科学校	民办
30	湖南	吉首大学张家界学院	张家界学院	/
31	江苏	江苏大学京江学院与江苏农业职业技术学院合并	省属本科学校	公办
32	江苏	南京师范大学泰州学院与江苏农牧科技职业院校合并	省属本科学校	公办
33	江苏	南京师范大学中北学院与江苏经贸职业技术学院合并	省属本科学校	公办
34	江苏	南通大学杏林学院与江苏工程职业技术学院合并	省属本科学校	公办
35	江苏	南京中医药大学翰林学院与江苏医药职业学院合并	省属本科学校	公办
36	江苏	南京工业大学浦江学院	普通本科学校	民办
37	江西	赣江师范大学科技学院与赣州职业技术学院合并	赣州职业技术大学	公办
38	江西	南昌大学抚州医学院	抚州医学院	民办
39	宁夏	中国矿业大学银川学院	宁夏科技学院	民办
40	山东	济南大学泉城学院	烟台科技学院	民办
41	山东	北京电影学院现代创意媒体学院	青岛电影学院	民办
42	山东	山东财经大学燕山学院与山东职业学院合并	山东职业技术大学	公办
43	山东	山东财经大学东方学院与山东城市建设职业学院合并	山东城市职业大学	公办
44	山东	青岛农业大学海都学院	青岛工程学院	民办
45	山东	聊城大学东昌学院	东昌学院	民办

续表

序号	地区	原校名	拟更名/转设为	办学性质
46	山西	太原科技大学华科学院	省属理工类普通本科高校	公办
47	陕西	西北大学现代学院	西安传媒学院	/
48	陕西	西安财经大学行知学院	西安经济学院	/
49	四川	西南科技大学科技学院	绵阳城市学院	/
50	四川	四川外国语大学成都学院	成都外国语学院(暂定)	/
51	四川	四川大学锦城学院	锦城学院(暂定)	/
52	天津	天津财经大学珠江学院	普通本科学校	民办
53	云南	云南师范大学商学院	普通本科学校	民办
54	云南	云南艺术学院文华学院	普通本科学校	民办
55	云南	昆明医科大学海源学院	普通本科学校	民办
56	浙江	浙江海洋大学东海科学技术学院与浙江医药高等专科学校合并	浙江药学院(暂定)	公办

在全国257所独立学院中，江苏有24所，全国最多。截至2020年底，全国共有136所独立学院转设为普通本科高校，而江苏只有4所完成转设工作，分别为江南大学太湖学院、中国传媒大学南广学院、南京信息工程大学滨江学院、苏州大学文正学院。其中，2011年江南大学太湖学院转设为无锡太湖学院，成为江苏省第一所转设的民办本科高校；南广学院转设为民办高校，更名为南京传媒学院；滨江学院转设为无锡市属的公办高校，更名为无锡学院；文正学院转设为苏州市属的公办高校，更名为苏州城市学院。

2020年7月，有两所独立学院突然宣布停止招生。一所是南京大学金陵学院。该校将依托南京大学苏州校区建设完成金陵学院转设工作，2020年停止普通本科招生，转型提升后于2022年全面融入南京大学苏州校区。这意味着，金陵学院得以保留，并将一跃升级为“985高校”的分校区。另一所是南京中医药大学翰林学院。由主办方收回办学权——实际上是终止办学，其校园被设置为南京中医药大学泰州校区。同属南京高校的独立学院，这两所独立学院实力不同，发展路径不同，命运也不同，反映出一个核心问题：独立学院怎么发展，还看母体学校怎么决策。

南京中医药大学翰林学院的转设模式，与北京师范大学珠海分校相似。2019 年 5 月，北师大珠海分校宣布逐年调减招生计划，于 2021 年停止招生，2024 年终止办学。在广东省政府、珠海市政府的支持下，北师大将利用珠海分校及已协议收回的北师大—香港浸会大学联合国际学院的用地、校舍，建设北师大珠海校区。珠海校区将与北师大校本部同水平、同标准办学。北师大招生办人士透露，北师大珠海校区和校本部的招生工作目前已合并，统一由校本部招生办负责规划。在这一背景下，2020 年北师大珠海校区投档情况相当抢眼，文科招生 65 人，以 591 分、2949 名最低排位居广东高校文科投档第 3 位；理科招生 165 人，以 608 分、16024 名最低排位居理科第 4 名。北师大珠海分校的转设，为南京中医药大学翰林学院这类学校提供了样板。

独立学院转为公办本科院校，地方政府既要给编制又要给钱，负担办学成本。一个地方很可能不止一所独立学院想转公，这对地方政府的承接能力是很大的考验。财政实力雄厚的地方，如果地域内恰巧缺乏公办本科院校，那么地方政府就有动力支持有实力的独立学院转公。

理顺关系、完善条件是独立学院“转民”要面临的两大难题。这里的“关系”，是指独立学院与投资方、母体学校之间的关系。独立学院“转民”有多种“城下之盟”。比如母体学校依托各类基金会开条件，独立学院的出资人可能会被要求签一份 10 年期的捐赠协议，每年捐一笔钱用于校友基金会建设；或是母体学校和独立学院投资方签署一个产学研合作办学基金，以立项的名目每年投资，作为项目经费。还有母体学校要求独立学院永久交纳管理费，甘肃一所独立学院就卡在高达数亿元“分手费”上，转设陷入僵局。投资方是否愿意出资帮助独立学院转设，是很多独立学院转设能否顺利推进的首要因素。

撇除“分手费”因素，根据教育部要求，独立学院“转民”，还要在土地、校舍、建筑、师资队伍、设备和图书资料五个方面“全面达标”。以广州大学华软软件学院为例，其在第一关——土地就卡住了。根据《普通本科学校设置暂行规定》，普通本科学校生均占地面积应达到 60 平方米以上。学院建校初期的校园占地面积应达到500亩以上。广东省高校设置评议委员会办公室公布的该校申报“转民”材料显示，该校校园占地面积504亩，属于“擦线达标”。《实施方案》称：“不过分强调土地、校舍面积。鼓励通过省内整体搬迁等方式改善办学条件后转设。”这意味着允许“先上车后补票”，独立学院如能满足其他四个“转民”条件，不再在占地面积上卡死。

土地问题，还可能直接影响独立学院在转设三条路中的选择。以江苏科技大学与张家港市政府合作的江苏科大苏州理工学院为例，该校校园内，还存在江苏科技大学张家港校区（公办本科分校区）和张家港产业技术研究院。原则上，如果该校转设公办，江苏科技大学张家港校区要么换地方，要么撤销，两校共用一个校园明显不符合教育部相关规定。如果苏州理工学院“转民”，那么该校固定资本即校园属于合作方张家港市，鉴于苏州市明确要求下属县区都要拥有一所公办本科大学，两校的校园分配还需由张家港市协调。

“转公”对学生是最为利好的，学费降低了，教学质量还提升了，但原出资方不一定愿意。“转民”意味着学校失去母体学校的金字招牌，招生等方面的压力大。有的独立学院想继续“沾母体学校的光”，这从独立学院转设后的校名更改可见一斑。浙江大学城市学院和浙江大学宁波理工学院都是浙江大学原独立学院。这两所学校过去和浙大有一个“立交桥计划”，即每年成绩排名前1%的学生有机会进入浙大学习，经过一年试学后，还可将学籍正式转到浙江大学。这也让两校颇吸引了一些高分学生。这两所学校2020年相继“转公”之后，校名分别更改为“浙大城市学院”和“浙大宁波理工学院”。这种细微的差异，被不少人视为“紧抱大腿不放”。从民办独立学院转为公办独立大学，意味着两所学校此前获取的浙大资源或将流失，因此它们至少在校名上不愿和浙大彻底脱钩。

转设后名气下跌、师资不足、招生困难等问题，是最令独立学院院长头疼的问题。

三　教育资本市场“冰火两重天”

从2019年就已开始的“教育资本寒冬”，2020年似乎仍在延续。行业投融资事件减少，资本市场更加谨慎。一方面，头部机构仍然受到追捧。新冠肺炎疫情下，资本向头部集中，教育行业局部出现整合潮。猿辅导、作业帮、火花思维等均完成新一轮融资。另一方面，融资难继续困扰创业机构，“囤粮过冬”、盈亏平衡仍是诸多创业公司的主旋律。与此同时在二级市场，上市热潮仍在继续，东软教育、大山教育、华夏视听教育、洪恩教育等均成功登陆资本市场。“高溢价 + 三年业绩对赌”的模式正持续释放风险。

对教育资本而言，在大环境下选择赛道，判断优质标的，将手中的资本用得更高效是关键问题。对于创业公司，在抢抓机遇的同时实现内生增长；用好每一分钱，发挥最大价值；讲出有吸引力的故事，获得资本青睐，是值得深思的问题。

1. 教育行业两极分化愈发明显

据不完全统计，2020年赴A股、港股及美股上市的教育企业累计有12家，教育行业投融资事件220余起。而资本的态度也变得更加谨慎，逐步向头部企业聚拢，行业两极分化愈发明显。

综观2020年，教育行业市值虽是跌宕起伏的，但总体呈现上涨的趋势。教育上市企业市值在2020年第一季度出现较为明显的波动，从二季度开始至8月末都有不同程度的上升，却在9月和10月接连下跌，11月时大盘市值出现回升，大幅上涨11.87%，12月再度小幅上升0.19%，创下年度最高，市值高达21610.08亿元，为2020年画上圆满的句号。

2020年11月末至12月末，三大资本市场教育企业入围变化情况如表3所示，分别以A股总市值100亿元人民币、港股110亿港元、美股15亿美元为分水岭。

表3　2020 年 11 月末至 12 月末三大资本市场教育企业入围变化情况

市值	2020 年 11 月	2020 年 12 月	企业名称
A 股总市值超 100 亿元人民币	20	14	中公教育、科大讯飞、晨光文具、紫光股份、中南传媒、凤凰传媒、神州数码、中文传媒、东方时尚、新华文轩、*ST 融捷、罗牛山、神州泰岳、珠江钢琴
港股总市值超 110 亿港币	9	9	新东方 - S、中国东方教育、中教控股、新东方在线、宇华教育、天立教育、希望教育、伟易达、华夏视听教育
美股总市值超 15 亿美元	9	10	好未来、新东方、跟谁学、chegg、培生、欢聚、ITT 教育服务、网易有道、一起教育、海亮教育
三大盘总市值超 1000 亿元人民币	5	4	好未来、中公教育、新东方、新东方 - S

资料来源：雪球网。

2020 年 12 月末三大资本市场市值巨头榜均出现变动，且出现变动的企业数量较多。A 股由 20 家减少至 14 家，相比 11 月末，新增一家企业——*ST 融捷，此次是该企业首次入围百亿元行列巨头榜；共出局七家企业：捷成股份、视觉中国、鹏博士、奥飞娱乐、豆神教育、皖新传媒、新华网。

港股数量上并未发生变化，其中华夏视听教育取代中国科培入围该榜；美股新增的一家企业是一起教育；跌出三大盘总市值超 1000 亿元（人民币）榜单的企业是跟谁学。

截至 2020 年 12 月 31 日，A 股超过 100 亿元人民币市值企业达 14 家，A 股教育企业市值总体约 8621.5 亿元，较 11 月末有小幅下降，降幅为 4%。1000 亿元以上企业只有 1 家（中公教育），小于 1000 亿元大于 100 亿元的企业有 13 家。

2020 年 12 月末美股整体市值 1309.36 亿美元，总市值 100 亿美元以上的企业有 4 家，小于 100 亿美元大于 10 亿美元企业达 6 家。美股有近四成的企业出现不同程度的上涨。

总体上看，2020 年，约 25% 的教育板块企业市值出现微弱的上升，环比增幅仅有 0.2%。在线教育受到资本和政策助推，行业整体呈现出强劲的增长趋势，整个在线教育市场异常火热。也有一些依赖线下业务的企业出现下滑，还有一些中小机构在竞争中被挤出市场甚至面临破产、被收购等结局。如今行业整合加剧，各上市企业面临更多挑战。

2. 在线教育备受资本市场青睐

《天眼查大数据：2020 教育行业发展报告》显示，截至 2020 年 10 月，在线教育企业新增 8.2 万家，占比 17.3%。新冠肺炎疫情期间教育行业发展迅速，2020 年前 10 月净增企业数量同比上涨 22.5%。2020 年上半年，全国新增 23.5 万家教育相关企业，教育行业在“疫情寒冬”中迎来春天。截至 2020 年 10 月，新增教育相关企业 47.6 万家，注销 13.6 万家，净增 34.0 万家，净增企业数量同比上涨 22.5%。具体到月份来看，新增企业数量从 2020 年 3 月开始暴涨。虽然注销企业数量亦有所上涨，但净增数量总体仍呈现上涨趋势。

从地域分布来看，教育相关企业总数最多的省份是广东，共有 38.2 万家。其次为山东、北京、江苏和四川。可以看出，教育相关企业主要分布在教育发展较为发达的地区，也就是人们认知中的“教育大省”。

从企业的注册资本来看，在教育行业中，0～100 万元注册资本的企业数量最多，达到 113 万家，其次是 100 万～200 万元注册资本的企业，数量为 64 万家，基本呈现出“注册资本越低，企业数量越多”的行业格局。投入少、门槛低是很多人愿意选择培训行业创业的原因。而注册资本呈现“金字塔”式分布也可以说明，注册资本在 200 万元以下的中小微企业仍是教育行业的主力军。

在线教育巨头纷纷获得资本市场青睐。10 月 22 日，猿辅导在线教育公司宣布，近期已完成 G1 和 G2 轮共计 22 亿美元融资，创下纪录。不但入局者不减反增，资本在在线教育行业的布局中也按下了“加速键”。融资金额排名前十的企业中，9 家均为在线教育机构，资本更青睐在线教育。在融资金额上，猿辅导和作业帮基本处于行业独角兽地位，融资金额分别为 63 亿元和 47 亿元，二者加起来的融资金额占到了教育行业半年总融资金额的 77%。

2020 年上半年，实现天使轮融资的教育企业数量最多。在融资轮次上，半年里进行天使轮和种子轮融资的教育相关企业数量最多，达到了 21 家，其次有 19 家企业进行了 A 轮融资（含 Pre – A 轮）。大多数于上半年实现融资的企业处于早期融资阶段。

教育行业受老牌投资机构青睐，行业巨头同样加速布局。从投资机构上看，红杉资本、IDG 资本、真格基金等老牌投资机构仍是投资教育行业的主力军，但也不乏新东方战投、好未来战略投资部等专攻教育行业的投资机构。

受疫情影响，在线教育的需求增加，资本加码助其火速成长。在拿到腾讯、高瓴、DST Global 等全球顶级机构的投资后，猿辅导将是全球教育科技领域估值最高的独角兽企业。目前，在线教育第一梯队中，除了猿辅导和作业帮，还有已登陆二级市场的跟谁学和好未来。

值得警惕的是，行业突飞猛进的背后，17.8% 的教育相关企业曾出现经营异常。天眼查数据显示，目前在教育行业中，存在经营异常风险提示的企业占到所有教育相关企业的 17.8%。

分地区来看，教育相关企业数量最多的 5 个地区中，江苏和北京的教育相关企业存在经营异常情况的比例显著，均超过 20%。全年法律诉讼近 17.5 万件，以合同纠纷、侵权纠纷、劳动争议为主。在教育行业的案由中，侵害作品信息网络传播权纠纷的案件数量最多，达到了 6.7 万件，其次为买卖合同纠纷，案件数量为 3.7 万件，著作权权属、侵权纠纷和劳动纠纷的案件数量也超过了 1 万件。从类型上看，排在前 5 位的法律诉讼多发生在机构和用户之间。

在线教育赛道竞逐愈发激烈，行业“马太效应”凸显，优质资源正在不断向头部企业倾斜，中小机构将面临进一步出清。

3. 教培行业面临并购大潮

2020 年 1 月枫叶教育斥资 4.3 亿元收购马来西亚国际教育集团皇岦，抛出了 2020 年民办学校第一单并购案，2020 年下半年更现教培行业并购高潮。据不完全统计，截至 2020 年 12 月底，国内外教育行业并购案逾 50 起，国内教育行业并购案超 15 起，其中 K12 赛道仍是投资重点，此外，职业培训、早教等赛道也是投资热点（见表 4）。

表 4　2020 年教育培训行业收购案例（不完全统计）

并购方	被并购方	并购金额	并购时间
三七互娱	妙小程少儿编程	数千万元	2020 年 1 月
精锐教育	溢米辅导	/	2020 年 3 月
绿景控股	佳一教育	12.17 亿元	2020 年 3 月
好未来	DaDa 英语	/	2020 年 4 月
猪八戒网	京翰教育	/	2020 年 7 月
字节跳动	你拍一	/	2020 年 8 月
云学堂	数字中欧	数千万元	2020 年 9 月
跟谁学	朴新网校	/	/
	鲸溪网校	/	/
凯文教育	海南创业联盟	1354 万元	2020 年 12 月
民生教育	都学课堂	2.48 亿元	2020 年 12 月
华夏视听教育	水木源	3 亿元	2020 年 12 月

对于中小型被并购方而言，其通过被收购接入更大的平台，可以获取更大的流量优势，通过流量支持迅速提升知名度，快速铺量做起一定规模。而对于并购方而言，并购自有流量基础的品牌有利于吸取流量资源，开拓新的运营思路，打开全新获客渠道。

2010 年 8 月 5 日，安博教育在纽交所挂牌上市，融资 1 亿美元，成为和新东方、好未来齐名的明星教育中概股。4 年后，安博教育造假、违规缠身，被强制退市。2018 年 6 月，安博教育成功登陆美交所（纽交所旗下以中小机构为主）。当前，安博教育持有的现金不断减少，负债率高企；同时，营收、净利双降，经营持续承压。2020 年第三季度净亏损 8453 万元，同比亏损扩大 16%。

负债高企、现金减少，一直以来，安博教育疯狂并购的“后遗症”十分明显。近 7 个季度，安博教育的负债率不断攀升。负债率由 2019 年 Q1 的 75.8% 增加至 2020 年 Q3 的 90.9%。

2017 年，作为在美登陆的极少民办教育中概股之一，博实乐曾是深受资本青睐的宠儿。博实乐近 4 年的营收平稳增长，其中 2019 年增长幅度最大。2020 年新冠肺炎疫情下，博实乐依然实现营收 33.67 亿元，同比增长 31.3%，相较上年的 49.11%，增速有所放缓，但仍保持着不错的增长态势。与营收相对的是，博实乐的利润表现并不好。承压之下，从 2017 年巅峰至今博实乐股价跌幅近 80%。

高筑的债台和逐年攀升的负债率，是博实乐真正需要应对的问题。这也与其并购动作频繁有关。其从 2017 年到 2019 年增加的 26 所学校中有很大比例源自并购。

教育行业政策具有明显的周期性，教育相关法规和政策的更新始终围绕民生，近 10 年政策监管趋严，教育市场趋于规范化。政策的目标是教育符合“普惠”和“公平”的民生属性。新时代需要的是高质量的民办教育，国家支持的是高质量、有特色、公益的民办教育，规范的是低质、破坏公平与均衡、过度逐利的民办教育。2021 年是“十四五”规划的开局之年，继续坚持教育公益性原则，规范和支持并重，着力构建公办民办教育协调发展的新格局。

B.23

2020年民办教育研究综述

贾全明*

摘　要： 2020年是一个极其特殊的年份，新冠肺炎疫情突如其来，教育新政频出，民办教育业态发生重大转变。在这种背景下，2020年的民办教育研究呈现两个特点。一是研究成果的载体期刊与报纸并重。民办教育的定位、产权、分类管理、转型发展等常见论题的研究成果多由期刊刊发，体现了研究工作的延续性。疫情应对、教育信息化新态势等年度新热点的研究成果多由报纸刊发，灵活、及时、高效地指导了教育抗疫的实践和教育信息化工作的开展。二是研究者欠缺对相关新政的敏感性，有关研究落后于民办教育业态的发展，有待在今后的研究中进一步深入探索。

关键词： 民办教育　研究热点　研究成果

一　2020年民办教育研究的独特背景

2020 年是一个极其特殊的年份。2020 年是全面建成小康社会收官之年、脱贫攻坚决胜之年，是“十三五”规划、教育规划纲要收官之年，也是教育发展进入新阶段的开局之年。但是，2020 年初，新冠肺炎疫情突袭，数

* 贾全明，硕士，黄河科技学院民办教育研究院研究员，研究方向：高等教育、教育政策与教育管理。

亿家庭被打乱生活节奏，家庭变课堂、教师变主播，全国两亿多大中小学生进入居家学习状态，学校和家庭共同面对“停课不停学”的空前挑战。全国教育系统积极行动，投入“世界上规模最大的教育实验”。居家学习状态使许多家庭教育误区和漏洞集中暴露出来，家庭教育，家校关系、亲子关系接受了巨大考验，家、校、社共育面临新的挑战。科学、专业、切实的家校合作成为全社会空前的共识。党的十九届五中全会审议通过的《中共中央关于制定国民经济和社会发展第十四个五年规划和二〇三五年远景目标的建议》（以下简称《建议》）明确提出“学校家庭社会协同育人机制”成为国家发展规划和远景目标。

学科知识、生命教育、公共安全教育、卫生和健康知识教育等资源迅速“云”集，全区域、全覆盖、全方位实现了“停课不停教、停课不停学”。一种全新的教育形态提前到来，并在一夜之间打破了学校课堂的“围墙”，穿越了学校、家庭和社会的边界，使教育在学校之外有了更多的可能。2020年对教育信息化而言是尤为重要的一年。

2019年，我国高等教育毛入学率达到50%的马丁·特罗的普及化指标，进入高等教育普及化阶段，高等教育质量保障体系建设提上议事日程。党的十九届五中全会审议通过的《建议》，第一次明确提出“建设高质量教育体系”，为新时代教育发展确定了新主题、新方向、新目标、新任务。

2020年5月，教育部发布《关于加快推进独立学院转设工作的实施方案》，要求“到2020年末，各独立学院全部制定转设工作方案，同时推动一批独立学院实现转设”。并给出3种转设路径：转为公办、转为民办或终止办学。在21世纪初大扩招的独特背景下诞生的独立学院，开始进入倒计时，独立学院的时代就要结束了。民办高等教育企业加速上市进程。独立学院转设、新校区建设、新学校收并购为独立学院进一步扩大招生规模、提升学费标准提供了条件，同时也为并购扩张增加砝码。

2020年，新修订的《家长家庭教育基本行为规范》强调家长依法履责，坚持立德树人，“尊重教师和社区工作者理性表达合理诉求”；新《未成年人保护法》增设网络保护专章，强调“将家庭教育指导服务纳入城乡公共服务体系”；中共中央、国务院发布《关于全面加强新时代大中小学劳动教育的意见》，倡导树立崇尚劳动的良好家风，劳动教育将贯通各学段、贯穿家校社共育各方面。

2020 年 7 月，习近平就研究生教育工作做出重要指示，为做好新时代研究生教育工作提供了根本遵循和行动指南。7 月 29 日，新中国成立以来的首次全国研究生教育会议在京召开。会议提出，把研究作为衡量研究生素质的基本指标，研究生教育要优化学科专业布局，注重分类培养、开放合作，培养具有研究和创新能力的高层次人才。高校要加强导师队伍建设，针对不同学位类型完善教育评价体系，严格质量管理，引导研究生教育高质量发展。9 月，教育部、国家发展改革委、财政部联合出台《关于加快新时代研究生教育改革发展的意见》。其他的文件如《关于进一步严格规范学位与研究生教育质量管理的若干意见》，指出健全全员全过程全方位质量保障体系；《专业学位研究生教育发展方案（2020～2025）》，强调大力发展专业学位教育，加强应用型高层次人才培养；《关于加强博士生导师岗位管理的若干意见》强调，加强博士生导师队伍建设；《研究生导师指导行为准则》，明确导师指导行为“十不得”。这些文件是继 2018 年提出大学发展要“以本为本”、2019 年提出大学教育要打造“金课”之后，对高等教育高质量发展提出的更高层次的要求。一系列重要文件出台开启了新时代研究生教育改革发展的新篇章。

2020 年，构建德智体美劳全面培养的教育体系，是教育改革的战略主题。10 月，中共中央、国务院出台《深化新时代教育评价改革总体方案》，以补齐全面育人体系短板和推进实质性评价改革为着力点，引领“五育”并举，凸显学校体育、美育和劳动教育的育人价值。围绕破除“五唯”顽瘴痼疾，全面协调，统筹推进党委和政府、学校、教师、学生及用人单位评价改革。这是新中国第一个关于教育评价系统改革的文件，也是指导深化新时代教育评价改革的纲领性文件。

2020 年 11 月，教育部学位与研究生教育发展中心公布《第五轮学科评估工作方案》，启动第五轮学科评估工作，同时将第五轮学科评估所采用的指标体系正式对外发布。第五轮学科评估践行了《深化新时代教育评价改革总体方案》，以“立德树人成效”为根本标准，以“聚焦立德树人、突出诊断功能、强化分类评价、彰显中国特色”为基本原则，以“质量、成效、特色、贡献”为价值导向，以“定量与定性评价相结合”为基本方法，以破除“五唯”顽疾为突破口，强化人才培养的中心地位，强调思政教育、师德师风等方面建设；同时采用主客观相结合的多元评价方法，将代表性成果专家评价与高水平成果定量评价相结合，构建完善新时代符合中国实际、具有世界水平的学科评价体系。这是新时代教育评价体系的一次大规模实践。

疫情突袭导致教育业态的变化和一系列教育新政的推出，为 2020 年度的民办教育研究打上了特殊的底色。

二　2020年民办教育研究的几个特点

笔者于 2021 年 1 月中旬，以“民办教育”为检索词，对知网全库进行了全文检索，检得结果为博士论文 22 篇、硕士论文 564 篇、学术期刊文章 3477 篇、国内会议论文为 16 篇、报纸 303 篇、图书 121 种。经初步筛选，实际相关度较高的博士论文为 9 篇，硕士论文为 511 篇，学术期刊文章约 3000 篇，国内会议论文为 12 篇，报纸理论文章约 90 篇，图书以教材及教辅居多，理论性较强的极少。

（一）2020年独特的社会背景，使本年度的民办教育研究呈现明显的阶段性分化的特点

在期刊文章中，2020 年初，研究成果多承继往年的研究议题，特别是 2019 年新中国成立 70 周年之际，学术界对民办教育发展的历程、模式、规律、成就、贡献与不足等及时做了长时段的总结和研究，研究结果多于年初发表。

彭泽平、金燕新总结了新中国成立 70 年来基础教育改革的基本特征，

即从扩大办学总量向提升教育质量、从追求办学效率向追求教育公平、从各自为营向联合办学、从统一管理向分类管理转变，满足了人民群众对基础教育发展的需要，有效地实现了立德树人与服务社会的有机统一。学界认为民办教育是基础教育改革的重要力量。进入新时期后，从教育大国向教育强国迈进的时代使命，要求基础教育必须提升现代化水平、推进教育治理能力与治理体系现代化并逐步建立现代基础教育学校制度。未来的基础教育办学体制改革要切实提升办学质量，探索丰富多样的办学形式，增强办学的法制建设。

胡大白更是以更宽广深邃的目光，审视了2500多年民办教育的发展历程及其成就得失，以中国民办教育起源、盛衰与发展的历史叙事，勾勒了中国古代、近代和当代民办教育跌宕起伏的历史画卷，构建了融历史文献、考古学成果、传统文化遗存为一体的中国民办教育史结构体系。这些工作对当代民办教育的规范健康发展具有重要的参考价值。

阙明坤、王佳丽从政策的视角，采用质性分析的研究方法，对我国70年来的民办高等教育发展政策进行了文本分析。研究发现，民办高等教育发展政策以保障性条件为主，偏重于关注办学行为、党建思政、办学条件，对于师资队伍、人才培养的关注度尚显不足。民办高等教育政策观念应从“零碎单一”走向“整体多元”；政策导向应从“偏重管制”转向“管扶并举”；政策价值应从“工具理性”转向“价值理性”；政策机制由“条线分割”转向“统筹联动”；质量保障应从“外部保障”转向“内外协同”。

景安磊、周海涛回顾了我国民办教育改革发展40年来从“国家办学补充”到成为社会主义教育事业的重要组成部分的恢复发展、快速增长、规范调整、分类管理四大阶段，总结了民办教育的四大价值：推进供给侧结构改革，提高教育供给水平；深化办学体制改革，增强教育发展新动能；促进教育与各领域融合、促进经济社会发展；激发各类主体积极性，壮大教育资本总量。他们认为促进新时代民办教育健康发展，需要坚持市场机制和政府管理相结合，依法治教和改革创新相结合，先行先试和统筹协调相结合，充分发挥市场机制的重要作用，依法推进民办教育改革发展，强化新法新政落地效果。

吴华、姬华蕾则从民办教育对国家教育发展的独特贡献的角度，论述了民办教育的三大贡献：一是推动了教育权（办学权）从政府垄断走向政府与社会分享，建立了民办教育的权利基础；二是民办教育开辟了改善教育公平的全新视野；三是为发展民办教育并且优先发展民办教育找到了符合工具理性与实践理性的逻辑基础。

除反思与回溯性的研究之外，单大圣立足“十三五”的长足发展，对“十四五”民办教育发展进行了展望。其认为“十四五”的民办教育仍处于战略机遇期，关键是要加强顶层设计，推动制度尽快成熟。民办教育要加强全行业管理，充分挖掘民办教育政策支持空间，培育新的竞争优势，在建设高水平民办大学方面取得新突破，实行灵活的改革策略。

其他时段的期刊文章议题则较为松散，涉及民办教育的各个层面和方面，研究方法多以某民办学校为案例的实证研究为主，理论创新不足，案例选取代表性不强。

（二）以报纸为载体的理论文章和调研报告及时发布，为教育抗疫和线上教学、理解教育新政提供了科学认识和理论指导

新冠肺炎疫情突发后，罗容海就教师如何适应、掌控“停课不停学”这种教育新样态，撰文指出教师应该扮演好“导师”的角色，从个体差异方面要更多地了解每一个学生，根据每一个学生的特点给予差别化的指导，实现因材施教；教师应该扮演好“导购”的角色，在海量、可选的线上教学中指导学生做好内容选择，最大限度地提高教育的效度；教师应该扮演好“学伴”的角色，成为学生随时倾诉、分享或者求助的可信赖对象。

张志勇认为“停课不停学”既是严峻的挑战，又是教育技术推动学校教育变革的重大机遇，是特殊环境下推动中小学教育信息化发展的倒逼机制。因此，各级各类学校紧抓推进教育技术变革的特殊历史机遇，建设“适用、实用、好用、愿用”的教学平台。他还认为要有技术应用集成意识

和技术骨干团队探索意识、教育技术应用体验意识，做到巩固推广教育技术应用常态化。要处理好外部课程资源与教师自主开发的关系，给学生和家长留下从实际出发、自主安排学习计划的空间。积极探索学生居家期间教师教学的有效方式，做到“自学 + 作业”“微课 + 作业”“互动分享 + 知识整合”的“三阶段六环节教学”。充分发挥学生居家学习的自学优势、生活化优势、实践制作优势、德育和劳动教育优势、家校合作优势等独特优势。尊重不同学段不同年级不同群体学生学习规律，高度重视发挥家庭教育的积极性，探索学生居家学习的有效管理方式。

疫情进入相对平稳期后，王小平以浙江省为例，对一段时间以来开展的线上教学工作进行反思，认为线上教学是一个完整的教学活动，必然包含学生的学和教师的教，两者是紧密相连又互不可替代的，缺少了任意一个环节都不能成为严格意义上的教学，必须建构“教师指导下的自主学习能力培养”教学模式，这一概念应当成为各地开展线上教学所秉持并实践的共识。制定合理教学目标要做到：第一引起学习、第二维持学习、第三促进学习。

陈丽及时总结了疫情中在线教学的九大创新点。一是教学流程发生变化，“先教后学”变成“先学后教”。二是学习方法的创新，有指导的自主学习，已经成为2亿多中国学生居家学习的重要的形式，是一次从观念到体验再到能力的学习方法创新的实践过程。三是教学管理的创新。互联网为过程监控、精准诊断、个性化指导提供了前所未有的功能。这些功能也将是下一个阶段教育信息化平台建设的重点。四是课程形态发生变化。未来的课程可能以学校为单位，可能以区域为单位，也可能以全国为单位。老师可以利用互联网服务更多的学生。互联网上老师、学生、家长都可以成为教学力量。各行各业的精英都可以通过网络成为教师。这种云服务的模式可以打破原有的学校教育的“围墙”，让教育与社会融合。五是课程理念的创新。互联网可以提供社区型的课程，学习者在跟同一个领域的其他的实践者、研究者共同探讨的过程中，完成了知识生产、教学过程，同时也完成了学习过程。实践性非常强的一类知识，通过群体智慧的汇聚来完成知识生产、知识传播，每一个学习者既是知识的贡献者，更是知识的受益者。老师不再是知识的载体，老师是社区的构建者，是社区建设的促进者和帮助者。老师跟社区里的学习者一样，也是一个实践者。这类课程的教学理念跟传统的课程不一样，在这类新理念的课程里，学习者解决复杂问题的能力提高。六是课程建设模式的创新。每个学校把最精华的东西拿出来，通过互联网让所有的学生共享。既保证了资源的质量，同时也降低了每个学校投入的成本，让优质资源被所有的学生分享。七是教学活动的组织方式创新。老师不再是同样职能的老师了，不是所有的教师以讲为主要职能，他可能是做学习辅导，可能是做过程的管理。甚至可以基于前期学生的课业水平，把学生重新编班，由不同的老师针对同一层次课业水平的学生进行教学，教学组织方式也不同了。八是资源建设模式的创新。教师把教育教学过程全录下来作为资源，不仅能呈现内容，还能呈现真实的互动过程，使得资源产生了新的属性，不仅具有内容呈现的属性，还具有呈现互动过程的属性，对学生的帮助更大。九是高水平的信息化环境。信息化环境的建设和支撑，做到了全社会协同，政企合作、校企合作是重要的模式。在此基础上，陈丽认为互联网作为新的空间，为构建满足新需求的新的教育体系，为培养适应新时代的接班人和劳动者提供了前所未有的可能。受疫情影响，教育模式发生变化，应该总结这些模式，快速把这些模式固化到教育体系中，加速构建三空间支撑的新的教育组织体系、新的教育教学模式和新的教育管理体系。

疫情防控进入常态化后，北京师范大学中国教育政策研究院联合中国教育学会中小学德育研究分会，依托中小学德育研究分会理事单位，在全国范围内开展抽样调查，重点就线上教学期间的教学参与情况、师生互动情况、线上教学满意度以及复学复课后春季学期教学安排、教学衔接面临的困难和挑战等项目，分别对教师、学生、校长做了调研。调研报告不仅客观评价学生居家学习的效果，清醒认识居家学习期间学生学习活动成效，为科学制定复学复课教学衔接方案提供了依据。调研报告还建议各级各类学校抢搭“新基建”快车，积极推进以公共服务为特征的“基础教育＋互联网”体系建设，把教育推进人工智能时代。教师专业角色要从“教书”转向“育人”。要积极推进以全域教育为特征的学校教育的形态与组织变革，积极推进以集智教育为特征的学校教育人力资源配置方式，积极推进以个性化资源供给为特征的学校教育课程教学变革，要让“资源包 + 自主学习”成为最受学生欢迎的在线教学方式，积极推进基于数据推动的学校教育评价管理变革。

罗媛、吴霓、王学男等于 2020 年 7 月在《当代教育与文化》刊发了《疫情常态化背景下我国民办教育发展面临的挑战和对策》的调研报告，指出疫情给各级各类民办教育造成了严重的影响：民办幼儿园收入几乎为零，生存艰难；民办培训机构经营困难，出现大量减员裁员或员工离职现象；民办中小学、职业学校、高校逐步适应线上教学，但面临学费和住宿费退费和定价问题；民办职业学校遭遇春季招生惨淡。报告指出，各地扶持民办教育的政策仍不充足不均衡；民办幼儿园面临资金链断裂和教师流失的风险；多数民办学校未能享有租金减免，延迟纳税政策对于没有收入的民办学校帮助不大；民办中小学线上教学的收费及退费机制不明确，带来家长的不满和民办中小学的资金困难；民办学校和培训机构急需信贷支持；民办学校的线上教学缺少高质量多样化的教育教学资源支持；民办学校维持基本运营的保障性政策亟须加强。报告呼吁要进一步加大对民办学校（幼儿园）政策支持的落实力度；要建立线上教学定价和学费退费指导监督机制；要加强对各级各类民办学校的信贷审批及放贷支持，建立信贷信誉黑白名单；要研究制定与教学大纲相匹配的线上教学指导标准并提供技术、资源、师资培训支持；进一步拓展民办职业学校招生就业渠道。

2020 年，教育新政频发，与期刊相比，报纸在解读新政、开展理论探讨、提高科学认识方面发挥了及时高效的作用。

张力从“国外私立教育和教育服务贸易框架下的合作办学”“改革开放以来我国民办教育和合作办学的探索实践”“新时代支持和规范民办教育、合作办学的基本导向”三个方面，在《中国教育报》撰文解读了党的十九届四中全会审议通过的《中共中央关于坚持和完善中国特色社会主义制度　推进国家治理体系和治理能力现代化若干重大问题的决定》，强调“支持和规范民办教育、合作办学”，对加强教育制度建设和提高教育治理现代化水平，更好地满足人民多层次多样化需求的重要指导意义。并对在新时代新形势下，“支持和规范民办教育、合作办学”的实施保障提出了几点建议：一是支持和规范民办教育，需要创新服务业态，在推进基本公共服务均等化、普惠化、便捷化的同时，推动非基本公共服务市场化、多元化、优质化；二是支持和规范民办教育，必须全面依法依规，促进民办教育治理现代化；三是支持和规范民办教育，需要变革服务治理方式，营造统一开放、竞争有序的法治化市场环境；四是支持和规范合作办学，既要引进来也要走出去，不断提高我国教育的国际地位、影响力和竞争力；五是支持和规范合作办学，要进一步拓展渠道，尝试放宽外资股比限制，探索境外高水平企业在国内独资办学，开展国内学校、企业、科研院所、社会组织之间的合作办学等。

辛展从对“盈利性与营利性”“非营利性与公益性”“非营利性与普惠性”“国家性与社会性”“教育产品与教育服务”“出资与投资”“补偿与返还”等相近、易混淆的基本法律概念的辨析入手，帮助消除对民办教育促进法修法精神的误读。

在《深化新时代教育评价改革总体方案》颁布后，《人民政协报》及时组织了一组理论性的笔谈，阙明坤、李文章、鞠光宇、张可伟、王慧英、王新凤等专家分别从学校、教师、学生、学科建设等角度，帮助读者正确认识、科学理解教育评价改革的重要意义。为民办学校适应新形势，充分发挥体制新、机制活、决策快的优势，率先探索，深化学校、教师、学生评价改革，摒弃以往的工具主义、效率主义、功利主义评价模式，更好地为社会提供个性化、多样化、特色化教育服务，在新时代更好地发挥作用，提供了科学的指导。

（三）研究中存在着较为明显的缺陷

2020 年的民办教育研究中跟风与重复研究现象较为突出，以硕士论文的选题为例，仅以“中公”借壳上市为论文标题的就达 13 篇之多（见表 1）。

表1　以“中公”借壳上市为论文标题的硕士论文

序号	题目	作者	毕业学校
1	中公教育借壳上市案例分析	黄萍	西北民族大学
2	中公教育借壳上市案例研究	张瑜	辽宁大学
3	中公教育借壳上市案例研究	徐永辉	安徽财经大学
4	民办教育机构借壳上市案例研究——以中公教育为例	彭涛	河北大学
5	中公教育借壳上市融资案例研究	陈虹羽	湘潭大学
6	职业教育企业上市途径选择研究——以中公与东方时尚为例	廖志强	广东外语外贸大学
7	中公教育反向并购亚夏汽车绩效分析	唐子涵	哈尔滨商业大学
8	中公教育借壳亚夏汽车上市案例分析	康靖筠	江西财经大学
9	中公教育借壳上市的财务绩效研究	李丹萌	合肥工业大学
10	中公教育借壳上市动因及绩效研究	段卢盈	广东工业大学
11	民办教育机构借壳上市的绩效分析——以中公教育为例	张林江	中南林业科技大学
12	职业教育培训机构借壳上市动因及效应研究——以中公教育为例	赵辰冉	云南财经大学
13	借壳上市财务风险及防范策略研究——以中公教育为例	李安琪	河北金融学院

仍以硕士论文的选题为例，以某民办教育机构或公司的营销活动为研究主题的硕士论文2020年达到了24篇。这些案例的样本代表性较差，多为不知名的小机构，研究结果不具有典型性，往往造成无效研究，毫无学术创新性可言。

2020年的民办教育研究还存在着学术集中度低的缺陷。以中国知网的检索结果为例，2020年，民办教育研究期刊发文最多的机构为华中师范大学（15篇），其他依次为上海师范大学（14篇）、湖南师范大学（13篇），华东师范大学（8篇）。民办高校中发文最多者为黄河科技学院（10篇）。全部研究成果中有国家社会科学基金项目（13项）、全国教育科学规划课题（10项）、教育部人文社会科学研究项目（11项）。重大项目少，重点作者缺乏，不能形成研究合力，学术影响力不强。

三　今后研究的展望

2021 年适逢建党一百周年，在全面建成小康社会的新的历史起点上，面对多项对民办教育将产生深远影响的政策法规，民办教育该如何发展，哪些趋势值得关注，民办学校如何做出有效的决策，都是今后值得研究的问题。笔者认为，高质量民办教育体系如何建立，如何评估，民办高校如何开展研究生教育，如何适应后疫情时代的民办教育发展新业态，是较为迫切的研究任务。

参考文献

彭泽平、金燕：《70 年基础教育办学体制改革：基本特征与未来展望》，《现代教育管理》2020 年第 2 期。

胡大白：《中国民办教育起源、盛衰与发展的历史叙事——〈中国民办教育通史〉（三卷本）发布报告》，《黄河科技学院学报》2020 年第 3 期。

阙明坤、王佳丽：《我国民办高等教育政策的历史演变与逻辑理路——基于政策文本的质性分析》，《中国高教研究》2020 年第 2 期。

单大圣：《“十四五”时期民办教育发展的展望与建议》，《浙江树人大学学报》2020 年第 1 期。

景安磊、周海涛：《我国民办教育改革发展的回顾与思考》，《宁波大学学报（教育科学版）》2020 年第 2 期。

吴华、姬华蕾：《论民办教育对国家教育发展的独特贡献》，《华东师范大学学报（教育科学版）》2020 年第 10 期。

附　　录

Appendixes

B.24
附录一　河南省民办教育协会第五届理事会工作报告

河南省民办教育协会从 1995 年 11 月召开成立大会，至今已历 25 载、五届理事会。本报告分两个部分，一是第五届理事会以来的主要工作；二是对新一届理事会的几点希望。请各位代表予以审议。

一　第五届理事会的主要工作

河南省民办教育协会第五届理事会任期的五年是全省民办教育快速发展的五年。全省各级各类民办学校由 2015 年的 16707 所上升到 2019 年底的 21429 所，占比由 28.46% 上升到 40.12%，在校生人数由 525.68 万人上升到 709.75 万人，占比由 20.58% 上涨到 26.51%，教职工人数由 39.98 万人上升到 59.12 万人，占全省教职工总数的 33.51%。这些成绩的取得，与省委省政府和各级教育行政部门对民办教育的关心支持是分不开的，与广大民办教育工作者的共同努力是分不开的。

协会第五届理事会在五年中认真履行职能，积极务实开展工作，为促进我省民办教育事业持续健康发展和服务会员发挥了积极作用，做出了应有贡献。

1. 做好调研工作，为民办教育发展建言献策

2015 年 5 月，中国民办教育协会高等教育专业委员会本科工作部部长（扩大）会议筹备会、新常态下民办高等教育创新发展论坛暨高专委本科工作部部长（扩大）会议先后在黄河科技学院召开。中国民办教育协会副会长、高专委理事长季平，高专委常务副理事长李维民，河南省教育厅政法处副处长施晓春等领导就进入新常态的民办教育高质量发展进行了调研。2015 年 8 月，协会组织黄河科技学院、郑州科技学院、郑州市教育局法规处有关人员与省教育厅政法处，共同参与《河南省人民政府关于促进民办教育大发展的意见》的起草工作。

2017 年 3 ~5 月间，协会及各专委会邀请省内外法学专家、教育学家、教育管理者、民办教育从业者等相关人员，围绕“《民办教育促进法》（新修法）实施后的民办教育发展”组织召开了多次小型的学术研讨和调研，为省内新修法实施细则的出台提供参考意见。

2017 年 7 月，会长胡大白、副会长王建庄多次参与省教育厅组织的河南民办教育促进法实施细则的起草调研准备工作。作为执笔人之一，副会长王建庄参与了省政府相关文件的起草工作。

2018 年，协会基础教育工委先后深入禹州市第一私立中学、永城市东方西典国际学校、南阳博雅书院中学等学校调研民办中小学的招生情况、办学特色建设和教师队伍建设等问题。

2019 年 8 月，协会副会长王建庄作为全国 20 个受邀专家之一参加有教育部、人社部领导出席的《职业教育法》修订专家研讨会，提出的修法建议多条被采纳。2020 年 10 月，王建庄副会长出席第三届全国民办教育发展峰会，并代表省协会做专题报告，提升了河南民办教育的影响力。

2020 年 10 月，全国政协副主席、九三学社中央常务副主席邵鸿，九三学社中央教育文化专门委员会主任、北京师范大学中国教育创新研究院院

长、中国基础教育质量监测协同创新中心首席专家、特约国家督学刘坚，教育部发展规划司副司长、一级巡视员田福元，国家发展改革委社会发展司副司长蔡长华，九三学社中央参政议政部副部长张瑛，中国教育发展战略学会常务理事兼民办教育专业委员会秘书长黄为，人力资源和社会保障部社保中心养老保险处副处长乔新永，九三学社中央参政议政部副处长胡译戈等，在省政协副主席、九三学社河南省委主委张亚忠等领导的陪同下到河南开展“推动民办教育高质量发展”主题调研督导工作，黄河科技学院、郑州科技学院、郑州澍青医专、北京外国语大学郑州附属学校向九三学社领导反映了政策在办学中的需求和挑战，得到了领导的回应和交流。

本届理事会中，副会长杨雪梅、李光宇、李海燕等多次以全国人大代表、政协委员的身份向有关部门提出涉及民办教育发展的提案。其中很多提案被列为重点议案，被光明网等媒体多次转载。

2. 以党建工作统领民办学校全面工作

2015 年以来，坚持用党的建设促进工作作风转变、促进办学行为规范、促进师德师风建设、促进学校内涵质量全面提升，以高质量党的建设促进教育的高质量发展。

2017 年以来，晨钟教育集团特色党建工作得到了省、市、区党委领导的高度关注和重视，2017 年 6 月，受到了中共中央组织部、教育部民办学校党建工作检查组的检查指导。2017 年 10 月，晨钟集团党委成为省委组织部唯一一个非公企业党建观摩点。2019 年 11 月，全国培训教育机构党建工作现场交流会在晨钟社会组织党建学院举办，全国各地 1000 余所教育培训机构参加了此次会议，中国民办教育协会民办学校党建工作委员会主任刘军一行考察了晨钟教育集团并出席了此次会议。

2018 年 1 月，宇华教育集团在郑州工商学院举行落实习近平新时代中国特色社会主义思想“进教材、进课堂、进师生头脑”工作大会，在国内民办学历教育领域首家开展“三进”工作，从中小学到大学全面推进“三进”工作，这在全国民办教育领域也属首例。

汝州市西雅图香榭世家幼儿园将党建工作与幼儿园教育教学工作结合开

展，成为全国民办教育党建示范基地。

2018 年 4 月 14 日，河南省民办教育协会五届四次会员代表大会暨全省民办学校党建工作促进会在黄河科技学院召开。会上举行了河南省民办教育协会党建工作委员会和党建研究中心授牌仪式。

协会党建工委成立后认真落实中央关于加强民办学校党的建设工作的意见，积极理顺隶属关系，推进党组织在教育系统的全覆盖。各级各类学校党建工作制度化、规范化、科学化水平不断提高。

2019 年 9 月，郑州市教育局党组选派了 47 名优秀干部到局属民办学校任党组织书记、党建指导员，指导民办学校党建工作，为促进民办学校健康持续发展提供了坚强组织保证。

2020 年，新蔡县教育局直属民办学校全部建立了党支部；乡镇民办学校有 3 名以上党员建立了党支部。党员人数不足 3 名的，就近就便与其他学校建立党支部。批准设立民办学校时，坚持做到与党的建设同步谋划、党的组织同步设置、党的工作同步开展。

2018 年以来，黄河科技学院纳米功能材料研究所直属党支部、郑州科技学院实践中心党支部、郑州科技学院教务处党支部、郑州工商学院建筑工程学院第四学生党支部先后入选教育部全国党建工作示范高校、标杆院系、样板支部培育创建单位名单。

2019 年 7 月 1 日，黄河科技学院、郑州科技学院、汝州市西雅图香榭世家幼儿园、郑州晨钟教育集团的党建工作，入选中国民办教育协会全国民办学校首批党建特色建设项目。

2020 年，黄河科技学院、郑州科技学院、郑州晨钟教育集团入编《先锋——庆祝中国共产党成立 100 周年全国民办学校党建工作风采录》大型文献。

这些优秀党组织是协会重视党建工作的一个缩影，近年来，“不忘初心，牢记使命”，知党史、学党史，重温一代代共产党人矢志不渝为人民谋幸福、为民族谋复兴的奋斗历程，成为河南民办教育界的自觉行动。

3. 以年会、论坛为平台，表彰先进，推广经验，促进交流

2015 年以来，黄河科技学院、三全学院、新联学院、郑州工业应用技术学院分别承办了本届理事会的年会，同时以不同的主题举办了论坛，对上一年度优秀民办学校、先进科研工作者等都进行了表彰和经验交流。

2018 年 3 月，“民办中小学创变者分享会暨河南省民办教育协会基础教育工作委员会 2018 年会”在郑州举行，来自七个省的民办中小学办学人、校长 200 余人参加了会议。本次会议的主题是“创变·赋能”，强调民办中小学既不能做公办教育的翻版，也不能成为应试教育的盲目追随者，要敢于从校情和学情出发，不断创新、谋变，打造优秀的教师团队，培植学校的特色品牌。

2018 年 6 月，郑州陈中实验学校教学研究室正式成立，协会基础教育工作委员会专家团成员受聘为该校教研室特聘专家。

2018 年 11 月，洛阳市民办教育协会协办了省教育厅主办、洛阳市教育局承办的河南省规范民办学校办学行为座谈会，对全省民办教育加强内涵建设、加快特色发展进行了研讨。

2020 年 10 月 15 日，社旗县教体局召开 2020 年秋期民办教育工作会。全县各中心校安全专干、民管专干及民办学校校长、幼儿园园长、校外培训机构校长接受了培训。

2020 年 10 月 19 日，郑州市幼儿园协会成立大会暨第一次会员代表大会在郑州市谷丰庄园召开。

4. 开展办学指导工作，推动全省民办学校转型发展

2015 年 7 月，协会组织河南省首届民办学校校长、教师培训班，对全省 150 多名民办学校的校长、骨干教师进行了培训；2015 年 11 月 14 日，省民办教育协会面向全省民办学校开展了“数字化智慧校园论坛暨智慧校园”援建公益活动。通过发挥省民办教育协会的组织优势，提升我省民办中、小学校办学水平和网络资源利用水平，为缩小区域、城乡数字化差距，促进教育公平做出了新的贡献。

2016 年 2 月 18 日，河南省科技厅批准建设 34 个省级重点实验室，黄河

科技学院“河南省纳米复合材料与应用重点实验室”位列其中，实现了全省民办高校省级重点实验室建设历史性的突破，黄河科技学院也成为唯一获得省政府实验室建设奖补资金的民办高校。依托该实验室，黄河科技学院实现了与河南大学、河南科技大学联合培养研究生的合作。4 月 30 日，由三全学院承办的以“特色办学、创新发展”为主题的河南省民办教育协会五届二次会员代表大会暨省民办教育发展大会在黄河迎宾馆举行。2016 年 7 月，在全国民办高校创新创业教育示范学校评选中，黄河科技学院获得综合奖第一名。新乡医学院三全学院获得课程建设奖第三名；郑州升达经贸管理学院获得文化建设奖。

2016 年 9 月，黄河科技学院承办了 2016 中国创客大会暨第三届创客大赛。10 月 19 日，黄河科技学院和美国国际科技大学（ITU）“硅谷创新创业基地”签字和揭牌仪式在黄河众创空间举行。双方领导共同为“硅谷创新创业基地”揭牌。该基地将根据学校发展需求，在美国尤其是硅谷物色合适的高新技术项目、企业、人才开展对接，选择有潜力、成功指数高的进入基地进行培育。这也是学校将引进海外高层次人才和项目的阵地移至海外的一次新尝试。此外，该创新创业基地还将为有意到美国发展的企业提供服务。

2016 年 9 月，黄河科技学院荣膺 2016 年度全国创新创业典型经验高校，荣登首批“全国高校创新创业工作 50 强”榜单，黄河众创空间成为国家级众创空间。黄河科技学院与郑州市二七区政府共建的黄河众创空间、大学科技园、黄河众创咖啡等全链条创新创业生态体系，使河南民办学校的创新、创业教育和工作走在了全国前列。

2020 年 4 月，河南省民办教育高质量发展研讨会在黄河科技学院举行。5 月，副会长杨雪梅教授主持完成的“应用型高校创新创业教育全链条‘培养 - 孵化’体系研究与实践”获省高等教育教学成果特等奖。项目成果以“一个融合”为主线，按照就业、创业、升学三条路径分类培养，搭建开放式平台，构建“三元合力”的“双创”育人模式，建立了特色鲜明的“双创”全链条“培养—孵化”体系，受到省教育厅的嘉奖。

2020年9月，由河南省教育厅主办、信阳学院承办的河南省民办高校外语专业课骨干教师培训班在信阳学院举办。来自全省各民办高校的外语专业课骨干教师和信阳学院的部分专家、教师等参加培训。10月，河南省民办高校机械类和自动化类专业课骨干教师培训班在郑州工业应用技术学院举行。

2020年10月，河南省首期民办学校教导主任、教研组长高研班在郑州晨钟学院正式开班。这一举措有效提升了全省民办基础教育的教学与管理水平。

2020年11月，黄河科技学院举办联合培养研究生开题答辩会。河南科技大学化工与制药学院马军营院长、李军波副院长、魏学峰副院长和硕士生导师郭旭明一行四人到黄河科技学院考察联合培养研究生情况和参加研究生开题答辩会。这也是河南省民办教育人才培养工作向更高台阶迈进的开始。

5. 打造科研平台，建立科研队伍，推动民办教育科研水平提升

2016年12月3日，由河南省人民政府发展研究中心与黄河科技学院共建的高端智库——河南新经济研究院在黄河科技学院成立。该院成立后，省政府发展研究中心的专家将直接参与学校的重要科研活动，学校可以承担该中心委托的省政府重点调研课题，有决策价值的成果可以向省委省政府呈报，有分量的成果直接参与河南发展研究奖评奖。

2017年5月，在原民办教育研究所的基础上，成立了由胡大白任院长、王建庄任执行院长的民办教育研究院。2018年，研究院成为河南省教育厅发起的“河南省高校智库联盟”成员单位。

2017年，研究院主编的《“互联网+”创新创业指南》《“互联网+”创新创业概论》由河南人民出版社出版。2017年以来，主持编写河南民办教育蓝皮书（每年一部），是国内第一部省级民办教育蓝皮书，现已出版四部。2018年编撰《中国当代教育名家》。2019年5月，社会科学文献出版社出版了胡大白等主编的中国民办教育大型通史性论著《中国民办教育通史：全3卷》，全书144.9万字，全景式再现了中国民办教育从先秦时期到当代的发展历程，展现了2500多年跌宕起伏的历史画卷，成为中国民办教

育史必读书目和教学研究重要资料用书。

多年来，研究院积极申报并获得立项各级各类课题，包括全国教育科学“十三五”规划课题、教育部人文社科研究项目、河南省哲学社科规划项目、河南省科技厅软科学研究项目、河南省政府发展研究中心招标课题等省部级以上课题50余项，获批经费近50万元。

协会自2010年发布协会年度课题研究指南以来，至2015年协会课题共立项近5000项，结项课题3700多项，极大地推动了民办教育系统科研水平的提升。

6. 协会自身建设更加科学，体系更加完善

第五届理事会任期的五年也是全省民办教育转型发展的五年。省民办教育协会也从过去的粗放发展转向了内涵发展，更加重视组织发展的顶层设计，更加重视组织的科学管理和健康发展，更加重视组织发展的法治化建设。先后完善了内设机构办公室、党建研究室、财务部、维权部、联络部、会刊编辑部等组织机构。2017年建立了民办教育研究院。2018年，先后成立了党建工作委员会和党建研究中心。协会组织体系更加完善和合理。

2016年6月22日，河南省民政厅发布《关于表彰全省先进社会组织的决定》（豫民发〔2016〕244号），协会被评为“全省先进社会组织”。2017年9月6日，省民政厅公布2016年度全省性社会组织评估结果，协会获评4A等级，具有了优先接受政府职能转移、优先获得政府购买服务和政府奖励的资格。2017年12月，根据民政部门的有关要求，协会与主管部门省教育厅“脱钩”，成为独立的非营利性社会组织。

会长品牌进一步提升了影响力。胡大白荣登“当代教育名家”榜单。2017年11月，中国教育学会、中国高等教育学会、中国职业技术教育学会、中国教育电视台、中国教育报刊社、人民教育出版社6家单位第一次联合开展了评选中国当代教育名家活动。经过广泛发动推荐、严格审核遴选、开展专家初评、专家委员会终评四个环节，通过严格审核材料、集体讨论审议，以认真负责的态度，以公平、公正的立场，经过热烈的讨论和反复权衡、精心斟酌，从400名入围候选人中选出当代教育名家终评会议的候选人

和递补候选人名单，最终推选了 90 位当代教育名家。黄河科技学院创始人、董事长胡大白入选。

2019 年 1 月黄河科技学院获评改革开放四十周年“郑州品牌”，胡大白会长荣膺改革开放四十周年“中原民办教育特殊贡献人物”称号。2019 年 9 月，胡大白会长被评为新中国成立 70 周年“河南省突出贡献教育人物”，受到了省委书记王国生，省长陈润儿的接见。2020 年 9 月 22 日，第十一届河南高等教育品牌竞争力高端研讨会暨“黄河教育奖”颁奖典礼在郑州举行，胡大白会长荣获黄河教育奖和“2020 年十大黄河教育人物”称号。

2017 年，河南省高校创新创业协会成立，副会长杨雪梅当选为会长。2018 年 12 月，杨雪梅副会长又当选河南省教育人才研究会会长。这两个组织汇集了全省高校和省内最主要的教学科研机构，具有广泛的代表性和权威性，在引领河南省高校创新创业活动的开展、教育人才快速成长方面，将发挥积极的思想库、智囊团作用，进一步擦亮了协会的会长品牌。

7. 加强对外交流，扩大河南民办教育的影响力

2015 年以来，协会先后多次接受了中国民办教育协会王佐书、王文源、刘军等领导的来访或指导。浙江省民办教育协会会长葛为民，天津市民办教育协会会长张代祥，重庆市人大常委会原副秘书长，重庆市民办教育协会常务副会长陈传文，安徽省民办教育协会会长赵良庆，云南省民办教育协会常务副会长吴贵荣，河北省民办教育协会常务副会长兼秘书长刘桂玲，山西省民办教育协会副会长傅建荣，湖北省民办教育协会会长顾问曾庆宏，北京市民办教育协会秘书长贾咏梅，四川省民办教育协会秘书长陈旭辉，陕西省民办教育协会秘书长第五太卓，甘肃省民办教育协会常务副秘书长兼办公室主任刘继仁等兄弟省市民办教育协会的负责人先后到访我会。

2015 年 11 月 17 日，黄河科技学院副院长杨保成围绕学校创新创业工作的做法在中国民办教育协会高等教育专业委员会本科工作部召开的“全国民办本科院校创新创业研讨会”上向全国 70 余所民办本科高校领导及有关专家、学者 100 余人进行了经验交流，扩大了河南民办教育的影响。

2017 年 12 月，安阳学院成立了“甲骨文艺术研究中心”，以对外交往

平台、人文交流平台为基础加快构建全面开放新格局，打造中国“一带一路”教育国际合作新高地。

8. 加强团结，积极应对，抗击疫情

2020 年初，新冠肺炎疫情笼罩全球。2 月 1 日，河南省民办教育协会发布通知，要求各工作委员会、各市（县、区）民办教育协会、各会员单位全面贯彻习近平总书记关于新型冠状病毒感染的肺炎疫情的一系列重要指示，根据中共中央、国务院的要求，严格按照省委、省政府的工作部署，细化省教育厅的安排，制定相关防控措施并落实到位。切实把打赢疫情防控阻击战作为当前的重大政治任务，确保各单位师生员工的生命安全和身体健康，切实发挥各工委会、各市县区民办教育协会、各会员单位在疫情防控中的积极作用。

全省各民办学校与会员单位按照省协会的通知精神，按照当地政府和教育行政部门的要求，认真做好防控工作，守土担责，守土尽责；积极参与单位所在地的防控工作。认真履职尽责，做好自身防护，起好带头作用；严格按照中国疾病防控中心编写的《新型冠状病毒感染的肺炎公众防护指南》做到正确认识、做好防护、维护健康；发挥党组织战斗堡垒作用和党员先锋模范作用，不举办聚集活动。

全省民办学校积极引导、组织教师在做好自身防护的前提下，利用网上资源进行备课和教育教学研究；根据省教育厅的通知及时调整开学时间，做好相关准备。认真组织线上教育，切实加强健康教育，认真做好开学预案，更好保障师生身体健康。全省民办学校认真贯彻执行，保证了教育教学秩序的稳定，有力维护了社会稳定。

3 月 2 日，省长尹弘带领副省长霍金花，省政府秘书长朱焕然、省教育厅厅长郑邦山、省卫生健康委主任阚全程到黄河科技学院调研，检查疫情防控及开学前准备工作。尹弘对学校防控工作给予充分肯定，将省委省政府对民办教育的关心、关怀、关注带给了民办学校，提振了民办学校战胜疫情的士气。

疫情中民办学校准备条件复课。2 月 1 日，省教育厅新型冠状病毒感染的肺炎疫情防控工作领导小组制定印发了《关于做好新型冠状病毒肺炎疫情防控期间网上教学工作的指导意见》，推动有效实现各级各类教育“延迟开学不停教、不停学”。各民办学校迅速响应。

全省 39 所民办高校都在第一时间开展了网上教学工作，网课教学总体开通率在 90% 以上的达到 95.24%；网课学生出勤率在 91% 以上的达到 100%；网课教师到课率在 91% 以上的达到 90.48%。各民办学校充分利用线上平台，把疫情防控中的鲜活素材作为生动教材，深耕课程思政责任田，积极回应青年学生的关切，让“云端”思政课真正入脑入心，积极化“疫情危机”为思想教育契机，为青年学生注射了一剂强有力的“精神疫苗”。

除幼儿园遵守规定没有开展网上教学外，其他学校都做到了应开尽开，许多教师在网课教学的实践中探索创新，获得了宝贵的经验，出色完成了“停课不停教”的任务。

全省民办学校积极捐款捐物，支持疫情防控工作。黄河科技学院师生以特殊党费的形式，捐款 30 余万元；晨钟教育集团多次向所在街道、社区捐赠抗疫物资；驻马店市民办教育协会捐款 2 万元，正阳县国际育英学校捐款 20 万元，上蔡中学捐款 10 万元。在疫情影响最严重的幼教系统，也都积极参与捐款捐物，仅驻马店市民办教育各学校、幼儿园就筹集善款 205.8 余万元，用于疫情防控工作。

在抗疫工作中表现突出的基层党组织、中共黄河科技学院教务科研处支部委员会，优秀党员洛阳科技职业学院疫情防控武汉临时党支部书记、信息工程学院辅导员麦陆南等集体和个人，在 2020 年 10 月 21 日举行的河南省抗击新冠肺炎疫情表彰大会上，受到了河南省委书记王国生、省长尹弘等领导的表彰。

在协会的领导和推动下，经过会员单位的不懈努力，河南的民办教育已经形成具有全国影响力的品牌。高等教育中，黄河科技学院 2018 年、2019 年、2020 年连续三年位居武书连中国民办大学综合实力第一名，2017 年、2018 年、2019 年、2020 年连续四年在广州日报全国应用型大学排行榜民办高校位居第一名。2019 年，学校大学生创业孵化园获批全国创业孵化示范基地，学校入选教育部“互联网 + 中国制造 2025”产教融合促进计划建设院校，在“中国新建（应用型）本科高校发明专利排行榜”中位列全国民办高校第一名，连续四年专利授权量在河南省高校中排名第二。基础教育中，北大附中河南分校、河南先锋教育、开封求实中学、商丘兴华学校等品牌校不断崛起，呈现了品牌校的集群效应。在培训教育中，晨钟教育集团专注初高中综合教育，已打造成为中原培训教育行业知名品牌。在幼教领域里，“幼教河南红”品牌也已在全国叫响，王国平、王修平、王红顺等已经成为全国有影响力的幼教专家和课改专家。

二　协会工作的未来展望

1. 深入学习十九届五中全会精神落实立德树人教育根本。要引导全省民办教育界在历史对比中、在贯通联系中、在反思差距中学习十九届五中全会精神，在做好立德树人工作的实际行动中，充分体现河南民办教育的新担当、展示新作为、做出新贡献。

2. 以《民办教育促进法》修订为契机，推动河南民办教育法制化建设。随着《民办教育促进法》（新修法）及其实施条例的逐步落实，协会要推动全省民办教育系统开展新一轮的学法、用法的活动。把克服新法执行过程中的难点和热点问题与创新办学路径相结合，创新发展思路、创新办学思想、创新办学水平，坚持法制化办学。

3. 深入落实河南省加快推进民办教育发展的意见，推动民办教育优质特色发展。要引导民办学校树立优质特色发展的办学思想，着力提高人才培养质量。打造与河南发展相适应的现代化教育，充分发挥教育基础性、先导性、全局性作用，为河南经济社会发展提供有力支撑。

4. 理论联系实际，不断推动理论和实践创新。要引导全省民办教育界深入学习领会党的十九大以来习近平总书记的系列讲话精神，切实用习近平新时代中国特色社会主义思想武装头脑、指导实践、推动工作，不断提高办学质量，不断推动民办教育理论和实践创新。

5. 抓住学校数字化转型的契机，提高民办教育国际化水平。学习借鉴世界主要国家教育国际化的先进理念，总结现有教育国际化的经验，探索信息化手段，促进教育国际化发展，从而提升全省民办教育国际化水平，促进民办教育事业科学发展。

6. 不断提升服务能力和水平。进一步发挥协会促进、协调、服务、维权、自律的职能，不断提高服务能力和水平，促进全省民办教育规范、健康发展。

B.25
附录二　2020～2021学年河南民办教育大事记

2020年

4月2日　许昌市人民政府与河南师范大学新联学院举行战略合作协议签约仪式，拟在许昌建设新校区。许昌市人民政府市长史根治、河南师范大学新联学院理事长李香枝等参加签约仪式。

4月10日　河南省教育厅委托第三方评价机构（河南瑞程绩效评价咨询有限公司）对2019年立项建设的河南省民办普通高校学科专业建设资助项目建设情况开展实地调研。

4月20日　黄河科技学院召开发展规划编制工作领导小组会议，研究学校“十四五”发展规划。

4月21日　黄河交通学院以评促建工作暨全体干部会议举行。会议通报干部人事调整情况，研究部署以评促建及各项重点工作任务。

5月25日　河南省教育厅发布《关于做好2020年义务教育招生入学工作的通知》，要求2020年河南全面取消特长生招生，实行公办民办学校同步招生。河南还将严查非法办学行为，排查并严厉处罚社会培训机构以“国学班”“读经班”“私塾”等形式替代义务教育或其他形式妨碍义务教育实施的行为。

5月31日　郑州工程技术学院副院长、党委委员甘勇，郑州市教育局副局长葛飞等郑州市政协教育界别委员一行14人到黄河科技学院调研指导工作。调研组一行先后到中国民办教育博物馆、智慧教育和医疗体验馆等实地参观。

6月18日 由中国国际贸易学会和全国外经贸职业教育教学指导委员会主办的2020年第五届OCALE全国跨境电商创新创业能力大赛落幕。郑州工商学院获得优异成绩。

6月20日 九三学社河南省委高层次人才2020年度工作会议在黄河科技学院召开。河南省政协副主席、社省委主委张亚忠，黄河科技学院董事长胡大白、校长杨雪梅等80人参加会议。

6月22日 郑州市教育局党组组织郑州38位民办学校书记到郑州市教育局驻村工作队驻地——新郑市辛店镇王庄村开展“庆七一，强党性”落实脱贫攻坚系列党课培训活动。

6月22日 郑州市教育局召开民办教育工作会，对民办学校近期工作进行安排和部署。会上，市教育局体卫艺处、安保处、民办处、发规处、基教处分别针对国家卫生城市复审工作、学校安全工作、近期民办教育工作、招生工作进行了安排。民办学校代表现场签署招生承诺书并表态发言。

7月3日 由河南省卫生健康委员会、河南省计划生育协会联合举办的3岁以下婴幼儿照护服务主题宣传月系列活动正式启动。河南省卫生健康委党组成员、副主任刘延军等400余人共同出席活动。

7月13日 郑州市教育局召开成立市管民办高中协作区工作会议。会议介绍了市管民办高中协作区的相关情况，并向学校发放了2020年郑州市民办学校招生公示牌。

8月11日 郑州西亚斯学院召开学校党委中心组“以案促改”专题学习（扩大）会议。校党委书记马建生、执行校长王甲林等参加会议。

8月16日 郑州升达经贸管理学院召开专题会议，传达上级会议精神，部署学校秋冬季开学及防疫工作，校领导王新奇、郭爱先等出席会议。

8月23日 开封市教育体育投资有限责任公司与开封市求实教育集团战略合作签约暨揭牌仪式在求实中学东校区举行。开封市人民政府副市长刘震等参加活动。开封市教育体育投资有限责任公司与求实教育集团达成合作共识，签订合作协议。

9月11日 信阳市委宣传部副部长许书动一行到信阳学院，围绕创建全国文明城市高校测评标准进行检查指导。信阳学院党委书记郑先明陪同检查。

9月16日　郑州科技学院与中国移动郑州分公司举行“5G智慧校园”战略合作框架协议签约仪式。郑州科技学院党委书记刘新华、副董事长秦小刚等出席签约仪式。秦小刚希望以此次战略合作为契机，双方共同探索打造“5G智慧校园”，全面开展战略合作，实现资源共享、信息管理、大数据、教学、科研及生活服务等多方面的互利共赢，引领行业发展。

9月19日　建业全资控股的河南建业教育集团有限公司成立暨河南建业青蓝职业培训学校揭牌仪式举行。河南建业教育集团有限公司的成立，是建业在原建业教育公司幼儿教育、基础教育稳健发展的基础上，大力发展职业教育、高等教育和国际教育的重大举措。

10月17~18日　民办教育问策转型“思享汇”（第六季）举行，来自河南、安徽、贵州、山东、江苏等地的近百名董事长、校长集结在河南省驻马店市。本季思享汇的主题是“团队、品牌、赋能”。

10月24日　郑州商学院举行“孝义文化研究中心揭牌仪式暨孝义文化研讨会”。

10月25日　由工业和信息化部、中国工程院、河南省人民政府等共同主办的2020中国（郑州）产业转移系列对接活动暨新能源及智能网联汽车专题对接会在郑州举行。河南省工业和信息化厅、河南省公安厅、河南省交通运输厅联合发布公告，同意河南凯瑞车辆检测认证中心有限公司为河南省智能网联汽车测试第三方机构，承担自动驾驶车辆测试及监督管理相关工作。

10月28日　由中华职业教育社和中国民办教育协会主办的第三届中国民办教育发展峰会在浙江省宁波市举办。全国政协副主席、中华职业教育社副理事长辜胜阻出席并作主旨讲话。中国民办教育协会党建工作委员会副主任、河南省民办教育协会党建工作委员会主任王建庄被聘为中华职业教育社民办教育委员会委员并做关于民办教育发展阶段的报告，正式提出了当代中国民办教育发展阶段的观点：以1982年宪法为起点，以1998年《面向21

世纪教育振兴行动计划》发布、1999 年开始实施为标志，当代中国民办教育在这 17 年中完成了“必要补充”的使命；以 2000 年黄河科技学院升本为起点，以 2016 年新的民办教育促进法修订方案通过为标志，民办教育在这 17 年中实现了“重要组成部分”的使命；以 2017 年党的十九大召开为标志，中国民办教育将进入新的发展时期，成为教育改革发展的重要力量。

11 月 28 日 河南省民办教育协会第六届会员代表大会暨理事会在黄河科技学院召开。

11 月 28 日 《河南民办教育发展报告（2020）》在黄河科技学院举行新书发布会。会议由黄河科技学院董事长胡大白教授主持，河南民办教育研究院执行院长、首席研究员王建庄教授作发布报告。河南省教育厅副厅长陈垠亭、河南省教育厅原巡视员任锋等人出席发布会。

11 月 30 日至 12 月 3 日 由郑州市教育局主办、郑州澍青医专承办的 2020 年郑州地方高校大学生思想政治工作培训班在修武县举行。来自 27 所市属高校的 53 名学生工作负责人参加了本次培训。郑州市教育局高教处处长郭玉兵，澍青医专党委书记、董事长王左生等人出席开班仪式。

12 月 1 日 由胡大白任主编、王建庄任执行主编的“当代河南教育发展报告”由社会科学文献出版社出版发行，全书 203.6 万字，共六本，分别是《砥砺前行中的当代河南教育》《当代河南民办教育发展报告》《当代河南职业教育发展报告》《当代河南高等教育发展报告》《当代河南基础教育发展报告》《当代河南幼儿教育发展报告》。

12 月 2 日 郑州市金水区民办教育协会举办第十一届校长高峰论坛。

12 月 7 ~ 8 日 由驻马店市教育局指导、驻马店市民办教育协会主办的民办教育会计培训会举行。

12 月 10 日 河南省委常委、组织部部长孔昌生赴建业集团宣讲党的十九届五中全会精神，调研非公企业党建工作。孔昌生部长对建业集团取得的成绩表示赞赏。

12 月 11 日 在郑州市教育局组织的郑州市“课程改革 20 年成果征集”活动中，艾瑞德国际学校《四园联动：劳动教育校本体系的实践建构》荣获一等奖。艾瑞德国际学校是本次征集活动中唯一获得一等奖的民办学校。

12 月 11 日　郑州市民办教育精细化管理观摩会在建业外国语中学隆重召开，全市 80 余所市管民办高中和中专校长、各区教育局相关部门负责人共 100 多人参加会议。

12 月 11 日　河南省地方史志办公室赠予河南省中原学研究院《河南历代方志集成》仪式在黄河科技学院图书馆举行。河南省地方史志办公室党组书记、主任管仁富，河南省社科联主席李庚香等参加捐赠活动。捐赠仪式由河南省社科联副主席李新年主持。

12 月 18 日　由大公网、精彩中原网、搜狐网联合主办的“共克时艰 共赢未来”2020 河南教育年度盛典在河南建业青蓝酒店管理学院成功举行。原省人大常委副秘书长、九三学社中央委员、九三学社河南副主委戚建庄，中国民办教育协会监事会主席，河南省民办教育协会会长，黄河科技学院创办人、董事长胡大白等人出席。胡大白代表民办教育协会致辞。河南民办教育研究院执行院长、首席研究员王建庄做《河南民办职业教育的现状与发展》的主题报告。

12 月 23 日　中共中央政治局常委、全国人大常委会委员长栗战书在北京同列席十三届全国人大常委会第二十四次会议的全国人大代表座谈，听取代表对今年以来全国人大常委会工作情况和明年工作的意见建议。黄河科技学院校长杨雪梅发言，汇报了自己作为两届全国人大代表的履职情况和感受，并对明年工作提出建议。

12 月 25 日　河南省民办教育协会六届一次会长办公会议在中国民办教育博物馆召开。会议研究了协会及各工委近期工作。参加会议的领导有会长任锋、监事会主席甘宇祥等。

12 月 28 日　河南省高校创新创业协会年会暨“双循环”新发展格局下创新创业教育高峰论坛在黄河科技学院举行，协会会长、黄河科技学院校长杨雪梅在开幕式上做年度工作报告。

12 月 31 日　由河南省教育厅、河南省高等教育学会主办，黄河科技学院承办的河南省普通高等学校本科专业数字化管理服务平台发布会暨河南省一流本科专业建设研讨会在黄河科技学院艺术中心举行。

2021年

1月4日　河南省民办教育协会会长任锋考察郑州普海外国语学校。

1月6日　河南省民办教育协会培训教育工作委员会理事会换届暨年度工作会议在郑州召开。

1月8日　河南省教育厅办公室发布《关于公布2020年度河南省民办中小学先进集体和先进个人的通知》，河南郑州建业外国语中学、郑州电力中等专业学校、郑州高新区六一幼儿园等被评为优秀民办学校。

1月8日　河南省民办教育协会会长任锋在协会秘书长汤保梅、副秘书长王道勋等人陪同下调研了郑州二七区民办教育。任会长高度赞赏二七区民办教育协会的党团建设工作。

2月7日　河南民办教育研究院发布民办教育高质量发展调查问卷。

2月20日　教育部公布2020年度普通高校本科专业备案和审批结果。河南民办高校新增36个，撤销13个。其中，郑州西亚斯学院新增7个，郑州财经学院新增5个。

2月26日　洛阳市教育局召开2021年教育工作视频会议，洛阳第二外国语学校、洛阳国际学校等七所民办学校被评为2020年度民办教育工作先进学校。

3月5~6日　河南省民办教育协会会长任锋在协会秘书长汤保梅的陪同下调研南阳民办教育。先后参观走访西贝幼儿园、邓州致远实验学校、新野县春晖幼儿园等学校。

3月10日　郑州市中级人民法院在最高人民法院“人民法院诉讼资产网”发布网络司法拍卖公告，将于4月12日10时以67351.66万元为起拍价，对郑州城市职业学院整体拍卖。

3月12日　河南省民办教育协会培训教育工作委员会携手大河报共同

主办的3·15“合规办学　诚信宣传”自律公约签字仪式在晨钟教育集团总部举行。大河报教育事业部总监刘同洲呼吁全省合法培训教育机构积极配合主管部门依法监管，努力为河南学子提供让政府放心、人民满意的优质教育服务。

3月16日　河南省校外培训机构监管工作立法调研会议在郑州召开。河南省司法厅、河南省教育厅以及郑州市教育局、金水区政府相关负责同志会议期间赴晨钟教育集团进行实地调研。

郑州市二七区社区学院成立暨“健康大讲堂”进社区活动启动仪式在郑州澍青医学高等专科学校举行。

3月17日　周口市三通职业中等专业学校、淮阳庆华职业中等专业学校等4所周口民办学校被取消办学资格。

3月17~18日　南阳市教育局调研组到内乡县、淅川县调研民办教育工作，调研组一行对内乡县菊潭学校等民办学校给予高度赞誉，就规范民办学校管理等问题提出指导性意见。

3月19日　河南大学民生学院乡村振兴学院揭牌成立。

3月19日　河南省教育厅印发《2020年河南省教育事业发展统计公报》。全省各级各类民办学校2.17万所，在校生总数715.15万人，教职工总数61.57万人。普通本专科在校生67.12万人，其中本科37.74万人，专科29.38人，占全省普通本专科在校生总数的26.93%。

3月23日　河南省副省长霍金花在郑州调研高等职业教育改革发展工作。先后到郑州信息工程职业学院等学校详细了解学校办学模式、特色专业、产教融合、学生就业等情况，并强调职业教育与普通教育具有同等重要地位。

3月24日　郑州市惠济区教育局召开2021年民办教育工作会。

4月13日　武书连中国民办大学排行榜发布。黄河科技学院连续四年稳居中国200所民办大学综合实力排行榜第一名，连续两年稳居中国399所民办大学和独立学院综合实力排行榜第一名。

4月14日　城市雕塑与城市文化中国（巩义）城市雕塑设计学术研讨

会在郑州商学院召开。

4 月 15 日 在清华大学河南校友会副会长赵振华及清华大学河南校友会企业家同学会秘书长、河南森源鸿马电动汽车有限公司董事长马鸿军的带领下，郑州兔师傅汽车维修有限公司、郑州万国优品保税进出口有限公司等 16 家企业到黄河科技学院考察交流。

4 月 16 日 郑州商学院邀请河南省社科联党组书记、主席李庚香在成功大会堂做题为《传承红色基因　全面建设现代化河南》的学术报告。

4 月 17 日 河南省民办教育协会基础教育工作委员会理事会换届暨年度工作会议在洛阳市双语实验学校召开，大会主题是“新时代，新征程，新作为，新贡献”。中国民办教育协会原监事会主席，河南省民办教育协会名誉会长，黄河科技学院创办人、董事长胡大白，河南省民办教育协会会长任锋等出席会议。

4 月 19 日 鹤壁市委书记马富国先后到鹤壁能源化工职业学院、鹤壁汽车工程职业学院、鹤壁技师学院、鹤壁职业技术学院，调研职业教育工作和党史学习教育开展情况。

Abstract

This book is compiled by Henan Association of Private Education and Huanghe Science and Technology College. It scans, sorts out and summarizes the status quo on the scale of private education in Henan in the 2020 – 2021 academic year. The general report focuses on the development and achievement of private education in Henan during the "13th Five-Year" period as well as the circumstance, problems and difficulties to be faced during the "14th Five-Year" period; the report therefore, points out relevant suggestions and tactics for the future development of private education in Henan.

In the 2020 – 2021 academic year, the scale of private education in Henan continued to expand. There were 21700 private schools at all levels and of various types in the province, with a total enrollment of 7151500 students and 615700 teaching and administrative staff. Among them, there were 18200 private kindergartens, with 2830000 children; 1894 private primary schools, with 1802200 students. For the secondary education, there were 941 private junior middle schools, with an enrollment of 1012700 students; 366 private senior high schools with an enrollment of 526000 students; 144 private secondary vocational schools, with 306500 students. There were 43 private institutions of higher education, of which 19 are undergraduate colleges and 24 were vocational colleges or junior colleges. There were 671200 undergraduates and junior college students, including 377400 undergraduates and 29. 38 junior college students, accounting for 26. 93% of the total number of undergraduates and junior college students in the province. The number of private education students in the province, in sum, took up 26. 59% of the total number of 26896700, accounting for more than 1/4 of the total number. During the "13th Five-Year Plan" period, while expanding in quantity and scale, the quality of private education was constantly improvinged in Henan.

During the "13th Five-Year Plan" period, the distinctive characteristic of private education in Henan is the continuous improvement of the quality of talent training while expanding on the scale. The Chinese communist party organization was universally established, and the party construction work was constantly strengthened; the direction of adhering to socialism-running of private education in Henan is increasingly defined, and the operational goal of "training people for whom, who to train and how to train them" was continuously clarified. Private education in Henan had always been following the educational policy of the Party and the state, continuously promoting the educational and teaching reform while carrying out the system and mechanism reform, and making persistent exploration in the aspects of school-running idea, training objective, teaching material construction, teaching method innovation, correction and evaluation method, etc. The quality of talent training had been steadily enhanced. During the "13th Five-Year Plan" period, private education in Henan invested more than 500 billion RMB in education funds, cultivated over 9 million graduates for the society, and made unique contributions in social services, educational and teaching reform, characteristic education, education concept renewal, extension of party construction work, social conscience promotion, etc.

During the "14th Five-Year Plan" period, the private education in Henan will shift its focus to connotation development. In the process of private education becoming the "necessary supplement" and "important component" of "the important force of education reform and development", the connotation construction and the improvement of talent training quality will be the major issues to beaddressed. Private education in Henan has a good basis for development. With the support of the government, the recognition of the society and the efforts of private education itself, private education in Henan will certainly realize its social responsibility in the context of high-quality development.

Keywords: Henan Province; Private Education; High Quality Development

Contents

Ⅰ General Report

Abstract: During the "13th Five-Year Plan" period, private education in Henan has not only realized the growth of scale, but also made great progress in the quality of talent cultivation, the construction of modern school system, education and teaching reform and other aspects. At the same time, it has also made great performance in brand guidance and private education research. At a deeper level, private education in Henan has further understood its own social responsibility and orientation of The Times, and thus has a clearer development goal. Facing the background of high-quality development of the country, how to make a breakthrough on the existing basis to achieve sound and rapid development? Under the guidance of adhering to the principle of socialist school-running direction, combining with its own reality, the private education in Henan will take further improving the quality of talent training as the focus of work, plan for the connotation construction and characteristic development layout, and compose a great article for the high quality development of private education.

Keywords: Private Education in Henan; Transformation Development; Quality Ascension

Ⅱ Segment Education

B.2 Report on the Development of Private Higher Education in Henan Province in 2020 -2021 Academic Year *Li Chuxue* / 030

Abstract: Standing at the historical intersection of the "two centenary" goals, Henan private higher education has made new achievements in Ideological and political work, education and teaching, "new engineering, new medicine, new agriculture, new liberal arts" and "first-class undergraduate majors", "first-class courses" construction, social services, etc., accelerating the transformation and development to an application-oriented university. During the "14th five year plan" period, opportunities and challenges coexist in Henan private higher education, and new and old problems interweave. With the reform entering the deep water area, the main factors restricting the development of private higher education in Henan province include the imperfection of modern university system, the lack of innovation of system mechanism and development mode, the lag of governance capacity construction, the coexistence of difficulty in talent introduction and serious brain drain, the need to improve the quality of education and talent cultivation, and the weakness of social service ability. The reform and development of Henan private higher education cannot do without the support of Party committees and governments at all levels. What's more, it needs to strengthen its own connotation construction, improve the modern university system, innovate the school running system and mechanism, build a contingent of excellent cadres, promote the transformation of teaching staff, deepen the reform of education and teaching, improve the level of social service, and take the road of differentiation, characteristics, high quality and high level development.

Keywords: Henan Province; Private Higher Education; High Quality Development; Applied Technology University

Abstract: China's economy has transfortned into high quality development from rapid growth. It is at a crucial stage of transformation in the pattern of development, the economic structure and the drivers of growth, and it needs to speed up the development of modern vocational education, optimize the talent structure, expand the effective supply to promote the economic and social development and enhance national competitiveness provide appropriate support personnel. But the structural contradiction between the supply and demand of high quality technical and skilled personnel is still outstanding. This contradiction puts forward high quality requirements for vocational education, requiring high quality of personnel training, high quality of school education and teaching and high quality of service to the society. Private vocational education in Henan ushered in a new development opportunity.

Keywords: Private Education; Modern Vocational Education; Technical and Skilled Personnel

Abstract: With the accelerated economic and social development of Henan Province, the investment and running scale of newly established private basic education schools has become generally large, and the proportion of schools with large scale and high standards has increased significantly. The collectivized running of basic education accounts for an increasing proportion. The teaching quality of privately-run basic education has increasingly become the lifeblood of the survival of schools. The management and development of privately-run schools have entered a stage of fine development, and each privately-run school has gradually formed a rich connotation with unique charm. At the same time, the competition of private basic schools is more and more fierce, and the effect of survival of the fittest is more and more obvious. The newly revised Law of the People's Republic of China on the Promotion of Privately-run Education and the new policies of privately-run education issued by the state and province provide a strong guarantee for supporting and regulating the development of privately-run education. The demand of society and parents for quality education, especially brand-name and high-quality private education continues to grow. Private basic education needs to persevere in strengthening party building, actively implement the party's educational policy, standardize school running behavior, renew school running ideas, optimize teaching management, enhance the attraction of private education, enhance the brand image of private education, enhance school strength and social influence, and earnestly do a good job in people's satisfaction with private education.

Keywords: Private Education; Basic Education; Henan

B.5 Report on the Development of Private Preschool Education in Henan in the 2020 –2021 Academic Year

Hou Bingxuan, Wang Yuqin and Xu Zhaoxin / 081

Abstract: Private preschool education in Henan is an important part of private education in Henan. In the 2020 – 2021 school year, Henan private preschool education took the garden construction as a start, overcome the pressure and difficulties of " empty garden period" and " suspended close" caused by

COVID −19 outbreak. "We were crossing the river in the same boat and handling together to keep warm. " We implemented online education, weaved a warm preschool education network online and offline, opened the teaching resource pool to the society, opened live courses, built private preschool education characteristics of kindergarten-based courses, so that the private preschool education in Henan had entered the road of healthy and standardized development. Faced with the new orientation and challenges of preschool education development, private preschool education in Henan should strengthen connotation construction and scientific management, carry out the integration of nursery and children to cultivate new growth points, and try to develop alliances to realize resource sharing.

Keywords: Henan Province; Private Preschool Education; Preschool Education

B.6 Report on the Present Situation and Development of Private Nursery Education in Henan Province from 2020 to 2021

Abstract: 2019 is known as the "First Year of Trustee Education", and 2020 will be the first year of Nursery Education's real development. At present, most of the people who enter the nursery education industry in Henan are private forces. As the sinking of preschool education, private nursery education has become an important part of private education. At present, the nursery education industry is still in its infancy, and the maturity of all aspects of nursery education is far less than that of other private education fields. With the promulgation of important national policy documents, the nursery education industry in Henan is gradually becoming more and more mature.

Keywords: Nursery Education; Private Education; Industry Chain

Abstract: The orderly development under the dual pressure of "special rectification of 'pains' + the continuous impact of COVID −19" constitutes the basic outline of the overall development situation of Henan training and education industry in 2020 −2021. Since 2018, the continuous special rectification activities in the training and education industry have achieved remarkable results with positive results achieved in compliance with school rules, structure optimization, quality improvement and characteristic construction. The impact of the normalization of COVID − 19 control on the industry has continued to be dissipated. With the survival of the fittest in the market, the concentration of resources in the industry has become more obvious. Some institutions have explored innovative operations and differentiated competition and their sense of service has been further enhanced, and high-quality teaching services have promoted the high-quality development of the industry. OMO mode, which integrates online and offline mix-and-match teaching, has become the standard for the development of training and education industry.

Keywords: Special Rectification; Online Teaching; Training Education

Ⅲ Special Reports

Abstract: Employment is the most important aspect of people's livelihood. Promoting employment and entrepreneurship for college graduates is an important guarantee for sustained and healthy economic development, improvement of people's livelihood and overall social stability. From 2016 to 2020, the number of graduates of private colleges and universities in Henan increased year by year, and the employment rate of graduates of private colleges and universities increased year by year. Private college graduates had diversified ways of seeking jobs, and signing employment took up the largest proportion in the distribution of employment. The undergraduate graduation rate was below 7% . Small and medium-sized private enterprises were still the main employment channels for graduates of private colleges and universities in Henan. The geographical distribution of employment of graduates from private colleges and universities in Henan was very uneven, with the central region attracting the majority of graduates. There was an obvious positive correlation between the profession of employment and the specialty setting of the university. Private college graduates were more active in job selection and less aware of their identity labels. Only when the government, enterprises and schools make concerted efforts, can the quality of graduates from private colleges and universities in Henan be improved and high-quality employment achieved.

Keywords: Private Colleges ; University; Graduates; Henan

Abstract: Accelerating the development of modern vocational education is a major strategic decision made by the state, and secondary vocational education is an important part of the modern vocational education system. In order to ensure the quality of education and teaching, private secondary vocational schools should make clear the construction goal of high-quality teachers. Through the analysis of the current situation of the construction of teachers in private secondary vocational schools, it is found that the construction of teachers in private secondary vocational schools is facing prominent problems, which requires the joint efforts of the government, private secondary vocational schools, individual teachers and school-enterprise cooperative enterprises to strengthen the construction of teachers in private secondary vocational schools according to the construction objectives.

Keywords: Private Education; Secondary Vocational Schools; Teaching Staff; "Double Qualified" Teachers

B.10 Research on the Construction of Teachers in Private Middle Schools

Sun Bing / 149

Abstract: Since the reform and opening up, the scale of private education continues to expand, highlighting its characteristics. The construction of teachers in privately-run middle schools is the first essential to the healthy development of privately-run education. Teachers in private middle schools should strengthen their professional belief, adhere to professional development, take moral education as the fundamental task, and constantly improve their political consciousness and educational and teaching level.

Keywords: Private Education; Middle Schools; Teaching Staff

B.11 Construction and Operation of Teaching Quality Monitoring System in Private High Schools

Hou Yaru / 156

Abstract: Starting from the importance of teaching quality monitoring in private senior high schools, this paper analyzes the appropriateness and conditions of constructing the teaching quality monitoring system in private senior high schools, and puts forward the existing problems in the current teaching quality monitoring system in private senior high schools. Private high schools are faced with such problems as weak awareness of teaching quality supervision, imperfect evaluation elements of teaching quality supervision, imperfect system of teaching quality supervision, and unsmooth information feedback system of education and teaching. At last, this paper puts forward countermeasures from six aspects: reforming the organizational structure of teaching quality supervision, transforming the teaching supervision mode of schools, perfecting the teaching process supervision system, expanding the teaching information feedback path, enriching the theory of teaching quality supervision, and building the characteristic brand of teaching quality supervision.

Keywords: Private Education; High School; Teaching Quality; Monitoring System

B.12 Research on the Scientific Management of Private Kindergartens

Wu Jigui, *Zhao Pengpei* / 167

Abstract: As the existence of satisfying the diversified education needs of parents and promoting the innovation and development of the preschool education industry, private kindergartens have been playing an indispensable role in the cause of preschool education in China. However, the quality of private kindergartens varies greatly and many problems have been exposed: frequent safety incidents, the tendency of "primary school" advanced education, poor quality of teachers, poor management and so on. In the past two years, the national preschool education policy has clearly encouraged the inclusive and public welfare of running gardens. However, some private kindergartens are facing great operational challenges and survival pressure due to their inadequate adjustment in the process of transformation. To realize the scientific management of kindergarten, we should implement the "principal responsibility system" under the leadership of the board of directors or the board of directors, find out the correct position, strengthen the characteristic of the garden, and improve the scientific management level in the aspects of safety management, financial management, education and teaching staff.

Keywords: Private Schools; Private Kindergartens; Scientific Management

B.13 Research on Collaborative Innovation of Political and Industrial Research under the Background of Integration of Industry and Education

Wang Daoxun / 180

Abstract: The integration of industry and education is the basic requirement of talent training in the new era. Under the background of the integration of industry and education, the collaborative innovation of political and industrial research is the effective integration of various resources by scientific research institutions, enterprises, universities and the government. Under the background of the integration of industry and education, the efficiency and effectiveness of scientific research institutions, governments, universities and enterprises are still unsatisfactory. To accelerate the construction of local collaborative innovation mechanism, several key points are as follows: First, we need to formulate collaborative innovation target planning and build local innovation and development ecology; Second, we need to establish an incentive mechanism for interest distribution to generate lasting impetus for collaborative innovation; Third, we need to foster a culture of win-win cooperation and innovation, and create an atmosphere of equal participation and interaction; Fourth, we need to avoid formalism and promote the commercialization and application of scientific and technological achievements. Through continuous reform and construction, the local collaborative innovation mechanism will become an important starting point to promote the development of mass entrepreneurship and innovation in a deeper direction.

Keywords: Integration of Industry and Education; Political and Industrial Research; Collaborative Innovation

B.14 Research on the Brand Construction of Private Education

Tian Ju / 193

Abstract: School brand construction has been paid more and more attention by private schools, which is an important way to enhance the competitiveness of private schools. School image identification system is an important representation of the construction of school brand. Private schools have faced some problems in brand building, such as the tendency of assimilation of concept identification system, the weak characteristic of behavior identification system, and the insufficient communication power of visual identification system. Private schools should strengthen the characteristic construction in the concept identification system to enhance the brand cohesion, strengthen the connotation construction in the behavior identification system to enhance the brand identity, and strengthen the media communication in the visual identification system to enhance the brand appeal.

Keywords: Private Schools; Brand Building; Image Recognition System

Abstract: Over the past 40 years of reform and opening up, with the implementation of the Private Education Law, private education has continued to develop and grow, making unique contributions to the development of national education. However, with the rapid development of economy into the environment of high-quality development, people's demand for education has changed from "learning" to "eager to learn", and the supplementary role of private education to public education has also faded. Through the research on the development status of private education, this paper finds that the improvement of private education quality is restricted by the policy support, the construction of teacher team and the unbalanced development of regional education. Therefore, this paper proposes to improve the quality of privately-run education from the aspects of exploring the new mode of government-supported privately-run education, building a high-quality professional teacher team in the new era, taking multiple measures to enhance the balanced development of regional education and others.

Keywords: High Quality Development; Private Education; Connotation Development

Abstract: The development trend of the internationalization of higher education is an in-depth interpretation of the education power in the new era. With the continuous demand for international applied talents in the great development of cross-border education and the "Belt and Road" construction, the internationalized development of private higher education, which is oriented at the cultivation of applied talents, is facing challenges as well as strategic opportunities. The article mainly takes the perspective of the construction of the education internationalization governance system in the new era, takes Henan Province as an example, uses the SWOT method to analyze the development status of the education internationalization of private universities in Henan Province, compares and analyzes the gap between private universities and public universities in the process of promoting the internationalization of education and the root causes of the problems, and then analyzes the internationalization development trend of private universities' education, and finally integrates it into a new path of "S + W + O + T" interactive collaborative education internationalization development, which is convenient to perfect the mechanism of private higher education from both international and domestic levels and related to the overall improvement of Henan's higher education internationalization level and the overall improvement of the soft power of education.

Keywords: Private Education; Colleges and Universities; Education Internationalization; Education Soft Power

Abstract: As one of the important means of university evaluation, university ranking activity interprets the quality and level of running a university with its unique way. Through the investigation and analysis of the development status of Henan private colleges and universities, this paper uses the weighted average method to analyze the comprehensive competitiveness of Henan private colleges and universities in the national regional distribution and the scientific research competitiveness of Henan private colleges and universities in the national regional distribution, and demonstrates the comprehensive scientific research strength of Henan private colleges and universities in the country. It provides a reference for decision-making for the implementation of the connotative development of private higher education in Henan and the guidance of governments at all levels for the healthy development of private higher education. The research shows that the research competitiveness of private universities in China is stronger in the south and weaker in the north. Although the private universities and independent colleges in Henan are at the upper level in the ranking of the scientific research competitiveness of the national private universities, only in terms of the national scientific research fund projects, the gap is obviously larger than that of the local undergraduate universities in the same period, which is also the weak link of most private universities and independent colleges. Private colleges and universities in Henan need to further increase the investment in scientific research, introduce talents with higher education and higher level, and improve the existing talent structure.

Keywords: University Evaluation; Private Colleges and Universities; Research Competitiveness; Henan

Ⅳ Special Attention

B.18 Research on the High Quality Development of Private Vocational Education Service in Henan Province

Research Group of Henan Private Education Research Institute / 265

Abstract: Private vocational education has played an important role in promoting the economic and social development of Henan Province. However, compared with some economically developed areas, the private vocational education in Henan still has obvious deficiencies in the matching degree with the industry, the quality of personnel training and the development ability of high-quality service. We should increase policy support, strengthen the integration of industry and education, the cooperation between schools and enterprises, and optimize the environment for the development of private education.

Keywords: Vocational Education; High Quality Development; Industrial Development; Private Education

B.19 Thinking and Practice of Constructing Complementary System of School Education, Family Education and Social Education: *Establishment and Operation of Henan Youth Pioneer School Parents' Committee*

Ren Xiaolin, Weng Qing, Li Haixia, Zhang He and Sun Pin / 276

Abstract: Henan is a big province of education. In the transformation process of large-scale education from scale expansion to quality improvement, the expectations of the country, the demands of society and the hopes of families are in line with the general principles, but there may be some contradictions and problems in the operation. How to construct the trinity education model of school, family and society, Henan Youth Pioneer School has made a beneficial exploration.

Keywords: Basic Education; Trinity; Home and School Education

V Party Construction Section

Abstract: Since the implementation of the new "Private Education Promotion Law", the Party Construction in private schools has been paid more and more attention. Private higher education in Henan Province has been continuously strengthened in political construction, ideological construction, organizational construction, style construction, discipline construction, and system construction. Private schools in kindergartens, primary schools, middle schools, and secondary vocational schools pay more attention to the vanguard and exemplary role of Party members, find out the power point of party construction, and put Party construction work into practice. In the context of high-quality development, Henan private education will further adhere to the fundamental task of moral education, strengthen ideological guidance, focus on the center, serve the overall situation, and promote the high-quality development of private education with the high quality of Party construction.

Keywords: Henan Province; Private Education; Party Construction; Thought Leading

Ⅵ Countries

B.21 Report on the Development of Township Private Education in Henan Province

Research Group of Henan Private Education Research Institute / 299

Abstract: Henan Province is a big source of education students, also a big province of private education. During the period of "12th Five-Year Plan" and "13th Five-Year Plan", the private education in urban and rural areas of the province has presented a development trend of their own characteristics. The private higher education and quality characteristic basic education in urban areas have developed rapidly. In towns and villages, technical training in the 1980s and 1990s has also developed into general basic education and pre-school education. From the 2010 –2011 school year to the 2020 –2021 school year, the expansion rate of private education in preschool, primary school and junior middle school in Henan is higher in cities than that in towns. At the same time of scale expansion, township private schools have taken various measures to continuously improve the conditions of running schools and the quality of personnel training, which has played an important role in making Henan private education an important force in the educational reform and development of the whole province.

Keywords: Henan; Private Schools; Township Education

Ⅶ Summaries

B.22 Summary of Private Education Policy and Capital Market Observation in 2020

Research Group of Private Education in Henan Province / 314

Abstract: The year 2020 will be a memorable year in the history of the

People's Republic of China. It will also be a milestone year for the education system. Policies had been made more stable and more fine-grained with a view to ensuring coordinated progress in education. In 2020, private education has withstood the severe test of the epidemic. The state has put forward higher requirements for education and training, and introduced a series of rectification and supervision measures. Although there are three ways for the establishment of independent colleges, the progress is slow due to such factors as smoothing the relationship, perfecting the conditions and "breaking up fees". Under the epidemic situation, the capital market is clearly differentiated, online education is favored by the capital, and the merger wave is rising again.

Keywords: Consolidation; Independent College; Transformation; Differentiation

B.23 The Review of Private Education Research in 2020

Jia Quanming / 334

Abstract: With sudden epidemic, frequent new education policies, and significant changes in the format of private education, 2020 is such an extremely special year. Under this circumstances, the private education research in 2020 manifests two characteristics: One is that the carrier journals of the research results is as important as newspapers. The research results on common topics such as the positioning of private education, property rights, classified management, and transformation development are mostly published in journals, which reflects the continuity of research work. The research results of the new hot issues of the year such as the response to the epidemic and the new trend of educational informationization are mostly published in newspapers, which guides the practice of anti-epidemic education and the development of educational informationization in a flexible, timely and efficient manner. The other is that researchers lack the sensitivity to the relevant new policies, and the relevant research lags behind the development of private education format, which needs to be further explored in future research.

Keywords: Private Education; Research Hot Issues; Research Worker

Ⅷ Appendixes

皮 书

智库报告的主要形式
同一主题智库报告的聚合

皮书定义

皮书是对中国与世界发展状况和热点问题进行年度监测，以专业的角度、专家的视野和实证研究方法，针对某一领域或区域现状与发展态势展开分析和预测，具备前沿性、原创性、实证性、连续性、时效性等特点的公开出版物，由一系列权威研究报告组成。

皮书作者

皮书系列报告作者以国内外一流研究机构、知名高校等重点智库的研究人员为主，多为相关领域一流专家学者，他们的观点代表了当下学界对中国与世界的现实和未来最高水平的解读与分析。截至 2021 年，皮书研创机构有近千家，报告作者累计超过 7 万人。

皮书荣誉

皮书系列已成为社会科学文献出版社的著名图书品牌和中国社会科学院的知名学术品牌。2016 年皮书系列正式列入“十三五”国家重点出版规划项目；2013~2021 年，重点皮书列入中国社会科学院承担的国家哲学社会科学创新工程项目。

中国皮书网

（网址：www.pishu.cn）

发布皮书研创资讯，传播皮书精彩内容
引领皮书出版潮流，打造皮书服务平台

栏目设置

- **关于皮书**

何谓皮书、皮书分类、皮书大事记、皮书荣誉、皮书出版第一人、皮书编辑部

- **最新资讯**

通知公告、新闻动态、媒体聚焦、网站专题、视频直播、下载专区

- **皮书研创**

皮书规范、皮书选题、皮书出版、皮书研究、研创团队

- **皮书评奖评价**

指标体系、皮书评价、皮书评奖

- **皮书研究院理事会**

理事会章程、理事单位、个人理事、高级研究员、理事会秘书处、入会指南

- **互动专区**

皮书说、社科数托邦、皮书微博、留言板

所获荣誉

◆ 2008 年、2011 年、2014 年，中国皮书网均在全国新闻出版业网站荣誉评选中获得“最具商业价值网站”称号；

◆ 2012 年，获得“出版业网站百强”称号。

网库合一

2014年，中国皮书网与皮书数据库端口合一，实现资源共享。

中国皮书网

S 基本子库
UB DATABASE

中国社会发展数据库（下设 12 个子库）

整合国内外中国社会发展研究成果，汇聚独家统计数据、深度分析报告，涉及社会、人口、政治、教育、法律等 12 个领域，为了解中国社会发展动态、跟踪社会核心热点、分析社会发展趋势提供一站式资源搜索和数据服务。

中国经济发展数据库（下设 12 个子库）

围绕国内外中国经济发展主题研究报告、学术资讯、基础数据等资料构建，内容涵盖宏观经济、农业经济、工业经济、产业经济等 12 个重点经济领域，为实时掌控经济运行态势、把握经济发展规律、洞察经济形势、进行经济决策提供参考和依据。

中国行业发展数据库（下设 17 个子库）

以中国国民经济行业分类为依据，覆盖金融业、旅游、医疗卫生、交通运输、能源矿产等 100 多个行业，跟踪分析国民经济相关行业市场运行状况和政策导向，汇集行业发展前沿资讯，为投资、从业及各种经济决策提供理论基础和实践指导。

中国区域发展数据库（下设 6 个子库）

对中国特定区域内的经济、社会、文化等领域现状与发展情况进行深度分析和预测，研究层级至县及县以下行政区，涉及省份、区域经济体、城市、农村等不同维度，为地方经济社会宏观态势研究、发展经验研究、案例分析提供数据服务。

中国文化传媒数据库（下设 18 个子库）

汇聚文化传媒领域专家观点、热点资讯，梳理国内外中国文化发展相关学术研究成果、一手统计数据，涵盖文化产业、新闻传播、电影娱乐、文学艺术、群众文化等 18 个重点研究领域。为文化传媒研究提供相关数据、研究报告和综合分析服务。

世界经济与国际关系数据库（下设 6 个子库）

立足“皮书系列”世界经济、国际关系相关学术资源，整合世界经济、国际政治、世界文化与科技、全球性问题、国际组织与国际法、区域研究 6 大领域研究成果，为世界经济与国际关系研究提供全方位数据分析，为决策和形势研判提供参考。

法律声明